TGCR

"十三五"国家重点出版物出版规划项目

长江三峡工程文物保护项目报告 乙种第五十号

重庆市文物局 重庆市水利局 主编

涪陵石沱遗址

1998~2001年度考古发掘报告

北京市考古研究院
重庆市涪陵区博物馆 编著

科学出版社

内 容 简 介

本报告是三峡库区重庆涪陵石沱遗址1998～2001年度的考古发掘专题报告。遗址发现有商周、六朝、隋代、宋元和明清五个不同时期考古学文化遗存，包括灰坑、灰沟、墓葬、窑址、房址等，出土有陶器、瓷器、石器等大量遗物，为三峡库区不同时代考古学文化体系的建立提供了重要的资料。

本书可供考古学、历史学、民族学及相关专业大专院校师生阅读、参考。

图书在版编目（CIP）数据

涪陵石沱遗址：1998～2001年度考古发掘报告 / 北京市考古研究院，重庆市涪陵区博物馆编著. -- 北京：科学出版社，2024.10. --（长江三峡工程文物保护项目报告）. -- ISBN 978-7-03-079554-0

Ⅰ . K878.05

中国国家版本馆CIP数据核字第2024FQ8123号

责任编辑：樊　鑫 / 责任校对：张亚丹
责任印制：张　伟 / 封面设计：陈　敬

科学出版社 出版
北京东黄城根北街 16 号
邮政编码：100717
http://www.sciencep.com
北京中科印刷有限公司印刷
科学出版社发行　各地新华书店经销
*
2024年10月第　一　版　开本：880×1230　1/16
2024年10月第一次印刷　印张：16 3/4　插页：40
字数：630 000
定价：328.00元
（如有印装质量问题，我社负责调换）

"13th Five-Year Plan" National Key Publications Publishing and Planning Project

Reports on the Cultural Relics Conservation
in the Three Gorges Dam Project
B(site report) Vol.50

Cultural Relics and Heritage Bureau of Chongqing
Chongqing Water Resources Bureau

TGCR

Shituo Site in Fuling: The Archaeological Excavation Report of 1998-2001

Beijing Municipal Institute of Archaeology
Fuling Museum of Chongqing

Science Press

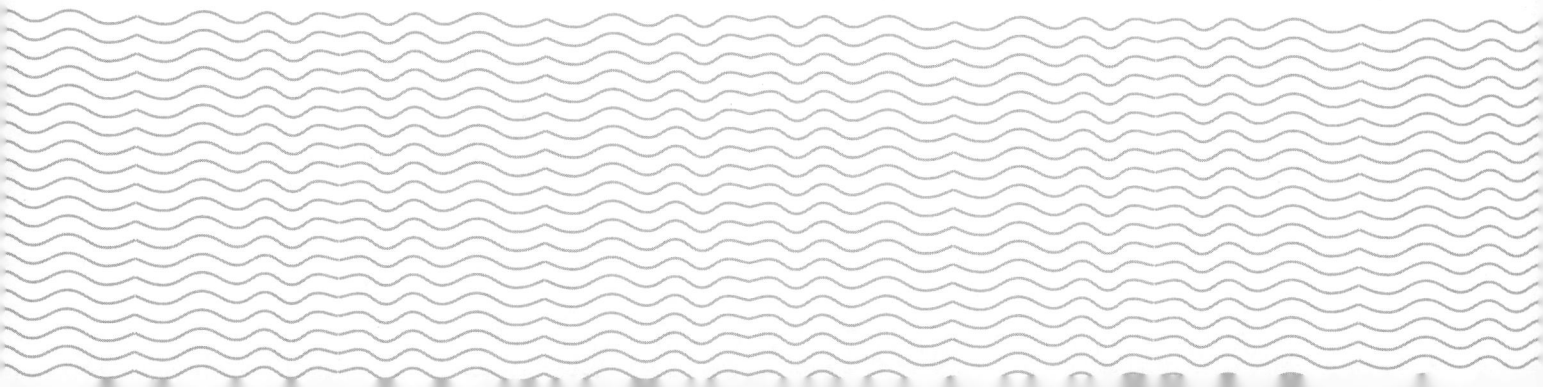

长江三峡工程文物保护项目报告

重 庆 库 区 编 委 会

冉华章　高　琳　江　夏　幸　军　任丽娟　王川平　程武彦
刘豫川　白九江

重庆市人民政府三峡文物保护专家顾问组

张　柏　谢辰生　吕济民　黄景略　黄克忠　苏东海　徐光冀
刘曙光　夏正楷　庄孔韶　王川平　李　季　张　威　高　星

长江三峡工程文物保护项目报告
乙种第五十号

《涪陵石沱遗址——1998~2001年度考古发掘报告》

主　编

袁进京　郭京宁

副　主　编

张中华　于　璞　程　利

项目承担单位

北京市考古研究院

重庆市涪陵区博物馆

目　　录

插图目录

图 版 目 录

第一章 概 述

一、历史沿革

涪陵区是重庆市辖区之一，地处重庆市中部、三峡库区腹地，扼长江、乌江交汇要冲，历来有川东南门户之称。因境内涪水（乌江古称巴涪水）旁有上古巴国先王陵墓而得名。

今涪陵区境范围内，新石器时代晚期已有居民在长江和乌江两岸居住。周代至战国时期，境内及其附近区域皆为巴国之地，或称枳巴或称枳。枳因其此地的古代居民用枳棘之类构筑村寨，以之为名。春秋战国期间，巴国曾以枳为国都。战国中后期，枳曾被楚国攻占，置枳邑。秦昭王二十七年（前280年），枳为秦国所据，后设为枳县（治今涪陵区城区）。此为境内有县的行政建置之始。2000多年来，这里一直是县、州（郡）、专（地）区所在地。

今涪陵取代枳之名，始于北周武帝保定四年（564年），至今已有1400余年历史。涪陵之得名有两说：其一，"涪"之古音读如"巴"，涪陵即巴陵，因其地有巴先王陵墓而得名；其二，以涪陵名县，始于西汉，其县治之地在今四川省彭水县郁山镇。郁山镇后面的伏牛山有盐泉，自古称著于世，涪陵由此得名，其意为"出盐泉的山堡"。今涪陵得名则因政区建置演变而沿袭旧称而已。

夏商至春秋时期，区境为濮人居住地；春秋中后期至战国中期为巴国枳地，巴国先后在枳、江州、垫江（今合川）等地建都；战国中后期为楚国枳邑。周慎靓王五年（前316年）秦灭巴蜀，后在今四川地区推行郡县制，于江州（今重庆市）置巴郡，枳地长江以北小部分地区属之。秦昭襄王二十七年（前280年），秦将司马错发陇西兵攻楚黔中时夺取枳。三十年（前277年），置枳县隶巴郡，治今涪陵城区（一说今涪陵区白涛街道小田溪）。

汉高祖五年（前202年），刘邦平定巴蜀，枳县仍置，隶益州巴郡，即今涪陵区。孺子婴初始元年十二月（公元9年1月）外戚王莽夺取政权建立新朝，枳县建置未变。

东汉光武帝建武元年（25年），公孙述据蜀称"大成"国；十一年（35年）八月，刘秀遣大将岑彭等伐蜀，至次年完全平定。东汉时，置枳县隶益州巴郡，治今涪陵区荔枝街道马鼻梁山上。

东汉献帝建安十九年（214年）刘备据蜀；魏文帝黄初二年（221年）刘备称帝，国号汉，置枳县隶益州巴郡，治地同东汉。

魏元帝咸熙二年（265年），司马炎取代曹魏建立晋朝。置枳县隶梁州巴郡，治今乌江东岸凉塘乡境内。晋惠帝太安二年（303年），农民起义军首领李雄在成都建立政权，史称"成汉"，但直至晋帝建兴二年（314年）以后枳地才为成汉控制。仍置枳县，治地同西晋。

晋穆帝永和三年（347年），桓温伐蜀灭成汉，于枳县地置郡（枳城郡），辖枳县1县，郡县同治今乌江东岸凉塘乡境。后曾一度迁枳县于溪口（今重庆市江北区洛碛镇唐草坝）。

东晋统蜀73年中，先后有范贲（347～349年），前秦符坚（373～385年）和谯纵（405～413年）的割据，但枳县建置未变。

东晋恭帝元熙二年（420年），刘裕称帝建立宋。省涪郡。置枳县隶益州巴郡，治今乌江东岸凉塘乡境内。刘宋顺帝升明三年（479年），萧道成取代宋，建立齐。枳地建置同刘宋。

南齐和帝中兴二年（502年），萧衍代齐立梁。梁代齐52年中，蜀地先后为北朝元魏（504～508年）、武陵王萧纪（552～553年）割据。梁代齐时枳县仍置，隶楚州涪陵郡，治今乌江东岸凉塘乡境内。

梁元帝承圣二年（553年），西魏定蜀。置枳县隶巴州巴郡，治今乌江东岸凉塘乡境内。

西魏恭帝三年（557年），宇文觉废恭帝自立，建立周，置枳县隶楚州巴郡。北周武帝保定元年（561年），省枳县入巴县。保定四年（564年），原据今川东南一带的僚蜑族首领田思鹤于故枳城归附北周，以此立涪陵镇，隶楚州巴郡巴县，治今涪陵城区。

北周静帝大定元年（581年），杨坚取代北周建立隋。隋文帝开皇三年（583年）迁汉平县（治今重庆市武隆区鸭江乡）于涪陵镇。开皇十三年（593年）改汉平县为涪陵县，隶巴郡（渝州），治今涪陵市城区。系今涪陵区境县级政区以"涪陵"命名之始。

隋恭帝大业十四年（唐武德元年）（618年），李渊取代隋恭帝建立唐王朝。初以渝州的涪陵镇置涪州，辖温山等县。高祖武德二年（619年）置涪陵县，隶涪州；州、县同治今涪陵城区。玄宗天宝元年（742年）改涪州为涪陵郡，肃宗乾元元年（758年）复为涪州。涪州最盛时辖涪陵、永安（治今重庆市长寿区水丰场）、乐温（今重庆市长寿区邻封乡）、温山（今重庆市长寿区仁和乡）、宾化（今重庆市南川区隆化镇）、武龙（今重庆市武隆区土坎镇）6县。唐哀帝天祐四年（907年），王建称帝建立蜀国（前蜀）；蜀王衍咸康元年（925年），李存勖遣军灭前蜀，蜀地归后唐所据；后唐明宗长兴四年（933年），孟知祥称帝，国号蜀（后蜀）。前蜀、后唐、后蜀统蜀时，涪陵县仍置，隶涪州，州县同治今涪陵城区；涪州辖涪陵、乐温、温山、宾化、武龙5县。

宋太祖乾德三年（965年），赵匡胤遣刘光义等平蜀。宋代，置涪陵县，隶夔州路涪州涪陵郡，州郡县同治今涪陵城区。南宋涪陵县建置仍同北宋。度宗咸淳二年（1266年）因抗击蒙古军，曾移治所于三台砦（今涪陵区李渡街道东堡村东堡寨）。

南宋赵昺祥兴元年（1278年），元世祖定涪。初期建置同南宋。至元二十年（1283年）省涪陵、乐温两县入涪州，隶重庆总管府（后改重庆路），治今涪陵城区。元代涪州领武龙1县。元末，明玉珍据蜀于重庆建立"大夏"，州建置未变。

明太祖洪武四年（1371年），遣汤和、傅友德率军入川定蜀。置涪州隶重庆府，治今涪陵城区。明代涪州领武隆、彭水两县。

清世祖顺治十二年（1655年），川东始为清王朝控制。清置涪州，隶川东道重庆府，治今涪陵市城区。涪州初领武隆、彭水两县。圣祖康熙七年（1668年），省武隆县为镇入涪州，于武隆镇置武隆巡检司。世宗雍正十二年（1734年），彭水县划出，此后涪州不领县。仁宗嘉庆七年（1802年），于鹤游坪保和寨置分州。辖州属北部18场地面；同时武隆巡检司亦改设分州。

清宣统三年（1911年），辛亥革命推翻清王朝，涪州革命党人响应起义建立涪州军政府。中华民国元年（1912年），置涪州，治今涪陵城区，直隶四川省。次年2月，改涪州为涪陵县，隶川东道。民国3年改川东道为东川道，涪陵县隶之。民国7年以后，军阀混战各据防区，道名存实亡，涪陵县先后为黔军、川军防区管辖。民国17年东川道废，涪陵县直属四川省。民国19年6月，裁撤鹤游、武隆分县。民国24年起，涪陵县隶四川省第八行政督察区。

1949年11月28日，中国人民解放军解放涪陵，置涪陵县。1950年1月，涪陵县隶川东区涪陵分区，县、分区同驻涪陵城区。1952年9月以后，隶四川省涪陵分区（次月改为涪陵区，1955年改为涪陵专区，1968年5月改为涪陵地区）。1983年9月9日，经国务院批准，撤销涪陵县，建立涪陵市（县级），隶属及驻地不变。

1997年3月14日，重庆直辖市成立，原四川省涪陵市、万县市、黔江地区并入重庆市。1997年12月20日，经中共中央办公厅和国务院办公厅批准，撤销原地级涪陵市和枳城区、李渡区，设立重庆市涪陵区，重庆市涪陵区辖原枳城区、李渡区的行政区域；原涪陵市所辖（代管）的南川市、垫江县、丰都县、武隆县改归重庆市直接管辖。1998年末，重庆市涪陵区辖5街道、18镇和22乡。2008年5月，辖8街道、12镇和6乡。

石沱镇在商周时，已有聚落，地点在今团结社区内。秦汉时，为巴郡枳县地。宋代，为涪州涪陵县地，已有场市；清末，属涪州韩市里地。清代，为涪州长滩里地，有韩市场；清末，属涪州第三区新盛镇，有石家沱、酒井、石和3乡，其后，各乡多次分并。1992年7月，3乡合并设立石沱镇。1998年，复置石和乡。2008年5月，石和乡复并入石沱镇。2011年末，石沱镇辖团结1个居民委员会，青春、千秋、梧桐、三窍、酒井、天府、烈火、光明、歇凉、富广、长益、大山、太和13个村民委员会，下设9个居民小组、100个村民小组[①]。

二、地理环境

涪陵区位于重庆市中部，位于四川盆地东南边缘，东邻丰都县，南接武隆区、南川区，西连巴南区，北靠长寿区、垫江县。介于北纬29°21′51″至30°01′00″、东经106°56′35″至107°43′03″之间，地跨纬度40′、经度47′，辖区面积2945.63平方千米。在地质上属扬子准地台区，地壳稳定，无六级以上地震。

涪陵区扼长江、乌江交汇要冲，历来是川东南水上交通枢纽和乌江流域最大的物资集散地。区境地处三峡库区腹心地带，沿长江西上120千米即达重庆朝天门，东下通联华中、华东各省；溯乌江而上可达武隆、彭水直至渝湘边界及黔北黔东各地。

涪陵区地处四川盆地东部的"盆东平行岭谷区"与"巫山大娄山中山区"过渡地带，一般海拔在200～800米之间，最低处南沱镇三块石海拔138米，最高处武陵山主峰磨槽湾海拔2033米。境内地貌类型多样，有河谷、丘陵、低山、低中山。境内长江横贯东西77千米，乌江纵卧南北33千米。地势大致东南高而西北低，西北—东南断面呈向中部长江河谷倾斜的对称马

---

① 刘涛：《中华人民共和国政区大典·重庆市卷》，中国社会出版社，2015年，第119～127、152～153页。

鞍状[1]。

石沱镇因明代有石姓人家居此设川摆渡而得名。石沱镇地处涪陵区西部边缘长江南岸，东与蔺市街道接壤，南与新妙镇相连，西接五宝山脊与长寿区江南镇毗邻，北至长江江心线与涪陵区义和镇隔江相望。

2000年末，石沱镇总人口23392人，其中非农业人口1541人。2004年末，石沱镇总人口22547人，其中非农业人口1915人。2011年，石沱镇总人口33838人，其中城镇常住人口7281人，城镇化率21.5%；另有流动人口2613人。总人口中，男性16660人，占49.2%；女性17178人，占50.8%；14岁以下4219人，占12.5%；15～64岁21796人，占64.4%；65岁以上7823人，占23.1%；以汉族为主，达33809人，占99.9%；有苗族、土家族等7个少数民族，共29人，占0.1%；超过5人的有苗族、土家族2个少数民族，其中苗族12人，占少数民族人口的41.4%；土家族7人，占24.1%。2011年，石沱镇人口出生率6.9‰，人口死亡率4.9‰，人口自然增长率2.0‰，人口密度为每平方千米330.8人。2013年，石沱镇有14460户，33772人，其中农村人口25894人，城镇户口7878人，城镇常住人口5080人。2017年末，石沱镇常住人口为20170人。截至2018年末，石沱镇户籍人口为34590人[2]。

三、遗址概况

石沱遗址位于重庆市涪陵区西部，距涪陵区直线距离约24千米。长江自其西面的重庆市长寿区进入涪陵区，在此呈西北—东南流向。石沱遗址即位于长江的南岸。中心地理坐标为北纬29°42′15″，东经107°8′42″。遗址西南部一溪沟自山坡流入长江，当地称之为大溪口或小河。石沱遗址与镇安遗址隔江相望（图一；图版一、图版二）。

遗址范围为石沱镇团结村一、二、三社，主要分布于一、二社临近长江的台地上，海拔在170～182米。总面积约十万平方米。

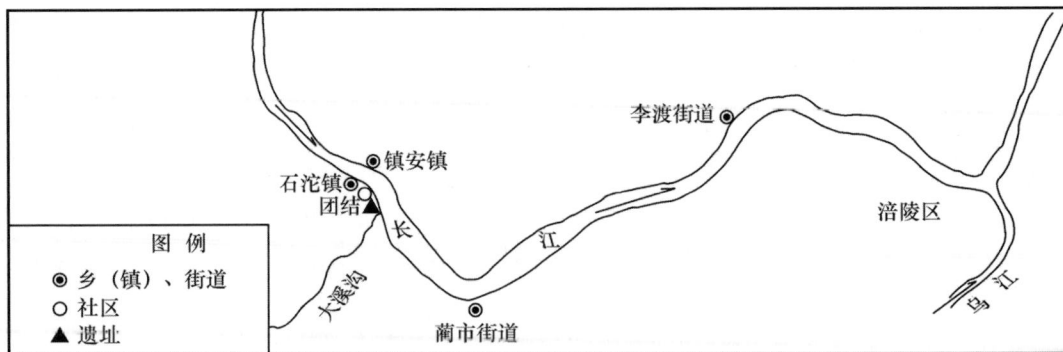

图一　涪陵石沱遗址位置图

① 四川省涪陵市志编纂委员会：《涪陵市志》，四川人民出版社，1995年，第92～94页。
② 国家统计局农村社会经济调查司：《中国县域统计年鉴2019（乡镇卷）》，中国统计出版社，2020年，第439页。

第二章　发掘经过及资料整理情况

一、发掘经过

石沱遗址在1992年四川省的文物大普查时发现。1993年底和1994年上半年，北京市文物研究所三峡考古队再次进行了复查钻探及试掘。

1998年2月，为配合三峡工程建设，北京市文物研究所（现北京市考古研究院）承担重庆市涪陵区石沱遗址的发掘任务。北京市文物研究所一行四人在赵福生副所长带领下于2月14日到达涪陵，次日在重庆市涪陵区文物管理所黄德建所长的陪同下赴石沱遗址所在地进行踏勘并联系住所。2月16日先期人员（共九人）安抵驻地。石沱遗址地貌同1993、1994年调查时存在较大变化。经过几年的农田基本建设、农民建房，使遗址范围内地下文物遭到不同程度的破坏，主要埋藏区面积亦有所减少，原水田全部变为菜地，而且现遗址中心区多为塑料大棚覆盖。2月21日正式开始工作，分三步同时进行：①对遗址全部范围进行测绘；②进行30000平方米的普探；③发掘工作也同时进行。涪陵石沱遗址的田野考古工作自1998年2月21日始，至4月24日结束，共进行63天。在当地整理两天后于4月27日回到重庆市涪陵区文物管理所，进行室内整理。至5月8日结束全部田野工作任务。本年度对遗址进行了大规模的钻探与发掘。首先测绘了遗址总平面图，并对遗址进行了分区。以遗址东部的长江，南部的大溪口为界，由东向西以200米等距离划分了A、B、C、D四个大区，每个大区又划分为4个200米×200米的小区（编号：A1~A4、B1~B4、C1~C4、D1~D4）。

普探以2米等距布孔进行，个别区域在不破坏遗址的情况下加密布孔，进行重点卡探。这次主要在A1、A2区的西部和B1、B2区的东部，总普探面积30000平方米，历时约一个月。

在普探的同时，我们对遗址进行了发掘。发掘工作于1998年2月21日开始至4月26日结束，田野历时65天，共开5米×5米探方40个（图二；图版三~图版五）。其中A1区探方2个：1998STA1T4006、T4007，发掘面积50平方米；A2区探方31个：由南向北自西向东1998STA2T0104、T0105、T0311、T0312、T0313、T0413、T0512、T1407、T1408、T1506、T1507、T1508、T1606、T1607、T1608、T1311、T1411、T1805、T1906、T2413、T2512、T2513、T2612、T2810、T2811、T2911、T3011、T3111、T3112、T3902和T4002，发掘面积775平方米；A3区探方1个：1998STA3T0102，发掘面积25平方米；B3区探方4个：1998STB3T1628、T1629、T1728、T1729，发掘面积100平方米；C2区探方2个：1998STC2T3538、T3539，发掘面积84平方米。共清理墓葬2座、陶窑4座、灰坑27个、灰沟13条。总发掘面积1034平方米。

1999年度的发掘是1998年度石沱遗址田野考古工作的继续。北京市文物研究所（现北京市

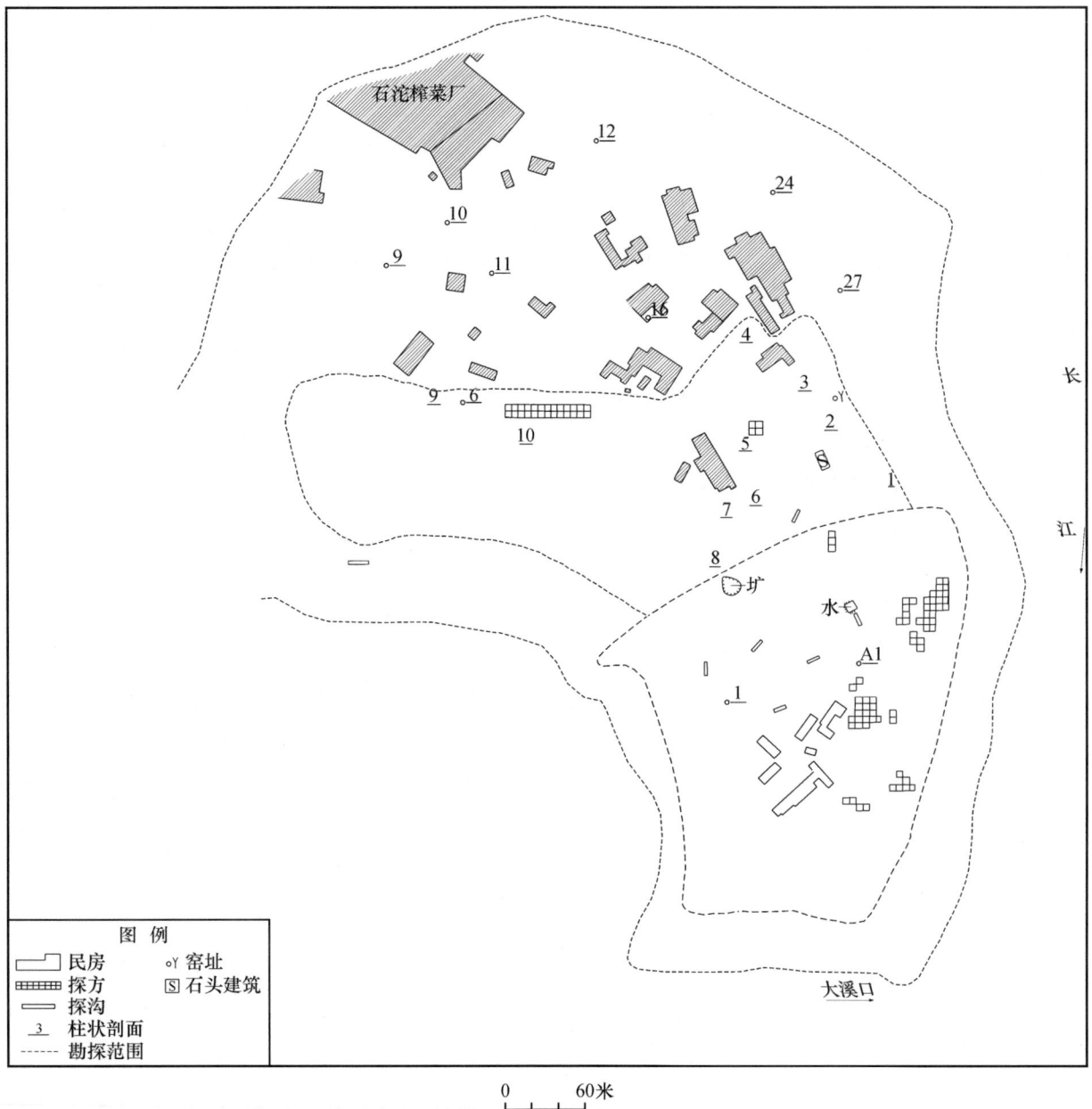

图二　1998年石沱遗址发掘探方总平面图

考古研究院）三峡考古队经过前期准备，3月7日正式进入涪陵石沱遗址。此处遗址底处沿江二级台地上，现为农民菜地，分布有农民蔬菜大棚。1998年夏季大水曾将遗址冲毁一部分，此次发掘于3月9日在遗址A区布探方20个，共500平方米。3月10日正式开工发掘，到4月5日田野考古工作全部结束，历时27天。

　　为进一步摸清整个遗址的文化堆积与分布情况，在1998年度工作的基础上，1999年春季，对遗址进行了又一次较大规模的发掘。本次发掘位于遗址的东部、海拔170米处的A2区中部偏北。共开5米×5米探方20个（图三；图版六）。由南向北，自西向东分别是：1999STA2T2714、T2715、T2813、T2814、T2815、T2914、T2915、T3014、T3015、T3016、T3114、T3115、T3116、T3215、T3216、T3217、T3316、T3317、T3416、T3417。共清理墓葬1座、灰坑8个、灰沟8条、石筑基址6座。总发掘面积500平方米。

北京市文物研究所三峡考古队及重庆市涪陵区博物馆考古部于2000年10月13日进驻石沱遗址所在的团结村，并于次日开展工作。在1998、1999年度工作的基础上，在A2、B2、B3、C3四个发掘区内选择了9个发掘地点进行布方或布探沟，正南北方向布5米×5米探方34个，依地形布10米×2米探沟6条，15米×2米探沟1条。在遗址的东南部海拔175米左右的A2区西南部布探方8个（图四；图版七），北与1998年度发掘的探方相接，由南向北，自西向东依次为：2000STA2T1205、T1206、T1207、T1305、T1306、T1307、T1308、T1309；海拔178米左右的A2区西北部351°方向布探沟1条，编号2000STA2TG2。海拔177米左右的B2区东部（东与A2区相邻）62°方向布探沟1条，编号2000STB2TG4；海拔175米左右的B2区东部布探沟2条，偏北1条，60°方向，编号2000STB2TG1，偏南1条，60°方向，编号2000STB2TG5；海拔173米左右的B2区中部5°方向布探沟1条，编号2000STB2TG6；海拔175米左右的B3区东南部43°方向布探沟1条，编号2000STB3TG3；海拔168米左右的C3区西北部90°方向布探沟1条，编

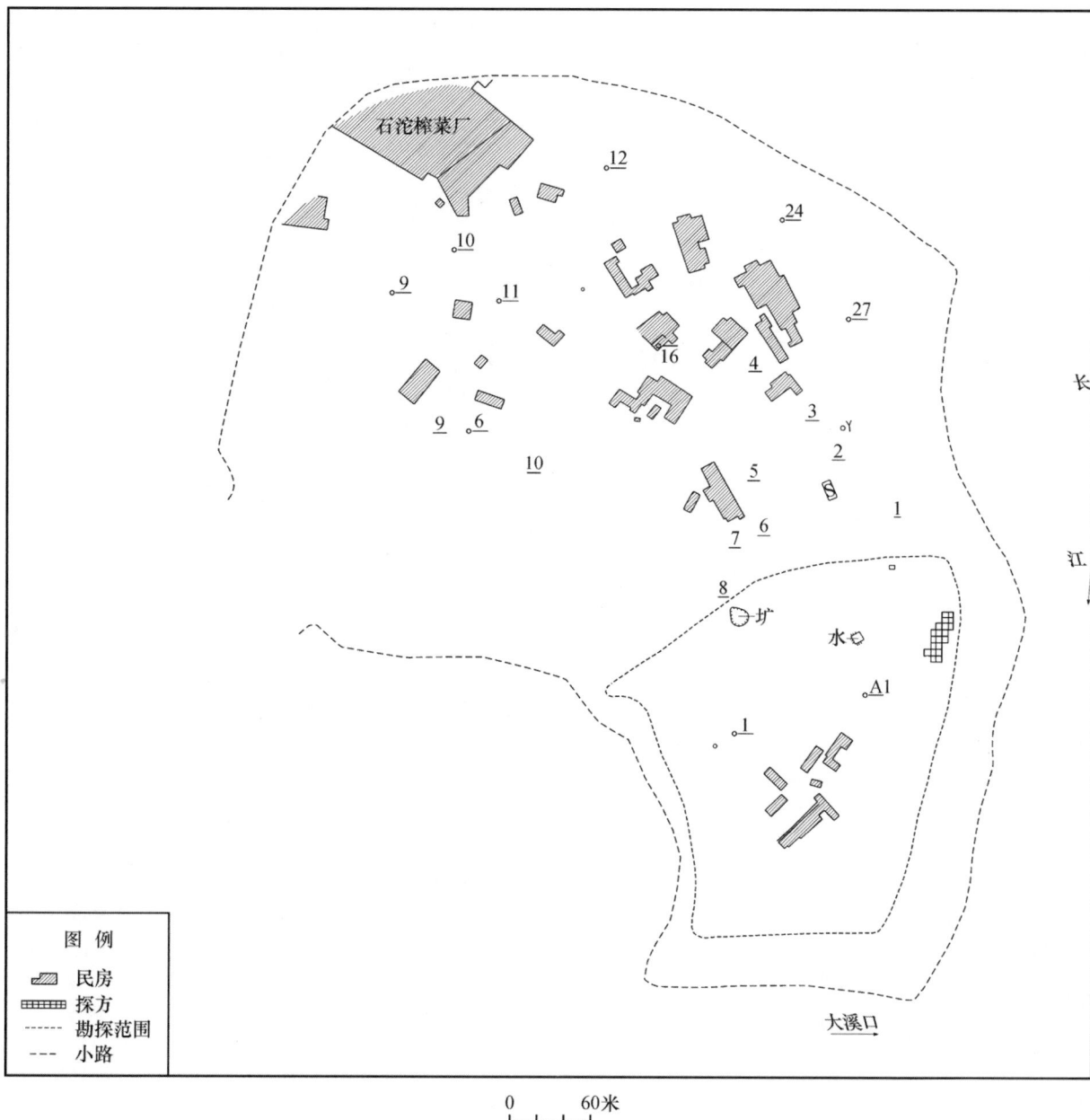

图三 1999年石沱遗址发掘探方总平面图

号2000STC3TG7。在海拔175米左右的B3区西部布探方12个，由南向北，自西向东依次为：2000STB3T1901、T1902、T1903、T1904、T1905、T1906、T2001、T2002、T2003、T2004、T2005、T2006。海拔175米左右的C3区东部布探方13个，东与B3区西部探方相接，由南向北，自西向东依次为：2000STC3T1934、T1935、T1936、T1937、T1938、T1939、T1940、T2034、T2035、T2036、T2037、T2038、T2039、T2040。共清理墓葬3座，灰坑6个，灰沟2条，烧灶1个。总发掘面积1000余平方米。

在1998、1999、2000年度大规模发掘基础上，2001年，又进行了第四次大规模的发掘。考古队于2001年10月15日进驻石沱遗址所在的团结二社，次日将本次所发掘探方用地全部征完。田野发掘工作于2001年10月16日开始，2002年1月8日田野结束，历时85天。

本次布设的探方主要分布在遗址的东南部，即长江与大溪口之交汇处，在A1、A2、B1、B2四个发掘区内正南北方向共布5米×5米探方60个（图五；图版八～图版一〇）。其中在

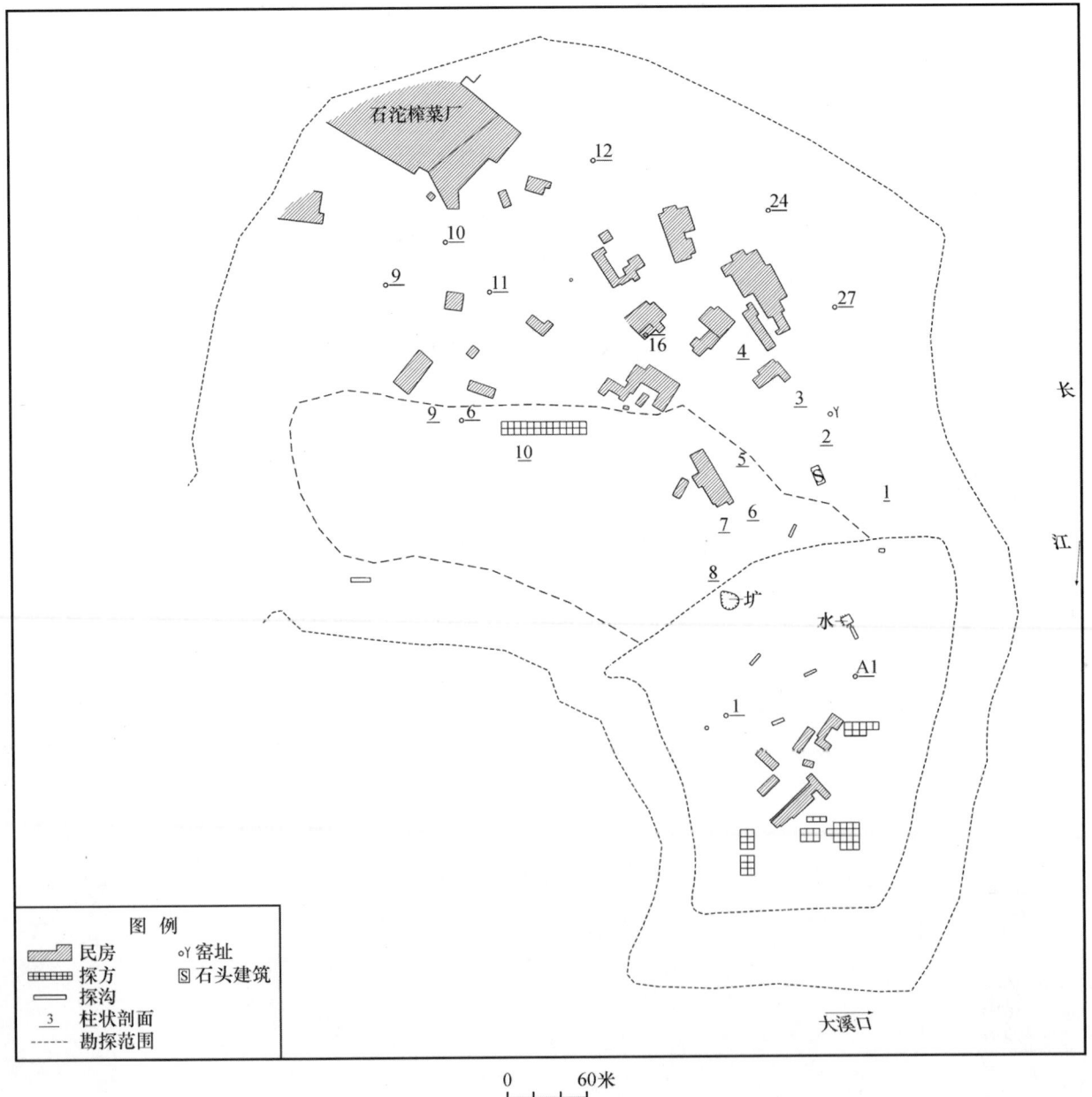

图四　2000年石沱遗址发掘探方总平面图

海拔170米左右的A1区西北角布探方15个，北与1998年度发掘的探方相接，由南而北、自西向东依次为：2001STA1T3604、T3606、T3704、T3705、T3706、T3802、T3803、T3804、T3805、T3806、T3903、T3904、T3905、T3906、T4001；B1区东北部（角）布探方22个，由南而北，自西向东依次为：2001STB1T3230、T3231、T3232、T3330、T3331、T3332、T3430、T3431、T3432、T3630、T3631、T3730、T3731、T3830、T3831、T3738、T3739、T3838、T3839、T3940、T4039、T4040。在海拔177～178米的A2区西部布探方12个，由南而北，自西向东依次为：2001STA2T1701、T1702、T1703、T1801、T1802、T2501、T2504、T2601、T2602、T2604、T2701、T2804；B2区东部布探方11个，由南而北，自西向东依次为：2001STB2T1739、T1740、T2636、T2637、T2640、T2733、T2734、T2735、T2736、T2737、T2740。共清理灰坑10个，灰沟6条，烧灶2个，墓葬1座。总发掘面积1500余平方米。

四个年度的考古发掘，总发掘面积4000余平方米，共清理墓葬7座、灰坑51个、灰沟29条、石筑基址6座、陶窑4座、烧灶3个。

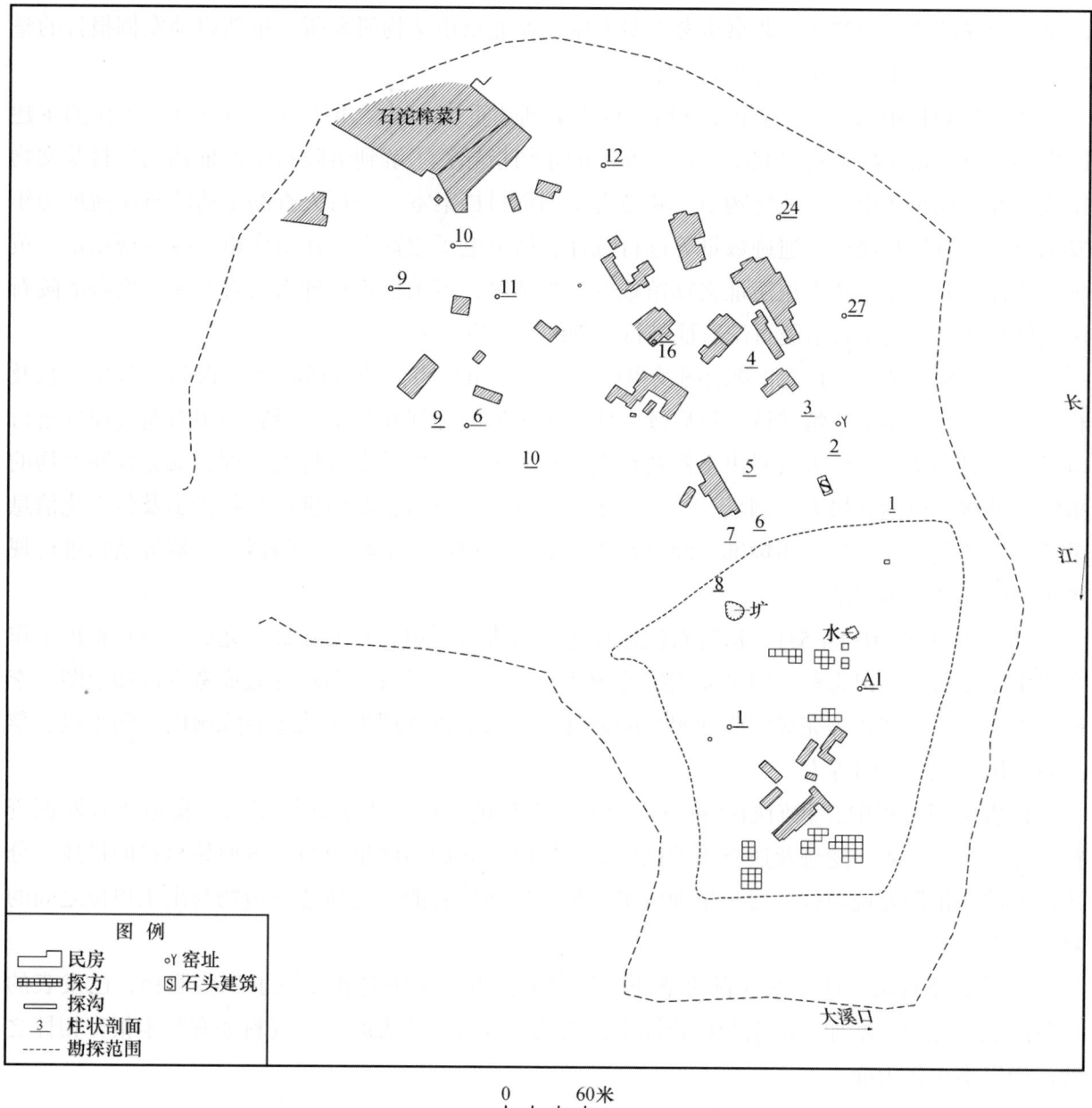

图五　2001年石沱遗址发掘探方位置图

二、资料整理与报告编写

涪陵石沱遗址进行了四个年度的考古发掘，每次发掘工作均依照重庆市三峡办的要求进行工作，对遗址、墓葬和出土遗物的田野记录、绘图、摄影等工作都有条不紊地进行，每年度均有开工报告、中期报告和完工报告。工作完成之后，文物移交给重庆市涪陵区博物馆，并向重庆市三峡办移交所有文字、图纸和照片等资料，进行存档。

考古资料按年度考古发掘所获资料分别进行整理，依据1998、1999、2000、2001年各年度的考古发掘资料编写简报。本报告是在前期整理的基础上，对涪陵石沱遗址四个年度的考古发掘资料进行的全面整理。

自涪陵遗址2001年度发掘结束至今，已经有二十多年，由于人事变迁，加之大规模基础建设的逐步开展，专业技术人员忙于基建考古等工作，一直未能启动考古报告的编撰工作。按照国家文物局部署，2022年，北京市考古研究院（原北京市文物研究所）重新启动发掘报告的整理工作，并委托于璞主要负责此项工作。

2023年4月20日，于璞与相关资料整理人员到达重庆，承蒙重庆方面负责这项工作的王建国先生和重庆市文物考古研究院于桂兰女士的亲切指导，了解到涪陵石沱遗址档案资料及文物馆藏情况。在重庆中国三峡博物馆三峡考古发掘资料档案室，一行人查阅了涪陵石沱遗址历年发掘资料，对发掘面积、遗迹数量等进行统计，拷贝电子化资料。在重庆市涪陵区博物馆，黄华馆长详细介绍了涪陵石沱遗址文物馆藏的相关情况，带领报告整理人员查看库房所藏涪陵石沱遗址文物，讨论了对涪陵石沱遗址进行整理的具体方式。

2023年8月28日，于璞带领绘图及摄影人员前往重庆市涪陵区博物馆，得到了黄华馆长及相关部门工作人员的热情接待，对后续工作做了明确的计划和分工。摄影小组对遗迹原件进行电子化信息采集。工作人员对出土器物首先进行了表面灰尘及附着物的清理，部分残断器物的拼对、粘接，以达到摄影、测量、绘图的要求。其次是对出土器物进行文物摄影及数字化信息采集，以达到后期图片使用标准，同时在现场对石沱遗址出土石器、陶器、瓷器等遗物进行现场观察统计、分析记录。

2023年9月至2024年5月，涪陵石沱遗址考古报告编写顺利开展并最终完成。资料整理工作主要由于璞负责。田志程、周里完成遗迹图清绘，冯彤、冯帆、邓超等完成考古器物绘图，李博、王明达、陈江龙等完成图版和照片的处理。参加资料整理工作的还有陈国庆、陶小凤、黎高波、田志程、王明等人。

报告编写过程中，我们始终秉持着全面、准确的原则，力求详尽记录并报道所有发掘资料，包括层位关系、遗迹及遗物等关键信息。同时，我们高度重视对客观原始材料的描述，分述部分严格依照发掘单位，逐一呈现成组器物，以便读者能够迅速建立遗物与出土单位之间的对应关系。

在对涪陵石沱遗址考古资料的整理过程当中，由于又拼对和复原了一些器物，已发表的一些遗迹单位中新增加了出土器物和标本，因此，若以往发表的考古资料如有与本报告相悖之处，当以本报告为准。

第三章　地层堆积与文化分期

一、1998年度发掘

1. 地层堆积

发掘的石沱遗址范围较大，延续时间也较长，地层堆积相对来说较为复杂。耕土层下为秦汉以后的晚期堆积，一般厚0.5～1米；晚期堆积以下为先秦文化的早期堆积，一般厚0.4～1.3米。早期地层下即为黄白色生土构成的原生土层。现以A1区T4006，A2区T0311、T1408、T1311为例说明如下。

A1区T4006，地层堆积共7层，以西壁为例（图六）。

第①层：耕土。厚0.5～0.25米。土质松软。

第②层：距地表深0.15～0.25米，厚0.1～0.2米。黄褐色土，含有少许木炭粒及红烧土粒等，土质较软。出土遗物有陶瓷器残片，可辨器形有碗、盏、盆、罐、瓦当等。

第③层：距地表深0.35～0.4米，厚0.1～0.25米。黄褐色黏土，含有木炭粒及红烧土粒等，土质较硬。出土遗物有陶瓷器残片，可辨器形有碗、罐、壶等。G3开口于此层下。

第④层：距地表深0.45～0.55米，厚0.1～0.35米。红褐色黏土，含有木炭粒、红烧土粒及水锈斑，结构紧密，质较硬。出土遗物有瓷器残片，可辨器形有盆、罐等。

第⑤层：距地表深0.75～0.85米，厚0.1～0.35米。深红褐色黏土，含有少许木炭粒、红烧土粒及水锈斑，结构紧密，质较硬。出土遗物有尖底盏、尖底杯、尖底罐、高领壶、小平底盆、折沿盆、豆形器、器盖等。

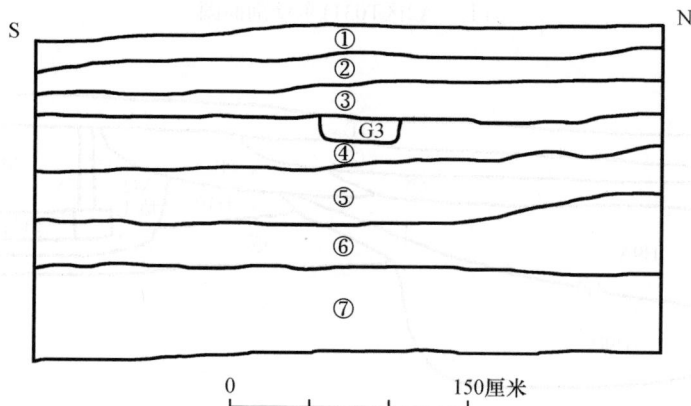

图六　A1区T4006西壁剖面图

第⑥层：距地表深0.8～1.1米，厚0.3～0.6米。浅红褐色黏土，含有少许木炭粒、红烧土粒及水锈斑，结构紧密，质较硬。出土遗物有尖底盏、小平底盆等。

第⑦层：距地表深1.45～1.55米，厚0.35～0.55米。浅黄褐色黏土，含有少许木炭粒、红烧土粒及水锈斑，结构紧密，质地坚硬。未出土遗物。

A2区T0311，地层堆积共4层，以东壁为例（图七）。

第①层：耕土。厚0.1～0.3米。土质松软。

第②层：距地表深0.1～0.3米，厚0.05～0.3米。浅灰褐色土，含有少许炭粒及红烧土粒，土质较松。出土遗物有近现代及明清时期的陶瓷器残片。

第③层：距地表深0.2～0.6米。浅灰黑色土，含有少许木炭粒及红烧土粒，土质较松。本层分布于探方的东南部。出土遗物有陶瓷器残片，可辨器形有碗、罐、盆、缸、板瓦、筒瓦等。

第④层：距地表深0.55～0.95米，厚0.05～0.25米。灰绿色，含有少许木炭粒及红烧土粒，质较硬。分布于探方的东南部。出土遗物有碗、筒瓦等陶瓷器残片。

A2区T1408，地层堆积共5层，以西壁为例（图八）。

第①层：耕土。厚0.1～0.2米。此层下叠压G1。

第②层：距地表深0.1～0.2米，厚0～0.15米。浅灰色土，土质较松，本层分布于探方的西部。未出遗物。

第③层：距地表深0.1～0.45米，厚0～0.25米。浅灰黄色土，结构紧密，质略硬，本层分布于探方的西南部。出土遗物有碗、盏、盆、罐、壶、筒瓦等陶瓷器残片。

第④层：距地表深0.2～0.25米，厚0～0.35米。浅青灰色土，土质疏松，质略软。本层分布于探方的西部。出土遗物有罐、盘等瓷器碎片。此层下叠压M2、H9、H10、H13。

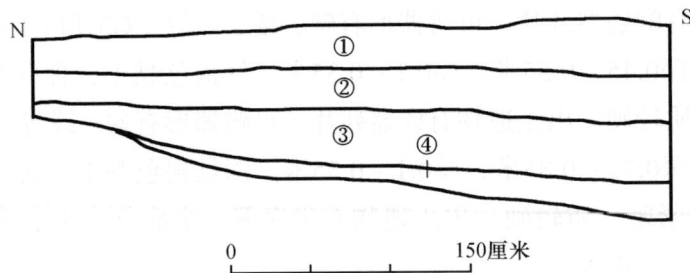

图七　A2区T0311东壁剖面图

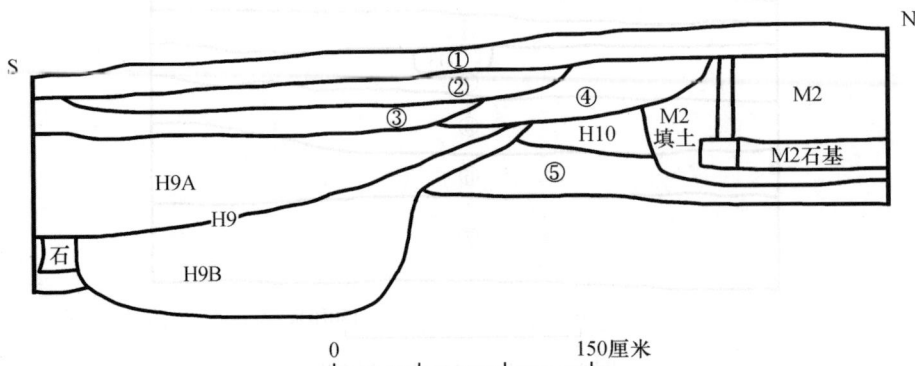

图八　A2区T1408西壁剖面图

第⑤层：距地表深0.65～0.85米，厚0～0.3米，黄褐色黏土，含有少许木炭粒及红烧土块，结构紧密，质较硬。本层分布于探方西北部。出土遗物有碗、盏、罐、壶、盆、板瓦等陶瓷器残片。

A2区T1311，地层堆积共10层，以北壁为例（图九）。

第①层：耕土。厚0.1～0.2米。

第②层：距地表深0.1～0.2米，厚0.15～0.2米。浅灰褐色土，土质略软。出土遗物有碗、碟、罐、瓦等陶瓷残片。

第③层：距地表深0.3～0.35米，厚0.2～0.25米。浅灰色土，土质略软。出土遗物有碗、盏、盆、盒、瓦等陶瓷器残片。

第④层：距地表深0.6～0.7米，厚0～0.15米。浅灰黄色土，土质较硬。本层分布于探方的东南部。出土遗物有碗、罐等陶瓷器残片。此层下叠压H19。

第⑤层：距地表深0.6～0.65米，厚0～0.2米。黄褐色土，质略硬。本层分布于探方的中南部。出土遗物有碗、罐等瓷器残片。

第⑥层：距地表深0.65～0.7米，厚0～0.15米。黄褐色泛灰土，结构紧密，质稍软。本层分布于探方的东南部。出土遗物有碗、罐、盆等陶瓷器残片。次层下叠压H23、G12、G13，其中G13打破H23。

第⑦层：距地表深0.5～0.7米，厚0.1～0.5米。深褐色黏土，夹杂有大块黄土块，结构紧密，质较硬。出土遗物有罐等陶瓷残片。此层下叠压H24、H22，H26打破H24。

第⑧层：距地表深0.7～0.9米，厚0～0.2米。红褐色黏土，含水锈，结构紧密，质较硬。本层分布于探方的北部。出土遗物有碗、盆、罐等陶瓷器残片。

第⑨层：距地表深0.9～0.95米，厚0～0.5米。深黄色黏土，结构紧密，质较硬。出土遗物破碎，可辨器形有尖底盏、尖底杯、尖底罐、高领壶、小平底盆、折沿盆、圈足器、板瓦等。此层下叠压H27。

第⑩层：距地表深1.3～1.4米，厚0～0.3米。浅黄褐色黏土，含水锈斑，结构紧密，质硬。出土遗物破碎，可辨器形有尖底盏、尖底杯、尖底罐、高领壶、小平底盆、折沿盆、豆形器、圈足器、器盖等。

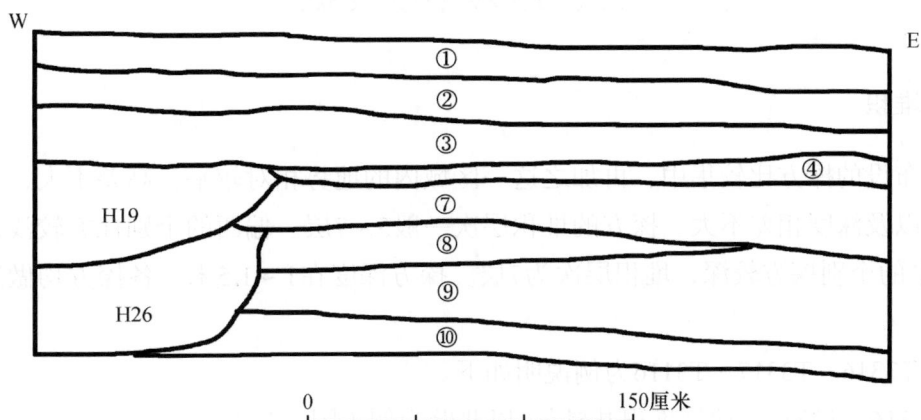

图九 A2区T1311北壁剖面图

2. 文化分期

以上所举的A1区T4006，A2区T0311、T1408、T1311等探方的地层关系，基本上代表了这次发掘范围内石沱遗址文化堆积的一般状况。根据这些探方地层之间的叠压、打破关系及出土遗物形制变化的分析，可将遗址的时代大体分为早、晚两大期。早期为先秦文化，晚期为隋朝以后时期的文化。

T4006第⑤～⑦层和H22，T1311第⑨、⑩层和H27出土遗物文化特征相同，为遗址的早期文化遗存。其余除去现代耕土和扰土层，均属于遗址的晚期文化遗存。晚期文化遗存基本上包括了隋、宋、元、明、清时期。

上述早期文化层或遗迹单位中所出的陶器种类都有尖底盏、尖底杯、高领壶、折沿盆、小平底盆、豆形器、尖底罐、器盖等，而以尖底盏、高领壶、小平底盆为多，说明这些单位中的器物组合是一致的，但同类器物之间的形制略有差别。因此，可根据地层叠压关系将早期文化遗存分为1、2两段。

T4006第⑥层、H22、T1311第10层、H27出土遗物内涵相同，为早期文化第1段。

T4006第⑤层、T1311第9层出土遗物内涵相同，在地层上又晚于上述地层，因此属于早期文化第2段。

晚期文化遗存以宋元文化为主体，可分为4段。

隋文化地层只发现于T4006第④层和T4007第④层，无其他遗迹，只将材料公布。

T4006第③层，G10，T1311第⑦、⑧层，H24，H26，T1408第⑤层，H10，H13出土遗物特征相同，为宋元文化第1段。

T4006第②层，H20，T1311第⑤、⑥层，H19，H23，M2，H9出土遗物特征相同，地层上又晚于上述地层，为宋元文化第2段。

T1311第④层，T1408第③、④层出土遗物特征相同，地层上又晚于上述地层，为宋元文化第3段。T0311第④层、Y1出土遗物特征相同，为宋元文化第4段。

二、1999年度发掘

1. 地层堆积

本年度布设的探方比较集中，再加之这一区域内的地势相对较平，高差不大，因此各探方的地层堆积以及深度相差不大。探方的堆积层次一般5～7层。偏西的个别探方较浅，堆积层次为3层，偏东的个别探方较深，堆积层次为7层。探方深度在1～1.5米。各探方均做到黄白色生土堆积。

以A2区T3316、T3317、T3116为例说明如下。

A2区T3316、T3317，地层堆积共5层，以北壁为例（图一〇）。

第①层：耕土。褐色，土质松软。厚0.2～0.35米。

第②层：黄褐色略发灰，结构紧密，质较硬。距地表深0.2～0.35米、厚0～0.3米。出土遗

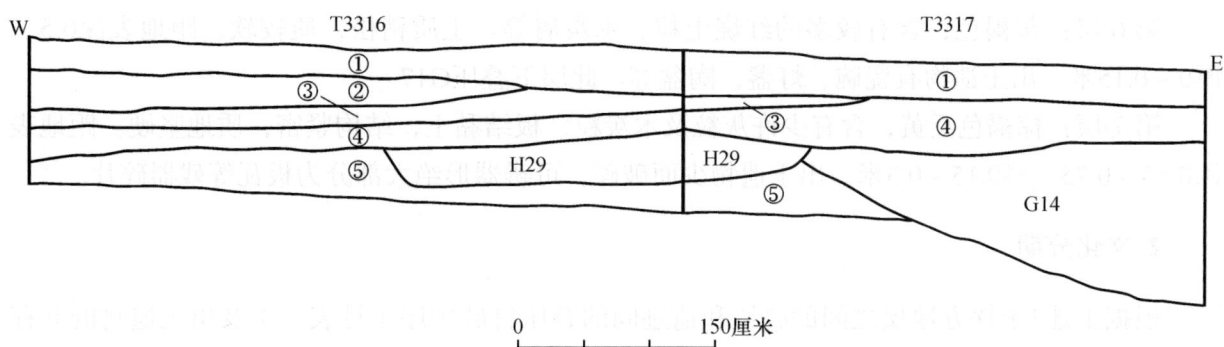

图一〇 A2区T3316、T3317北壁剖面图

物少而破碎，可辨器形有碗、碟、板瓦等陶瓷器残片。

第③层：红褐色，含有少许草木灰屑及水锈斑等，结构紧密，质较硬。距地表深0.25～0.55、厚0～0.2米。出土遗物基本同上层。

第④层：浅灰褐色，含有少许红烧土块及木炭粒。结构紧密，质较硬。距地表深0.3～0.7、厚0.15～0.4米。出土遗物有碗、罐、盆等陶瓷器残片。此层下叠压F2、H29、M3和G14，其中F2叠压H29、M3、G14，H29打破M3、G14，M3打破G14。

第⑤层：棕褐色泛黄，含有少许灰粒及烧土粒。结构紧密，质地坚硬。距地表深0.75～0.9、厚0～0.45米。出土遗物少而破碎，有夹砂、泥质绳纹陶片及素面陶片，器形不明。

A2区T3116，地层堆积共7层，以北壁为例（图一一）。

第①层：耕土。黄褐色，含有少许红烧土、木炭颗粒及草木灰。结构较紧密，质较硬。厚0.25～0.3米。出土遗物少而破碎，可辨器形有瓷碗，板瓦、筒瓦等残片。

第②层：黄褐色，含有草木灰和木炭粒等。结构略紧密，质地稍硬。距地表深0.25～0.55、厚0.1～0.3米。

第③层：红褐色，含有少许水锈斑及草木屑等。结构紧密，质较硬。距地表深0.4～0.55、厚0～0.1米。出土遗物基本同上层。

第④层：浅灰褐色，含有少许红烧土块、木炭粒及水锈斑等。结构紧密，质较硬。距地表深0.3～0.6、厚0.1～0.15米。出土遗物有碗、罐、盆、盏等陶瓷器。

第⑤层：深灰褐色泛黑，含有较多的红烧土粒、木炭粒、水锈斑等，结构紧密，质较硬。距地表深0.4～0.7、厚0.1～0.15米。出土遗物有瓷碗、罐、盆，板瓦、筒瓦等，此层下叠压F2。

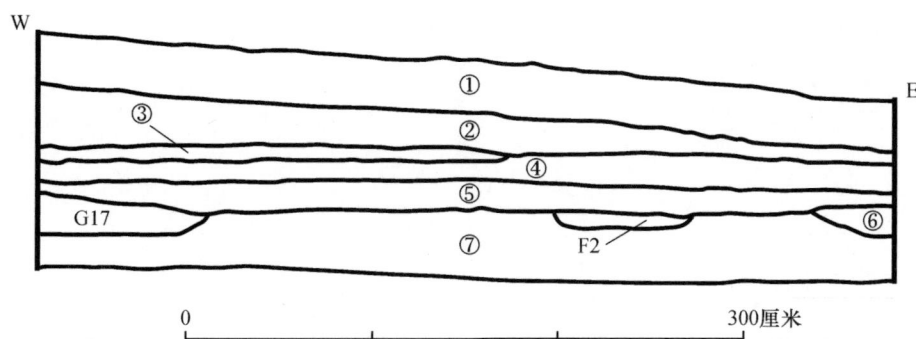

图一一 A2区T3116北壁剖面图

第⑥层：灰褐色，含有较多的红烧土粒、木炭屑等。土质稍松，质较软。距地表深0.5、厚0～0.15米。出土遗物有瓷碗、灯盏，陶盆等。此层下叠压G17。

第⑦层：棕褐色泛黄，含有少许灰粒及木炭粒，板结黏土，结构紧密，质地坚硬。距地表深0.55～0.75、厚0.15～0.3米。出土遗物少而破碎，可辨器形绝大部分为板瓦等残器碎片。

2. 文化分期

根据上述3个探方地层之间的叠压和遗迹间的叠压打破顺序（见表一）及出土遗物的共存关系和形制变化，遗址可分为早晚两期遗存。

表一　石沱遗址T3116、T3316、T3317地层、遗迹关系图表

期段 \ 探方			T3116	T3316	T3317
	耕土层		①	①	①
	明清		②→③	②→③	③
晚期	宋代	3段	④	④	④
		2段	⑤→F2	→F2	→F2
		1段	⑥→G17	→H29 →M3	→H29 →M3
早期	周代		⑦	⑤	→G14 ⑤

以上述三个探方为例，早期遗存为周代文化，包括T3316第⑤层、T3317第⑤层、G14和T3116第⑦层。其余均为晚期文化。

晚期遗存以宋代文化为主体，大体可分为3段，相当于上年度报告宋代文化遗存第1～3段[①]。第1段包括T3116第⑥层、G17、M3、H29。第2段包括T3116第⑤层、F2。第3段包括T3116、T3316、T3317第④层。

---

① 北京市文物研究所三峡考古队、涪陵区博物馆：《涪陵石沱遗址发掘报告》，《重庆库区考古报告集·1997卷》，科学出版社，2001年。

三、2000年度发掘

1. 地层堆积

在A2区发掘的探方范围内，堆积层次及深度大致相类，一般为5层，深度在1.5米左右。文化堆积以宋代和商周为主体；发掘的一条探沟（TG2）堆积层次为5层，深度为0.3～0.8米，文化堆积以宋代为主体。

B2区发掘的4条探沟，各不相连，堆积层次有所不同。TG4与TG6堆积层次及深度大致相似，堆积层次为4层，深度1米左右，文化堆积以宋代为主体；TG1堆积层次为6层，深度为0.5～1米，文化堆积以宋代为主体；TG5堆积层次为5层，深度为0.4～0.8米，文化堆积以宋代为主体。

B3区发掘的探方和1条探沟（TG3）以及C3区发掘的探方范围内，堆积层次及深度大致相似，堆积层次一般为3层，少数探方为4层或5层，深度一般1米左右，文化堆积以宋、明、清时期为主体。

各探方均做至黄色生土堆积。以A2T1307、B2TG1、B3T1904为例说明如下。

A2T1307，地层堆积共5层，以北壁为例（图一二）。

第①层：耕土，距地表深0.1～0.15米。褐色，土质疏松，内含较多植物根系。

第②层：距地表深0.1～0.15、厚0～0.3米。黄褐色略发灰，含有少许木炭粒。结构紧密，质较硬。出土遗物少而破碎，可辨器形有碗、碟、罐、盆等陶瓷器残片。

第③层：距地表深0.15～0.45、厚0～0.25米。红褐色板结黏土，含有少许木炭粒及较多水锈斑等。结构紧密，土质坚硬。出土遗物破碎，可辨器形有罐、盆、碗等陶瓷器残片。此层下叠压H39。

第④层：距地表深0.35～0.45、厚0.15～0.25米。浅灰褐色，含有少许红烧土粒及水锈斑。结构紧密，质较硬。出土遗物有罐、盆、碗、灯盏等陶瓷器残片。

第⑤层：依土质土色可分为两小层。

⑤A层：距地表深0.5～0.85、厚0.2～0.55米。灰褐色板结黏土，含有较多水锈斑，少许木炭屑及红烧土块。结构紧密，土质较硬。出土遗物破碎，可辨器形有陶罐（釜）、甑、盏、

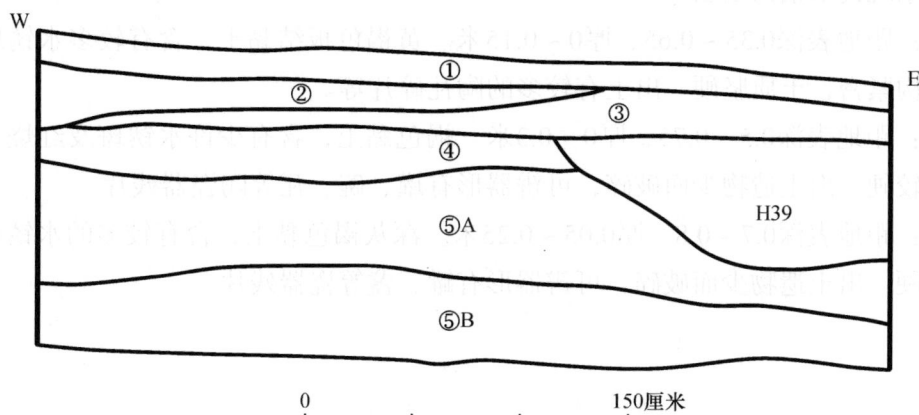

图一二　A2区T1307北壁剖面图

盆、高领壶、豆形器等残片。

⑤B层：距地表深1～1.2、厚0.2～0.45米。深灰褐色板结黏土，含有较多水锈斑，少许木炭粒及红烧土粒。结构紧密，土质较硬。未见出土遗物。

B3T1904，地层堆积共5层，以南壁为例（图一三）。

第①层：耕土。厚0.2～0.3米。褐色，土质疏松，含有较多植物根系。

第②层：距地表深0.2～0.3、厚0.25～0.3米。黄褐色黏土。含有较多水锈斑，少许木炭屑及炭粒。结构紧密，土质较硬。出土遗物少而破碎，可辨器形有碗、瓦等陶瓷器残片。

第③层：距地表深0.55～0.6、厚0.05～0.25米。灰色黏土，含有少许水锈斑、木炭粒及红烧土块。土质细密，较松软。出土遗物少而破碎，可辨器形有罐、碗、瓦等陶瓷器残片。

第④层：距地表深0.65～0.7、厚0～0.25米。灰褐色黏土，含有少许木炭屑。结构较密，土质较软。出土遗物少而破碎。可辨器形有罐、盆、瓦等陶瓷器残片。

第⑤层：距地表深0.85～0.9、厚0.2～0.4米。黄褐色黏土，含有少许木炭屑及红烧土粒。结构紧密，土质较硬。出土遗物杂而破碎，可辨器形有罐、盆、瓦等陶瓷器残片，另有少量的商代遗物，可辨器形有尖底杯、尖底盏等。

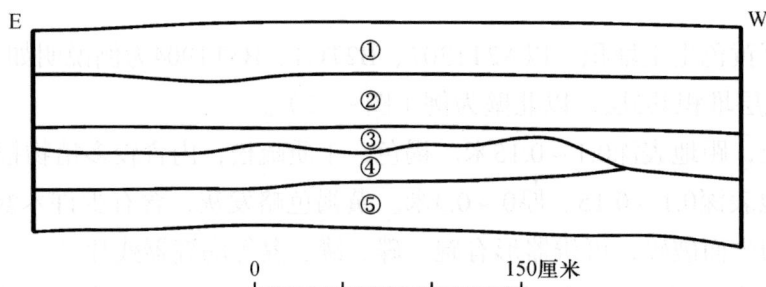

图一三　B3区T1904南壁剖面图

B2TG1，地层堆积共分6层，以西壁为例（图一四）。

第①层：耕土。厚0.15～0.3米。褐色，土质疏松，内含较多植物根系。

第②层：距地表深0.15～0.3、厚0～0.3米。灰褐色黏土，含有现代杂物。土质松软。此层下叠压1条现代沟。系现代回填土层。

第③层：距地表深0.2～0.5、厚0.1～0.25米。青灰色黏土，含有少许水锈斑。结构紧密，土质较硬，系现代水稻田土层。

第④层：距地表深0.35～0.65、厚0～0.15米。黄褐色板结黏土，含有较多水锈斑，少许红烧土粒。结构紧密，土质坚硬。出土有较多的陶瓦碎片等。

第⑤层：距地表深0.5～0.75、厚0～0.3米。褐色黏土，含有少许水锈斑及红烧土块。结构紧密，土质较硬。出土遗物少而破碎，可辨器形有罐、碗、瓦等陶瓷器残片。

第⑥层：距地表深0.7～0.8、厚0.05～0.25米。深灰褐色黏土，含有较多的水锈斑。结构紧密，土质较硬。出土遗物少而破碎，可辨器形有罐、盏等瓷器残片。

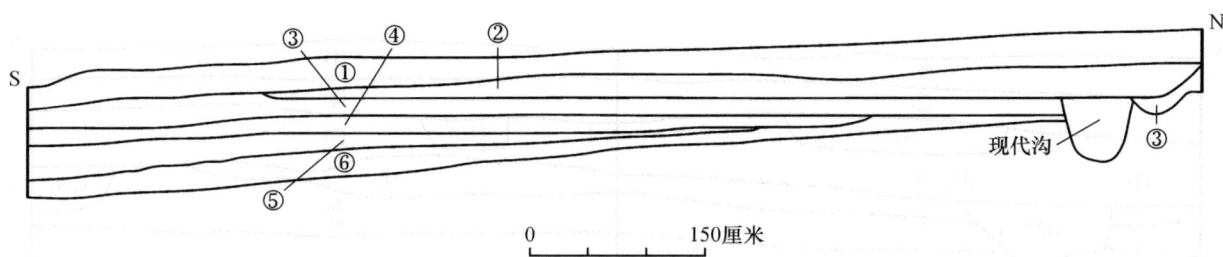

图一四　B2区TG1西壁剖面图

2. 文化分期

商周文化堆积集中分布于A2区西南部的探方内，A2区各探方的第⑤层（仅1个探方的第④层）均属于商周文化堆积。B3区中西部的探方内仅有零星的坑状或片状堆积。其余发掘区的探方内均未发现商周文化堆积。

宋代文化堆积是石沱遗址的主体，因此，分布比较普遍。从发掘情况看，A2区西南部各探方的第④层（仅1个探方的第③层），西北部TG2的第④、⑤层，B2区TG1第⑤、⑥层，TG4、TG6第④层，TG5第④、⑤层，B3区、C3区部分探方的第④、⑤层均属于宋代文化堆积。文化堆积较厚，遗迹、遗物较为丰富。

明、清文化堆积分布亦比较普遍，从这次发掘情况看，除去B2TG1第②、③层为现代，A2T1309第③层为宋代堆积外，其余各探方（沟）的第②、③层（包括B2TG1第④层）均为明、清文化堆积。

四、2001年度发掘

1. 地层堆积

A1区发掘的探方范围内，堆积层次及深度大致相类，一般为6层，少数探方的第2、3层还可各分出2~3个小的层次，深度一般在1~2米之间，文化堆积以宋代和商周为主体。

B1区发掘的探方地层堆积可分3组。第1组为偏南部的9个探方，堆积层次及深度大致相类，堆积层次一般为5层，其中第④、⑤层还可各分出3个小的层次，深度在1.6~3.2米之间，文化堆积以宋代和商周为主体。第2组为偏北部的6个探方，地层堆积浅薄，堆积层次一般为2层，深度在0.4~1.4米之间，文化堆积以明清为主体。第3组为偏东北角的7个探方，地层堆积深厚，堆积层次一般为8层，深度在2.3~3米之间，文化堆积以宋代为主体。

A2、B2区发掘的探方，堆积层次及深度大致相类，堆积层次一般为3层，少数探方为4层或5层，深度一般在0.5~1米之间，文化堆积以明清和宋代为主体。各探方均做至黄色生土堆积。下面以A1T3904、B1T3232为例说明如下。

A1T3904，地层堆积共6层，以东、北壁为例（图一五）。

第①层：耕土。厚0.2~0.25米。棕褐色，土质疏松，内含较多植物根系。

第②层：距地表深0.2~0.25、厚0.2~0.35米。黄褐色略发灰，含有少许木炭粒。结构紧密，质较硬。出土遗物少而破碎，可辨器形有碗、碟等瓷器残片。此层下叠压G25。

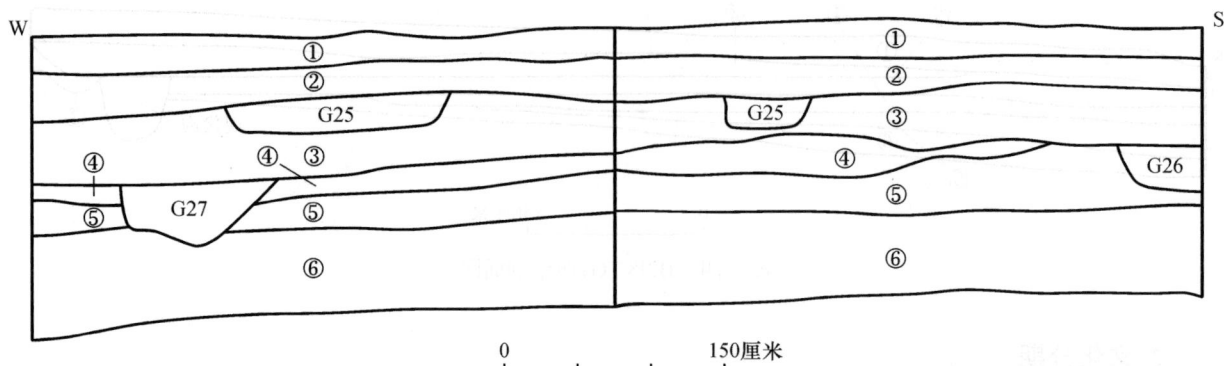

图一五　A1区T3904东、北壁剖面图

第③层：距地表深0.4～0.6、厚0.2～0.4米。浅灰褐色，含有较多红烧土块。结构较松，土质较软。出土遗物较多，可辨器形有碟、罐、盆、碗、盏、板瓦、筒瓦等陶瓷器残片。此层下叠压G26、G27。

第④层：距地表深0.8～1、厚0～0.25米。浅黄色，含有少许水锈斑。结构紧密，土质较硬而纯净。未见出土遗物。

第⑤层：距地表深0.8～1.1、厚0.2～0.45米。灰褐色，含有少许木炭粒及红烧土块。土质较硬，有水浸泡痕迹。出土遗物混杂，有零碎的六朝时期的瓷碗、壶等残片，并伴有东汉墓葬遗物和墓砖碎块，另有较多的商周陶片，可辨器形有杯、盏、罐、釜、盆、豆形器等。

第⑥层：距地表深1.2～1.35、厚0.5～0.7米。红褐色，含有少许红烧土块及水锈斑，结构紧密，土质较硬。出土遗物不多，可辨器形有陶高领壶、盆、杯、器盖、豆等，其中6件盏可复原。

B1T3232地层堆积共5层，以西、北壁为例（图一六）。

第①层：耕土。厚0.25～0.35米。棕褐色，土质疏松，内含较多植物根系。

第②层：距地表深0.25～0.35、厚0.05～0.15米。浅黄色，土质松软。未见出土遗物。

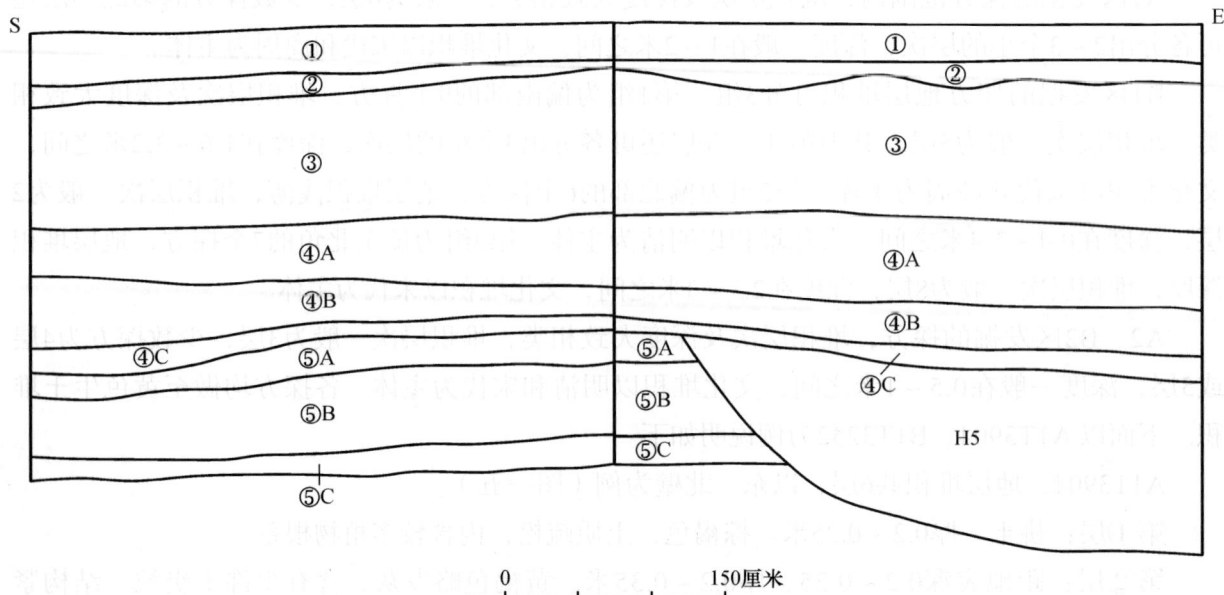

图一六　B1区T3232西、北壁剖面图

第③层：距地表深0.3～0.5、厚0.85～1米。黄褐色略发灰，含有少许木炭粒及红烧土块。结构紧密，质较硬。出土遗物少而破碎，可辨器形有碗、碟、板瓦、筒瓦等陶瓷器残片。

第④层依土质土色可分为三小层。

④A层：距地表深1.3～1.45、厚0.3～0.5米。灰褐色，含有少许木炭粒及红烧土粒。结构紧密，土质较硬。出土遗物较多，可辨器形有罐、盆、碗、盏、瓦当等陶瓷器残片。

④B层：距地表深1.85～1.95、厚0.2～0.5米。黄褐色，含有少许木炭粒及红烧土块（粒）。结构紧密，土质较硬。出土遗物不多，可辨器形有碗、罐、盆、盏、壶等瓷器残片。

④C层：距地表深2.05～2.25、厚0.1～0.2米。浅灰褐色，含有少许木炭粒及红烧土粒，土质较硬。出土遗物少而破碎，可辨器形基本同上层。此层下叠压H46。

第⑤层依土质土色也可分为三小层。

⑤A层：距地表深2.15～2.35、厚0.15～0.25米。褐灰色，含有少许红烧土粒及水锈斑，结构紧密，土质坚硬。出土遗物少而破碎，可辨器形有陶高领壶、盆、杯、豆形器等。

⑤B层：距地表深2.4～2.45、厚0.4～0.55米。黑褐色，含有少许红烧土粒及水锈斑。结构紧密，土质坚硬。出土遗物少而破碎，可辨器形基本同上层。

⑤C层：距地表深2.9～3、厚0.1～0.2米。褐黄色，含有少许红烧土粒及水锈斑。结构紧密，土质坚硬。未见出土遗物。

2. 文化分期

商周文化遗存堆积主要分布于遗址的东南部。A1区绝大部分探方的第⑥层和B1区东北部偏南探方的第⑤层均属该时期文化堆积。

六朝文化遗存堆积分布范围不大。遗址东南部A1区绝大部分探方的第⑤层属该时期文化堆积。堆积中所包含的遗物绝大多数是商代遗物，并伴有少量的东汉墓砖等遗物，而六朝本身遗物却很少，反映了该层堆积有可能是在水的冲刷等外因作用下所形成的次生堆积。

宋代文化遗存堆积基本上整个遗址都有分布。A1区绝大部分探方的第③、④层，B1区偏南探方的第④层，偏东北角探方的第⑤、⑥、⑦、⑧层，A2和B2区绝大部分探方的第④、⑤层均属该时期文化堆积。文化层堆积深厚，遗物丰富。明清文化遗存堆积整个遗址都有分布。A1区各探方的第②层，B1区偏南探方的第③层、偏东北角探方的第④层，A2、B2区各探方的第③层均属该时期文化堆积。

第四章　商周文化遗存

该时期文化堆积主要分布于遗址的东南部。A1区绝大部分探方的第⑥层和B1区东北部偏南探方的第⑤层，A2区西南部的探方内，A2区各探方的第⑤层（仅1个探方的第④层）均属于商周文化堆积。B3区中西部的探方内仅有零星的坑状或片状堆积。其余发掘区的探方内均未发现商周文化堆积。遗物以陶器为多，另有少量的石器。

第一节　综　　述

一、遗　　迹

石沱遗址商周时期遗迹主要有灰坑、灰沟和房址等。

（一）灰坑

灰坑共计11座，主要为圆形、不规则形和长方形三类。

1. 圆形灰坑8座

1998STA1H2　位于T4007的西北部，G2的南边。开口于第⑥层下，坑口距地表深0.85米，打破生土。坑口为圆形，口大底小，坑口直径0.7、底直径0.32、坑深0.55米。壁呈斜坡状。坑内堆积为一层，土为红褐花土，土质较硬，结构紧密，包含有红烧土粒、木炭粒、石渣。出土遗物有泥质或加砂陶片（图一七）。

1998STA1H3　位于T4006中部偏东北，距北壁0.55~0.99米，距东壁0.35~0.75米。开口于第⑤层下，打破H3和第⑥层，坑口距地表0.85米。平面呈圆形，口径长1.48米，直壁平底，深0.3米，坑内堆积为一次性堆积，填土为红褐色灰花土，其结构紧密，质地稍硬，包含有烧土粒、石块，出土物有陶甑、陶罐等，其中泥质陶占80%左右（图一八）。

1998STA2H11　位于T1906的东南部，其他部分分布在探方的东南侧。开口于第③层下，坑口距地表0.5米，打破第④层至生土，在T1906内H11略呈半圆状，其最大径为3.85、深0.4

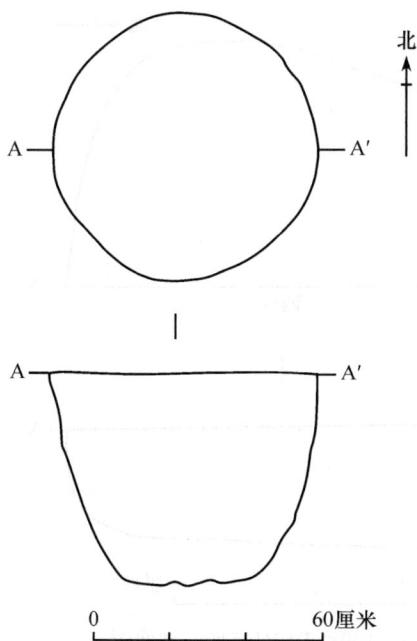

图一七　1998STA1H2平、剖面图

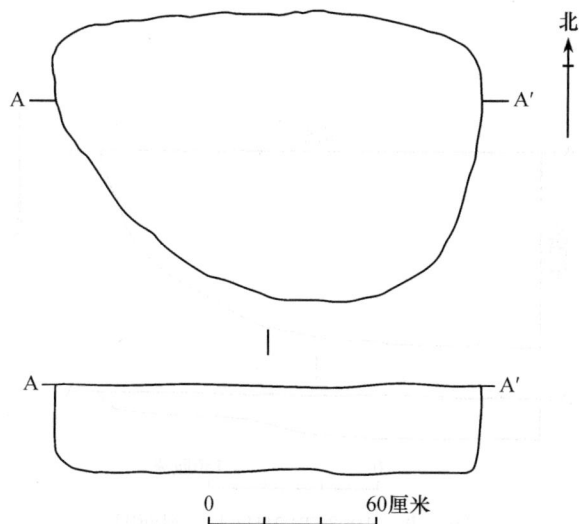

图一八　1998STA1H3平、剖面图

米，坑壁、坑底没有加工痕迹。堆积为黄褐色土，略发灰，含水锈，结构较致密，质地较硬，包含遗物少，有夹砂陶残片，因碎小，器形不明，均为素面（图一九）。

1998STA1H21　位于T4007的西北部，开口于第⑥层下，距地表深0.85米。平面呈圆形，坡壁平底。口径0.7、底径0.32、深0.55米。坑内堆积为红褐色花土，含有少量的木炭粒、红烧土粒及石头碎渣等，结构紧密，质较硬。出土遗物少而破碎，可辨器形有尖底盏。

1998STA2H22　位于T1406的东北部，开口于第⑤层下，距地表深0.85米。平面略呈椭圆形，直壁平底。口长径1.48、短径1、深0.35米。坑内堆积为红褐色花土，含有少许红烧土粒及石碎渣，结构紧密，质较硬。出土遗物很少而且破碎，可辨器形有绳纹罐（釜）。

1998STA2H25　位于T3902的西部，一半于探方外。开口于第②层下，坑口距地表深0.26~0.3米，直接打破生土层。H25于T3902中暴露部分呈半圆形，长径1.2、短径0.65、坑深0.3米，圜底，坡壁及底未见加工痕迹。该坑为一次性堆积。土色为灰褐色，结构疏松，土质较软。出土物仅见一块陶罐残片（图二〇）。

1998STA2H28　位于T0104西南角，坑的西半部分布在探方以外。H28开口于第⑦层下，坑口距地表1.05米。H28在T0104中仅有半个，呈圆形，长径0.8、短径0.6、深0.4米。直壁平底，边较整齐，底部未作加工，坑边未发现工具痕迹。H28为一次性堆积，黑褐色黏土，其结构紧密，质地较硬，含有水锈斑点和大量的木炭粒、少量红烧土粒。出土遗物较少，有泥质素面灰、红陶片（图二一）。

2000STB3H37　位于T2004东北部与T2005西北部，开口于第⑤层下，打破生土。坑口距地表深0.6米。平面为圆形，直壁平底。坑口直径1.2、深0.7米。坑内堆积为浅灰黄褐色土，含杂物较少。土质较硬。出土遗物不多，可辨器形有陶罐（釜）、陶高柄豆等（图二二）。

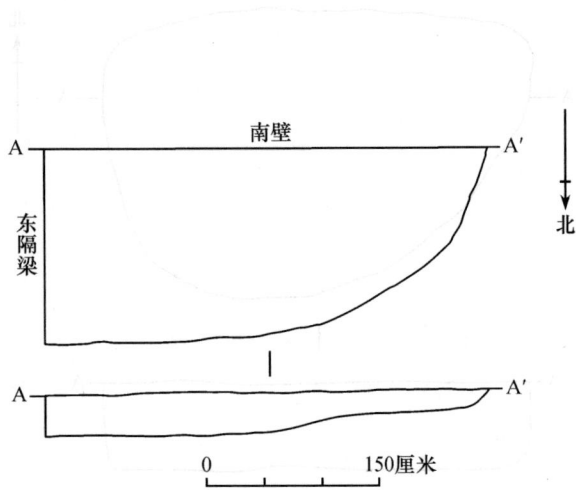

图一九　1998STA2H11平、剖面图

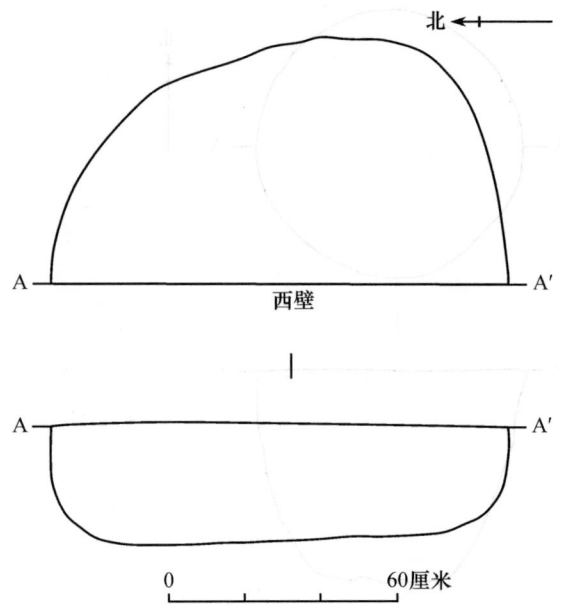

图二○　1998STA2H25平、剖面图

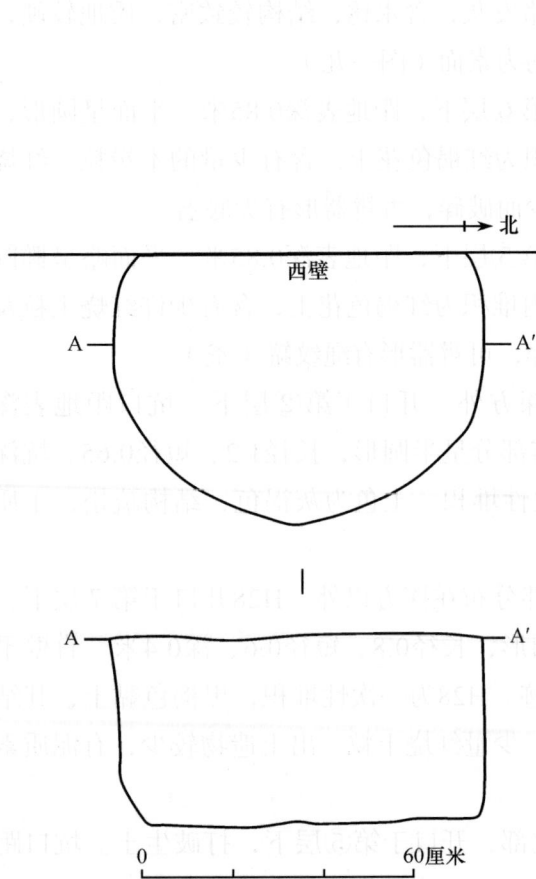

图二一　1998STA2H28平、剖面图

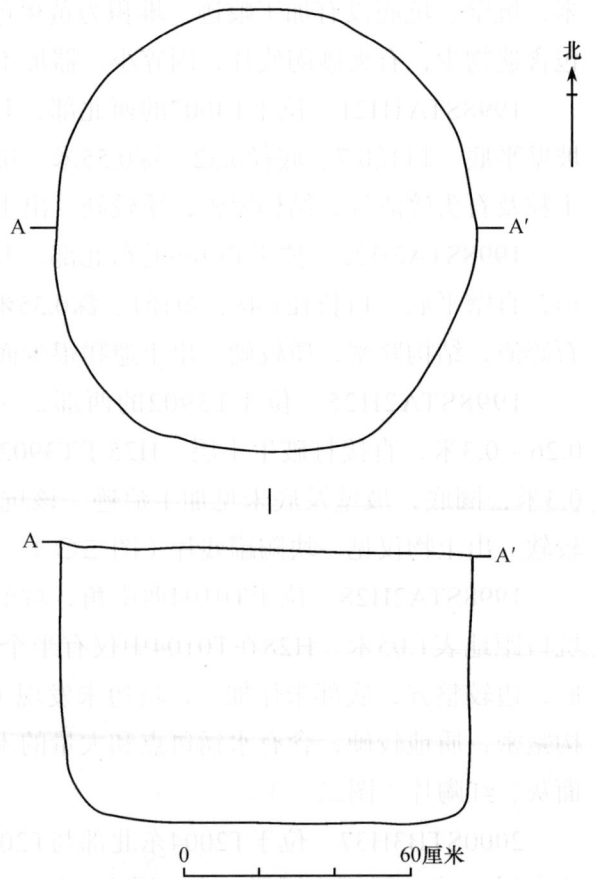

图二二　2000STB3H37平、剖面图

2. 不规则形灰坑1座

1998STA2H27　位于T1311的东南部，开口于第⑨层下，距地表深1.35米。打破第⑩层和生土。平面呈不规则形，直壁平底。最大口径2.08、最小口径0.7、深0.35米。坑内堆积呈黄褐色略发灰，结构紧密，质较硬。出土遗物少而破碎，可辨器形有尖底盏、高领壶、小平底盆等（图二三）。

3. 长方形灰坑2座

2000STA2H40　位于T1309东北部，一部分在探方以外。开口于第④层下，打破生土。坑口距地表1.05～1.25米。形状呈长方形，斜壁，平底。H40探方内暴露长2.02、宽0.99、深0.72米。坑壁、坑底均为生土，未作加工。坑内堆积为一层，为深灰色土，略黑，黏土，其结构紧密，土质较硬，土中包含水锈斑点、木炭粒、草木灰屑及少量烧土粒。出土遗物均为残陶片，从陶质上分为泥质陶和夹砂陶两种，其中以泥质陶为主，夹砂陶次之。陶色分为灰褐陶、黄褐陶、灰陶三种，灰褐陶占50%左右，黄褐陶占30%左右，灰陶占10%左右。出土遗物以素面为主，少量饰有绳纹，可辨器形有以下几种：豆、尖底杯、平底罐、花边口沿罐、卷沿罐等（图二四）。

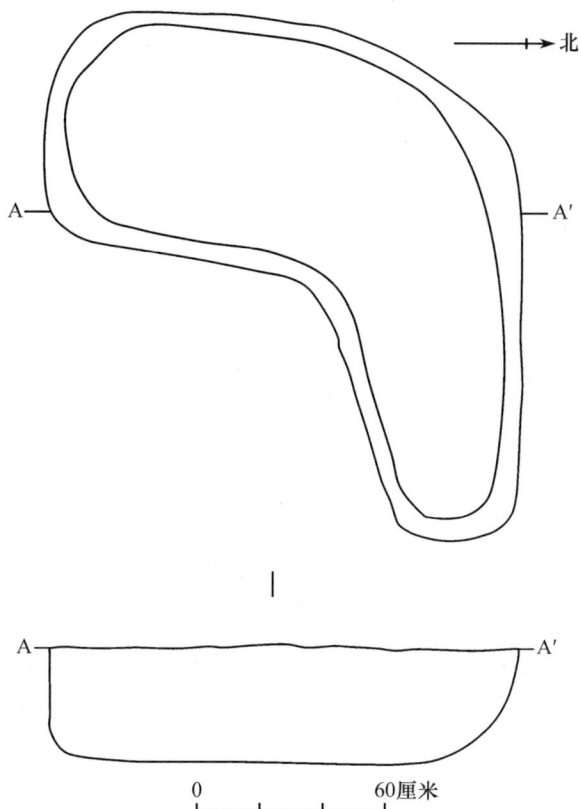

图二三　1998STA2H27平、剖面图

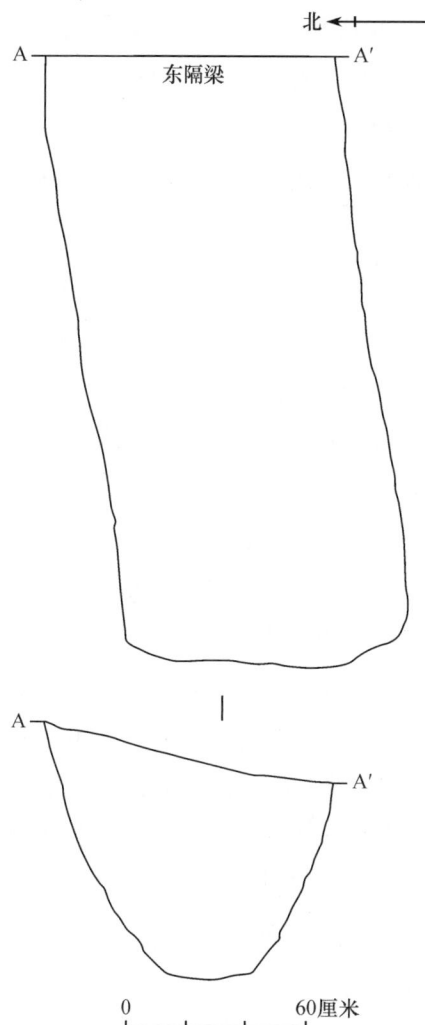

图二四　2000STA2H40平、剖面图

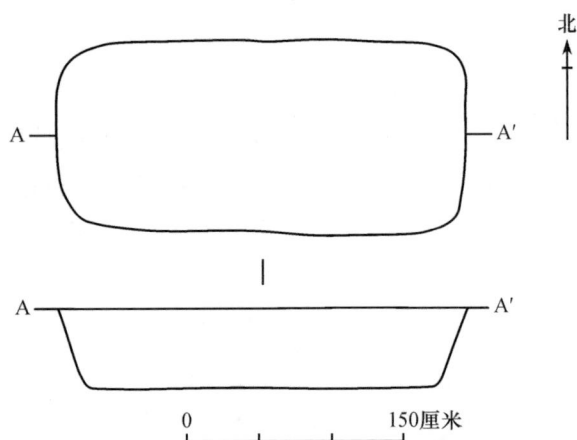

北

图二五　2000STA2H41平、剖面图

0　　　　　　150厘米

2000STA2H41　位于T1306西南部，少部分伸于T1305东隔梁之下，东西向，开口于第④层下，打破第⑤层及生土。坑口距地表深0.5～0.6米。平面呈圆角长方形，斜直壁平底。坑口长2.8、宽1.35米，坑底长2.4、宽1米，深0.55米。坑内堆积呈黄褐色，含有少许灰粒、木炭粒及红烧土粒。结构疏松，土质松软。出土遗物少而破碎，可辨器形有陶罐（釜）、小平底盆、高柄豆、高领壶等（图二五）。

（二）灰沟

灰沟呈长条形，1条。

1999STA2G14　位于T3417南部、T3317东北部，向东、向西伸出探方外，未全部清理。G14开口于第④层下，被H29叠压打破。沟口距地表深0.6～0.7米。平面呈南北长条形，东部宽于西部，斜弧壁，凹圜底，底部为自然面，向东呈斜坡状。已发掘部分东西长9、南北最宽6、深1.8米，沟内堆积为黄褐色黏土，含有少许红烧土粒，土质较硬。出土遗物有罐、釜、盆、板瓦等陶器碎片。依G14的形制与结构分析，应是一条自然形成的冲沟（图二六）。

（三）房址

房址共3座。

1999STA2F3　位于T3115中部偏西，其实质上是一柱础。T3115的整个探方清理至早期地层，F3开口于第⑤层下，打破生土。经过铲刮平面，在层面上有一个不规则椭圆形的遗迹现象，像这类情况，T3015、T2915亦有。它们极有可能是房子的柱础。F3柱础是不规则椭圆形，壁稍斜，底平。其长径0.762、短径0.66、深0.186米，F3平面口部至石块面0.138米左右。石块未作加工，只是一块普通的石板，呈椭圆形，长径0.536、短径0.38、厚0.026～0.046米。F3内堆积呈深黄色，泛褐，结构稍疏松，质地较硬，无出土遗物（图二七）。

1999STA2F4　位于T3015西部中间，距西壁0.6、南壁1.85、北壁1.4米。柱础开口于第⑤层下，距地表深0.3米，打破生土。形状为椭圆形，长径0.76、短径0.736、深0.56米，里面有一石块，石块呈长方形，长径0.572、短径0.436、深0.062米，石块以上，即柱洞深0.5米。发掘中没有发现与柱础有关的遗迹，如质地较硬的生活面、路土等。只是南北邻方也发现同样的柱础，南3.25米为F3，北4米为F5。柱础之间距离有别，水平线也有差别，为北高南低。没有出土物（图二八）。

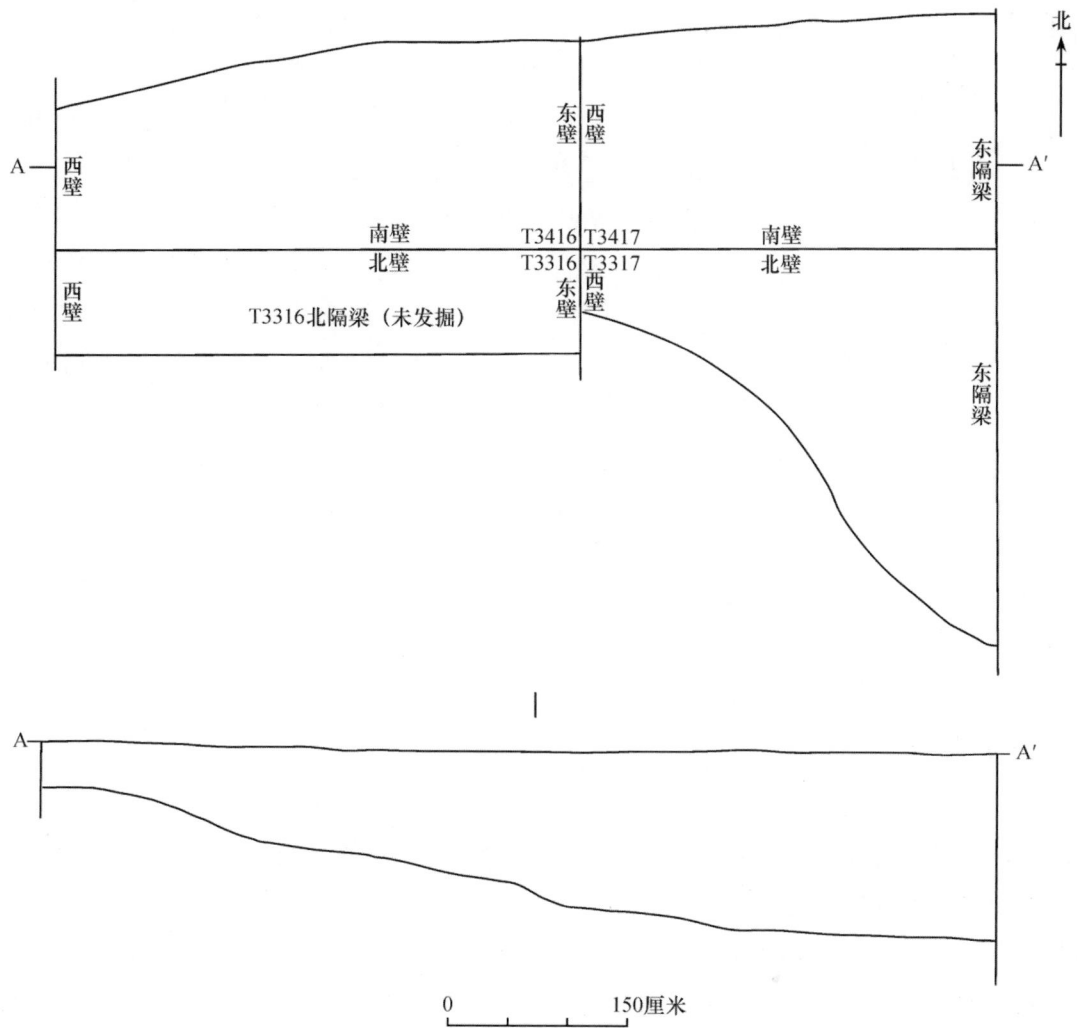

图二六　1999STA2G14平剖、面图

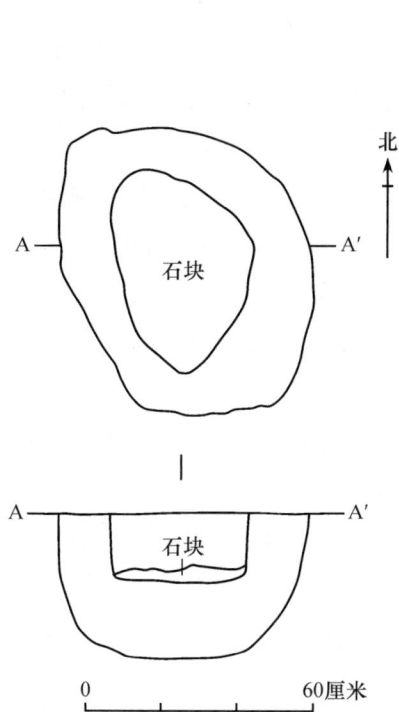

图二七　1999STA2F3柱础平、剖面图

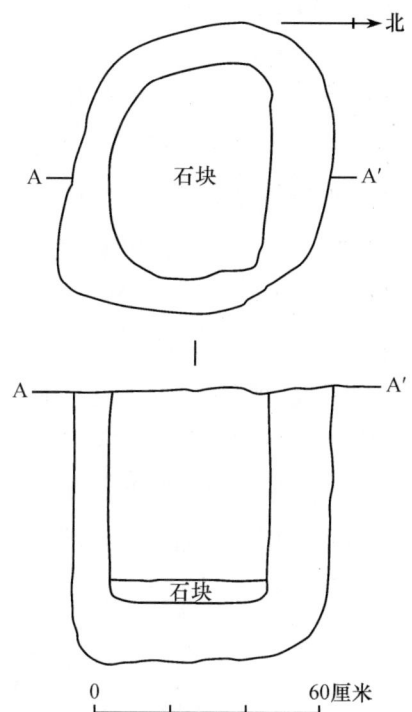

图二八　1999STA2F4柱础平、剖面图

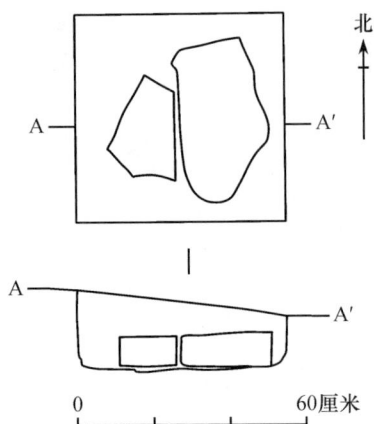

图二九　1999STA2F5柱础平、剖面图

1999STA2F5　位于T2915西北角，距西隔梁0.6米，北隔梁0.4米。在第⑤层下发现F5柱础，其土质、土色有异样，经铲刮之后，发现其坑内有两块石头。F5柱础呈一方形坑，土边长0.55米×0.55米、深0.1～0.2米。坑底较平。石块为两块不规则形石块，并排放于坑底，石块与土圹无垫土，坑内填土为深灰色花土。石块尺寸：①0.28米×0.17米，②0.44米×0.24米；两石块厚度均为0.08米，未有加工痕迹，均为普通的石头。坑内陶片为褐色夹砂泥质陶，无纹饰，器形不明，且陶片较碎（图二九）。

二、遗　物

遗物可分为陶器、石器、铜器等。

（一）陶器

陶器的陶质分为夹砂陶和泥质陶。泥质陶的陶土较粗，似未经淘洗，一般含少量的细砂。夹砂陶有夹细砂和夹粗砂之分，以夹细砂为大宗。泥质陶的陶土一般含有少量的细砂，可能与本地陶土有关。陶色以褐陶（器表一般稍泛灰，火候不匀）为主，其次有少量的灰陶、黑陶和红陶。陶器的器表绝大多数为素面，有极少量的绳纹、弦纹等（图三〇）。

绳纹主要施于夹砂罐（釜）等器物上，弦纹主要施于泥质高领壶的颈部及折沿盆的上腹部和豆形器柄部或圈足上。出土器物大多破碎，不能复原。可辨器形有尖底盏、尖底杯、高领壶、盆、夹砂绳纹罐、钵、豆形器、圈足器、网坠、器盖等生活用具和板瓦等建筑材料。其中尤以尖底盏、盆和高领壶数量较多。制法普遍采用轮制。陶器的器表绝大多数素面无纹，另有少量的绳纹、弦纹等。大多数陶器火候较低，器表颜色不匀。

陶器的陶质以泥质陶数量较多，夹砂陶次之。泥质陶的陶土较粗，似未经淘洗，一般含少量的细砂。陶器的陶色以灰陶占多数，另有少量的纯红陶、黑皮红陶和黄陶等。陶器的器表绝大多数素面无纹，另有少量的绳纹、弦纹等。大多数陶器火候较低，器表颜色不匀。出土陶器种类有盆、缸、高领壶、罐（釜）、杯、盏、器盖、豆形器、网坠、纺轮等。其中高领壶、盆、罐、盏数量最多，器盖、豆形器次之，其他类较少。

尖底盏：18件。基本上皆为夹砂红陶，器身素面，部分底部有划痕。尖圆唇内抹成盘口状，尖底。依形制大小，腹壁深浅可分为三型。

A型：共10件。浅腹，上腹与下腹分界明显，下腹内收较急。此类型盏一般制作精致，外表光滑，形体较小，口径一般在9厘米左右。依颈部的有无分为二亚型。

Aa型：7件。无颈部。依口部及上腹形态不同可分为四式。

Ⅰ式：1件。尖圆唇，直口，上腹斜直。2001STA1T3905⑥：1，尖圆唇，直口，斜弧腹。

图三〇 纹饰拓片

夹砂红陶。乳头状尖底，素面。可复原，口径9.5、通高6厘米（图三一，1）。

Ⅱ式：1件。圆唇，直口，上腹近直。2001STA1T3804⑤：1，可复原，夹砂红陶。唇沿较厚，直口，底较突，底部有数道划痕。口径8.7、通高6.7厘米（图三一，2）。

Ⅲ式：4件。圆唇，口微敛，上腹微鼓。2001STA1T3904⑥：1，可复原，器表颜色不匀，一部分呈红色，一部分呈灰色。唇沿较薄，底锐尖，素面。口径8.6、通高7.1、腹径8.8厘米（图三一，3；图版一一，1）。2001STA1T3803⑥：3，可复原，夹砂红陶。小圆唇，唇沿较薄，口微敛，圆肩，斜腹，尖底，素面。口径8.8、高6.65、腹径9.1厘米（图三一，4；图版一一，2）。2001STA1T3904⑥：2，可复原，夹砂红陶。唇沿较薄，底相对较尖圆，素面。口径8.7、通高6.7厘米（图三一，5）。2000STA2H40：10，尖底盏口沿，夹细砂红陶。子母口，尖圆唇，口微敛。残高3.1厘米（图三一，6）。

Ⅳ式：1件。2001STA1T3804⑥：8，圆唇，敛口，上腹与下腹相接处圆鼓，腹最大径明显偏上。可复原，夹砂红陶。乳头状尖底，底部有划痕。口径9、通高7.8厘米（图版一一，3）。

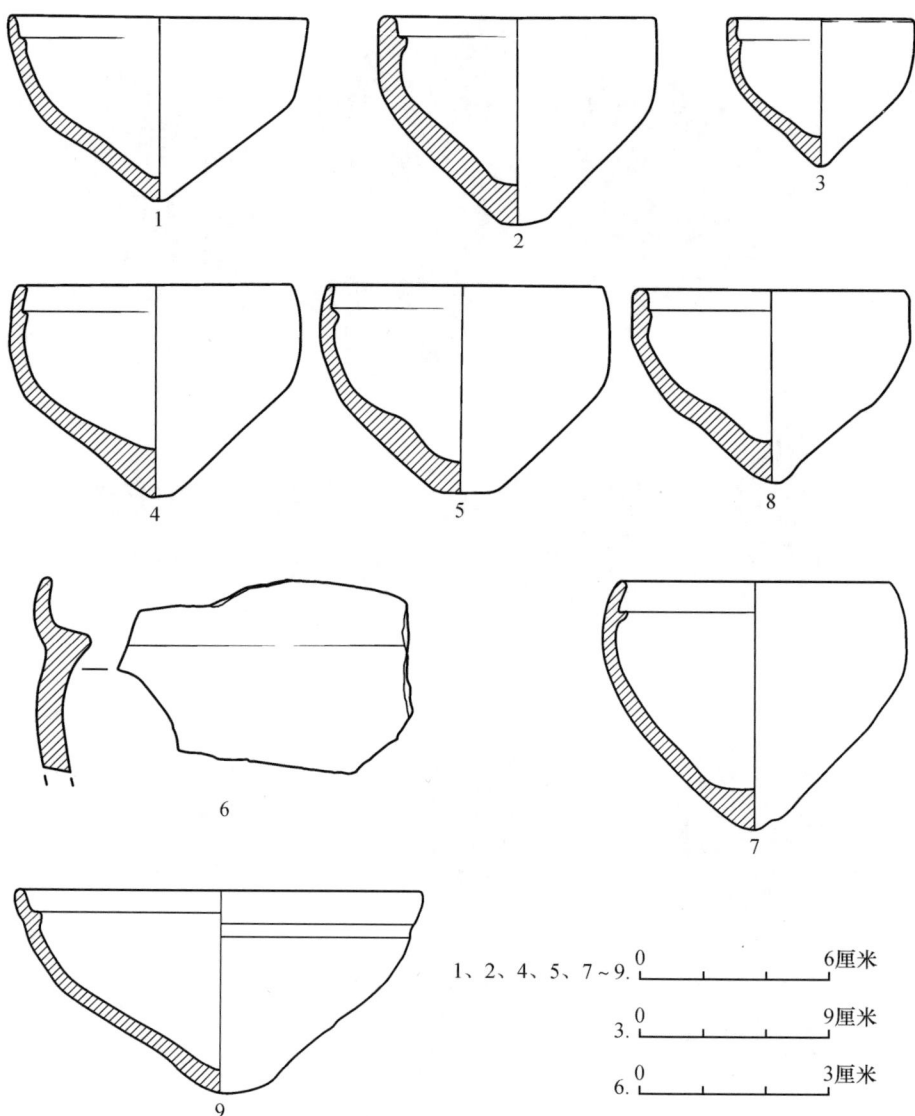

图三一　商周陶尖底盏

1. Aa型Ⅰ式（2001STA1T3905⑥：1）　　2. Aa型Ⅱ式（2001STA1T3804⑤：1）　　3～6. Aa型Ⅲ式（2001STA1T3904⑥：1、
2001STA1T3803⑥：3、2001STA1T3904⑥：2、2000STA2H40：10）　　7. Aa型Ⅳ式（2001STA1T3804⑥：8）
8. Ab型Ⅰ式（2001STA1T3904⑥：12）　　9. Ab型Ⅱ式（2001STA1T3804⑥：3）

　　Ab型：3件。口部外抹下凹微显束颈。依口部形态不同可分为二式。

　　Ⅰ式：1件。2001STA1T3904⑥：12，直口，口部外抹微凹。可复原，夹砂红陶。乳头状尖底，底部有划痕。口径8.6、通高6.2厘米（图三一，8；图版一一，4）。

　　Ⅱ式：2件。2001STA1T3804⑥：3，圆唇，敛口，口部外抹下凹成槽。可复原，器表颜色不匀，一部分呈红色，一部分呈黄色，夹砂陶。底锐尖，底部有一道划痕。口径12.78、通高6.52厘米（图三一，9；图版一一，5）。1998STA2T0105⑤：1，残片。夹细砂褐陶。尖圆唇，唇沿内似盘口。口微敛近直，上腹微鼓近直，下腹缓收成尖底。素面。外表有一乳钉。口沿直径11.4厘米（图版一一，6）。

　　B型：3件。均为可复原标本。整体略似Ab型，唯上腹与下腹连接自然。此类型盏一般制作粗糙，外表多凹凸不平，形体较Ab型盏略大，口径一般在13厘米左右。依口部形态不同可分为二式。

　　Ⅰ式：1件。2001STA1T3804⑥：2，圆唇，直口微敞，口部外抹微凹，斜弧腹。器表颜色不匀，红、黄、灰色兼有，夹砂红陶。尖圜底，底部有划痕。口径12.8、通高7.1厘米（图三二，1；图版一二，1）。

　　Ⅱ式：2件。圆唇，直口，口部外抹下凹成槽，上腹微鼓，下腹缓收，底或尖或尖圆。2001STA1T3804⑥：4，外壁红色，内壁灰色。乳头状尖底，素面。口径12.6、通高7厘米（图三二，2；图版一二，2）。2001STA1T3804⑥：9，夹砂红陶。乳头状尖圜底，素面。口径12.8、通高6.6厘米（图三二，3）。

　　C型：5件。均为可复原标本。此类型盏外表凹凸不平，形体较大，腹较深，口径一般在14厘米左右。依颈部的有无分为二亚型。

　　Ca型：3件。2001STA1T3804⑥：1，无颈部。圆唇，口微敛，子母口，斜腹微鼓，器表颜色不匀，红、黄、灰色兼有。圆唇，口微敛，斜弧腹，乳头状尖底，素面。口径13.2、通高

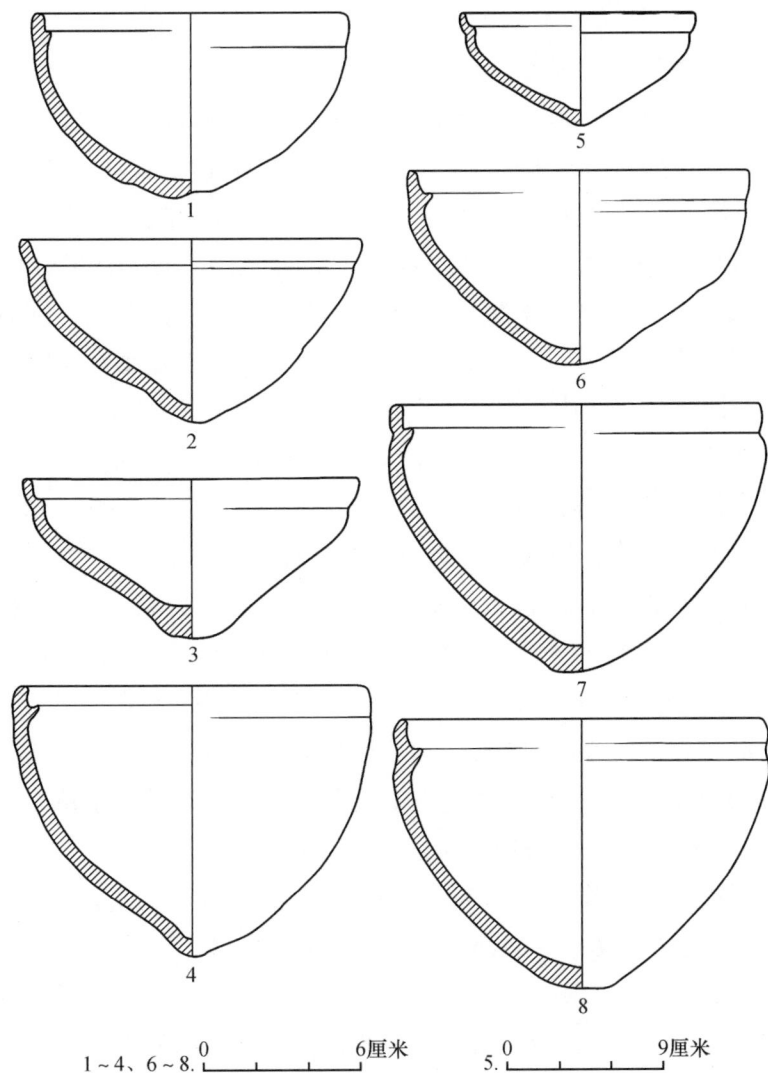

图三二　商周陶尖底盏

1. B型Ⅰ式（2001STA1T3804⑥：2）　　2、3. B型Ⅱ式（2001STA1T3804⑥：4、2001STA1T3804⑥：9）

4～6. Ca型（2001STA1T3804⑥：1、2001STA1T3804⑥：17、2001STA1T3804⑥：6）　　7、8. Cb型（2001STA1T3806⑥：7、2001STA1T3804⑥：7）

10.3厘米（图三二，4；图版一二，3）。2001STA1T3804⑥：17，夹砂红陶。圆唇，子母口，圆肩，斜腹微鼓，尖底，素面。口径13.2、高6.6厘米（图三二，5）。2001STA1T3804⑥：6，夹砂红陶。尖圆唇，子母口，圆肩，斜腹，尖底，素面。口径12.9、高7.4厘米（图三二，6；图版一二，4）。

Cb型：2件。2001STA1T3806⑥：7，口部外抹下凹成槽微显束颈。器表颜色不匀，大部分呈红色，少部分呈灰色。圆唇，口微敛，上腹微鼓，下腹缓收，底较尖圆，素面。口径14.2、通高10.3厘米（图三二，7）。2001STA1T3804⑥：7，尖圆唇，沿向内卷，口微敛，斜弧腹，尖底。夹砂红褐陶，表面有烟熏的痕迹，口沿下有一圈凹陷。残，剩下整器的二分之一左右，可以复原。口径13.82、通高10.48厘米（图三二，8；图版一二，5）。

罐（釜）：14件。均为口部残片。绝大多数为夹砂黑皮褐陶，少数为夹砂灰陶和黄陶。依器表绳纹的有无分为绳纹罐（釜）和素面或弦纹罐（釜）两类。

绳纹罐（釜）：11件。数量不多，均残片。夹细砂灰陶所占比重较大，褐陶少。根据形制不同分为二型。

A型：8件。侈口，卷沿，尖圆唇，方唇，束颈，弧腹，分二式。

Ⅰ式：4件。圆唇，上腹较直。1998STA2T1411⑪：1，口部残片，夹砂灰陶。颈部以下饰较细竖向绳纹，口径18.8厘米（图三三，1）。2001STA1T3803⑥：18，口部残片，夹砂黑皮褐陶。形体较小，口径与腹径基本相等。方唇，沿折卷，敞口，束颈，弧肩弧腹。颈部以下饰微斜行中粗绳纹。口径9、残高4.9厘米（图三三，2）。2001STA1T3804⑤：6，口部残片，夹砂黑皮褐陶。口径明显小于腹径。圆唇，卷沿，敞口，束颈，圆肩，鼓腹。颈部以下饰微斜行中粗绳纹，肩腹相接处饰一周凹弦纹。口径11.6、残高4.4厘米（图三三，3）。2001STA1T3803⑥：19，口部残片，夹砂黑皮褐陶。口径明显大于腹径。方唇，宽沿卷折，敞口，腹微鼓。颈部以下饰斜行中粗绳纹。口径14.6、残高5.1厘米（图三三，4）。

Ⅱ式：4件。尖唇，上腹较鼓。1998STA2T1311⑨：2，夹砂灰褐陶，口腹残片。尖圆唇，沿向外卷侈，侈口，上腹微鼓，颈部饰斜向绳纹直至唇部。口沿直径17厘米（图三三，5；图版一二，6）。2001STB1T3331②：1，夹细砂红陶。尖唇，敞口，平沿，折领，折腹，腹及底部饰有细绳纹，圜底。口径21.8、腹径18.4、残高10厘米（图三三，6；图版一三，1）。2001STA1T3805⑤：1，夹砂红陶。尖唇，直口，圆折腹，下腹斜收，平底。内外壁施灰白色釉，大部分脱落。口径18.84、腹径25.88、底径9.76、高19.64厘米（图三三，7；图版一三，2）。2001STA1T3904⑥：10，口部残片，夹砂灰陶。方唇，卷沿，敞口，束颈，斜肩。颈部以下饰斜行粗绳纹。口径15、残高3.3厘米（图三三，8）。

B型：3件。宽斜沿，沿面微凹，方唇，唇内缘向里凸。可分二式。

Ⅰ式：2件。沿较宽，绳纹直至唇部，1998STA1H22：1，口沿残片，夹砂灰陶，口径24厘米（图三四，1；图版一三，3）。2001STA1T3804⑤：4，大口，此类型罐（釜）口径在20厘米以上，形体相对较大。口部残片，夹砂黑皮褐陶。口径与腹径基本相等。方唇，卷沿，敞口，束颈，弧肩弧腹。颈部以下饰斜行中粗绳纹。口径26、残高9厘米（图三四，2）。

Ⅱ式：1件。沿较窄，唇面微凹。1998STA2T1311⑨：3，口沿残片，夹砂灰陶。口径23.8厘米（图三四，3）。

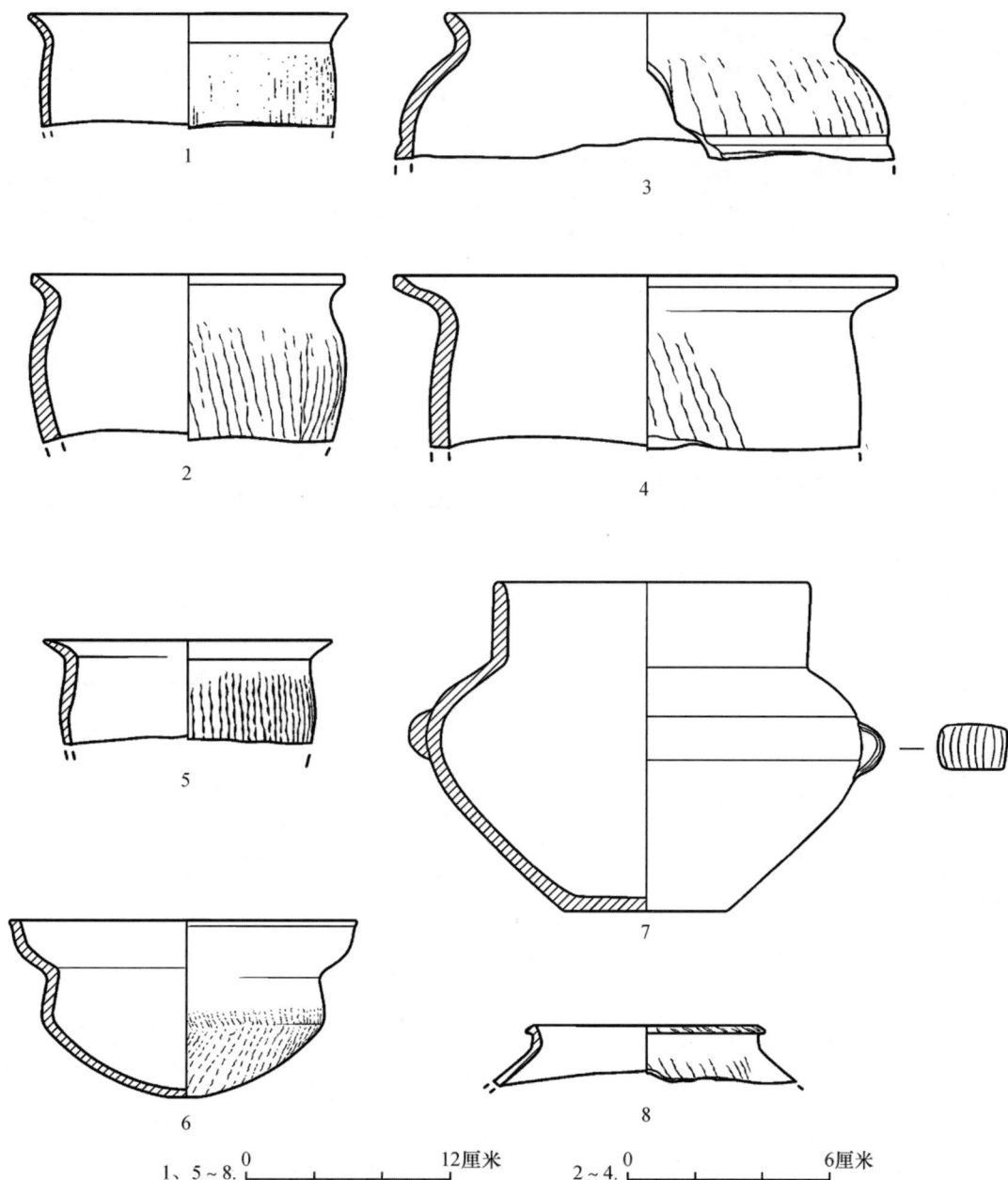

图三三　商周A型陶绳纹罐（釜）

1～4. I式（1998STA2T1411⑪：1、2001STA1T3803⑥：18、2001STA1T3804⑤：6、2001STA1T3803⑥：19）

5～8. II式（1998STA2T1311⑨：2、2001STB1T3331②：1、2001STA1T3805⑤：1、2001STA1T3904⑥：10）

弦纹罐（釜）：3件。依形制不同分为二型。

A型：2件。口径明显小于腹径。卷沿，敞口，束颈，斜肩。2001STA1T3904⑥：9，口部残片，夹砂黑皮红褐陶。方唇，唇面微凹，斜肩微弧，肩部饰三周间断凹弦纹。口径18.6、残高4.3厘米（图三四，4）。2001STA1T3803⑤：1，口部残片，夹砂红陶。圆唇，肩较斜直，素面。口径18.4、残高6厘米（图三四，5）。

B型：1件。2001STA1T3803⑥：16，口径与腹径基本相等。口部残片，夹砂黄陶。尖圆唇，宽沿斜侈，敞口，束颈，鼓腹。肩部饰两周不太明显的凹弦纹。口径13.2、残高5.7厘米（图三四，6）。

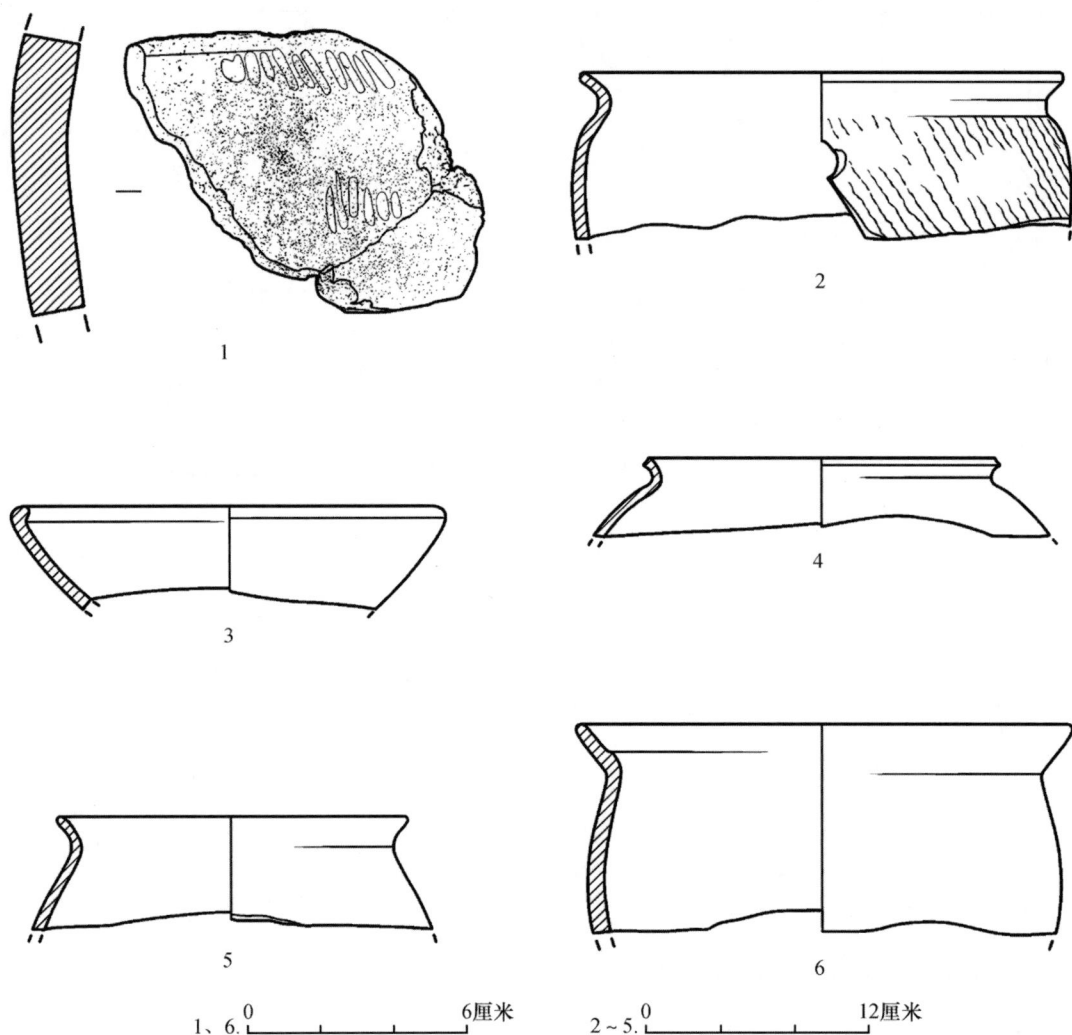

1、6. 0 ————————— 6厘米
2 ~ 5. 0 ————————— 12厘米

图三四　商周陶器

1、2. B型Ⅰ式陶绳纹罐（釜）（1998STA1H22：1、2001STA1T3804⑤：4）　3. B型Ⅱ式绳纹罐（釜）（1998STA2T1311⑨：3）
4、5. A型陶弦纹罐（釜）（2001STAIT3904⑥：9、2001STA1T3803⑤：1）　6. B型弦纹罐（釜）（2001STAIT3803⑥：16）

素面夹砂罐：2件。数量不多，均为残片，大多为夹粗砂褐陶，少数夹细砂灰陶。根据形制不同分二型。

A型：1件。侈口，卷沿，尖圆唇，束颈，直筒腹。1998STA2T1311⑨：4，口腹残片。夹粗砂褐陶。尖圆唇，折沿，沿向外卷，侈口，束颈，上腹较鼓，素面。口沿直径13厘米（图三五，1；图版一三，4）。

B型：1件。敞口，折沿，尖唇，束颈，广肩。1998STA2T0105⑤：4，夹粗砂褐陶。口部残片。尖圆唇，沿向外卷，侈口，束颈，广肩。素面。残长5.32、残宽3.1厘米（图三五，2；图版一三，5）。

素面泥质罐：3件。数量少且均为残片。折沿，束肩。根据形制不同可分二式。

Ⅰ式：1件。宽折沿，方唇，束颈，斜肩，器壁较厚。1998STA2T1311⑩：7，泥质灰陶。方唇，宽沿向外卷折，斜肩，素面。口部残片。口径29.6厘米（图三五，3）。

Ⅱ式：2件。窄折沿，尖唇，束颈，广肩，器壁较薄。罐底为平底，1998STA2T0105⑤：5，夹砂褐陶。直壁平底，底径8、残高6.7厘米（图三五，4）。1998STA2T0105⑤：6，泥质（夹细

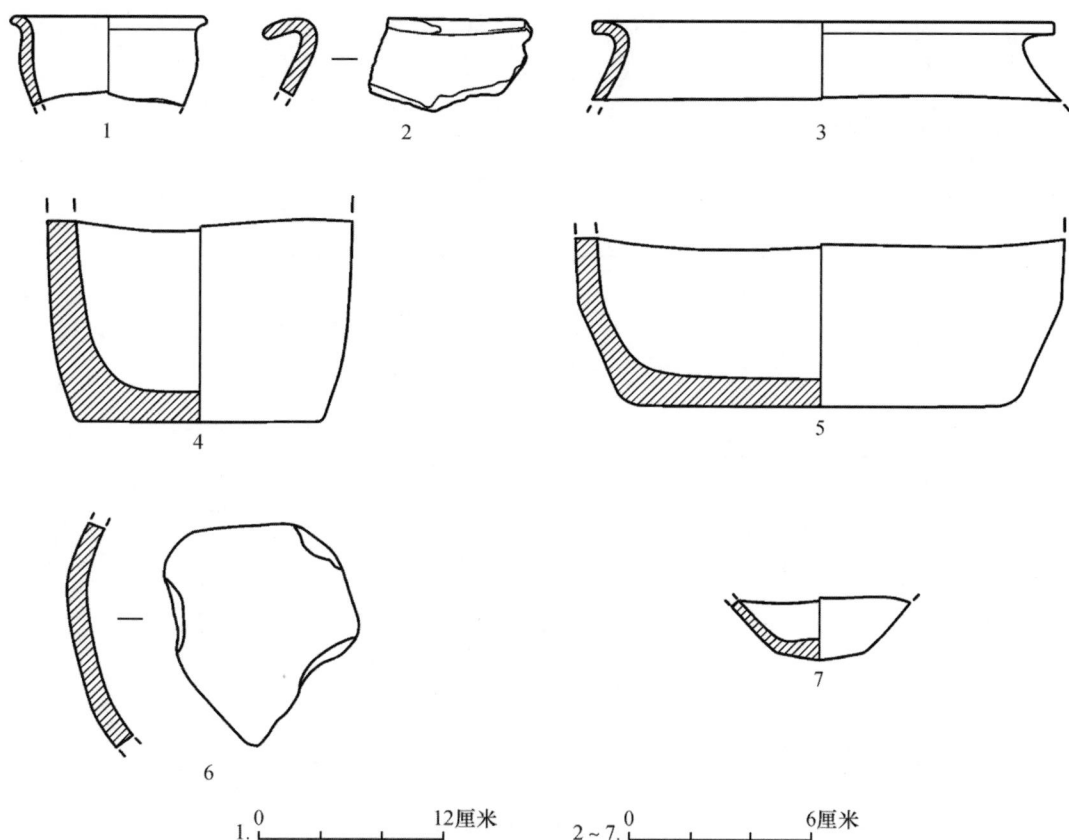

图三五　商周陶器

1.A型素面夹砂罐（1998STA2T1311⑨：4）　2.B型素面夹砂罐（1998STA2T0105⑤：4）　3.Ⅰ式素面泥质罐（1998STA2T1311⑩：7）
4、5.Ⅱ式素面泥质罐（1998STA2T0105⑤：5、1998STA2T0105⑤：6）　6、7.直领尖底罐（1998STA2T1311⑩：4、
1998STA2T3112⑤：1）

砂）褐陶。器底，斜直壁，平底。素面。底径12、残高5.52厘米（图三五，5；图版一三，6）。

直领尖底罐：共2件。1998STA2T1311⑩：4，颈、腹残片。夹砂褐陶。鼓肩，弧腹。素面。残长7.33、残宽6.32厘米（图三五，6；图版一四，1）。1998STA2T3112⑤：1，器底，夹砂褐陶。尖圜底。素面。底径3.1、残高2.1厘米（图三五，7）。

罐口沿：9件。2000STA2T1307⑤：10，泥质灰陶。近直口，圆唇。残高4.5厘米（图三六，1）。2000STA2T1308⑤：1，泥质红褐陶。胎呈浅灰色。敞口，圆唇，束颈。残高4厘米（图三六，2）。2000STA2T1308⑤：3，泥质灰陶。胎红褐色，敞口，圆唇。残高4厘米（图三六，3）。2000STA2T1308⑤：15，夹细砂灰陶。敞口，尖唇，饰一乳钉纹。口径12、残高3.9厘米（图三六，4）。2000STA2T1309④：7，泥质灰陶。敛口，平折沿，斜腹。口径23、残高4.2厘米（图三六，5）。2000STA2T1309④：9，泥质灰陶。敞口，圆唇。口径12.6、残高2.5厘米（图三六，6）。2000STA2H40：4，泥质灰陶。圆唇，敞口。口径18.4、高5.1厘米（图三六，7）。2000STA2T1206⑤：1，泥质红陶。敞口，圆唇外翻。胎残灰色。口径15厘米、残高3.1厘米（图三六，8）。2001STA1T3803⑥：14，夹砂灰陶。敞口，尖圆唇，素面。口径21.44、残高4厘米（图三六，9）。

尖底杯：11件。数量较多，均为残片。绝大多数为夹细砂红褐陶，有极少量的夹细砂灰陶。敛口，圆唇，鼓肩，斜弧腹，近底部有一转折，经旋削。素面。可分二式。

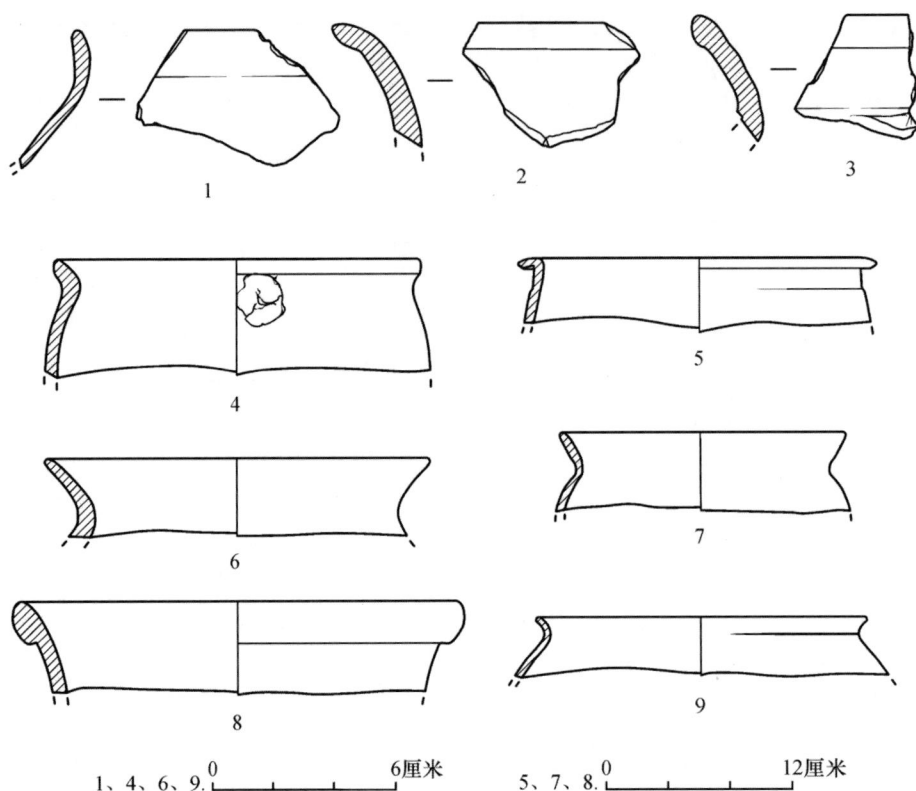

图三六　商周陶罐口沿

1. 2000STA2T1307⑤：10　2. 2000STA2T1308⑤：1　3. 2000STA2T1308⑤：3　4. 2000STA2T1308⑤：15

5. 2000STA2T1309④：7　6. 2000STA2T1309④：9　7. 2000STA2H40：4　8. 2000STA2T1206⑤：1

9. 2001STA1T3803⑥：14

Ⅰ式：4件。方圆唇，器壁较厚。1998STA2T1311⑩：3，夹细砂褐陶。口沿残片。方圆唇，沿向内收，口微敛，胎较厚，斜弧腹，底残。素面。口沿直径11.7厘米（图三七，1；图版一四，2）。2001STA1T3904⑥：5，夹砂红褐陶。圆唇，近直口，折肩，斜腹，尖底稍平，素面。口径9.5、高6.1厘米（图三七，2；图版一四，3）。2001STA1T3904⑥：6，夹砂红褐陶。圆唇，子母口，圆肩，斜腹，尖底，素面。腹径9.8、高7.1厘米（图三七，3；图版一四，4）。2001STA1T3904⑥：7，夹砂陶，上红下灰。圆唇，直口，子母口，上腹近直，下腹斜收，尖底，素面。口径9.6、高7.15厘米（图三七，4；图版一四，5）。

Ⅱ式：7件。1998STA2T0104⑦：1，为一器底，夹细砂灰陶。尖底，但底尖部分相对较缓。直径6.62、残高1.83厘米（图三八，1）。1998STA2T0104⑦：2。夹细砂褐陶。底尖部分有一极小的平底，素面。底径1.8厘米（图三八，2；图版一五，1）。1998STA1T4006⑤：2。下腹至底部残片。夹细砂褐陶。乳头状尖底，底部有明显旋削痕迹。素面。底径0.76、残高5.68厘米（图三八，3）。1998STA1T4006⑤：1。底残，剩下口腹部。夹细砂红陶。尖圆唇，敞口，斜弧腹。素面。口沿直径8.4厘米（图三八，4；图版一五，2）。2001STA1T3904⑥：4。夹砂红陶。尖圆唇，口微敛，圆肩，斜腹，尖底，素面。存有器壁、器底，可以复原。口径8.8、高8.1、腹径9厘米（图三八，5；图版一五，3）。2001STA1T3804⑥：5，口部残，泥质灰黑陶。长颈近直，肩腹相接处圆转，下腹斜直内收成小平底，素面。口径9.6、残高10.5、底径2.1厘米（图三八，6；图版一五，4）。2000STA2T1207⑤：1，泥质灰陶。素面，圜底，高

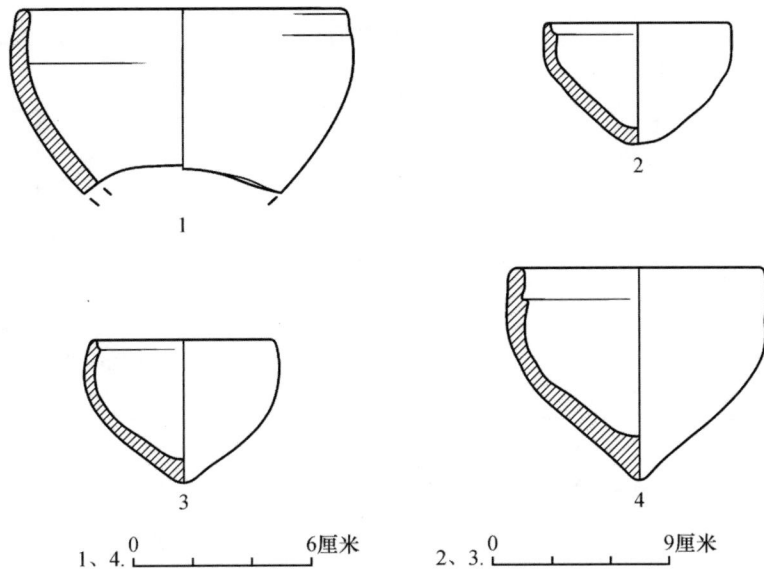

图三七　商周 I 式陶尖底杯

1. 1998STA2T1311⑩：3　2. 2001STA1T3904⑥：5　3. 2001STA1T3904⑥：6　4. 2001STA1T3904⑥：7

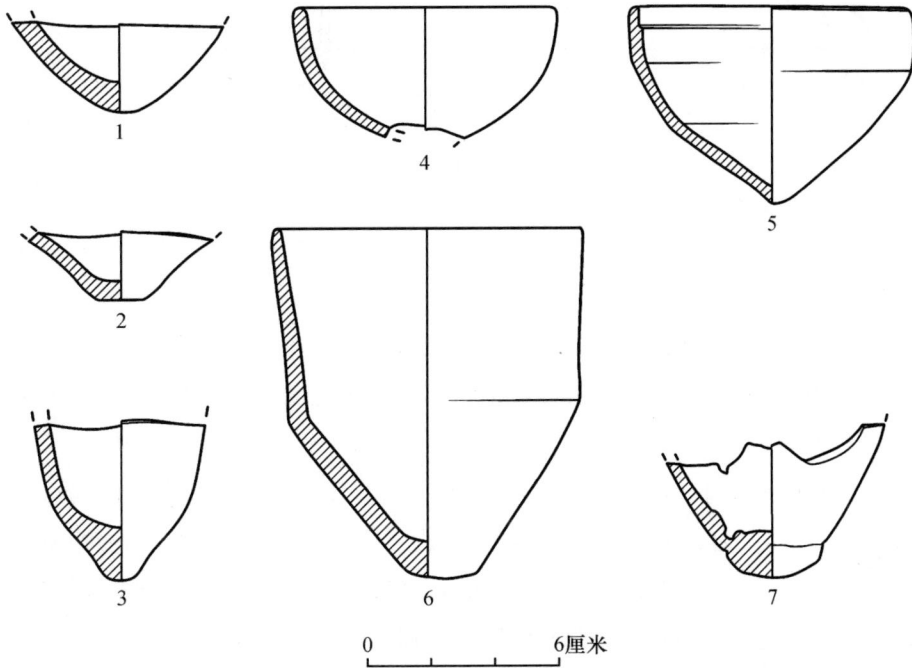

图三八　商周 II 式陶尖底杯

1. 1998STA2T0104⑦：1　2. 1998STA2T0104⑦：2　3. 1998STA1T4006⑤：2　4. 1998STA1T4006⑤：1　5. 2001STA1T3904⑥：4

6. 2001STA1T3804⑥：5　7. 2000STA2T1207⑤：1

4.2、底径1.9厘米（图三八，7）。

　　垫饼：1件。1999STA2T2815⑤：2，不规则圆形，个体较小，缸腹片打制而成。直径
2.64、厚0.8厘米（图三九，1）。

　　器盖：5件。均为纽部和盘部残片。基本上为泥质灰陶和灰黑陶，少数为泥质红陶和黄陶。
器表基本上素面无纹，少数饰较纤细的凹弦纹。依器盖柄部粗细高矮形制不同可分为二型。

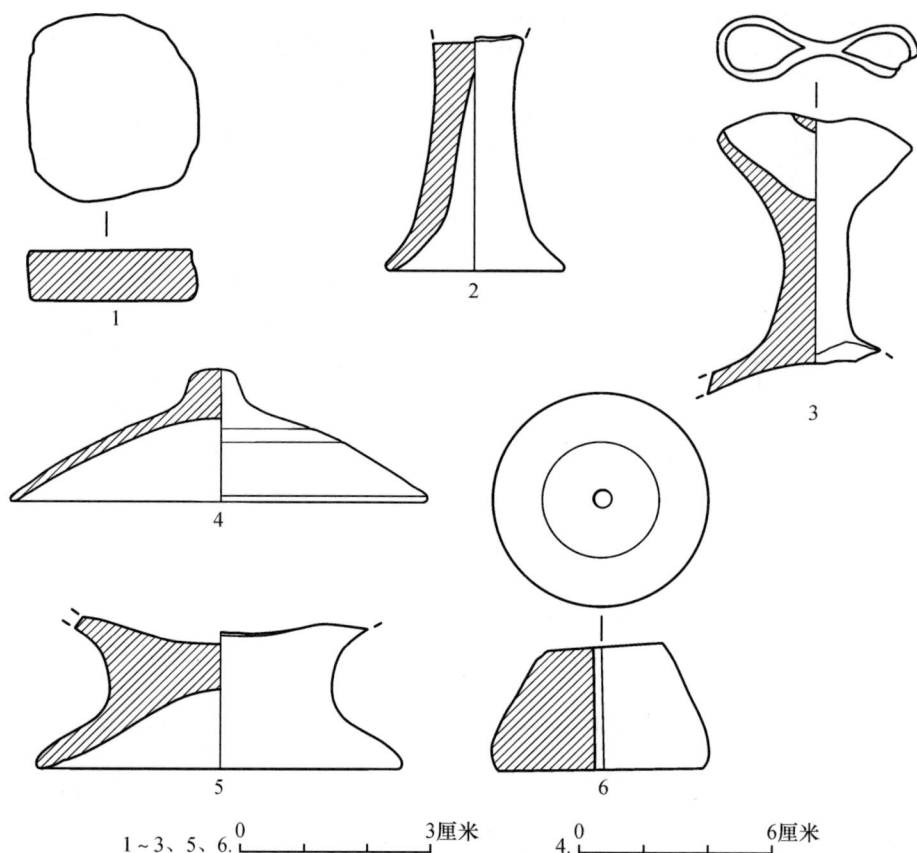

图三九　商周陶器

1. 垫饼（1999STA2T2815⑤：2）　2. Aa型器盖（2001STA1T3804⑤：16）　3、4. Ab型器盖（2001STA1T3804⑤：17、2001STA1T3804⑤：18）　5. B型器盖（2001STA1T3804⑤：9）　6. 纺轮（2001STA1T3905⑤：3）

A型：4件。细中柄。依纽部形态不同可分二亚型。

Aa型：1件。喇叭口器纽。2001STA1T3804⑤：16，泥质灰皮黄陶。素面。纽径2.6、残高3.7厘米（图三九，2）。

Ab型：3件。2001STA1T3804⑤：17，泥质灰黑陶。素面。8字形花瓣状器纽，纽宽3.3、残高4.4厘米（图三九，3）。1998STA2T3112⑤：6，泥质灰黑陶。覆盆状，细柄状把手。素面。口径12.6、残高3.76厘米（图版一五，5）。2001STA1T3804⑤：18，纽残，泥质灰黑陶。盖盘为圆唇，侈口，斜弧壁，腹部饰两周纤细的凹弦纹。口径13、残高4.1厘米（图三九，4）。

B型：1件。2001STA1T3804⑤：9。粗矮柄，喇叭口器纽，纽部残片，泥质红陶。素面，纽径5.6、残高2.3厘米（图三九，5）。

纺轮：1件。2001STA1T3905⑤：3，边缘略残，泥质灰皮红陶。圆形台阶状，中为小圆孔，素面。顶面径1.8、底面径3.2、孔径0.3、厚1.9厘米（图三九，6）。

缸：共5件。数量少，且均为残片。有泥质和夹砂灰陶两种。均作短领、直口、广肩。1998STA2T0104⑦：3。泥质灰陶。口部残片。圆唇，直口微敞，广肩，颈部饰一道凸弦纹。口沿直径28.8厘米（图四〇，1；图版一五，6）。1998STA2T1311⑩：8。口部残片。夹砂灰陶。平沿微凹，直口，溜肩。素面。口沿直径7.8厘米（图四〇，2；图版一六，1）。2000STA2H40：3，敞口，圆唇，侈口。夹细砂灰陶。口径41.5、高5.7厘米（图四〇，

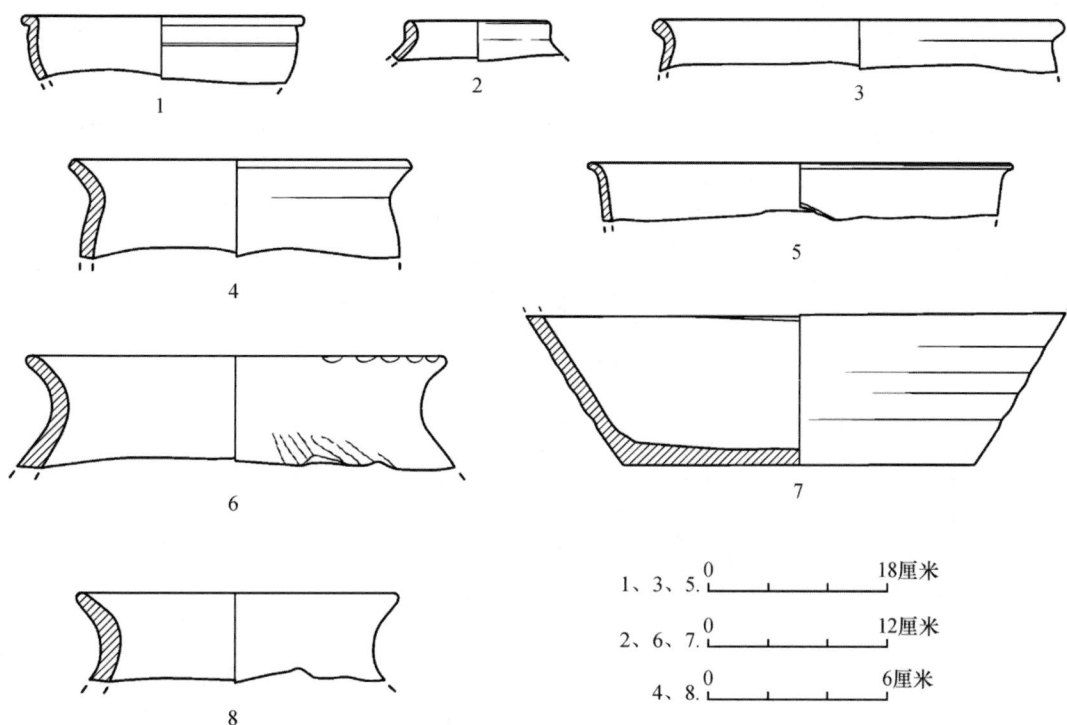

图四〇　商周陶器

1～5.缸（1998STA2T0104⑦：3、1998STA2T1311⑩：8、2000STA2H40：3、2000STA2T1207⑤：2、2001STA1T3905⑤：1）
6.大口花边釜（1999STA2G14：1）　7.平底缸（1998STA1T4007⑤：1）　8.小口罐（1999STA2G14：12）

3）。2000STA2T1207⑤：2，泥质灰褐陶。敞口，圆唇。口径11.9厘米（图四〇，4）。2001STA1T3905⑤：1，口部残片，夹细砂黑皮红褐陶。尖圆唇，折沿微仰，敞口，直腹。素面。口径42.72、残高5.9厘米（图四〇，5）。

大口花边釜：1件。1999STA2G14：1，口部残片。夹砂红褐陶，圆唇，唇沿上按压，大锯齿状花边纹，斜沿微卷，侈口，束颈，斜肩，肩部饰斜行粗绳纹。口径28、底径28、残高7.6厘米（图四〇，6；图版一六，2）。

平底缸：1件。1998STA1T4007⑤：1，泥质灰陶，斜直壁，平底。底径23.8厘米（图四〇，7）。

小口罐：1件。1999STA2G14：12，夹砂灰褐陶，圆唇，卷沿，侈口，矮领。口径10.4、残高3.2厘米（图四〇，8；图版一六，3）。

高领壶：18件。数量较多，均为残片，为口部残片或底部残片。陶色以泥质灰皮或黑皮红陶为多，灰陶次之，另有少量的纯红陶和黄陶。绝大多数颈部饰凹弦纹，少数素面无纹。依口部形态不同可分四型。

A型：6件。尖唇或圆唇，侈口，高领圆卷。1998STA2T1506⑤：1，口部残片，泥质褐陶。唇沿较厚，颈高而直。口径24.6厘米（图四一，1）。1998STA2T0105⑤：7，口沿残片，泥质灰陶。唇沿较薄，颈较矮而向外圆卷。口径17.6厘米（图四一，2；图版一六，4）。2000STA2T1309④：2，夹砂灰陶。敞口，圆唇外翻，高领。口径41.6、残高12厘米（图四一，3）。2001STA1T3804⑥：13，口部残片，泥质红陶。唇沿较薄，沿宽卷，颈部饰两周凹弦纹。口径17、残高7.2厘米（图四一，4）。2001STA1T3803⑥：9，口部残片，泥质灰陶。唇

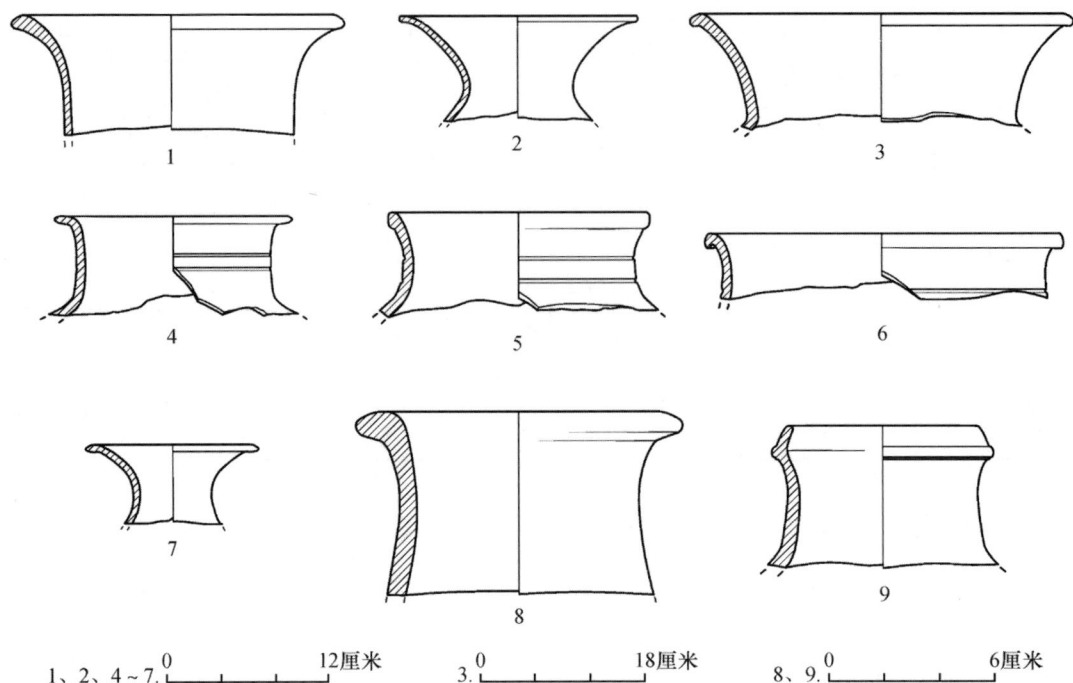

图四一　商周陶高领壶

1～6. A型（1998STA2T1506⑤：1、1998STA2T0105⑤：7、2000STA2T1309④：2、2001STA1T3804⑥：13、
2001STA1T3803⑥：9、2001STA1T3903⑥：2）　　7～9. B型（1998STA2T1311⑩：9、1999STA2G14：6、
2000STA2T1309④：8）

沿较厚，颈部饰两周凹弦纹。口径18.8、残高7.2厘米（图四一，5）。2001STA1T3903⑥：2，口部残片，泥质黑皮红陶。唇沿较薄略下垂，颈部饰一周凹弦纹。口径25、残高4.9厘米（图四一，6）。

B型：3件。沿向外卷，尖圆唇。1998STA2T1311⑩：9，口部残片，褐陶掺入少量细砂，唇沿较薄，颈较矮而向外圆卷。口径12.7厘米（图四一，7）。1999STA2G14：6，泥质黑灰陶。尖圆唇，折沿斜平，敞口，高领，素面。口径12、残高6.8厘米（图四一，8；图版一六，5）。2000STA2T1309④：8，泥质灰陶。敛口，细颈，口沿下部饰一道凸弦纹。口径8、残高5.1厘米（图四一，9）。

C型：4件。敞口，尖圆唇，斜平沿，沿面微凹。1998STA2T0105⑤：8，口沿残片，泥质褐陶，颈部饰一道凹弦纹。口径19厘米（图四二，1；图版一六，6）。2001STA1T3803⑥：4，泥质红陶。敞口，圆唇，素面颈部饰两道凹弦纹。底径14.2、残高6.4厘米（图四二，2）。2001STA1T3803⑥：7，泥质褐陶。敞口，圆唇，领近直，素面，颈部饰两道凹弦纹。底径17.6、残高7.1厘米（图四二，3）。2001STA1T3804⑤：3，泥质褐陶。敞口，圆唇，高领，素面，颈部饰两道凹弦纹。口径17.2、残高8.7厘米（图四二，4）。

D型：1件。2001STA1T3904⑤：1，子母状敛口。口部残片，泥质红陶。素面。口径14.2、残高9.4厘米（图四二，5）。

高领壶残片，4件。1998STA2T1311⑩：10。泥质灰陶。高领壶底。斜直壁，矮圈足外撇。素面。圈足径7.2厘米（图四二，6；图版一七，1）。2000STA2H40：2，泥质红陶。内壁呈红色，外壁呈灰色，喇叭口，饰有附加堆纹。残高4.2厘米（图四二，7）。2000STA2T1309④：3，夹砂灰

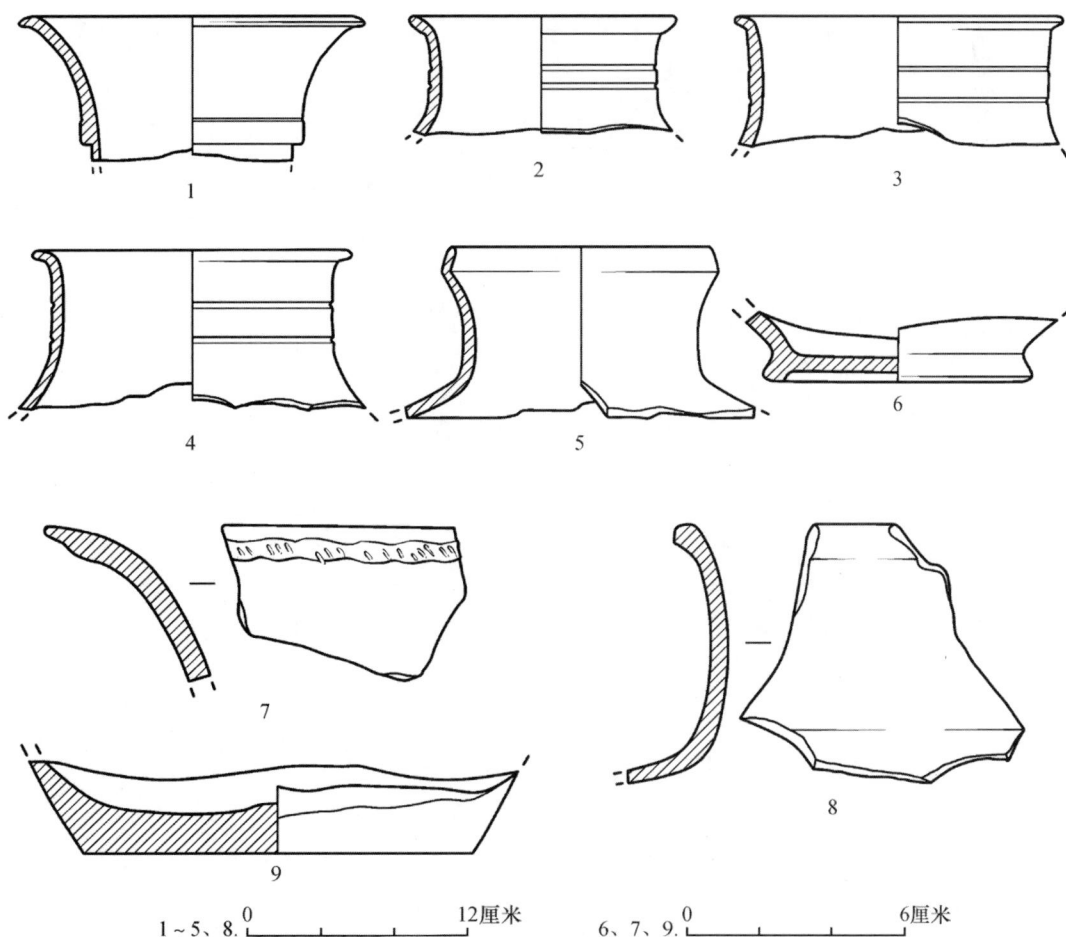

图四二　商周陶高领壶

1~4. C型（1998STA2T0105⑤：8、2001STA1T3803⑥：4、2001STA1T3803⑥：7、2001STA1T3804⑤：3）

5. D型（2001STA1T3904⑤：1）　6~9. 残片（1998STA2T1311⑩：10、2000STA2H40：2、2000STA2T1309④：3、

2001STA1T3804⑥：15）

陶。敞口，圆唇，高领，宽肩。残高14.2、宽15.5厘米（图四二，8）。2001STA1T3804⑥：15，泥质灰皮红陶。似为高领壶底残片，素面。底径10.2、残高2.6厘米（图四二，9）。

小平底盆：共15件。数量较多，均残片。绝大多数为泥质灰陶，少量泥质红陶及黑灰陶，还有少数夹砂灰褐陶。大多数素面。极少量肩部饰两道弦纹。根据肩、腹形态不同分二型。

A型：9件。斜侈沿较宽，束颈，肩腹没有明显分界，弧肩弧腹。可分二式。

Ⅰ式：4件。肩微鼓，肩腹相接处圆转。1998STA2T0104⑧：1。泥质灰陶。口腹残片。厚圆唇，沿向外卷折，束颈，上腹部微鼓，下腹缓收。素面。口沿直径27.2厘米（图四三，1；图版一七，2）。1998STA2T0104⑧：2，夹砂灰褐陶。口腹残片。尖唇，宽斜沿，侈口，腹微鼓，腹部饰有两道凹弦纹。口沿直径10.1厘米（图四三，2；图版一七，3）。2001STA1T3804⑥：16，口部残片，泥质红陶。口径与腹径基本相等。素面。口径10、残高6.2厘米（图四三，3）。2001STA1T3903⑥：4，口部残片，泥质灰黑陶。口径略大于腹径。素面。口径10.2、残高4厘米（图四三，4）。

Ⅱ式：5件。肩圆鼓，肩腹相接处折转。1998STA2T1311⑨：5，夹砂灰褐陶，口部残片，素面。口径8.7厘米（图四三，5）。2000STA2H40：1，泥质灰陶，底部残片。肩腹相接处折

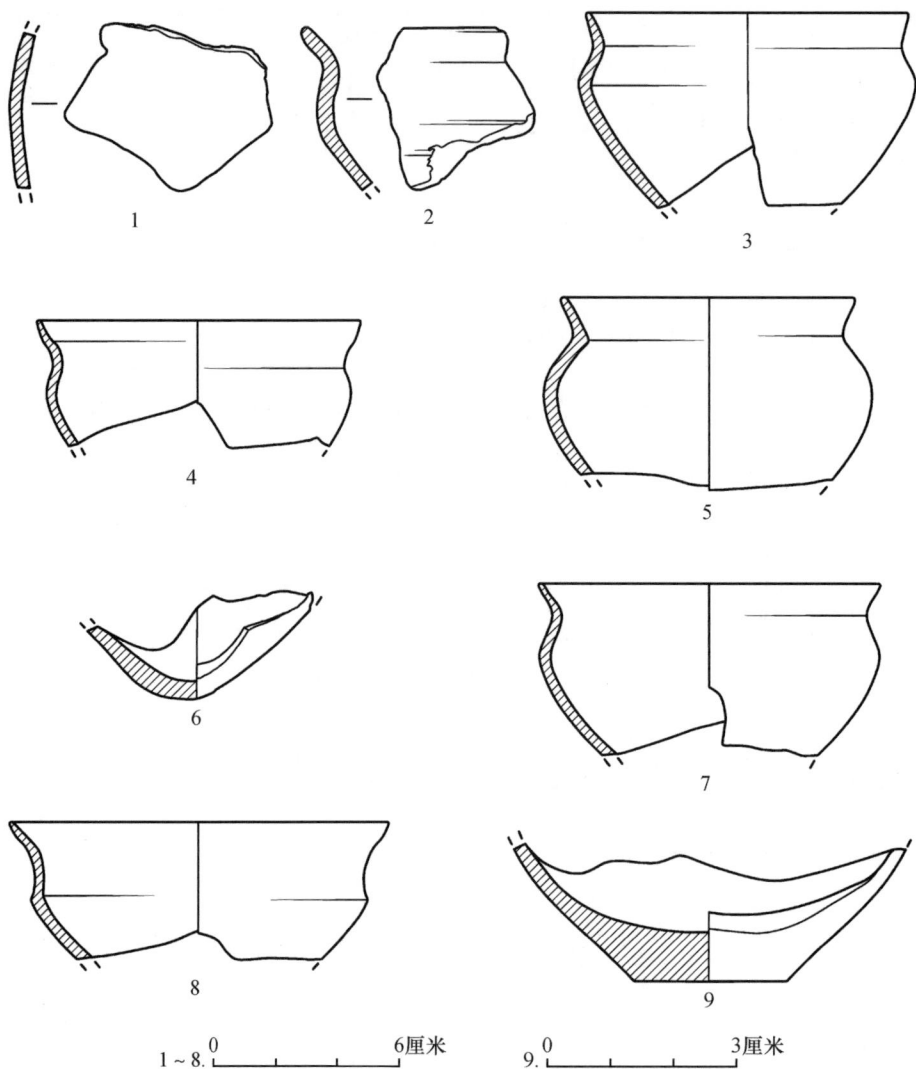

图四三　商周陶小平底盆

1～4. A型Ⅰ式（1998STA2T0104⑧：1、1998STA2T0104⑧：2、2001STA1T3804⑥：16、2001STA1T3903⑥：4）

5～9. A型Ⅱ式（1998STA2T1311⑨：5、2000STA2H40：1、2001STA1T3804⑤：11、2001STA1T3804⑥：11、

2001STA1T3803⑥：21）

圆转。高3.4、径7.4厘米（图四三，6）。2001STA1T3804⑤：11，口部残片，泥质灰黑陶。口径与腹径基本相等。素面。口径10.6、残高5.5厘米（图四三，7）。2001STA1T3804⑥：11，口部残片，泥质灰黑陶。口径明显大于腹径。素面。口径12、残高4.4厘米（图四三，8）。2001STA1T3803⑥：21，泥质灰陶。素面。底径2.4、残高1.9厘米（图四三，9）。

　　B型：6件。斜侈沿较窄，束颈，肩、腹有明显的分界，折肩或折腹。可分二式。

　　Ⅰ式：1件。沿面微凹。1998STA2T1311⑩：5，泥质灰陶。口腹残片，尖唇，斜侈沿，侈口，斜肩，肩腹圆鼓，下腹缓收，素面。口沿直径8.7厘米（图四四，1；图版一七，4）。

　　Ⅱ式：5件。沿面较平，沿向外卷侈。1998STA2T1311⑨：1，口腹残片，泥质灰陶。尖圆唇，沿向外卷侈，侈口，折肩，折腹。素面。口沿直径7.2厘米（图四四，2；图版一七，5）。小平底盆的内盆底个体在形制上略有不同，底或平，或凹，或凸。1998STA2T0104⑧：3，泥质灰陶。底较平，底径2.5厘米（图四四，3）。1998STA2T0105⑤：2，下腹至底部残片。泥质灰

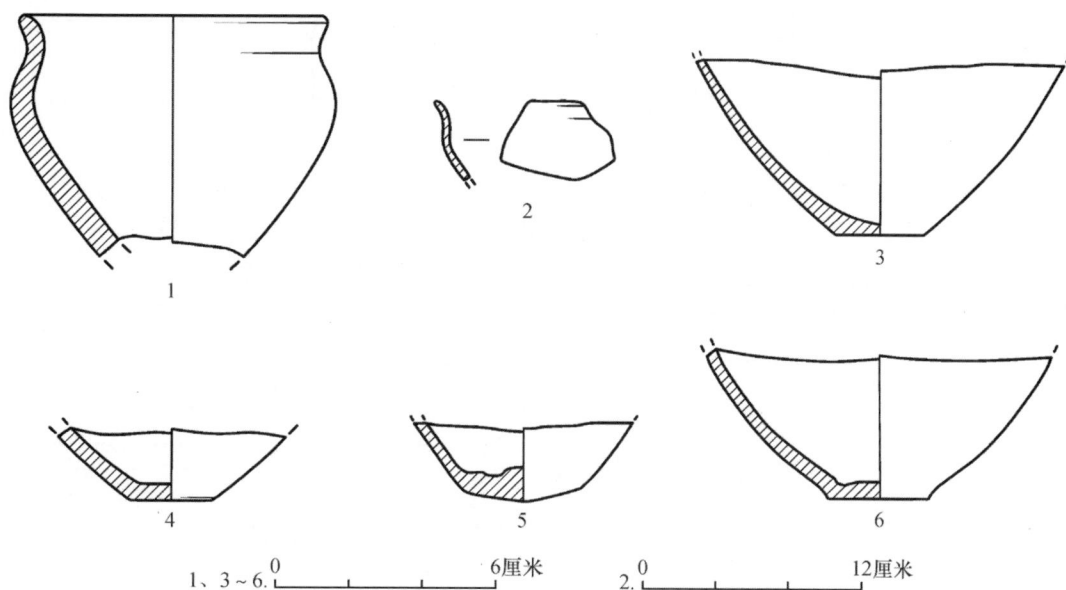

图四四　商周陶小平底盆

1. B型Ⅰ式（1998STA2T1311⑩∶5）　　2～6. B型Ⅱ式（1998STA2T1311⑨∶1、1998STA2T0104⑧∶3、1998STA2T0105⑤∶2、
1998STA2T3112⑤∶2、2001STA1T3803⑤∶4）

陶。斜直壁，凹底。素面。底径2.4厘米（图四四，4；图版一七，6）。1998STA2T3112⑤∶2，夹砂灰陶。底经旋削中部微凸。底径3.2厘米（图四四，5）。2001STA1T3803⑤∶4，泥质灰陶。斜腹，小平底，素面。底径2.7、残高3.6厘米（图四四，6）。

折沿盆：9件。数量较多，均为残片。泥质灰陶，肩部一般饰两道凹弦纹。根据口沿及腹部形态不同分为三型。

A型：3件。平折沿，方圆唇，沿面下凹成槽，敛口，鼓腹。可分二式。

Ⅰ式：1件。沿较宽，上腹微鼓，器壁较厚。1998STA2T1311⑩∶6。泥质灰陶。口腹残片。方圆唇，平折沿，沿面下凹成槽，敞口，上腹近直，下腹缓收，上腹饰两周凹弦纹。口沿直径17.8厘米（图四五，1；图版一八，1）。

Ⅱ式：2件。沿较窄，上腹较鼓，器壁较薄。泥质灰陶。1998STA2T3112⑤∶3，口部残片，上腹饰不明显的凹弦纹。口径20.7厘米（图四五，2）。2001STA1T3803⑥∶12，沿较宽，腹微鼓。口部残片，泥质灰陶。素面。口径19.4、残高5厘米（图四五，3）。

B型：4件。斜平窄折沿，方唇，沿面微凹，直口，上腹较鼓。1998STA2T3112⑤∶4，口部残片，上腹饰两道凹弦纹。口径22.3厘米（图四五，4）。1999STA2G14∶5，泥质灰陶，方唇，窄折沿，直口微敞，弧腹，素面。口径16.8、残高5.6厘米（图四五，5）。2000STA2T1308⑤∶2，泥质灰陶。盆口沿，口微敛，斜折沿，圆唇，直腹微鼓。残高3.8厘米（图四五，6）。2001STA1T3903⑥∶7，沿较窄，沿面下凹成槽，腹壁外倾。口部残片，泥质灰陶。上腹饰一周凹弦纹。口径28.4、残高4厘米（图四五，7）。

C型：2件。形体似B型唯卷沿。2001STA1T3803⑥∶13，夹细砂褐陶。敞口，圆唇，圆肩，斜腹，素面。口径26.6、残高6.2厘米（图四五，8）。2001STA1T3904⑤∶3，口部残片，夹细砂黑皮褐陶。口径略小于腹径，鼓腹，素面。口径21、残高6厘米（图四五，9）。

子母口盆：1件。1998STA2T1606④∶1，口腹残片。夹砂褐陶。圆唇子口，敞口，斜直

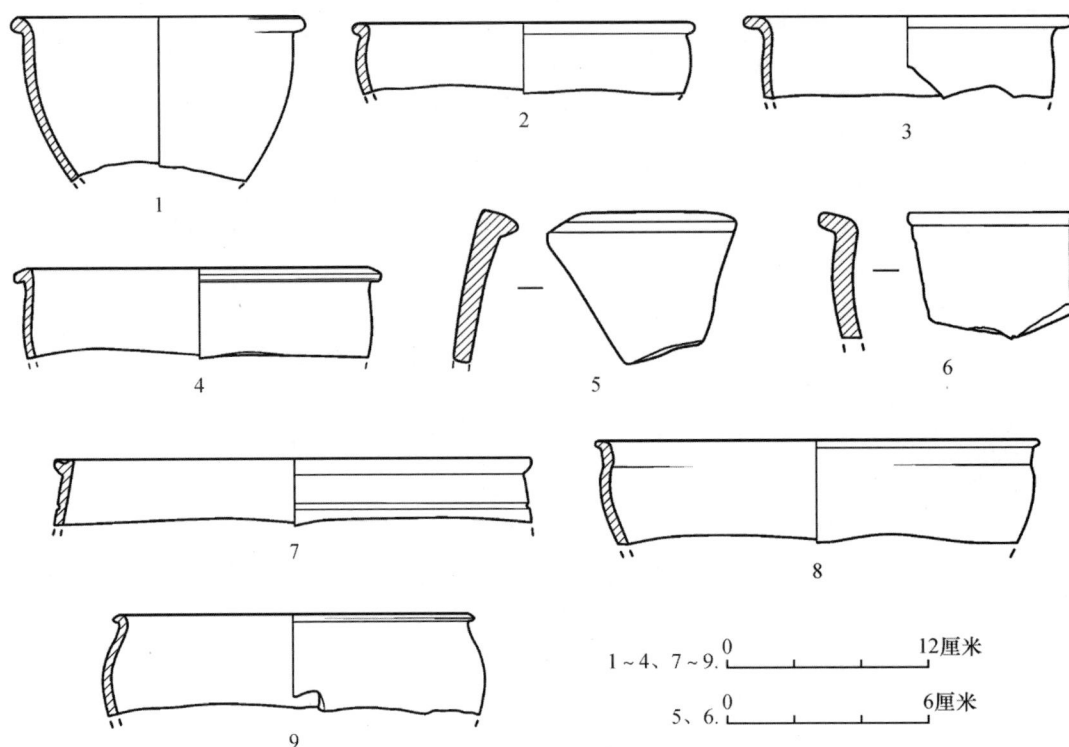

图四五　商周陶折沿盆

1. A型Ⅰ式（1998STA2T1311⑩：6）　2、3. A型Ⅱ式（1998STA2T3112⑤：3、2001STA1T3803⑥：12）

4～7. B型（1998STA2T3112⑤：4、1999STA2G14：5、2000STA2T1308⑤：2、2001STA1T3903⑥：7）

8、9. C型（2001STA1T3803⑥：13、2001STA1T3904⑤：3）

腹，腹部饰横向绳纹。口径34厘米（图四六，1；图版一八，2）。

盆口沿：2件。2000STA2T1308⑤：9，泥质灰陶。直口，平沿，尖唇。口径27、残高1.9厘米（图四六，2）。2001STA1T3803⑤：3，泥质灰陶。敞口，圆唇，斜腹，素面。口径19.8、残高4.4厘米（图四六，3）。

豆形器：共11件。数量不多，均为残器。泥质陶。可分三式。

Ⅰ式：3件。柄较细，制作较精，磨光。2000STA2T0104⑧：4，为一残圈足，泥质黑皮陶，喇叭口圈足，柄中空与圈足相通，柄下部饰两道凹弦纹，圈足近底部饰一道凹弦纹。圈足径14.6厘米（图四六，4；图版一八，3）。2000STA2H40：11，泥质黄陶，呈筒状。直径2.8、高8.1厘米（图四六，5）。2000STA2T1308⑤：8，泥质胎呈灰色，外壁黄褐色，呈筒状。残高7.54、直径2.34厘米（图四六，6）。

Ⅱ式：6件。柄较粗，制作粗糙，一般不磨光。1998STA2T3112⑤：5，泥质褐陶。柄中空，素面。柄径2厘米（图四七，1）。1998STA2T0104⑦：4，为一残柄，泥质灰陶，柄中空，柄部饰两道凸弦纹。柄径2.7厘米（图四七，2；图版一八，4）。2000STA2T1309④：4，泥质灰陶。呈筒状，中空，颈部饰一凸弦纹。残高12.7、直径5.1厘米（图四七，3；图版一八，5）。2000STA2T1307⑤A：3，泥质红褐陶。呈筒状，孔内有填充物，上细下粗。直径5、残高9.2厘米（图四七，4；图版一八，6）。2000STA2H40：8，为一残豆，泥质胎及内壁呈红褐色，外壁呈灰色。大径6.6、高6.5厘米（图四七，5）。2000STA2T1309④：6，夹细砂黄褐陶。胎呈浅灰色。底径16.2、残高2.4厘米（图四七，6）。

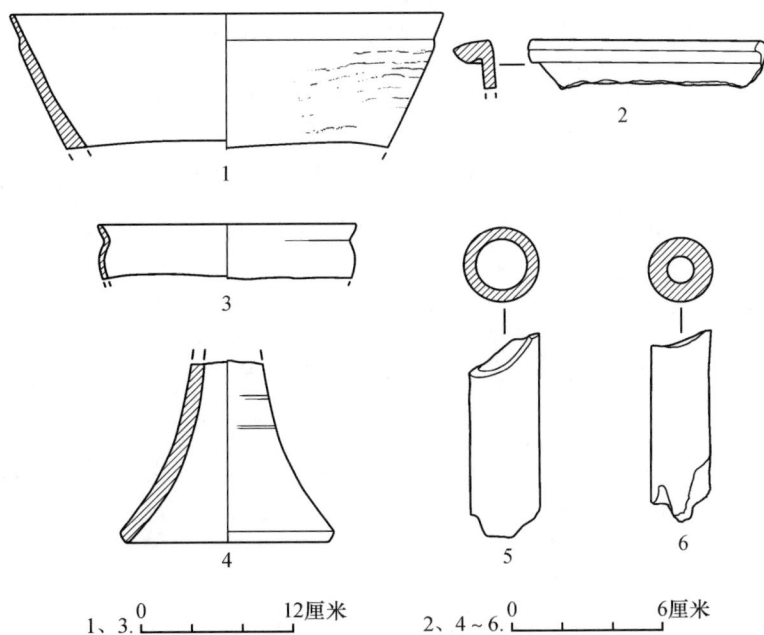

1、3. 0 _____ 12厘米　　　2、4～6. 0 _____ 6厘米

图四六　商周陶器

1. 子母口盆（1998STA2T1606④：1）　2、3. 盆口沿（2000STA2T1308⑤：9、2001STA1T3803⑤：3）　4～6. Ⅰ式豆形器
（2000STA2T0104⑧：4、2000STA2H40：11、2000STA2T1308⑤：8）

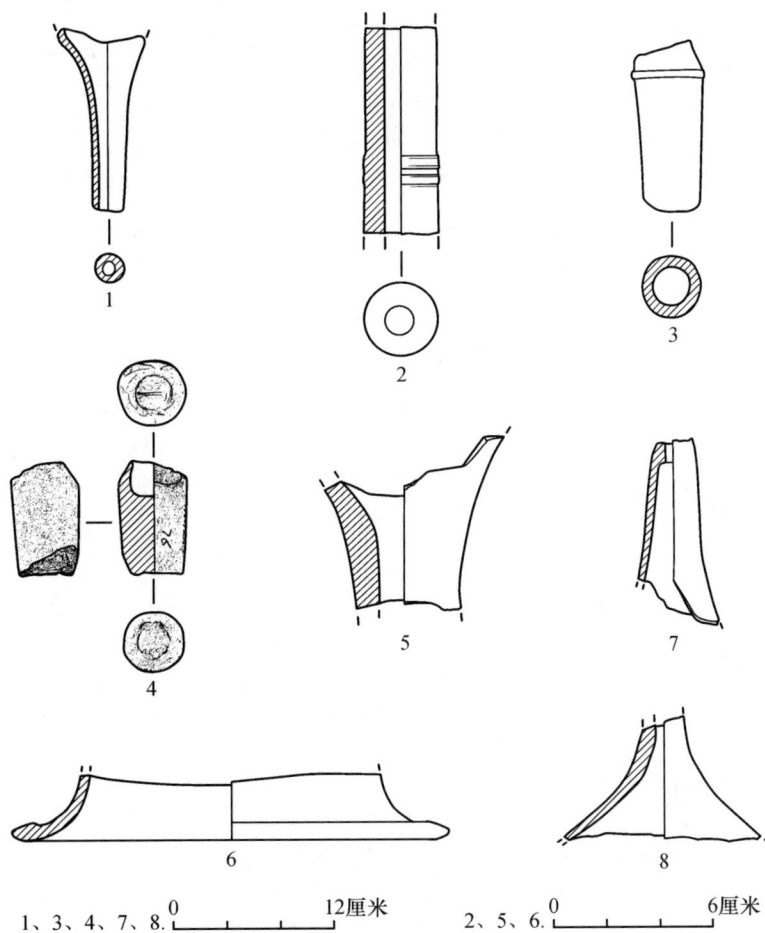

1、3、4、7、8. 0 _____ 12厘米　　　2、5、6. 0 _____ 6厘米

图四七　商周陶豆形器

1～6. Ⅱ式（1998STA2T3112⑤：5、1998STA2T0104⑦：4、2000STA2T1309④：4、2000STA2T1307⑤A：3、2000STA2H40：8、
2000STA2T1309④：6）　7、8. Ⅲ式（2001STA1T3803⑥：17、2001STA1T3804⑤：2）

Ⅲ式：2件。2001STA1T3803⑥：17，泥质灰陶。残柄部，中间有孔，上细、下粗，呈喇叭状，素面。残高17.6厘米（图四七，7）。2001STA1T3804⑤：2，泥质灰陶。底座呈喇叭状，柄部中间有孔，素面。残高9.1厘米（图四七，8）。

钵：共2件。1998STA2T0104⑤：5-1，夹砂红陶。尖圆唇，沿向内卷，敛口，肩微鼓，斜直腹，底部残。颈部和腹部有轮制的细纹痕迹。口径27.52、残高6.64厘米（图四八，1；图版一九，1）。1998STA2T1311⑨：3。口沿残片。夹砂灰陶。方唇，宽斜沿，沿面微凹，唇内缘内敛。口沿直径23.8厘米（图四八，2；图版一九，2）。

夹砂圈足器：1件。数量不多，为残片，似为簋的圈足。1998STA2T0105⑤：11，夹砂褐陶，斜直壁，矮圈足外撇，素面。足径7.5厘米（图四八，3；图版一九，3）。

器耳：共2件。1998STA2H22：2，泥质灰陶。桥拱形耳，似为高领壶之耳。残宽3.66、残高4.42、孔径1厘米（图四八，4；图版一九，4）。1998STA2T1506⑤：2。泥质红陶。象头形，似为簋耳。长6、宽5.28厘米（图四八，5；图版一九，5）。

网坠：共7件。1998STA2T4007⑥：2，略残。泥质灰陶。整体较大，中空。通长6厘米（图四八，6；图版一九，6）。1998STA1T4006⑤：4，泥质灰陶。体量较小。长4.4、中粗2.3、孔径0.7厘米（图四八，7）。1998STA2T3011④：1，基本完整。泥质红陶。中空，整体甚小。通长3.1厘米（图四八，8；图版二〇，1）。2001STA1T3704③：1，泥质红陶。中间有孔，两边略残。器物基本完整。长5、直径3.3、孔径2.1厘米（图四八，9；图版二〇，2）。2001STA1T3940⑥：1，泥质红陶。中间有孔，略残。长4.9、直径2.95、孔径2厘米（图四九，1；图版二〇，3）。2001STA1T3940⑥：2，泥质灰陶。中间有孔。长5.45、直径3.4、内径1.7厘米（图四九，2；图版二〇，4）。2001STB1T3432③：2，泥质灰陶。中间有孔，两边略

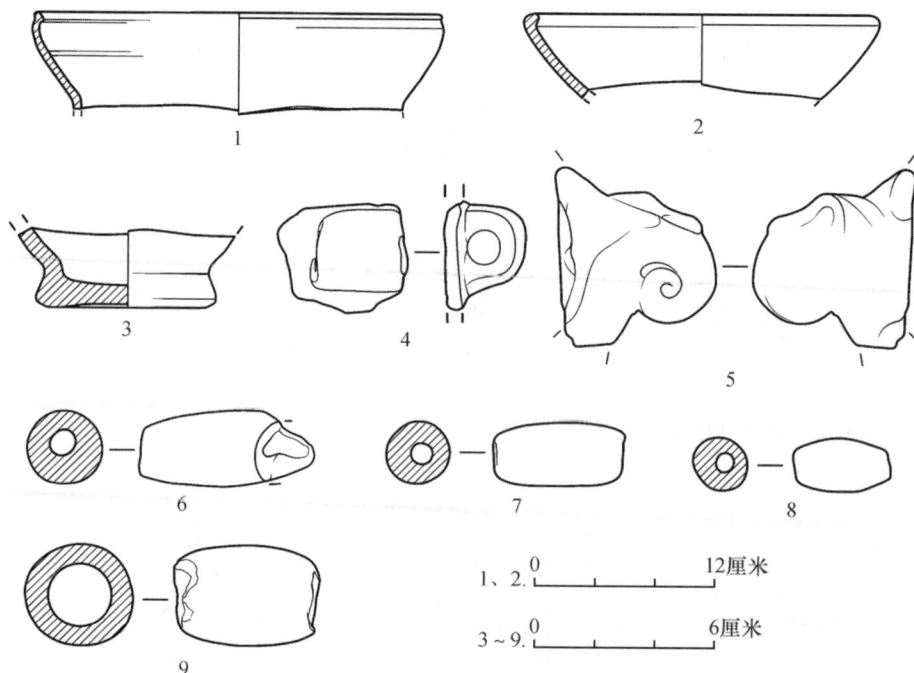

图四八　商周陶器

1、2. 钵（1998STA2T0104⑤：5-1、1998STA2T1311⑨：3）　3. 夹砂圈足器（1998STA2T0105⑤：11）
4、5. 器耳（1998STA2H22：2、1998STA2T1506⑤：2）　6～9. 网坠（1998STA2T4007⑥：2、1998STA1T4006⑤：4、1998STA2T3011④：1、2001STA1T3704③：1）

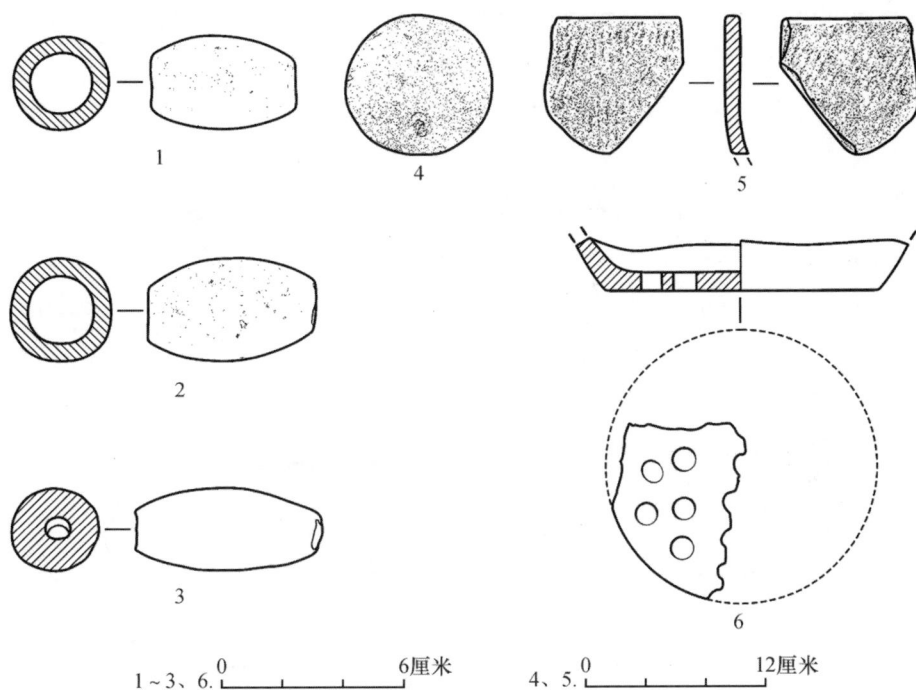

图四九 商周陶器

1~3. 网坠（2001STA1T3940⑥：1、2001STA1T3940⑥：2、2001STB1T3432③：2） 4. 陶球（2000STB2TG4③：1）

5. 绳纹陶片（1999STA2G14：2） 6. 甑底残片（2000STA2T1307⑤A：6）

残。长6.3、直径2.9、孔径1.1厘米（图四九，3；图版二〇，5）。

陶球：1件。2000STB2TG4③：1，夹砂灰褐陶。呈圆球状，磨圆度很好。有可能是小孩的玩具。应该是整体烧制而成，有使用的痕迹。直径2.39厘米（图四九，4；图版二〇，6）。

绳纹陶片：1件。1999STA2G14：2，泥质灰陶。装饰绳纹。残长9.32、残宽9.16、厚1.12厘米（图四九，5；图版二一，1）。

甑底残片：1件。2000STA2T1307⑤A：6，泥质灰褐陶。底9.2、高1.5厘米（图四九，6）。

瓮口沿：2件。2000STA2T1307⑤A：1，夹砂灰陶。敛口，圆唇，斜腹。口径28厘米、高6.3厘米（图五〇，1）。2000STA2T1307⑤A：2，泥质灰陶。敛口，平沿，圆唇外翻。口径24厘米、残高4.8厘米（图五〇，2）。

簋：5件。均残，2000STA2H40：5，夹砂红褐陶。饼足。宽8、高2厘米（图五〇，3）。2000STA2T1206⑤：3，夹细砂红褐陶。圈足，腹残。残高3.6厘米、底径6厘米（图五〇，4）。2000STA2T1207⑤：6，夹细砂红褐色陶。上径5.4、残高5.3、下径3.7厘米（图五〇，5）。2000STA2T1308⑤：5，泥质灰褐陶。呈饼状。直径5.1、残高2.4厘米（图五〇，6）。2000STA2T1308⑤：6，泥质红褐陶。残存圈足部分，圈足外撇。直径4.91、残高2厘米（图五〇，7）。

口沿：10件。2000STA2T1207⑤：3，夹砂灰陶，敞口，尖唇。残高2.6厘米（图五一，1）。2000STA2T1207⑤：5，夹细砂红褐陶。子母口，敛口，方唇。残高2.95厘米（图五一，2）。2000STA2T1307⑤A：4，夹细砂红褐陶。敞口，圆唇外翻。残长4.2、残宽2.98、厚0.78厘米（图五一，3）。2000STA2T1307⑤A：12，夹细砂红褐陶。敞口，尖唇，鼓腹。口径11、残高4.9厘米（图五一，4）。2000STA2T1307⑤A：13，泥质浅灰陶。敞口，圆唇外翻，斜

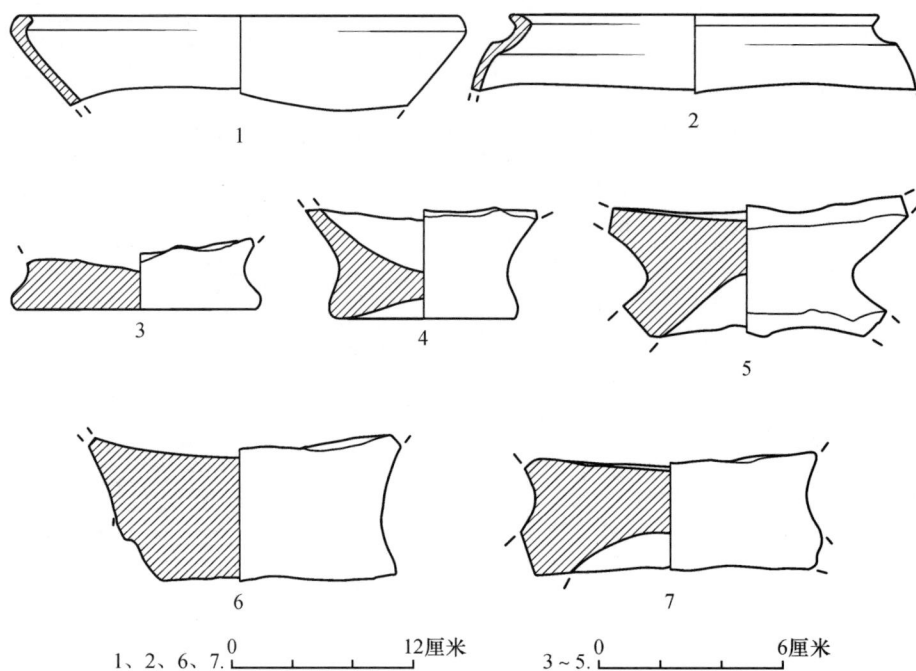

图五〇　商周陶器

1、2. 瓮口沿（2000STA2T1307⑤A：1、2000STA2T1307⑤A：2）　　3～7. 簋（2000STA2H40：5、2000STA2T1206⑤：3、
2000STA2T1207⑤：6、2000STA2T1308⑤：5、2000STA2T1308⑤：6）

腹。口径23.8、残高4.4厘米（图五一，5）。2000STA2T1307⑤A：14，泥质浅灰陶，敞口，圆唇外翻，斜腹。口径18.4、残高5.1厘米（图五一，6）。2000STA2T1309④：1，夹砂，灰陶。敞口，圆唇外翻。口径36厘米、残高10.9厘米（图五一，7）。2000STA2T1309④：5，夹细砂，黄褐色。敞口，圆唇。残高2.7厘米（图五一，8）。2000STA2T1308⑤：10，泥质灰陶。胎呈灰色，内外壁呈红褐色。敞口，圆唇。残高4.1厘米。2000STA2H40：6，夹砂褐陶。敞口，圆唇，花边沿。残高5厘米（图五一，9）。

器底：7件。2000STA2T1307⑤A：8，夹细砂灰陶。平底，斜腹。底径9.4、残高2.1厘米（图五二，1）。2000STA2T1307⑤A：11，泥质灰陶。残器物圈足，圈足外撇。底径12、残高2.2厘米（图五二，2）。2000STA2T1307⑤A：15，泥质灰胎。壁呈红褐色。平底微凹，斜腹。底径13、残高4厘米（图五二，3）。2000STA2T1308⑤：1，泥质红褐色陶。圈足外撇。底径14、残高2厘米（图五二，4）。2000STA2T1308⑤：11，夹细砂黄褐陶。平底。底径8.3厘米（图五二，5）。2000STA2T1308⑤：13，夹砂灰陶。平底，斜腹。底径13、残高2.8厘米（图五二，6）。2000STA2T1308⑤：14，夹砂褐陶。平底，斜腹。底径20.4、残高4厘米（图五二，7）。

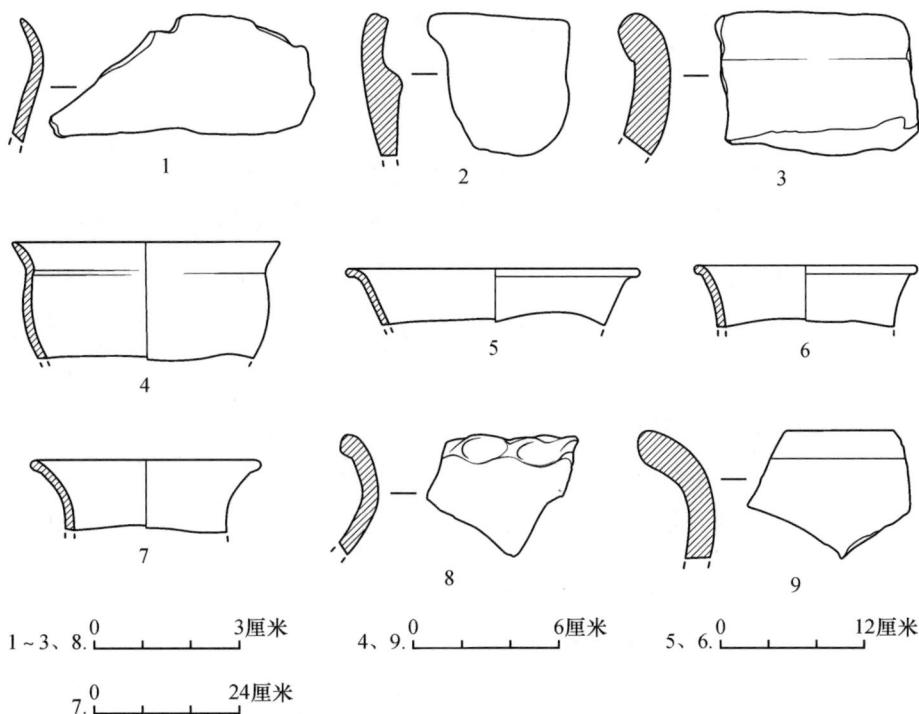

图五一　商周陶口沿

1. 2000STA2T1207⑤：3　2. 2000STA2T1207⑤：5　3. 2000STA2T1307⑤A：4　4. 2000STA2T1307⑤A：12　5. 2000STA2T1307⑤A：13
6. 2000STA2T1307⑤A：14　7. 2000STA2T1309④：1　8. 2000STA2T1309④：5　9. 2000STA2H40：6

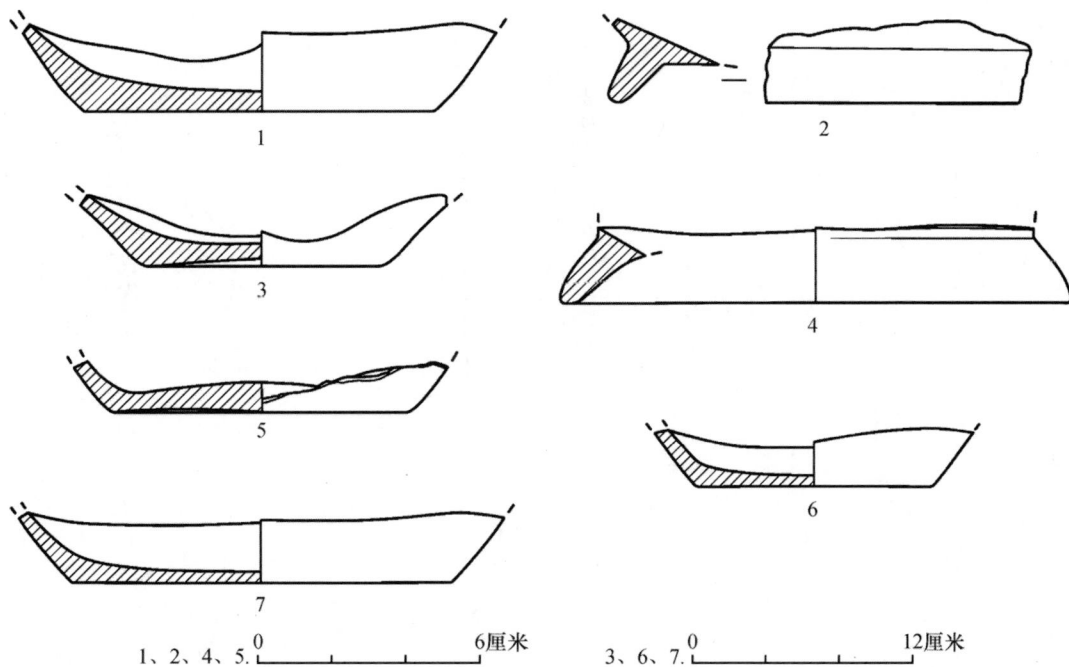

图五二　商周陶器底

1. 2000STA2T1307⑤A：8　2. 2000STA2T1307⑤A：11　3. 2000STA2T1307⑤A：15　4. 2000STA2T1308⑤：1
5. 2000STA2T1308⑤：11　6. 2000STA2T1308⑤：13　7. 2000STA2T1308⑤：14

（二）石器

石器共10件，有石锛、石斧两种。均用砾石磨制或打制而成。

石斧：4件。1999STA2G14：14，青灰色，通体磨光，器体略呈不规则形，刃部略宽于柄部，断面呈长方形，弧形双面刃，刃较锋利。刃部宽4.3、柄部宽3、通长7.5厘米（图五三，1；图版二一，2）。1998STA2T4007⑥：3，残，青灰色页岩，略呈椭圆形，双面刃，仅刃部磨光。通长15.4、宽8.6、厚2.8厘米（图五三，2；图版二一，3）。2000STA2T1205③：1，乳白色，近长方形，磨制，刃部较锋利，刃部有弧度。局部破损。长7.7、宽3.7～4.5厘米（图五三，3；图版二一，4）。2001STA1T3705⑤：1，形状呈梯形，剖面近椭圆形，表面有局部破损。颜色呈青绿色。磨制石器，表面较光滑。长7.2、宽6.25、厚2.2厘米（图五三，4；图版二一，5）。

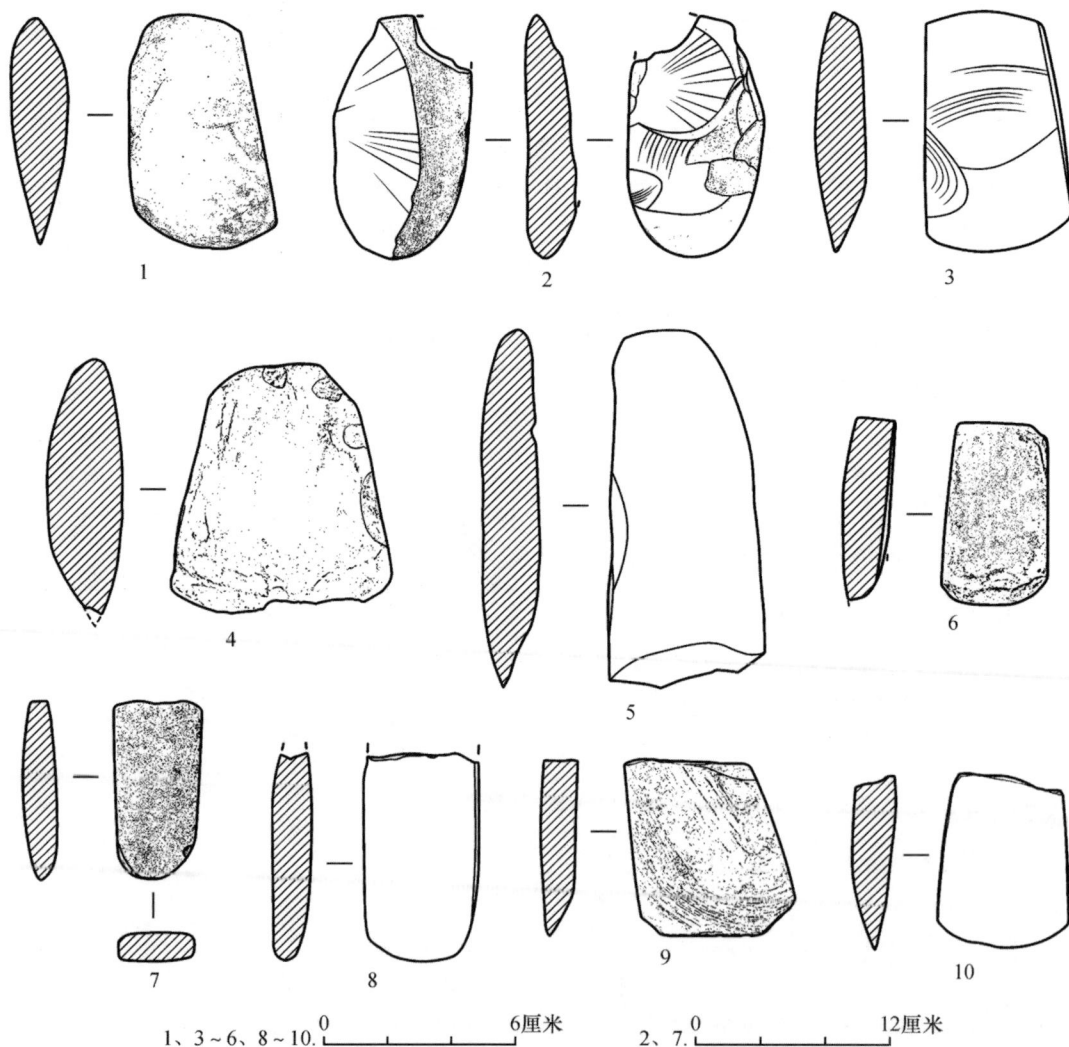

图五三　商周石器

1～4. 石斧（1999STA2G14：14、1998STA2T4007⑥：3、2000STA2T1205③：1、2001STA1T3705⑤：1）

5～10. 石锛（1998STA2T1311⑩：1、1999STA2G14：13、1998STA2T1311⑩：11、2000STA2T1308⑤：16、

2001STA1T3706③：1、2001STA1T3803⑥：1）

石锛：6件。皆呈梯形，通体磨制，有单面和双面两种。1998STA2T1311⑩：1，略呈梯形，双面刃，通体磨削。长11.2、宽5、厚2厘米（图五三，5）。1999STA2G14：13，黄褐色，通体磨光，器体呈梯形，刃部稍宽于柄部，断面为长方形，单面刃，微弧，刃部略残。刃部宽3、柄部宽2.6、厚1.4、通长6厘米（图五三，6；图版二二，1）。1998STA2T1311⑩：11，青灰色页岩，磨光，双面刃。长11.2、宽5、厚2厘米（图五三，7；图版二一，6）。2000STA2T1308⑤：16，呈黄褐色。磨制石器，打磨光滑，局部破损。长6.5、厚0.9、宽3.4厘米（图五三，8；图版二二，2）。2001STA1T3706③：1，平面呈平行四边形，剖面一端较宽，一端较尖。颜色呈青褐色，表面有清晰的弧形纹路，局部有破损。长5.8、宽4.7、厚1.1厘米（图五三，9；图版二二，3）。2001STA1T3803⑥：1，整体呈梯形，剖面一头较宽一头较尖。磨制，表面光滑。表面呈红褐色。长5.4、宽4、厚1.2厘米（图五三，10；图版二二，4）。

第二节　分　　述

遗迹有灰坑、灰沟、房址3类，现将各类型遗迹分述如下。

一、灰　　坑

灰坑共有11座。

1998STA1H2（图一七）　　位于T4007的西北部，G2的南边。开口于第⑥层下，坑口距地表深0.85米，打破生土。坑口为圆形，口大底小，坑口直径0.7、底直径0.32、坑深0.55米。壁呈斜坡状。坑内堆积为一层，土为红褐花土，土质较硬，结构紧密，包含有红烧土粒、木炭粒、石渣。出土遗物有泥质或加砂陶片。

1998STA1H3（图一八）　　位于T4006中部偏东北，距北壁0.55~0.99米，距东壁0.35~0.75米。开口于第⑤层下，打破H3和第⑥层，坑口距地表0.85米。平面呈圆形，口径长1.48米，直壁平底，深0.3米，坑内堆积为一次性堆积，填土为红褐色灰花土，其结构紧密，质地稍硬，包含有烧土粒、石块，出土物有陶甑、陶罐，其中泥质陶占80%左右。

1998STA2H11（图一九）　　位于T1906的东南部，其他部分分布在探方的东南侧。开口于第③层下，坑口距地表0.5米，打破第④层至生土，在T1906内H11略呈半圆状，其最大径为3.85、深0.4米，坑壁坑底没有加工痕迹。堆积为黄褐色土，略发灰，含水锈，结构较致密，质地较硬，包含遗物少，有夹砂陶残片，因碎小，器形不明，均为素面。

1998STA1H21　　位于T4007的西北部，开口于第⑥层下，距地表深0.85米。平面呈圆形，坡壁平底。口径0.7、底径0.32、深0.55米。坑内堆积为红褐色花土，含有少量的木炭粒、红烧土粒及石头碎渣等，结构紧密，质较硬。出土遗物少而破碎，可辨器形有尖底盏。

1998STA2H22　　位于T1406的东北部，开口于第⑤层下，距地表深0.85米。平面略呈椭圆形，直壁平底。口长径1.48、短径1、深0.35米。坑内堆积为红褐色花土，含有少许红烧土粒及石碎渣，结构紧密，质较硬。出土遗物很少而且破碎，可辨器形有：

B型Ⅰ式绳纹罐（釜），1998STA2H22：1，夹砂灰陶。口沿残片，沿较宽，绳纹直至唇部。口径24厘米（图五四，1）。

器耳，1998STA2H22：2，泥质灰陶。桥拱形耳，似为高领壶之耳。残宽3.66、残高4.42、孔径1厘米（图五四，2）。

1998STA2H25（图二〇）　位于T3902的西部，一半于探方外。开口于第②层下，坑口距地表深0.26～0.3米，直接打破生土层。H25于T3902中暴露部分呈半圆形，长径1.2、短径0.65、坑深0.3米，圜底，坡壁及底未见加工痕迹。该坑为一次性堆积。土色为灰褐色，结构疏松，土质较软。出土物仅见一块陶罐残片。

1998STA2H27（图二三）　位于T1311的东南部，开口于第⑨层下，距地表深1.35米。打破第⑩层和生土。平面呈不规则形，直壁平底。最大口径2.08、最小口径0.7、深0.35米。坑内堆积呈黄褐色略发灰，结构紧密，质较硬。出土遗物少而破碎，可辨器形有尖底盏、高领壶、小平底盆等。

1998STA2H28（图二一）　位于T0104西南角，坑的西半部分布在探方以外。H28开口于第⑦层下，坑口距地表1.05米。H28在T0104中仅有半个，呈圆形，长径0.8、短径0.6、深0.4米。直壁平底，边较整齐，底部未作加工，坑边未发现工具痕迹。H28为一次性堆积，黑褐色黏土，其结构紧密，质地较硬，含有水锈斑点和大量的木炭粒、少量红烧土粒。出土遗物较少，有泥质素面灰、红陶片。

2000STB3H37（图二二）　位于T2004东北部与T2005西北部，开口于第⑤层下，打破生土。坑口距地表深0.6米。平面为圆形，直壁平底。坑口直径1.2、深0.7米。坑内堆积为浅灰黄褐色土，含杂物较少。土质较硬。出土遗物不多，可辨器形有陶罐（釜）、陶高柄豆等。

2000STA2H40（图二四）　位于T1309东北部，一部分在探方以外。开口于第④层下，打破生土。坑口距地表1.05～1.25米。形状呈长方形，斜壁，平底。坑口长2.1米，该长度为探方内暴露长度，宽1.3、深0.65米。坑壁、坑底均为生土，未作加工。坑内堆积为一层，为深灰色土，略黑，黏土，其结构紧密，土质较硬，土中包含水锈斑点、木炭粒、草木灰屑及少量烧土粒。出土遗物均为残陶片，从陶质上分为泥质陶和夹砂陶两种，其中以泥质陶为主，夹砂陶次之。陶色分为灰褐陶、黄褐陶、灰陶三种，灰褐陶占50%左右，黄褐陶占30%左右，灰陶占

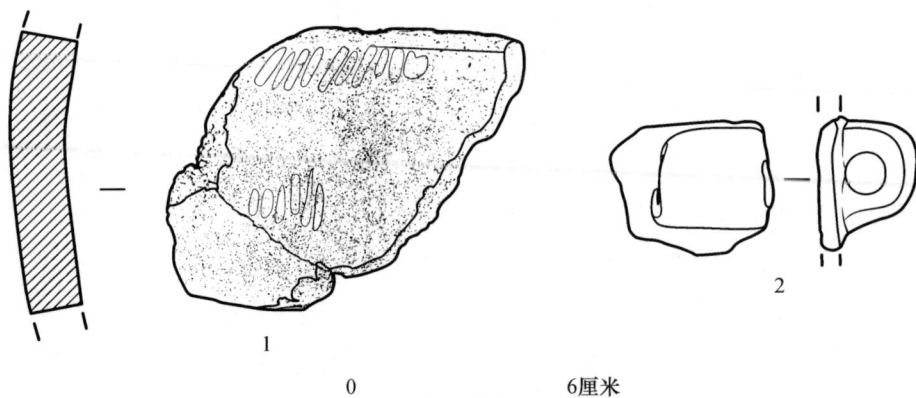

图五四　1998STA2H22出土陶器
1. B型Ⅰ式绳纹罐（釜）（1998STA2H22：1）　2. 器耳（1998STA2H22：2）

10%左右。出土遗物以素面为主，少量饰有绳纹，可辨器形有：

A型Ⅱ式盆，2000STA2H40：1，泥质灰陶。底部残片，肩腹相接处折圆转，高3.4、径7.4厘米（图五五，1）。

Ⅰ式豆形器，2000STA2H40：11，泥质黄陶。呈筒状，直径2.8、高8.1厘米（图五五，2）。

高领壶残片，2000STA2H40：2，泥质红陶。内壁呈红色，外壁呈灰色，喇叭口，饰有附加堆纹。残高4.2厘米（图五五，3）。

缸，2000STA2H40：3，敞口，圆唇，侈口。夹细砂灰陶。口径41.5、高5.7厘米（图五五，4）。

碗口沿，2000STA2H40：4，泥质灰陶。圆唇，敞口。口径18.4、高5.1厘米（图五五，5）。

簋，2000STA2H40：5，夹砂红褐陶。饼足。宽8、高2厘米（图五五，6）。

口沿，2000STA2H40：6，夹砂褐陶。敞口，圆唇，花边沿。残高5厘米（图五五，7）。

Ⅱ式豆形器，2000STA2H40：8，为一残豆，泥质胎及内壁呈红褐色，外壁呈灰色。大径6.6、高6.5厘米（图五五，8）。

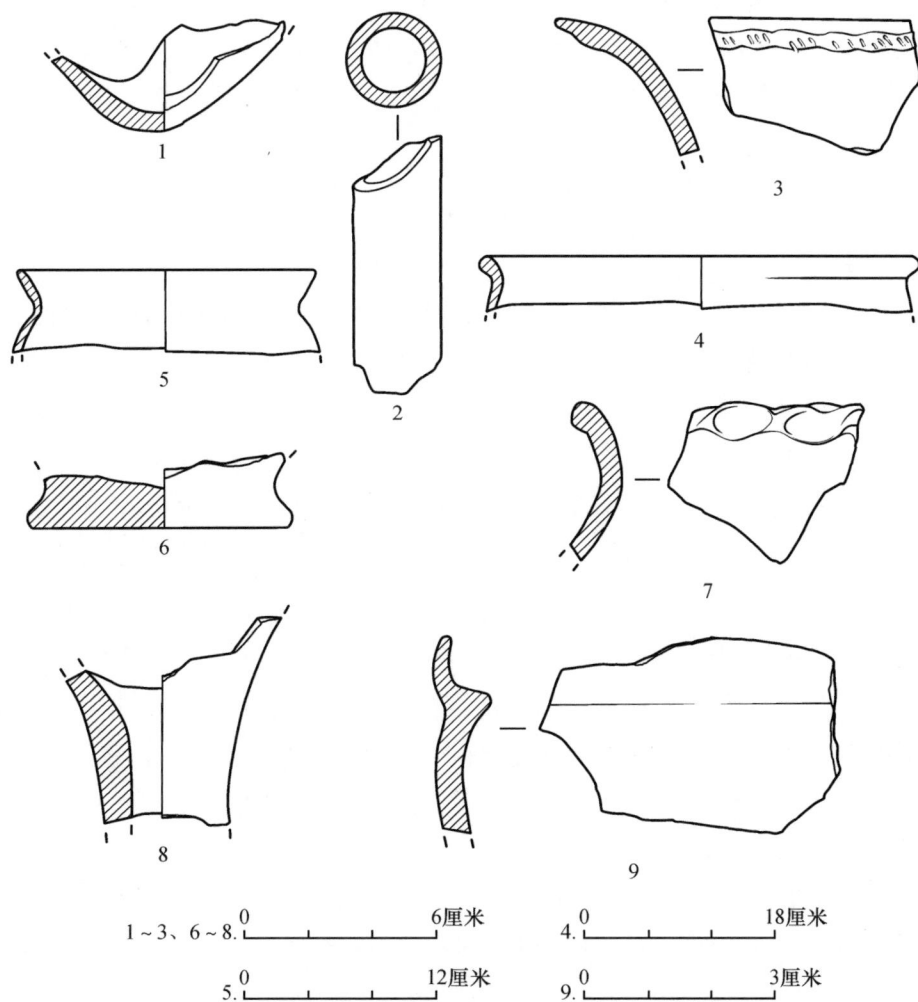

图五五　2000STA2H40出土陶器

1.A型Ⅱ式盆（2000STA2H40：1）　2.Ⅰ式豆形器（2000STA2H40：11）　3.高领壶残片（2000STA2H40：2）

4.缸（2000STA2H40：3）　5.碗口沿（2000STA2H40：4）　6.簋（2000STA2H40：5）　7.口沿（2000STA2H40：6）

8.Ⅱ式豆形器（2000STA2H40：8）　9.Aa型Ⅲ式尖底盏（2000STA2H40：10）

Aa型Ⅲ式尖底盏，2000STA2H40：10，尖底盏口沿，夹细砂红陶。子母口，尖圆唇，口微敛。残高3.1厘米（图五五，9）。

2000STA2H41（图二五）　　位于T1306西南部，少部分伸于T1305东隔梁之下，东西向，开口于第④层下，打破第⑤层及生土。坑口距地表深0.5～0.6米。平面呈圆角长方形，斜直壁平底。坑口长2.8、宽1.35米，坑底长2.4、宽1米，深0.55米。坑内堆积呈黄褐色，含有少许灰粒、木炭粒及红烧土粒。结构疏松，土质松软。出土遗物少而破碎，可辨器形有陶罐（釜）、小平底盆、高柄豆、高领壶等。

二、灰　　沟

1999STA2G14（图二六）　　位于T3417南部、T3317东北部，向东向西伸出探方外，未全部清理。G14开口于第④层下，被H29叠压打破。沟口距地表深0.6～0.7米。平面呈南北长条形，东部宽于西部，斜弧壁，凹圜底，底部为自然面，向东呈斜坡状。已发掘部分东西长9、南北最宽6、深1.8米，沟内堆积为黄褐色黏土，含有少许红烧土粒，土质较硬。出土遗物有罐、釜、盆、板瓦等陶器碎片。依G14的形制与结构分析，应是一条自然形成的冲沟。

三、房　　址

1999STA2F3（图二七）　　位于T3115中部偏西，其实质上是一柱础。T3115的整个探方清理至早期地层，F3开口于第⑤层下，打破生土。经过铲刮平面，在层面上有一个不规则椭圆形的遗迹现象，像这类情况，T3015、T2915亦有。它们极有可能是房子的柱础。F3柱础是不规则椭圆形，壁稍斜，底平。其长径0.762、短径0.66、深0.186米，F3平面口部至石块面0.138米左右。石块未作加工，只是一块普通的石板，呈椭圆形，长径0.536、短径0.38、厚0.026～0.046米。F3内堆积呈深黄色，泛褐，结构稍疏松，质地较硬，无出土遗物。

1999STA2F4（图二八）　　位于T3015西部中间，距西壁0.6、南壁1.85、北壁1.4米。柱础开口于第⑤层下，距地表深0.3米，打破生土。形状为椭圆形，长径0.76、短径0.736、深0.56米，里面有一石块，石块呈长方形，长径0.572、短径0.436、深0.062米，石块以上，即柱洞深0.5米。发掘中没有发现与柱础有关的遗迹，如质地较硬的生活面、路土等。只是南北邻方也发现同样的柱础，南3.25米为F3，北4米为F5。柱础之间距离有别，水平线也有差别，为北高南低。没有出土物。

1999STA2F5（图二九）　　位于T2915西北角，距西隔梁0.6米，北隔梁0.4米。在第⑤层下发现F5柱础，其土质、土色有异样，经铲刮之后，发现其坑内有两块石头。F5柱础呈一方形坑，土边长0.55米×0.55米、深0.1～0.2米。坑底较平。石块为两块不规则形石块，并排放于坑底，石块与土圹无垫土，坑内填土为深灰色花土。石块尺寸：①0.28米×0.17米，②0.44米×0.24米，两石块厚度均为0.08米，未有加工痕迹，均为普通的石头。坑内陶片为褐色夹砂泥质陶，无纹饰，器形不明，且陶片较碎。

第五章 六朝文化遗存

该时期文化堆积分布范围不大，遗址东南部A1区绝大部分探方的第⑤层属该时期文化堆积。堆积中所包含的遗物绝大多数是商代遗物，并伴有少量的东汉墓砖等遗物，而六朝本身遗物却很少，反映了该层堆积有可能是在水的冲刷等外因作用下所形成的次生堆积。

该时期未见一处遗迹，遗物少而破碎，主要为瓷器，另有少量的陶器和石器。

一、瓷　　器

瓷器种类有碗、洗、罐等。

碗：完整1件。2001STA1T3704⑤：2，灰白胎。尖圆唇，口微敞，深弧腹，假圈足。内外壁施浅黄色护胎釉，内满釉，外釉不及底。口径8.1、足径3.7、通高3.7厘米（图五六，1）。

洗：复原标本1件。2001STA1T4001⑥：1，灰白胎。尖圆唇，敞口，斜弧腹，假圈足。内外壁施青釉，釉面有冰裂纹，内满釉，外半釉。口外部有一周凹弦纹。口径19.3、足径11.8、通高6.9厘米（图五六，2）。

罐：1件，仅见底部残片。2001STA1T3803⑤：5，灰白胎，假圈足微凹。内外壁施青釉，釉面有冰裂纹，足壁及足底无釉。足径21.6、残高2.6厘米（图五六，3）。

二、陶　　器

盏：复原标本2件。泥质灰陶。圆唇，敞口，浅腹，圜底，素面。2001STA1T3904⑤：8，可复原，形体较小，薄胎。口径6.6、通高2.3厘米（图五六，4）。2001STA1T3704⑤：1，基本完整，厚胎。唇部一周涂有黑墨汁。口径9.1、通高3.1厘米（图五六，5）。

三、石　　器

臼：1件。2001STA1T3903⑤：3，部分破损，可复原，土黄色砂岩。圆锥体，平沿，敞口，斜直腹，平底。内壁光滑，外壁有明显的条状竖向凿痕。口外径16.9、口内径12.9、窝深11.2、底径7.8、通高17.7厘米（图五六，6）。

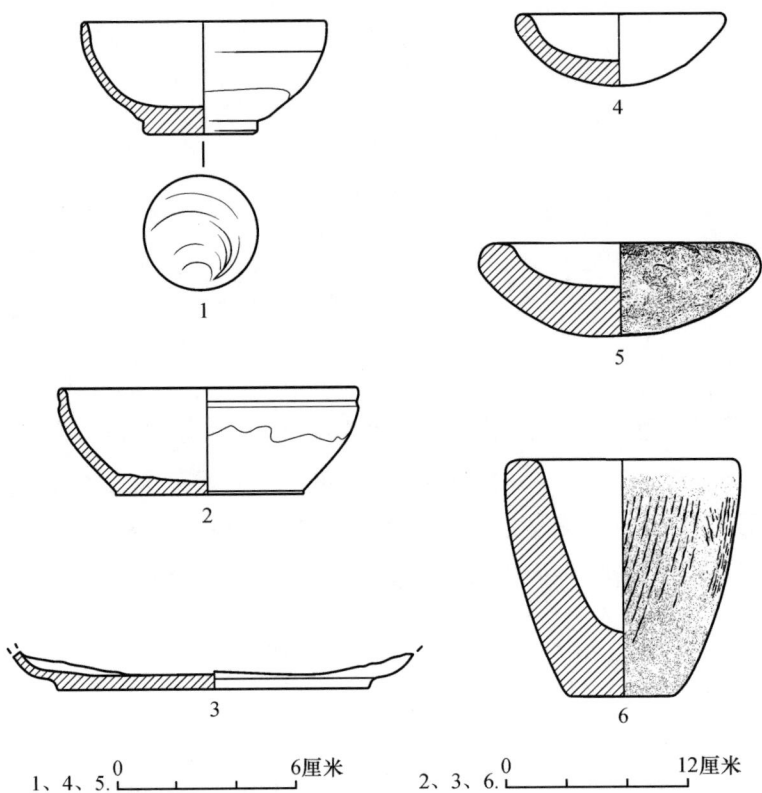

图五六　六朝瓷、陶、石器

1. 瓷碗（2001STA1T3704⑤：2）　　2. 瓷洗（2001STA1T4001⑥：1）　　3. 瓷罐（2001STA1T3803⑤：5）

4、5. 陶盏（2001STA1T3904⑤：8、2001STA1T3704⑤：1）　　6. 石臼（2001STA1T3903⑤：3）

第六章 隋代文化遗存

隋代文化地层只发现于A1区T4006第④层和T4007第④层，无其他遗迹，只将遗物材料公布。

一、瓷 器

碗：2件，均为残片。胎质灰白粗糙，胎质坚硬，器壁厚重，上部施青黄釉，下部露胎，素面。1998STA1T4007④：1，残，直口，方圆唇，弧壁。口径6.2厘米（图五七，1；图版二三，1）。1998STA1T4007④：2，残足，饼形微凹，外缘略经旋削。内底有一小圆窝。足径4.4厘米（图五七，2；图版二三，2）。

器底：1件。似为罐、缸类底。1998STA1T4006④：1，斜直壁，平底，未施釉。足径24.3、高9厘米（图五七，3；图版二三，3）。

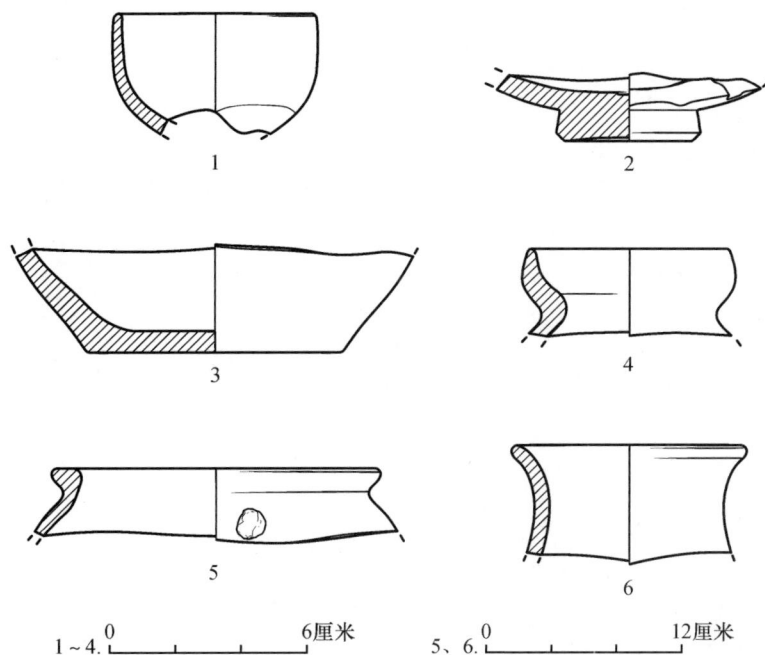

图五七 隋代陶、瓷器

1、2.瓷碗（1998STA1T4007④：1、1998STA1T4007④：2） 3.器底（1998STA1T4006④：1） 4.釉陶壶（1998STA1T4007④：3）

5.陶罐（1998STA1T4007④：4） 6.陶壶（1998STA1T4007④：5）

二、釉　陶　器

壶：1件。1998STA1T4007④：3，口部残片，紫红色胎釉，内外表施黄釉。敞口，圆唇，束颈。口径6.3厘米（图五七，4）。

三、陶　　　器

罐：1件。1998STA1T4007④：4，口部残片，夹砂灰陶，平折沿，尖圆唇，敛口，束颈，斜肩，肩部饰一小圆饼。口径20.1厘米（图五七，5；图版二三，4）。

壶：1件。1998STA1T4007④：5，口沿残片，泥质灰陶，侈口，卷沿，高领圆卷，素面。口径14.4厘米（图五七，6；图版二三，5）。

第七章 宋元文化遗存

宋元文化堆积是石沱遗址的主体，因此，分布比较普遍。A2区西南部各探方的第④层（仅1个探方的第③层），西北部TG2的第④、⑤层，B2区TG1第⑤、⑥层，TG4、TG6第④层，TG5第④、⑤层，B3区、C3区部分探方的第④、⑤层均属于宋元文化堆积。文化堆积较厚，遗迹、遗物较为丰富。

第一节 综 述

一、遗 迹

遗迹有墓葬、房址、窑址、灰坑、灰沟、烧灶、灰土遗迹、石筑基址。其中，墓葬7座，房址2处，窑址4座，灰坑35座，灰沟23条，烧灶2座，灰土遗迹1处，石筑基址1处。

（一）墓葬

墓葬共发现7座，3座为石室单人墓：M1、M2、M3。1座为长方形土坑竖穴墓：M4。3座为长方形石室墓：M5、M6、M7。

1998STA2M1 地处长江岸边的二级台地上，位于A2区的中部，在T1508内西侧，M1西南侧有M2与其相邻。M1是在发掘T1508时发现的，M1位于现代层下，M1的上部全部以及墓室都被破坏和扰乱，M1东南部被G1打破，M1打破T1508内第②、③层。M1墓口距地表0.2米，墓底距地表0.8米，M1现在只剩其底部所铺石板和石基以及石基周围墓坑范围和部分填土。M1墓坑略呈长方形，为西北—东南向，其长度为2.8、宽1.6米。M1墓坑填土为黄褐色花土、烧土块灰粒，遗物有瓷碗、盆、豆形器、釜、筒瓦等，M1墓室内填土为深灰土，含有石块、瓷片等。M1墓坑填土与其西南侧的M2墓坑内填土相连，土色和包含物相同，只是靠M1一侧的填土经过夯筑，应是为加固石椁竖立石板使其不致于倒塌而为。M1为长方形石板椁木棺葬，其石板已被破坏且遗失，现只剩底部石基和墓室底部石板（图五八）。

M1的石基分内外两层，外层呈长方形，是由6块长度不等的经过加工的石条组成，每块石条上部内侧都有一道向上的凸棱，此石基是石板椁的垫基，石条凸棱是为防山石板滑动，此长

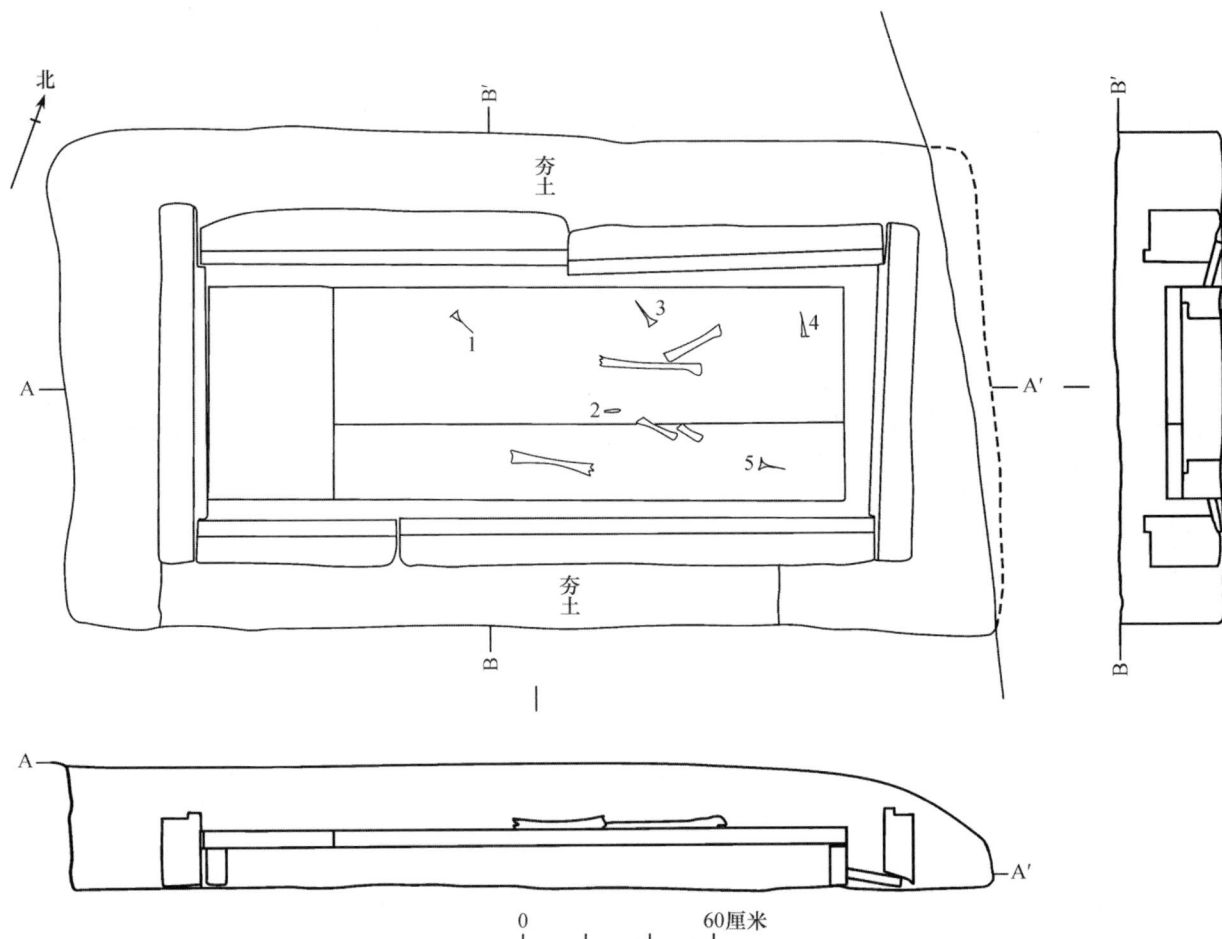

图五八　1998STA2M1平、剖面图
1、3～5.铁钉　2.铜簪

方形石基外长2.35、宽1.12、内长2.1、宽0.8米，每块石条厚0.18、高0.2米。M1内层石基呈长方形，是由6块长度不等的经过加工的石条组成，此石基是为铺墓室内石板所置，此石基长约2、宽0.58米，石条宽0.06～0.09米不等，高0.12米。M1内侧石基上的石板由厚0.05米的三块石板组成，每块石板为：①0.4米×0.6米，②0.42米×0.8米，③0.22米×0.8米。M1外石基与内石基之间还有约0.07米宽的空隙（M1的东南侧除外），此空隙深约0.1米，空隙底部铺有石板，向外斜置，可能是排水用的。M1内的骨架保存状况甚差，已被扰乱破坏，仅存胸骨和几块上肢残骨，位于M1的东南部石板上。从其胸骨、上肢骨分布位置推倒，此墓葬头向为东南向，即头向长江方向，角度为70°。在此墓内没发现木棺葬具，但从墓内石板上发现的数枚铁钉推断，M1内应有木棺。在M1墓室石板上，残骨附近发现铜质长条遗物一件，现残长0.05米，可能是铜簪残部，为M1随葬品。

M1、M2形制与结构基本相同，均为石室单人墓。头向东南（长江），方向70°，墓与墓间隔0.25米。距墓西侧0.25米处有一石筑建筑基址，当为M1、M2的附属建筑。

1998STA2M2　位于T1408的西北角，发现于第④层下，墓口距地表深0.2米，东南被G1打破，本身又打破H10和第⑤层。墓圹平面呈圆角长方形，直壁平底，口部略大于底部，长3.6、宽1.8米，残存深0.75米。M2为长方形石室单人葬，由墓室、棺床两部分构成。墓室平面呈长方形，以长方形石条铺砌而成。顶部已破坏无存，西南北三壁保存较好，东壁因被G1打破，保存较差。四壁略向内倾斜皆以石条立砌而成。石条长0.5、宽0.35~0.5、厚0.05米。墓室下部的基石是以6块宽厚相同，但长度不一的石条侧立砌成。石条长1~1.3、宽0.24、厚0.16米。石条上部内侧皆出凸棱（呈榫状子口），以防止上面石条滑动。墓室外长2.4、外宽1.1、内长2.04、内宽0.82米（图五九）。

棺床位于墓室的中部，上部是3块长方形石板平铺而成。最大的2块长1.4、宽0.2~0.36米，小的一块长0.7、宽0.56米，厚均为0.05米。下部仅外侧有基石，以6块宽厚相同、长度不一的石条横立砌而成，石条长0.6~1.2、宽0.6~0.8、厚0.16米。整个棺床平面为长方形，长1.98、宽0.76米。棺床与墓室南、北、西三壁不相连，留有0.07~0.08米的缝隙。棺床与墓室底部之间的缝隙铺有向外倾斜的石板，可能用于排水。M2人骨骼保存甚差，早年即被毁盗，未发现葬具，仅发现数枚铁钉，当为棺钉。在头骨上部0.05米处的淤土中发现一枚元丰通宝，西北角排水沟内发现一件完整的白釉瓷碗。M2墓室内填土呈青灰色淤土，包含有少量的瓷器残片及石块等。墓圹内填土为黄褐色花土，内含少许灰粒及烧土块，质较硬，遗物有碗、盘、盆、罐等瓷器残片。

M1、M2的附属建筑基址位于T1507东部，向南深入T1407，向北伸入T1508，发现于T1507第④层下，距地表深0.25~0.4米。为一长条形建筑基址，上部已破坏无存。仅余基础底部，由9块石板立砌而成。总长8.7米。石板宽、厚基本相同，长度不一。石条上部一侧加工成榫状子口。

由解剖得知该建筑基槽北部略深于南部，其长8.9、宽0.3~0.4、深0.16~0.18米。基槽填土略加夯打。

1999STA2M3　位于T3316东南部和T3317西南部，开口于第④层下，被F2、H29叠压打破，本身打破第⑤层，墓向72°。墓口距地表深0.65、墓底距地表深1米。墓圹平面呈圆角长方形，斜直壁平底，口部长4.4、宽2米，底部长4、宽1.8、深0.35米（图六○）。M3为石室单人墓，由于早年即被盗毁，墓室仅剩下墓底部分，仅西南部残留两块基石和两块石板。基石上部内侧皆出凸棱（呈榫状口），以防其上的石板滑动。墓底发现规整的石板压印痕迹，证明墓底原铺有石板。M3葬具、人骨及随葬品均无，仅发现数枚锈蚀严重的铁棺钉。墓室内填土为灰褐色，结构紧密，质较硬。遗物有瓷碗、盆以及陶釜、板瓦、筒瓦等残片。

2000STB3M4　位于T2002西北角，向北伸于探方以外，经扩方做了完整清理。开口于第③层下，打破生土，墓向30°。墓口距地表深0.65米，墓底距地表深0.95米。墓室平面略呈长方形（北部略宽于南部），直壁平底，墓口（底）长2.5、宽0.7~0.8、深0.3米。一木棺已腐朽，仅存痕迹。从痕迹看，棺平面呈工字形，两侧立板长出两端挡板。棺长2.24、宽0.56、厚0.04、残高0.24米。人骨无存，仅在棺内北部残存几颗牙齿，可推断头向北（略偏西）。无随葬品。棺内后部置一块石头，另外发现数枚铁棺钉。墓室内填土呈浅灰色砂性黏土，结构较密，土质松软（图六一）。

2000STB3M5　位于T2004东部，一部分叠压在东隔梁下。该墓系一残墓，整个墓圹已被地层破坏，仅残存其底部，因该墓大部分压在东隔梁下，故扩方将其清理。M5开口于第③层下，墓口距地表0.65米。该墓系一石室墓，现存5块不规则石块拼成墓底，残存部分长1.38、宽0.82

北

石
侧
板

头骨

A'

G1

B

B'

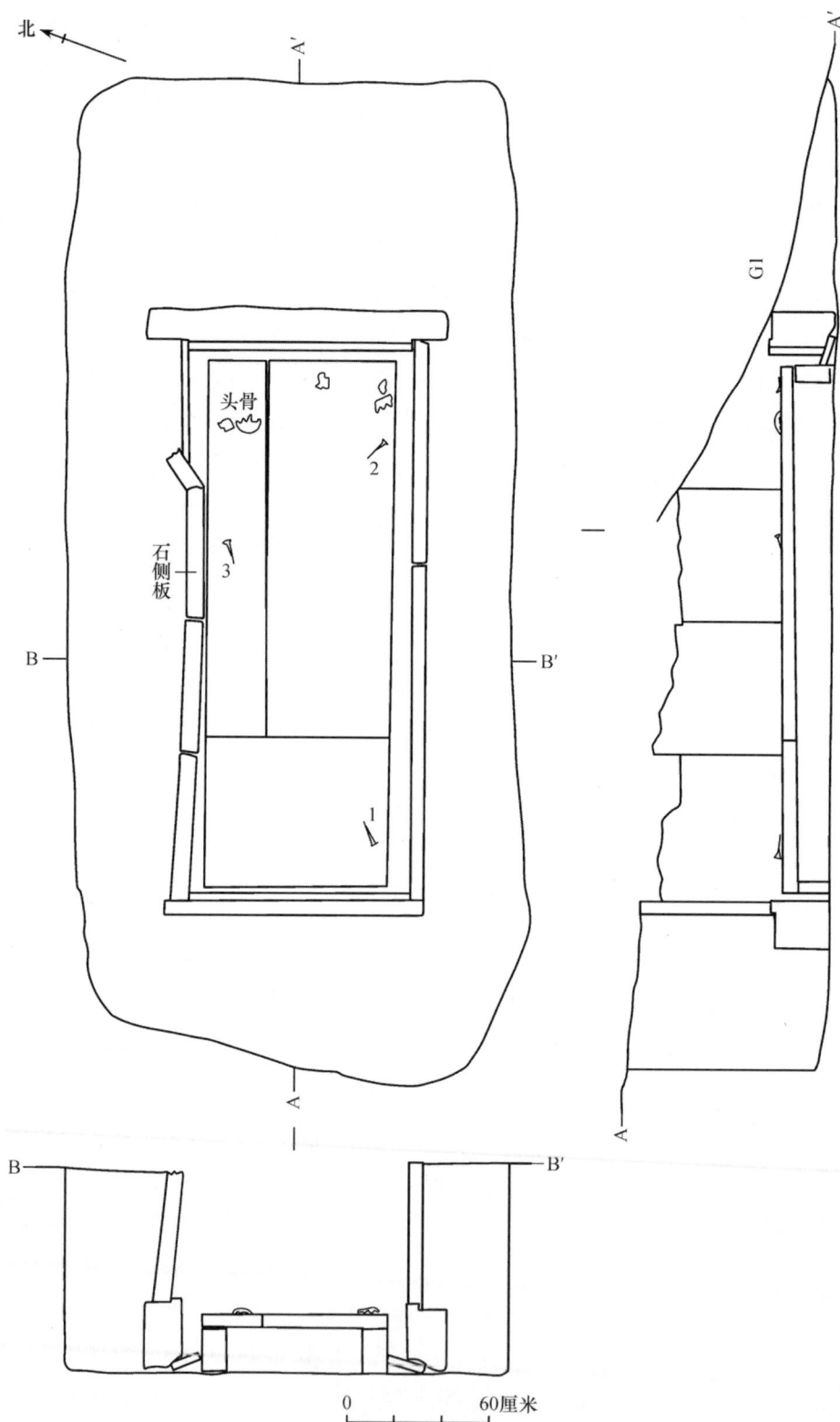

图五九　　1998STA2M2平、剖面图

1～3. 铁钉

0　　　　　　　60厘米

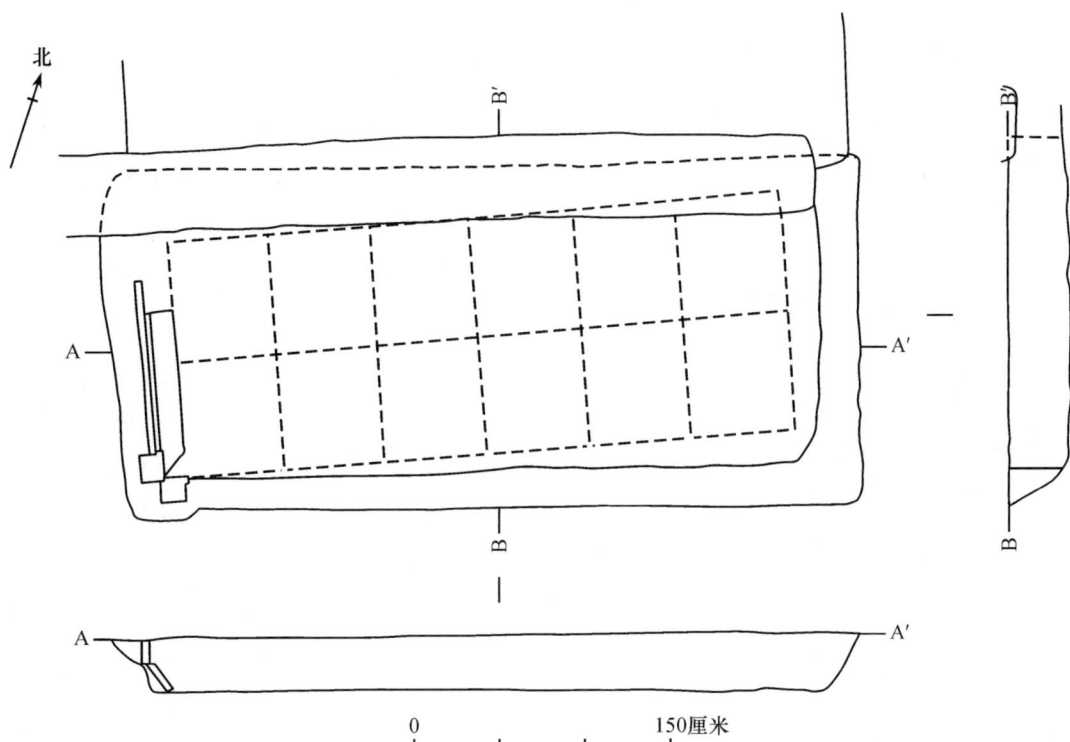

图六〇　1999STA2M3平、剖面图

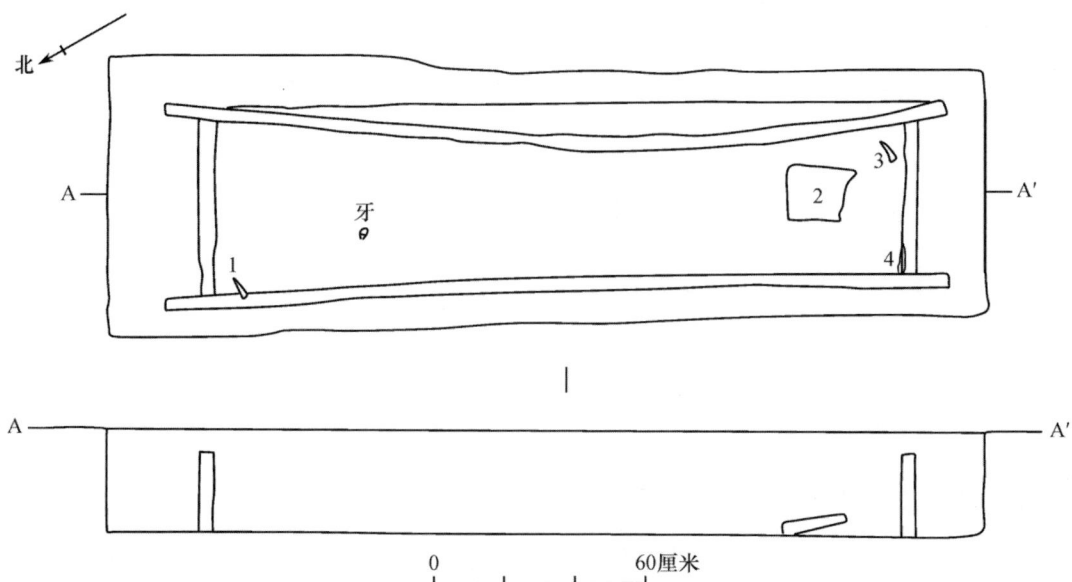

图六一　2000STB3M4平、剖面图
1、3、4.铁钉　2.石头

米，墓向346°。该墓中未发现葬具，存有少量人骨，已朽不可辨，未发现随葬品（图六二）。

2000STC3M6　位于T2037西北角，向北伸于探方以外，经扩方做了完整清理。开口于第③层下，打破生土，墓向4°。墓口距地表深0.45米，墓底距地表深0.75米。墓室平面呈长方形，用长方形石板拼接而成。顶部已破坏无存，南部仅残存底部。两端石挡板与侧板、底部石板呈卯榫相接。墓室长1.04、宽0.7、残高0.3米。墓底发现4枚铁棺钉，推断为一木棺。骨架散

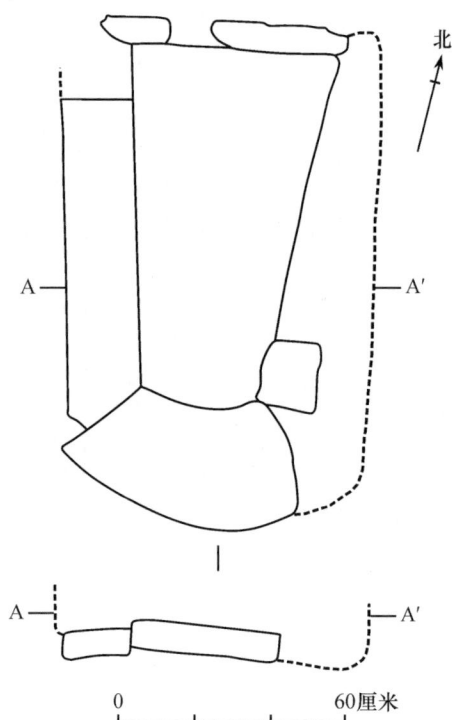

图六二　2000STB3M5平、剖面图

乱无序，仅存黑灰色粉末痕迹，从已朽成黑灰色粉末的状况看，似经焚烧。北部发现银耳环残渣，可推断头向北（略偏东）。随葬品还有2枚铜钱（锈蚀成粉渣）置于墓室的东北部。结合墓室结构（长度较短）以及骨架（似焚烧过）进行综合分析，M6应为二次葬。墓室内填土呈灰褐色，结构较密，土质较软（图六三）。

2001STA1M7　位于T3604中部。开口于第②B层下，打破第③层，墓向45°。墓口距地表深0.6米，墓底距地表深0.9米。墓室为长方形石室墓，无墓道，其东西长3.1、南北宽2.1、深0.3米。顶部已破坏无存，仅残余墓底，西、北壁尚残存一层长方形石条，石条上部内侧皆出榫状子口，以防止上盖板石条滑动。石条长0.75～1.1、宽0.2、厚0.3米。葬具、人骨及随葬品无存。墓室内填土呈灰褐色，含有少许木炭粒及红烧土粒。结构松散，土质较软，未见任何遗物（图六四）。

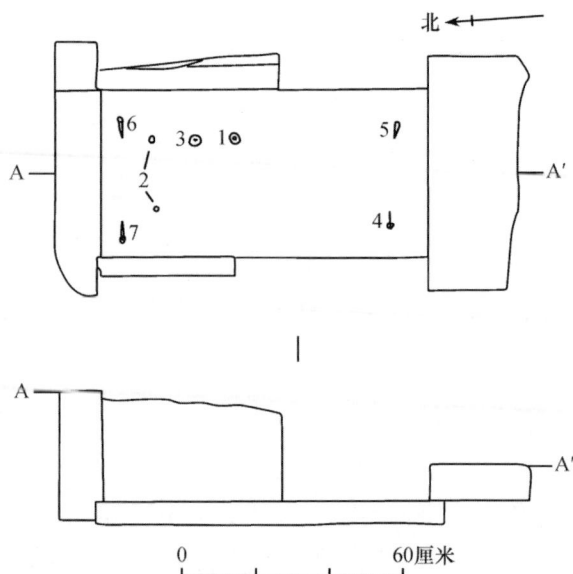

图六三　2000STC3M6平、剖面图
1、3. 铜钱　2. 耳环　4～7. 铁钉

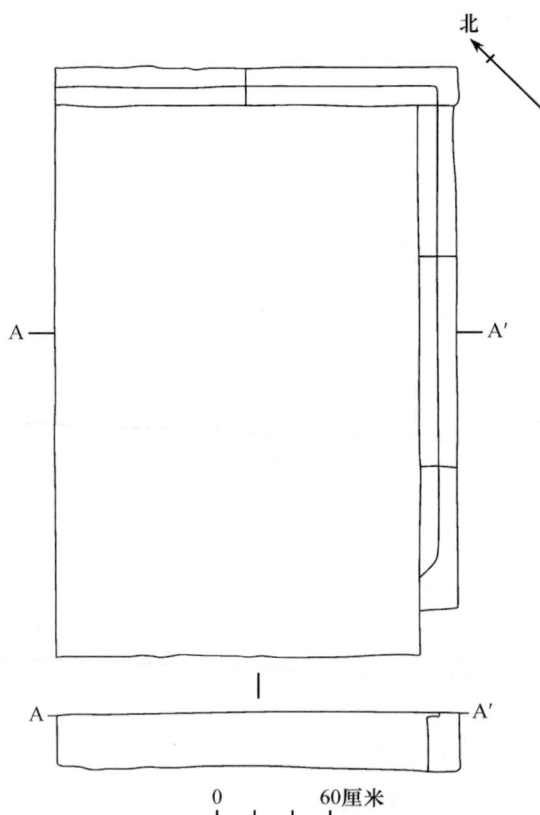

图六四　2001STA1M7平、剖面图

（二）房址

1998STA2F1 位于T0104的中西部，西、南、北三面伸出探方外，未发掘。发现于第⑤层下，距地表深0.6米。仅余基础部分，以数十块形状不同的石块及汉墓砖平铺而成，石块及砖下垫有碎陶片以找平衡（复原一件陶缸，即是垫片）。已发掘部分长4、宽1.5～2.5米，基础最深0.2米（图六五）。

图六五 1998STA2F1基石平、剖面图

1999STA2F2 位于T3116东部、T3216中部、T3316中南部及T3317西部，横跨四个探方。东南部伸出探方外，未做清理。F2开口于T3316第④层下，叠压或打破G17、H29、M3，距地表深0.65米。已发掘平面呈曲尺状，其北部一段长6.25米，西部一段长11.5米，基槽为斜直壁平底，宽0.4～0.7、深0.07～0.1米。北部靠东一段的东部3.85米处残存一层4块基础石板，自西向东每块分别为1.1、1.05、0.8、0.9米，宽0.3、厚0.07米。基槽内的填土呈灰褐色，含有少许红烧土块、草木灰粒等，结构紧密，质较硬。出土遗物有碗、罐、盆等瓷器碎片（图六六）。

F2西侧1.7米处有一段石筑基址与F2同处一个平面，方向亦一致，估计二者之间有一定的联系。

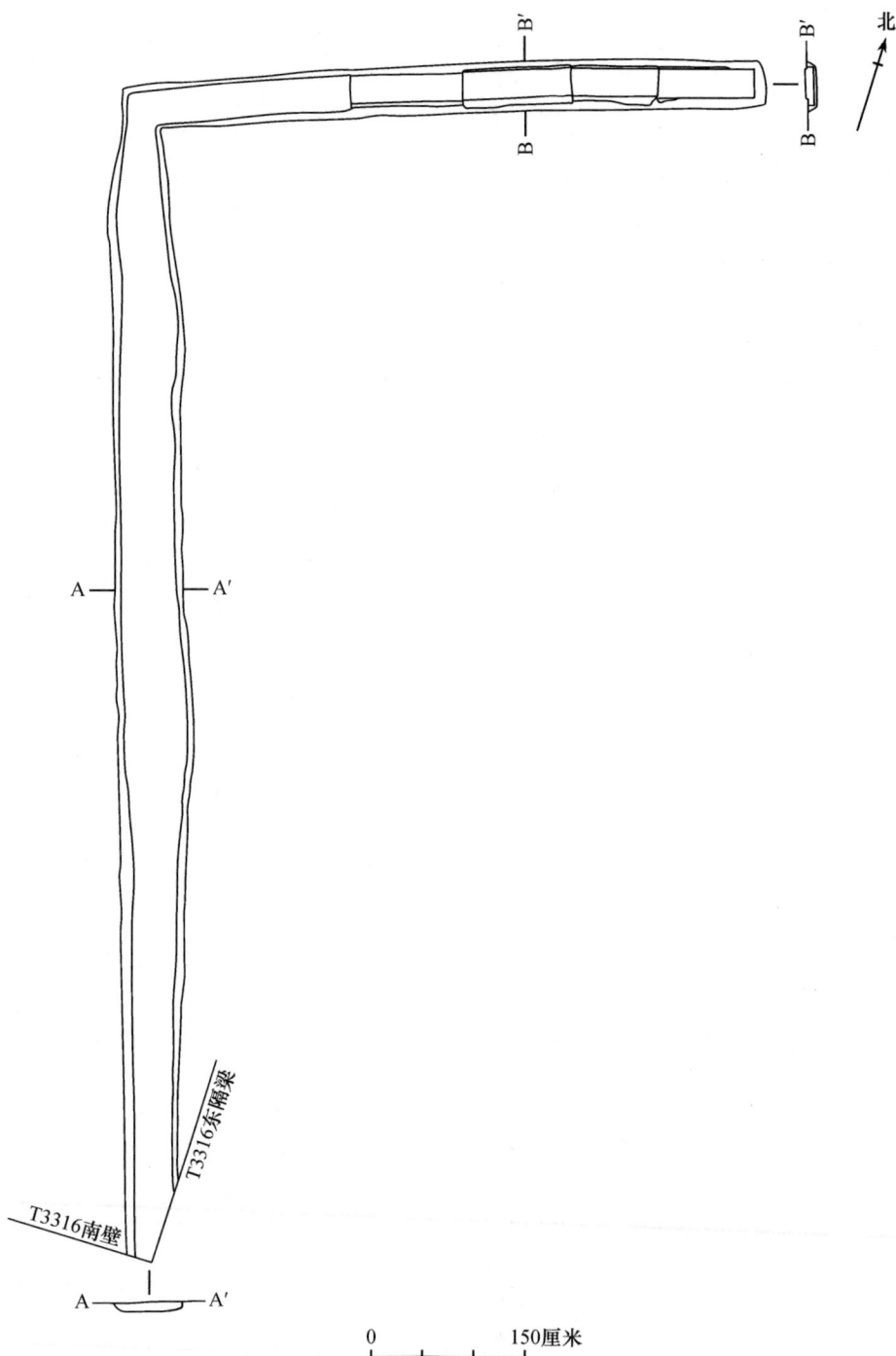

图六六　1999STA2F2平、剖面图

（三）窑址

　　窑址共发现四座，Y1～Y4，其中Y2、Y3、Y4结构基本相同。

　　1998STA2Y1　位于T0311的东南部，向南伸出探方外，后经扩方，做了完整发掘。Y1发现于第④层下，距地表深0.3～1.2米。坐落在生土上。Y1由窑室、火门、烧火坑（工作间）三部分组成（图六七）。

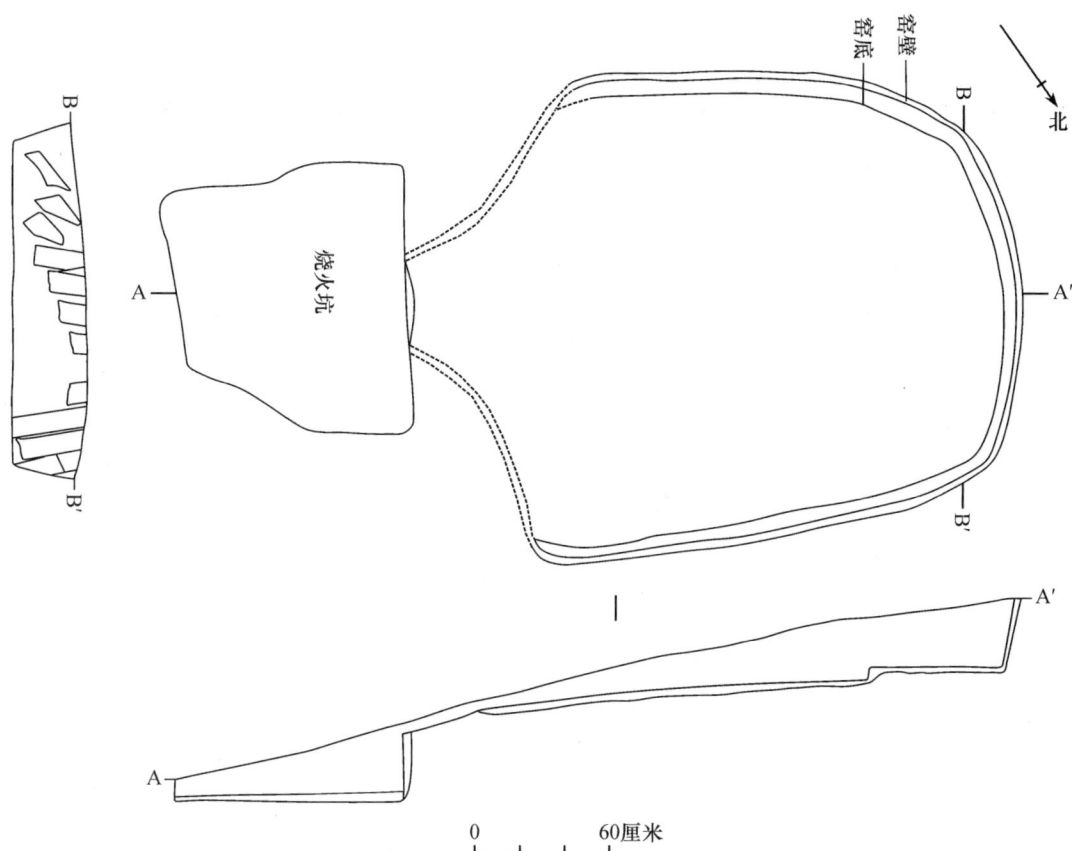

图六七　1998STA2Y1平、剖面图

窑室：平面略呈圆角长方形，周壁微弧。窑顶、前壁及窑口已塌陷，残存窑壁稍向内倾斜，窑底后部宽0.6米，稍高于前部0.06米，前部窑底略有坡度，后部较高，前部略低。窑壁及窑底因长期火烧形成一层坚硬的灰绿色烧土面，厚0.02～0.03米，窑室四壁留有清晰的工具痕迹，工具痕迹宽度约0.09米，似为镐痕。窑室上口部残长2.4、宽1.5～2米，底残长2.34、宽1.46～1.9米，残高0.3米。

火门：位于窑室的东面，方向120°，上部破坏无存。火门与烧火坑之间有一层坚硬的灰红色烧土，厚0.01～0.03米，长度约0.38米，应是火门的宽度。

烧火坑：位于火门东侧，平面为不规则梯形，直壁平底，上宽1.2、下宽0.8、残深0.3米。底部堆积厚0.02～0.05米的草木灰。

窑室及烧火坑内的堆积为灰褐色水浸淤土，含有大量的红烧土块及窑壁塌陷的灰绿色烧土块，出土遗物有碗、盆、罐、缸、板瓦、筒瓦等陶瓷器残片。

1998STA2Y2　位于T0312的东部与T0313的西部，窑道及烧火坑伸出T0313以外，接近断崖未做发掘。Y2开口于第⑦层下，口距地表深0.9～1.85米。坐落于生土上。由窑道、火膛、火门、窑门、窑室及烧火坑等部分组成（图六八）。

窑室平面略呈圆形，窑道及窑壁口部已坍塌，残壁略向内收，上口稍大于底。上口径3.12、底径3.02、残存最高1.7米。窑壁因长期烧烤形成一层坚硬的青灰色硬面，厚约0.1米，硬面外围约0.2米厚的土被烧成红色。窑底周围有一圈宽0.1、深0.15～0.28米的火道，火道的走向与窑室壁的弧度一致并与烟道相连。火道表面被火烧烤形成一层灰红色硬面，厚0.02～0.03

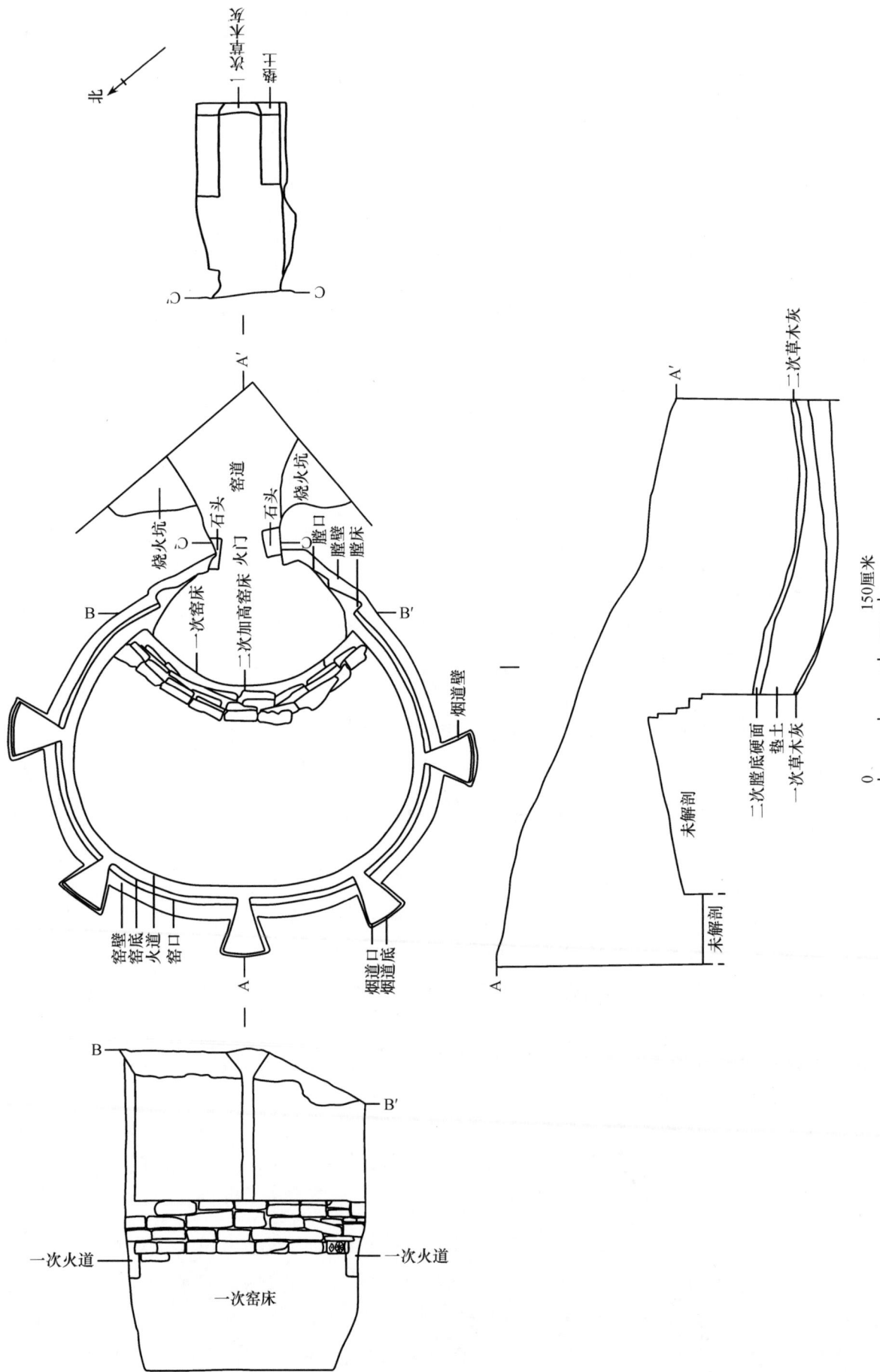

图六八　1998STA2Y2平、剖面图

米。该火道为二次火道，其下还有一次火道（此窑做过修改，见后文）。在正对火门的窑室周壁上有五条烟道，烟道平面皆呈梯形。后壁斜直，侧壁较直，每两个烟道间距1.2～1.4米（以烟道中心计算，下同）。烟道最宽在0.3～0.42米之间，进深在0.4～0.45米之间，底进深在0.38～0.43米之间，因破坏程度不同，深度不一。正对火门的三个烟道保存较好，几乎与残存的窑壁高度一样自上而下贯通。从左往右，深分别为1.7、1.72、1.48米（口至二次烟道的深，下同），左壁上烟道的右侧壁略有破损，未作修补，深约1.45米。右壁上烟道深约0.9米。五个烟道与窑壁自上而下贯通，从窑壁看为一条豁口，未发现抹泥堵塞的痕迹，其间相通的口宽约0.1米左右。烟道底与火道底基本相平。烟道壁与底因长期烘烤形成一层灰色的硬面，厚约0.01米左右，硬面外围约0.1米左右厚的黄生土被烘烤成红色。窑床平面呈月牙形，直径约2.82米，前部高约1.22米（窑底到窑床底面的高），后部因未作解剖高度不详。整个窑床分上下两个使用面，说明窑在使用过程中进行了修改。一次窑床前壁较直，高约0.78米。在一次窑床的基础上加高了0.44米（指前壁高），形成了二次窑床，加高部分的前壁较斜，略呈台阶状，用石块铺砌（极少量的汉砖）而成，石块大多为自然石略加修整为长方形，大小厚薄不一，石块厚的部分一般砌四层，薄的部分一般砌五层。因未作解剖，加高部分的内部结构不详。二次窑床使用面前高后低呈斜坡状，坡度约12°。这样做是为在装窑烧窑及出窑时烧造物不致倒向窑门一侧。

窑室内填土堆积分为上下两层。上层距地表深0.9～1.9、厚0.2～1.4米。浅黄色水浸淤土，含有少许木炭粒及红烧土块，夹杂较多的石块，质较硬。出土遗物有碗、罐、板瓦等瓷器残片。下层距地表深2.1～2.3、厚0.1～0.3米。黄褐色水浸土，含有少许木炭粒及红烧土粒，夹杂大量的板瓦碎片。出土遗物同上。

火膛在火门西侧，平面略呈椭圆形，顶部已塌。火膛壁表面因长期烘烤形成一层青灰色硬面，厚0.05～0.1米。火膛也有两个使用面，说明其随着窑床增高而增高。一次火膛壁上部较直，下部缓向内收，膛底西高东低呈斜坡状，上口长1～1.75、下口长1～1.65、深0.98米，膛底部堆积有厚0.02～0.05米的草木灰。二次火膛上口长1.75～1.2、底口长1.75～1、深1.05米。膛底西高东低斜坡状，因长期烘烤形成一层灰褐色硬面，厚0.02～0.06米。一次膛底与二次之间加高部分的垫土为黄褐色，夹杂有大量板瓦残片，厚0.3～0.4米，说明二次火膛增高了0.3～0.4米。火膛内填土堆积分为两层，上层距地表深2.1～2.2、厚0.4～0.45米，浅黄褐色水浸淤土，含有较多木炭粒及烧土块，质较硬。出土遗物有板瓦。下层距地表深2.5～2.65、厚0.4～0.65米。黄褐色水浸土，含有少许木炭粒及红烧土块，夹杂大量板瓦残片，土质疏松。出土遗物有盆及板瓦。

火门位于火膛东面，窑门正中。火门是在窑门两侧各立置一块长方形石条，上面再横铺一块长方形石条构成（石条已失落）。两块立置石条相互不平行，向火膛方向呈八字形。左侧石块长0.58、宽0.2、厚0.16米，右侧石块长0.68、宽0.25、厚0.18米。石块下面有层垫土，呈黄褐色，厚约0.1米，这样石头底面就略高于窑门底面0.1米。火门正视为长方形，宽0.35米，以右侧石头为准，一次火门高0.68米，增高后的二次火门高0.42米，较一次火门矮0.26米。一、二次火门底部均分布一层草木灰，厚分别为0.05～0.08、0.03～0.05米。

窑门位于火膛的东壁面上，方向130°，顶部大部坍塌。窑门正视略为长方形，下部稍宽于上部，上宽约0.6、下部宽约0.7米，一次门高1.4米，二次门高1.05米。由解剖得知，窑门处二次较一次增高了0.35米，增高的垫土堆积与火膛内的垫土堆积相同，并且相连。

窑道位于火门的东部，平面略呈八字形，向东部外敞开。因东部伸于探方以外，接近断崖，未进行全面发掘。已发掘部分长1.3、宽0.7~1.05、残高1.35米。接近火门处的窑道壁被烘烤成红色，厚0.02~0.03米。经解剖得知，窑道内有两层草木灰堆积，下层（一次形成）厚0.08~0.18、上层（二次形成）厚0.05米，两层之间垫有黄褐色土，厚0.1~0.25米，与窑门及火膛内的垫土相连，说明二次增高同时进行。窑道一、二次底面皆东高西低。窑道内堆积为一层（指二次面以上），浅黄褐色水浸淤土，含有少许木炭粒及红烧土块，质较硬。厚0.9~1米，出土遗物仅板瓦碎片。

烧火坑位于火门东部，伸出探方外，并接近断崖，未全面发掘。平面形状推测为圆形。坡壁平底。发掘部分长1.95、宽1、深1.2米。该火坑为二次所挖。烧火坑内填土堆积为3层。上层距地表深1.75~1.95、厚0.05~0.4米，黄褐色水浸淤土，夹杂一层红烧土块，厚0.05~0.12米，含有少许木炭粒，质较硬。出土遗物极少且破碎，可辨器形有碗、罐等。中层距地表深2.15~2.35、厚0.05~0.25米，浅黄褐色沙性淤土，含有少许木炭粒，质较硬。未出遗物。下层距地表深1.75~2.6、厚0.05~0.25米。灰褐色沙性淤土，包含少许木炭粒，质较硬，未出其他遗物。

1998STC2Y3　位于T3539的东部。距T3539中的Y4约2米左右。Y3开口于耕土层下，距地表深0.15~0.20米，挖在生土中。①→Y3→黄生土（图六九）。

Y3由窑室、火膛、窑门、火门、窑道等五部分组成。

窑室：窑室平面略呈圆形，窑顶及壁口部已塌陷，后壁向里挤入，后壁的右侧烟道至右壁烟道的窑壁用石头砌筑，说明窑在使用过程中进行了修补，残存壁除东壁一小段略呈袋状，其余壁面上下基本较直。窑室口直径约3.2米，底直径3.25米，残存最高约0.7米，窑壁经长期烧烤形成一层十分坚硬的硬面，呈灰蓝色，厚0.05~0.15米，硬面外围约0.2~0.25米厚的黄生土被烧烤成红色。窑底前后低呈斜坡状，坡度约7°，也因长期烧烤形成一层灰蓝色硬面，厚0.05~0.1米。窑底两侧紧靠窑壁有宽0.04~0.14米，深0.05~0.13米的火道，火道表面被火烧形成一层灰色的硬面，厚0.03~0.05米。在正对火门的窑室后壁上有两个烟道，左右壁上各一个，烟道平面皆呈梯形，直壁平底，自左往右，每两两间距分别为1.9、1.6、1.4米（以烟道中心计算）。左壁上烟道最宽0.33、进深0.44、深0.64米，右壁上烟道最宽0.25、进深0.4、深0.88米，右烟道最宽0.35、进深0.38、深0.78米。四个烟道与窑壁上下是相通的，未发现抹泥堵塞的痕迹，其之间自右往左分别为0.08、0.12、0.13、0.23米。烟道深于火道底0.12~0.15米。烟道壁也因长期烘烤形成一层灰色的硬面，厚0.03~0.05米，硬面外围0.1~0.15米厚的黄生土被烘烤呈红色。

火膛：在火门的北侧，平面略呈椭圆形，顶部已塌陷。斜壁底微呈缓坡状，其口长径1.85、短径1.5米，底长径1.55、短径0.65米。膛壁及膛底表面因长期红火烘烤形成一层灰蓝色硬面，厚0.05~0.15米，硬面外围0.2~0.35米厚的黄生土层被烘烤成红色。

火门：位于火膛的南壁面上，窑门的正中。火门是在窑门左右两侧各立置一块长方形石头，上面再横铺一块长方形石头而成（横铺的石头已失落）。两块立石不互相平行，朝看火

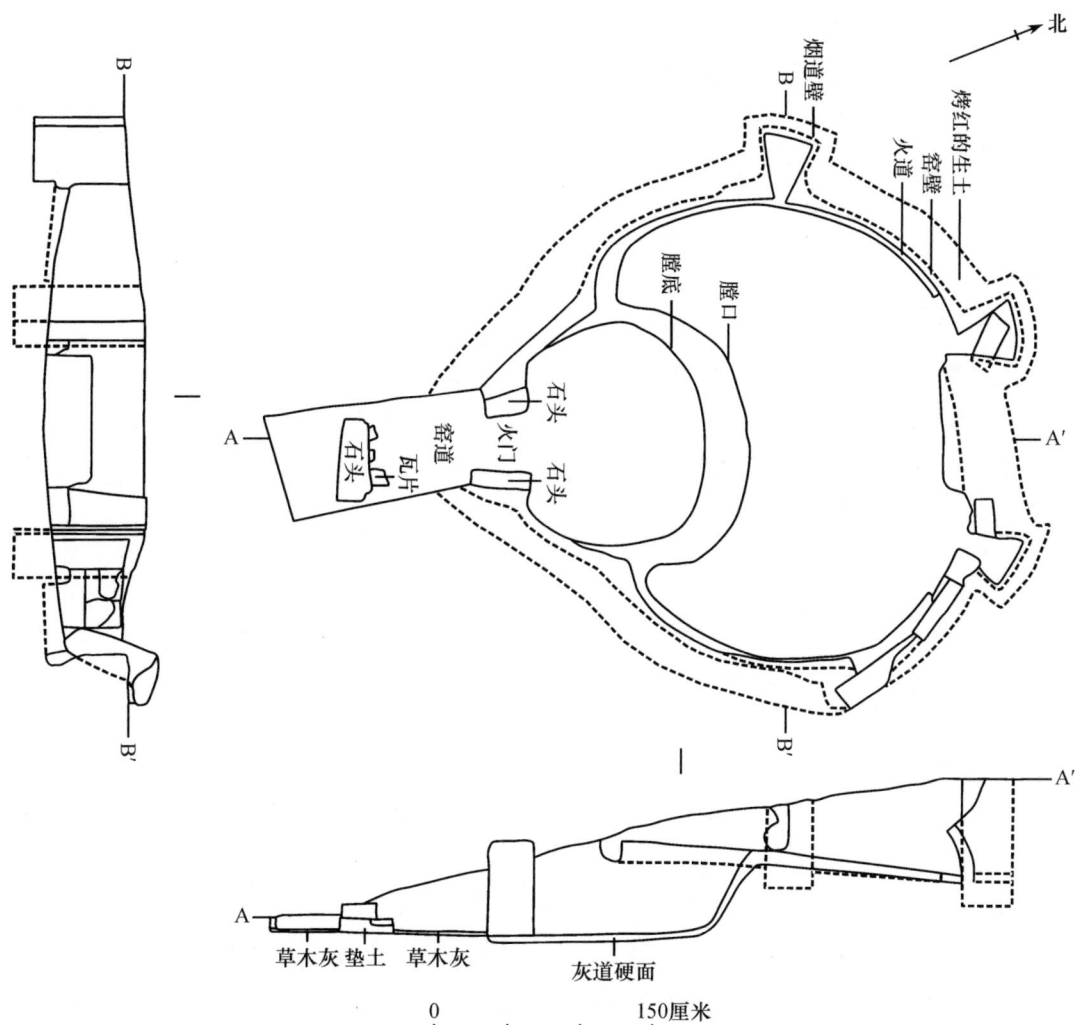

图六九 1998STC2Y3平、剖面图

膛方向一端（北端）向外敞开，略呈倒八字形。左侧石头长0.66、宽0.3、厚0.15米，右侧石头长0.66、宽0.41、厚0.12米。火门正视为长方形，宽0.4米（以中心计算），高为0.66米。

窑门：位于火膛的南壁面上，方向215°，顶部已塌陷。窑门平面呈倒八字形，宽0.65米（以中心计算），进深约0.3米，残高0.55米。

窑道：位于火门的南部，平面略呈梯形，长约1.45米，宽0.65～0.75米，残高0.1～0.45米，距火门0.76米处横铺一不规则长方形石头，长0.55米，宽0.15～0.25米，厚0.1米，似为烧火时的座位。石头下面垫有板瓦残片，窑道内分布一层草木灰堆积，厚0.02～0.03米，质较硬。

窑内堆积及包含物：窑室内堆积为一层，黄褐色土，含有较多的红烧土块及窑壁塌陷的灰蓝色烧土块，出土遗物有板瓦等。

火膛内堆积及包含物：火膛内的堆积及包含物基本与窑室相同，出土遗物有板瓦等。

窑道内堆积及包含物：窑道内的堆积及包含物与窑室基本相同，出土遗物有板瓦等。

1998STC2Y4 位于T3539的中南部偏西。发现于耕土层下，距地表深0～0.2米，挖在生土中。由窑室、火膛、火门、窑道、烧火坑等部分组成（图七〇）。

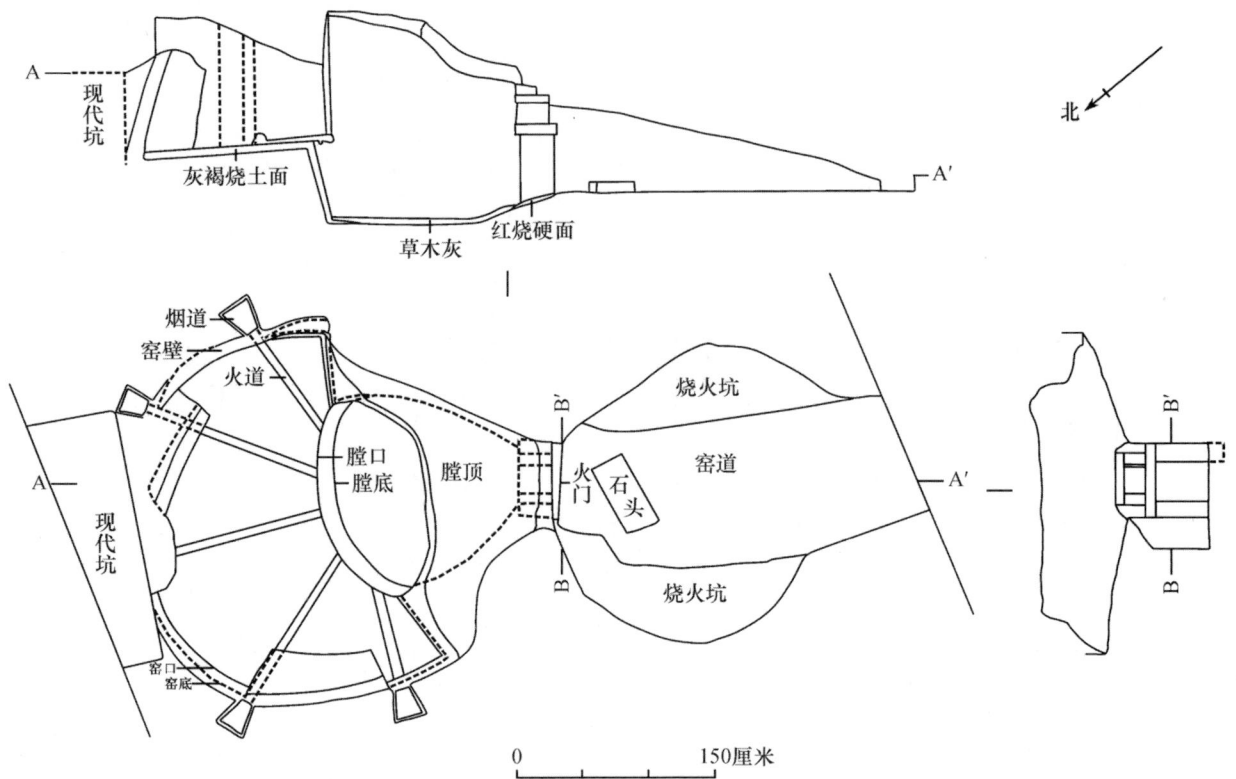

图七〇　　1998STC2Y4平、剖面图

　　窑室平面略呈不规则半圆形，顶部及壁口部已坍塌，后壁及左壁部分向里挤入，残存壁略呈袋状。窑室口直径约2.75米，底直径约2.8米，残存最高约1米。窑壁经长期烧烤形成一层十分坚硬的硬面，厚0.08～0.15米，呈青灰色，硬面外围厚0.2米左右的黄生土被烧烤成红色。窑底（窑床）前高后低呈斜坡状，坡度约4°，因长期烧烤形成一层灰褐色硬面，厚0.05米左右。窑底有六条火道，其中五条火道分别与窑壁的五个烟道相对，并且相通，另一条火道顺东南角窑壁与东壁上烟道相接，火道宽0.05～0.06米，深0.04～0.05米，火道表面被火烧烤形成一层灰褐色硬面，厚0.03～0.05米。在窑室后壁上有三个烟道，左、右壁上各一个，中间一个被现代坑打破，烟道平面皆呈梯形。自左往右，每两两间距分别为1.3、1.4、1.3、1.1米。左壁上烟道宽0.1～0.2米，进深0.22米，深0.85米。右壁上烟道宽0.1～0.22米，进深0.24米，深0.92米。后壁上中部烟道被一现代坑打破，大小不详。烟道与窑壁面不相通但底部有口相通，通口略呈不规则圆形，直径0.1米左右。烟道底与火道底基本相平。烟道壁与底也因长期烘烤形成一层灰褐色硬面，厚0.2～0.3米，硬面外围0.1～0.15米厚的黄生土被烘烤成红色。

　　火膛在火门的北侧，平面略呈扇形，斜壁，顶微弧，顶部北部塌毁，残存南部北高南低呈斜坡状，底略深于火门底，略呈圜底，其口长径1.52、短径1.4米，底长径1.4、短径1.38米，深0.65米。膛壁经长期烧烤形成一层灰色的硬面，厚0.1～0.15米，硬面外围约0.2米左右厚的黄生土被烧烤成红色。膛内底部堆积有厚0.03～0.05米的草木灰。

　　窑门位于火膛的南壁面上，方向221°。窑门正视为长方形，宽0.56、进深0.26、高0.7米。火门位于火膛的南壁面上，窑门的正中。火门是在窑门两侧各立置一块长方形石块，上面再横铺一块长方形石条而成。两块立石相互平行而大小不同，左侧石头长0.4、宽0.26、厚0.12米，右侧石头长0.51、宽0.26、厚0.14米，深于火门底面约0.11米。横铺石条长0.56、宽0.32、厚0.08米。火门正视为长方形，宽0.3、进深0.26、高0.4米。火门之上有一长方形"观察口"，是在火门之上两侧各置一残砖块，上面再横铺一长方形石条。砖残长0.25、宽0.16、厚0.09米。石头长0.4、宽0.26、厚0.06米。"观察口"宽0.22、进深0.26、高0.16米。火门底面经长期烧烤形成一层坚硬的红烧土硬面，厚0.02~0.03米。

窑道平面略呈长方形，直壁平底，已发掘部分长2.65、宽0.8~1.1、残高0.1~0.65米。烧火坑位于火门的南侧，平面略呈椭圆形，坡壁平底，口长径2.25、短径1.9、深0.2~0.65米，距火门0.3米横铺一长方形石头，长0.57、宽0.26、厚0.08米，应为烧火时的座位。

窑室、火膛、窑道及烧火坑内的填土堆积大致相同，皆呈黄褐色水浸淤土，含有较多的红烧土块及窑壁塌陷的青灰色烧土块。出土遗物有碗、板瓦等陶瓷器残片。

（四）灰坑

灰坑共发现35座，其中圆形灰坑12座，椭圆形灰坑9座，长方形灰坑9座，三角形灰坑2座，不规则形灰坑3座。

1. 圆形灰坑12座

1998STA2H2　位于T1507、T1508、T1607、T1608四个探方中，东北部被G1打破。开口于第③层下，坑口距地表深0.25米。平面略呈圆形，坡壁平底。口部直径约1.65、底部直径约1.25、深约0.3米。坑内填土堆积呈灰褐色，土质疏松，质略软。出土遗物有碗、盏、盆、釜等陶瓷残片（图七一）。

1998STA2H4　位于T0104东壁下，东隔梁叠压部分坑，本方中仅暴露一部分，H4开口于第②层下，坑口距地表0.3~0.4米，该坑打破第④层及H5。该坑在T0104中平面呈半圆状，口部长径1.4、短径0.8米，底部长径1.2、短径0.6~0.7米，坑深2.25米。该坑为斜边平底坑，坑边及底部未作加工。坑内堆积为一次堆积，填土呈黑褐色黏土，其结构紧密，质地稍硬，包含有少量烧土粒、木炭粒，出土残瓷片（图七二）。

1998STA2H7　位于T2811的西半部中间、H8的西面。本坑开口在第④层下，坑口距地表深0.5~0.6米。为圆形，直壁平底，直径1.3、深0.36米，未发现有加工痕迹。坑内堆积为一类土，土为灰褐色水浸土，质较硬，结构较紧。出土遗物极少（图七三）。

1998STA2H9　位于T1407、T1408内，另一部分在探方南侧。开口于第④层下，坑口距地表0.5米，打破第⑤层至生土，打破H10、H13。形状略呈圆形，发掘部分最大径为3.2米，底部最大径为1.8米，此坑深1.05米，坑壁坑底较为规整。H9内堆积共分为三层：第①层为黄褐色花土，结构较致密，质地略硬，含有较多的红烧土块和灰粒，此层厚0.6米，包含物有瓷碗口沿、器底等；第②层为深灰色土，厚0.15米，结构疏松，质地较软，没有出土物；第③层为黄褐色花土，结构较致密，质地较硬，含有烧土块、灰粒，包含物有瓷碗等残片，此层厚约0.3米（图七四）。

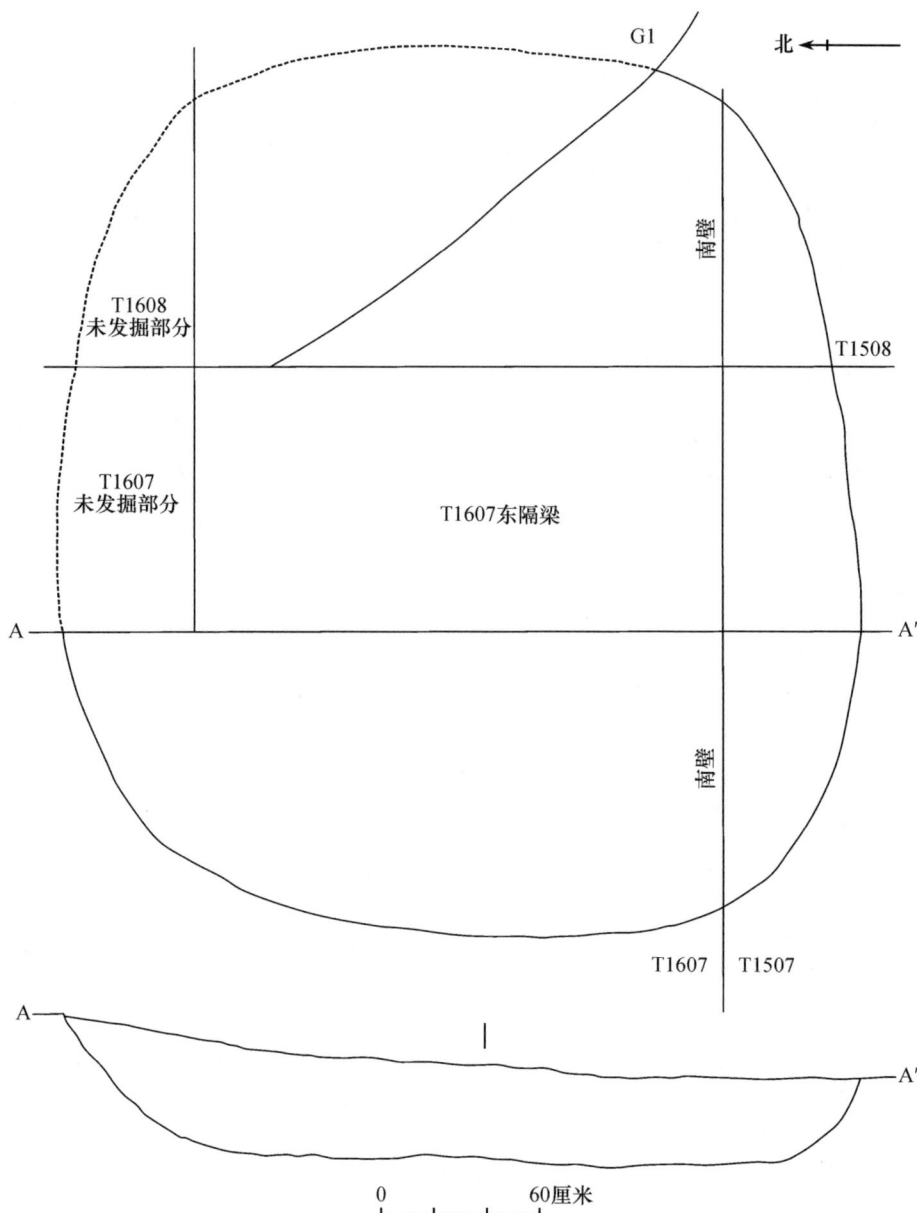

图七一　1998STA2H2平、剖面图

1998STA2H17　位于T2811的中西部，发现于第④层下，坑口距地表深0.05～0.06米。平面呈圆形，直壁平底，未发现有加工痕迹，直径1.3、深0.36米。坑内填土堆积为灰褐色水浸土，结构紧密，质较硬。出土遗物破而残碎，可辨器形有罐、筒瓦等陶瓷器（图七五）。

1998STA2II19　一部分遗迹分布在T1311的西北部和T1411的西南部，另一部分在这两个探方外，没有发掘。开口于第④层下，坑口距地表0.7米，打破第⑦、⑧层，叠压在H26上。H19所露部分略呈半圆形，其坑口最大径为3.2、深0.45米，坑壁坑底不规整。H19内的堆积为深灰色土，结构较疏松，质地稍软，出土遗物有碗、粉盒、盆、罐、器盖、筒瓦等陶瓷器（图七六）。

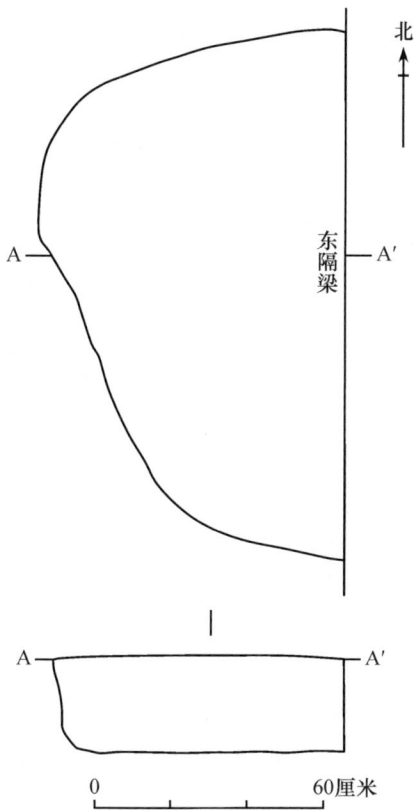

图七二　1998STA2H4平、剖面图

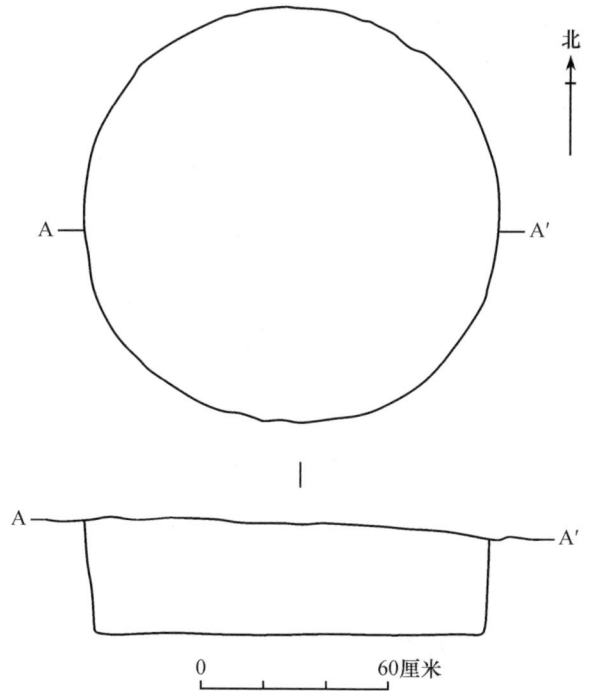

图七三　1998STA2H7平、剖面图

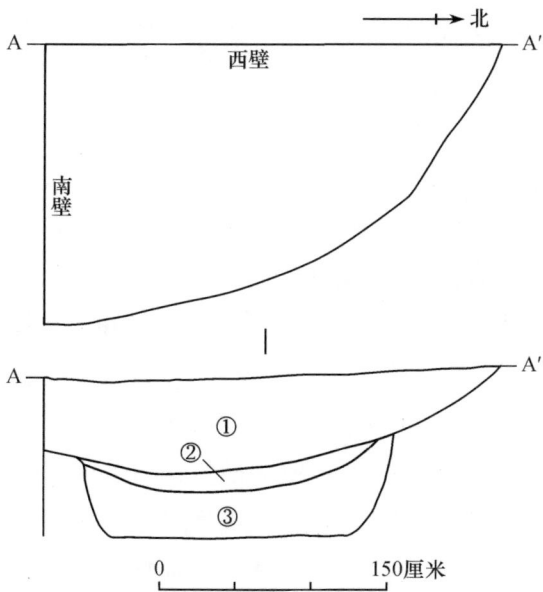

图七四　1998STA2H9平、剖面图

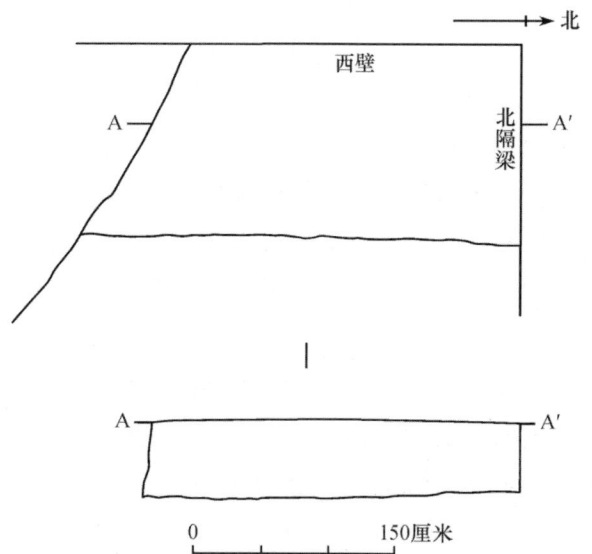

图七五　1998STA2H17平、剖面图

1998STA2H26　一部分位于T1311和T1411内，另一部分在这两个探方外侧，未发掘。H26开口于第⑦层下，坑口距地表0.9米，它被H18叠压，打破第⑧、⑨、⑩层。H26所露平面略呈半圆状，坑口为3.75米，深0.5米，坑壁坑底无加工痕迹。H26内的堆积为褐色，结构较疏松，质地较软，包含遗物有碗、罐、灯盏、盆、器盖、板瓦、瓦当等陶瓷器（图七七）。

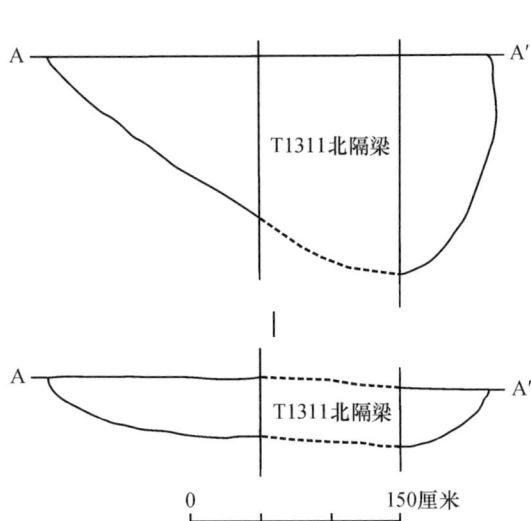

图七六　1998STA2H19平、剖面图

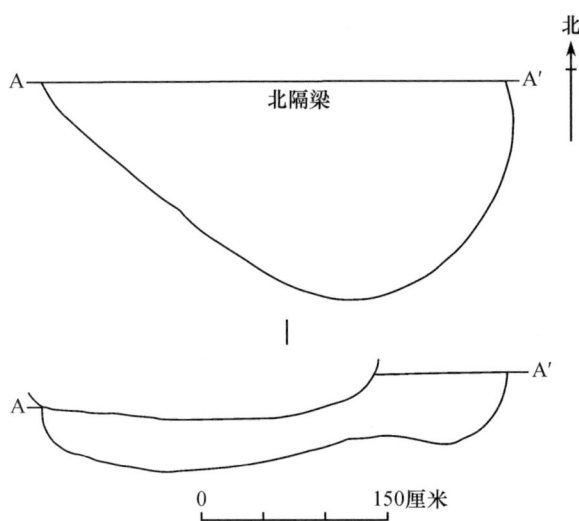

图七七　1998STA2H26平、剖面图

2001STA1H45　位于T3604西北角，部分压在T3604的北隔梁下，距关键柱2.65米。开口于第③层下，距地表0.85米，打破第④层，形状为圆形，直径为2.35、深0.3米，同T3903硬面、灶，处于同一平面上，底部为锅底形，无加工痕迹。坑内堆积为灰褐土，土质松软，底部有薄层草木灰。含有烧土块、瓷片，出土有筒瓦（图七八）。

2001STB1H46　位于T3232探方内，分布在探方北部，部分压在东、北隔梁下，灰坑暴露面积约占探方面积的二分之一。开口于第④层下，坑口距地表2.15～2.45米，打破第⑤层及生土层。该灰坑为圆形，圜底稍平，圆腹，坑口南北长4.2、东西残长3.52、深1.38米。此灰坑无明显的加工痕迹。该灰坑土质松软，颜色呈灰褐色，湿度较大。出土遗物以陶瓷碎片为主，出土可复原瓷碗一件及少量板瓦、筒瓦碎片。陶瓷片可辨器形有碗、盏、盆、罐等，另外出土有大量的石块，其形状、大小不等（图七九）。

2001STB1H48　位于T3839中部偏北。开口于第⑥层下，打破第⑦、⑧层及生土。坑口距地表深1.8米。该坑为大坑套小坑上下两部分组成。大坑平面为圆形，壁面较直，坑底较平，坑口径1、深0.45米；小坑位于大坑坑底正中，平面也为圆形，壁面微斜，坑底平圆，坑口径0.6、深0.1米。坑内堆积呈黄褐色，含有少许木炭粒及红烧土块。结构松散，土质松软。出土遗物少而破碎，可辨器形有瓷罐、盆等（图八〇）。

2001STA1H49　位于T3903的东南角，部分压在T3803北隔梁下与T3903东隔梁下，西北距Z1 2.7米。开口于第③层下，距地表深0.9米，打破第⑤、⑥层，与探方T3903硬面、Z1处于同一平面上，在其口沿边有硬面斜入部分，因T3803北隔梁、T3903东隔梁未发掘，根据发掘出坑边，判断该坑为圆形坑，深0.8米，底部为圜底，无加工痕迹。坑内堆积为灰土，土质疏松，底部有一层草木灰，出土有瓷片（图八一）。

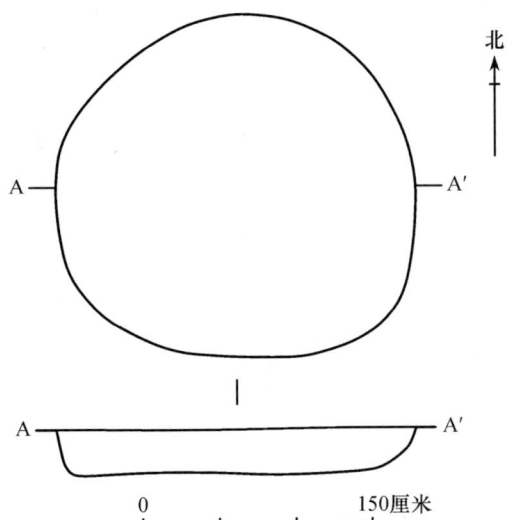

图七八 2001STA1H45平、剖面图

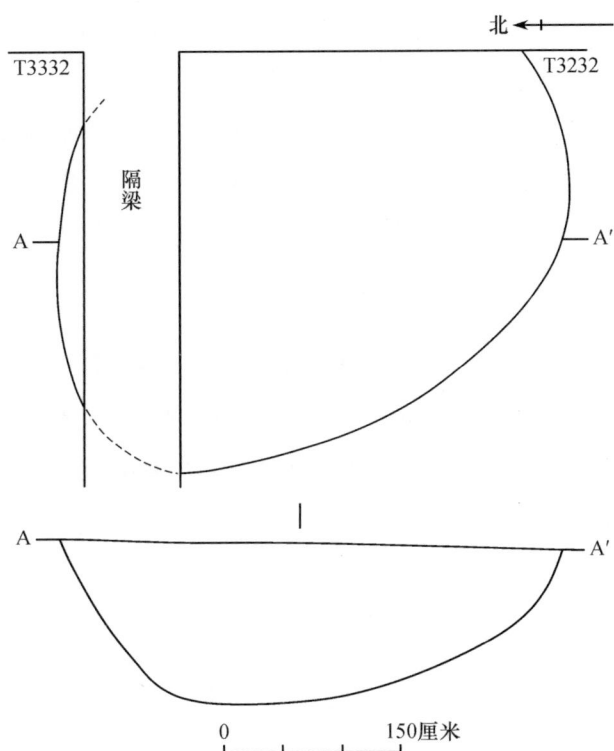

图七九 2001STB1H46平、剖面图

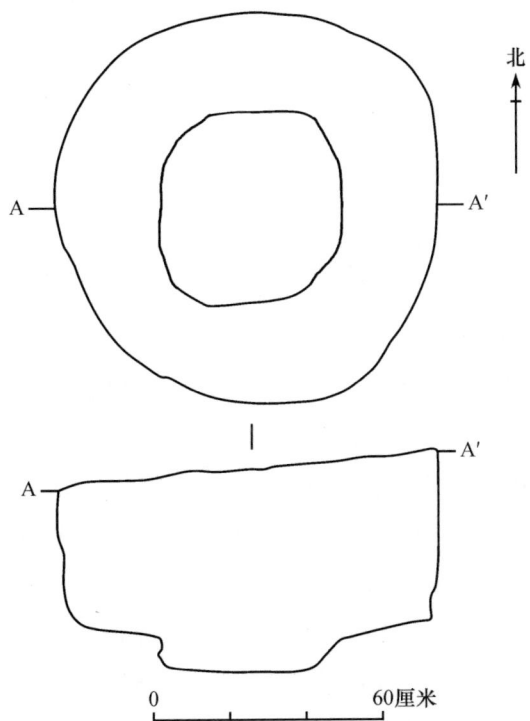

图八〇 2001STB1H48平、剖面图

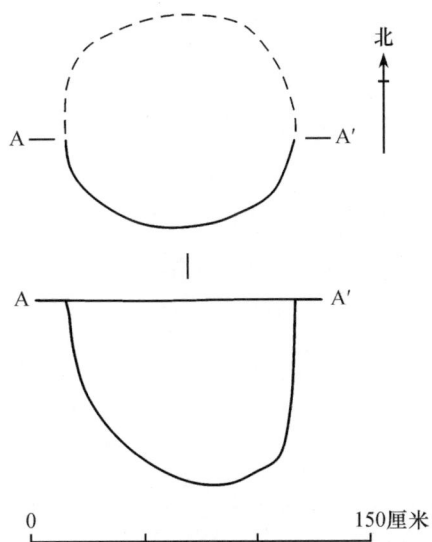

图八一 2001STA1H49平、剖面图

2001STB1H50　位于T3738西南角，一部伸进南隔梁之下。开口于第⑥层下，距地表深2.15米，打破第⑦、⑧层和生土。与其他遗迹无打破关系。本坑从已发掘部分看，为圆形，坑口东西1.7、南北1.8、坑底长1.6、坑口距地底深0.4米，坑内没有遗迹及加工痕迹。本坑从上到下土质、土色均相同，均为灰褐土，土质疏松，内含烧土块、木炭粒等，较潮湿。底部有一层瓷片，而且数量很多。出土遗物以瓷器为主，可辨器形有罐、盆、壶、碗等（图八二）。

2. 椭圆形灰坑9座

1998STA1H1　位于T4006的西南部，G1南边，距南壁0.8、距西壁1米，H1开口于第②层下，坑口距地表0.3米。平面为椭圆形，长径1.6、短径1.2、深0.6米。斜坡平底，坑壁及底部未发现工具痕迹。坑内堆积为一次性堆积，包含有木炭粒、烧土粒、石块，出土物有瓷碗、灰陶片等（图八三）。

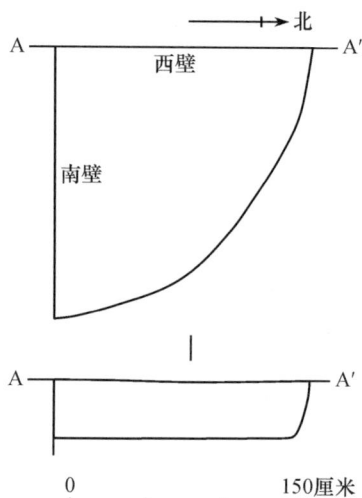

图八二　2001STB1H50平、剖面图

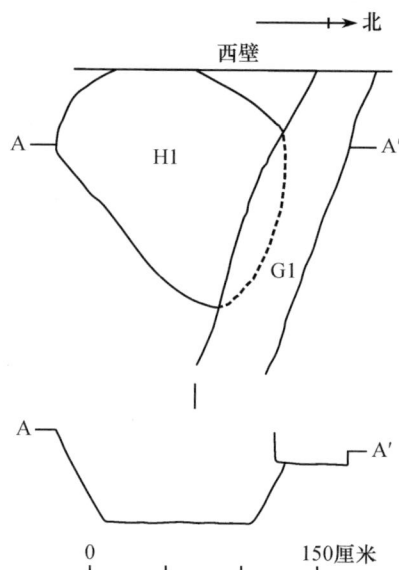

图八三　1998STA1H1平、剖面图

1998STA2H10　位于T1407、T1408、T1507内。开口于第④层下，在T1408内被叠压在本方第④层下，在T1407内叠压在本方第④层下，它打破T1408内第⑤层、T1507内第⑤层、T1407内第⑥层，被M2、G1、H9打破。H10略呈椭圆形，坑口距地表0.6米，最大径为8.1、深0.5米，坑壁、坑底没有加工痕迹。H10内的堆积为深灰色土，包含有烧土块和木炭块，结构较密，质略硬，其包含物有碗、盆、罐等陶瓷器残片（图八四）。

1998STA2H12　位于T3011的东北角、T3111的东南角和T3112的西南角。H12开口于第④层下，坑口距地表深0.35～0.45米，底部到生土。本坑分布在三个探方内，探方隔梁未打，据现暴露部分，此坑为椭圆形，坑现长4.6、宽3.3、深0.35米，坑为斜坡，平底，没有加工痕迹。坑内堆积为一层灰褐色土，质地较硬，含有大量的红烧土块，出土遗物有筒瓦、瓮、罐、盆、碗、灯盏等陶瓷器（图八五）。

1998STA2H18　位于T0105中部，南部在探方外。开口于第③层下，坑口距地表0.5～0.55米，该坑打破第④层。H18在T0105中呈椭圆状，长2.85、最宽1.35、深0.45米。该坑东壁为斜

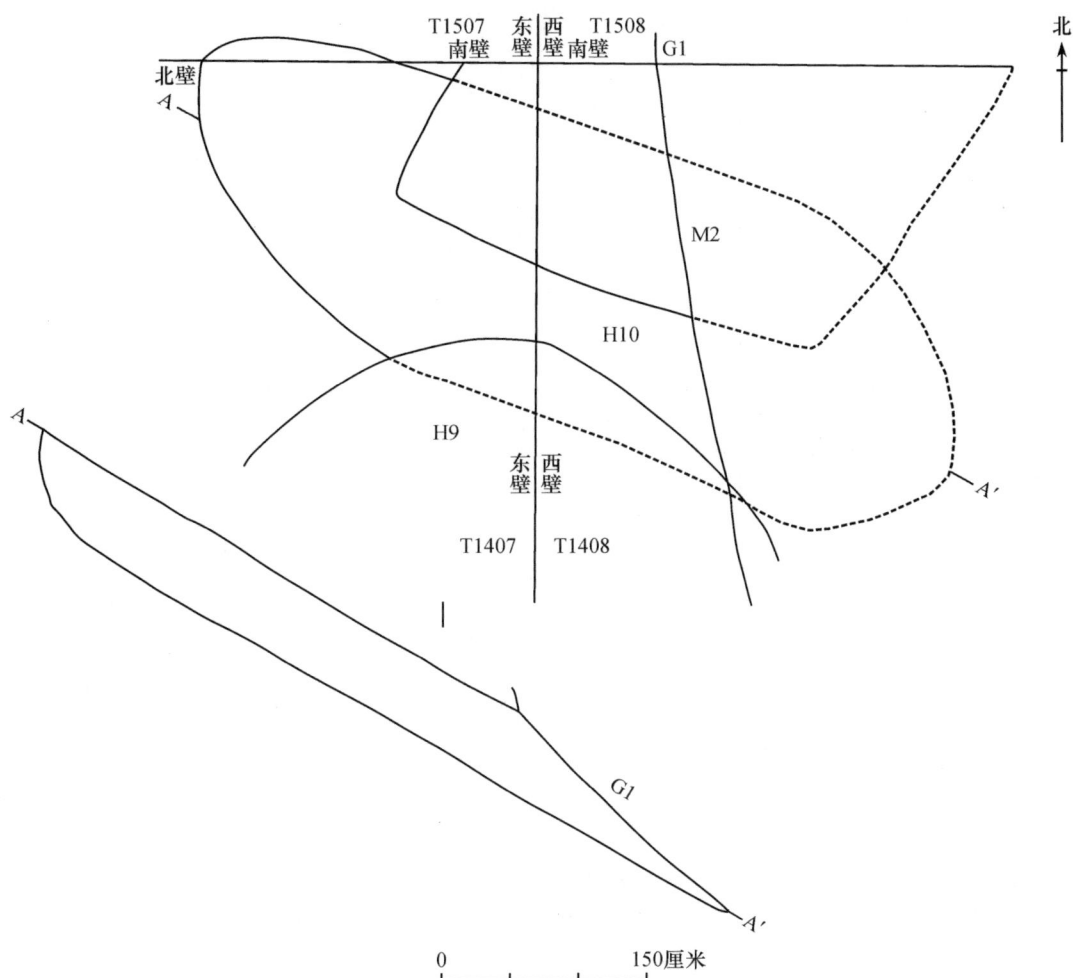

图八四　1998STA2H10平、剖面图

坡状，西壁较直，略有斜坡，坑的底部土质较硬，经过稍微加工。H18为一次性堆积，填土呈黑灰色黏土，其结构疏松，质地较软，包含大量的木炭粒及少量红烧土粒，出土遗物有瓦片，瓷碗、盆等（图八六）。

1998STA2H24　位于T1311西部，向西伸入探方外，未完整发掘。开口于第⑦层下。平面略呈椭圆形，坡壁圜底，已发掘部分长径1.4、短径1.2、深0.6米。坑内填土堆积大部分为红烧土块及灰黑色土，质较硬。出土遗物有碗、盏、罐、盆等陶瓷器残片（图八七）。

1999STA2H33　位于T2814中部稍偏西北，开口于第③层下，被G21叠压，本身又打破第④层，坑口距地表深0.3米。壁微弧，底较平整，长径0.5、短径0.32、深0.36米。坑内堆积为黄褐色黏土，含有少许烧土块、草木灰等，土质较软。出土遗物少而破碎，仅板瓦一种，有的板瓦碎块正面有阳文"大吉"二字（图八八）。

2000STC3H36　位于T1940南部，向南伸于探方以外，伸出部分未做清理。开口于第③层下，打破生土。坑口距地表深0.95米。平面发掘部分呈椭圆形，坡壁圜底。已发掘直径1.7、深0.4米。坑内堆积呈黄褐色，土质纯净而松软。出土遗物少而破碎，可辨器形有瓷罐、陶釜等（图八九）。

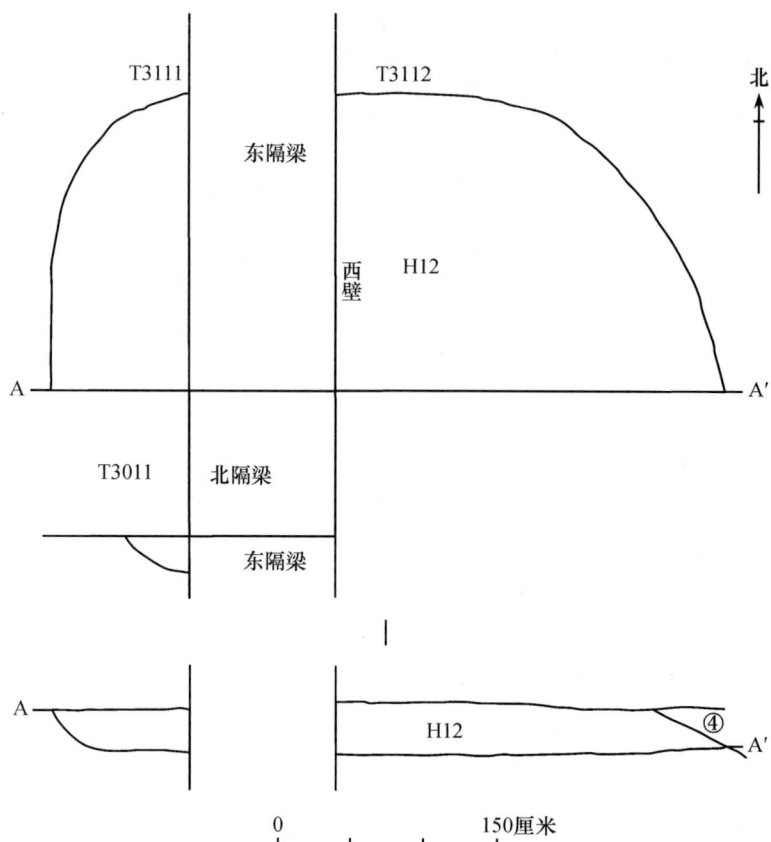

图八五　1998STA2H12平、剖面图

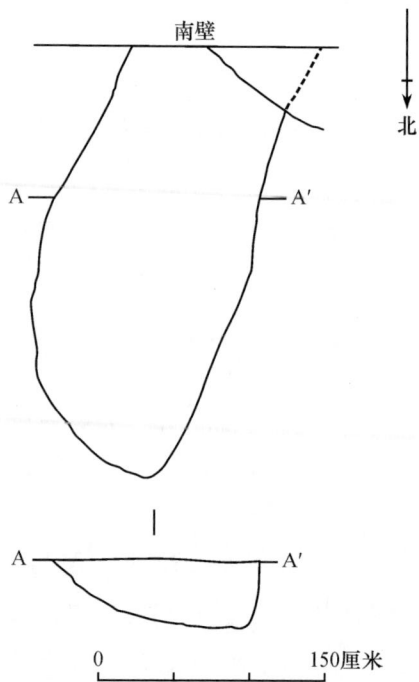

图八六　1998STA2H18平、剖面图

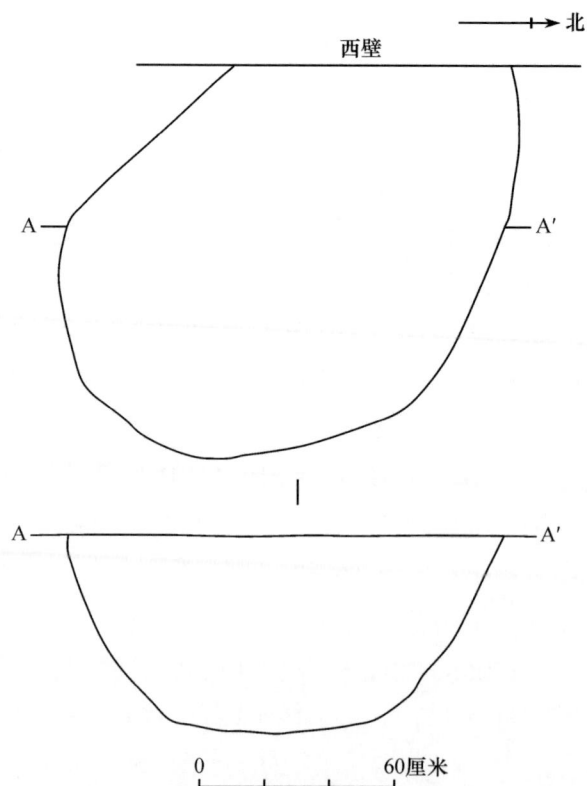

图八七　1998STA2H24平、剖面图

2001STB1H44　位于T3738北部及T3739南部，伸于探方隔梁部分未做清理。开口于第⑤层下，打破第⑥、⑦层，被G30打破。坑口距地表深1.35米。平面呈椭圆形，坡壁圜底。坑口长径2.65、短径1.7、深0.7米。坑内堆积呈褐红色，含有大量的红烧土块，结构松散，土质松软。出土遗物较多，可辨器形有瓷碗、罐、盆、盏，板瓦、筒瓦等残片（图九〇）。

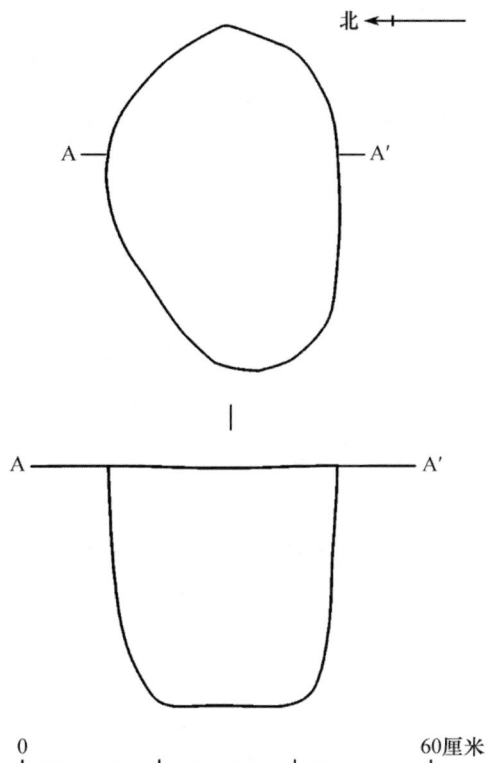

图八八　1999STA2H33平、剖面图

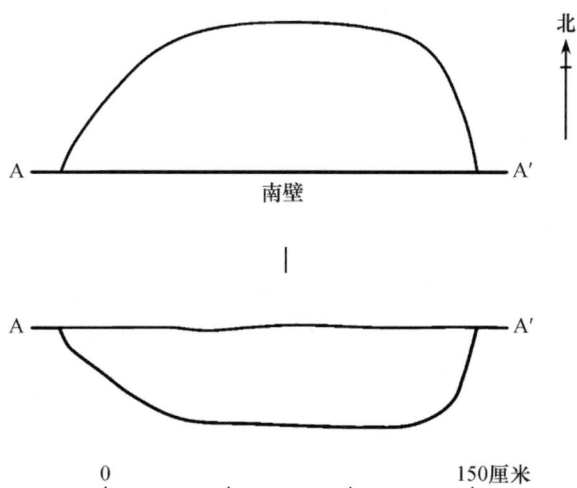

图八九　2000STC3H36平、剖面图

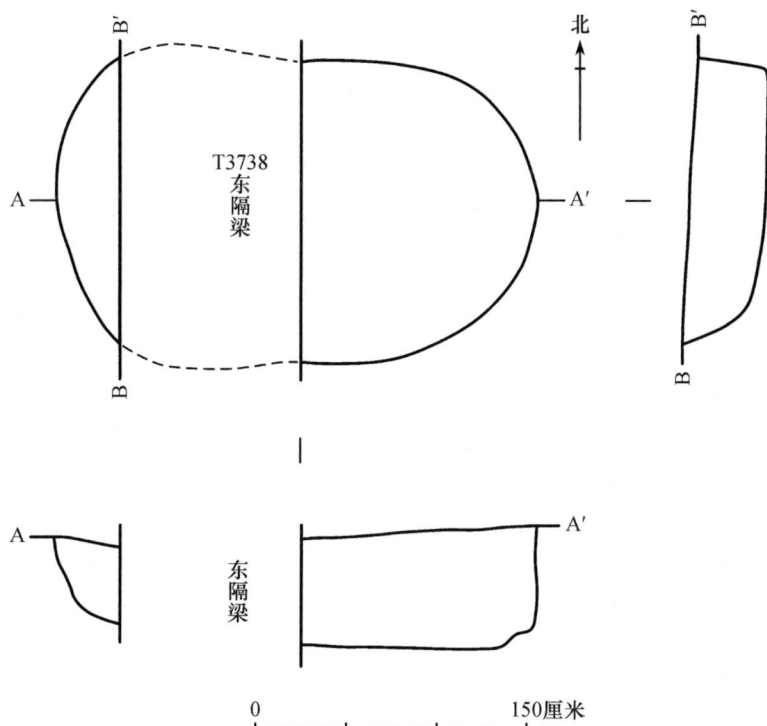

图九〇　2001STB1H44平、剖面图

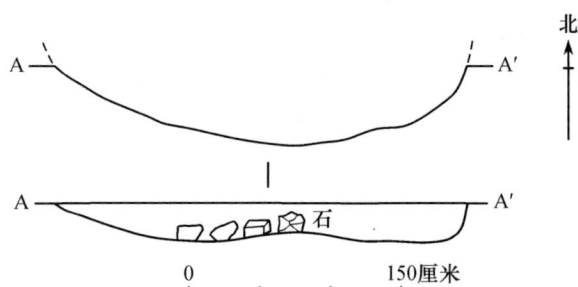

图九一　2001STA1H51平、剖面图

2001STA1H51　位于T3802中，部分处于北壁中，南距探方南壁3.4米，西距探方西壁0.2米，东距探方东壁0.8米。开口于第③层下，因T3802北壁没有发掘，大部分压在北壁下，现露出坑边为半椭圆形，深0.25米。底部不规则，西高东低。坑内堆积为一层，土质疏松，土色灰土，包含有红烧土块、木炭粒，在其底部垫有4块不规则形状的石块，出土遗物有瓷罐等残片（图九一）。

3. 长方形灰坑9座

1998STA2H5　位于T0104东南部、H4南侧、G3北侧。在T0104中平面近似长方形，长0.8、宽0.7、深0.3米，直壁平底，其壁部及底部未见工具痕迹，坑内堆积为平面堆积，填土为黑褐色黏土，结构致密，质地稍软，包含有烧土粒、木炭粒。出土遗物有瓦当、瓷片等，本坑中遗物较少（图九二）。

1998STA2H23　位于T1311的东南部，它的一部分在T1311外，未发掘。开口在第⑥层下，坑口距地表0.7米，被G13打破，H23打破第⑦、⑨层。H23在T1311内略呈长方形，东西长约3.4、宽1.2、深0.7米，坑壁、坑底较规整，坑上部有一层石板。H23内堆积土色为灰褐色，结构疏松，质地稍软，出土遗物有瓷碗、碟、盆，陶釜残片等（图九三）。

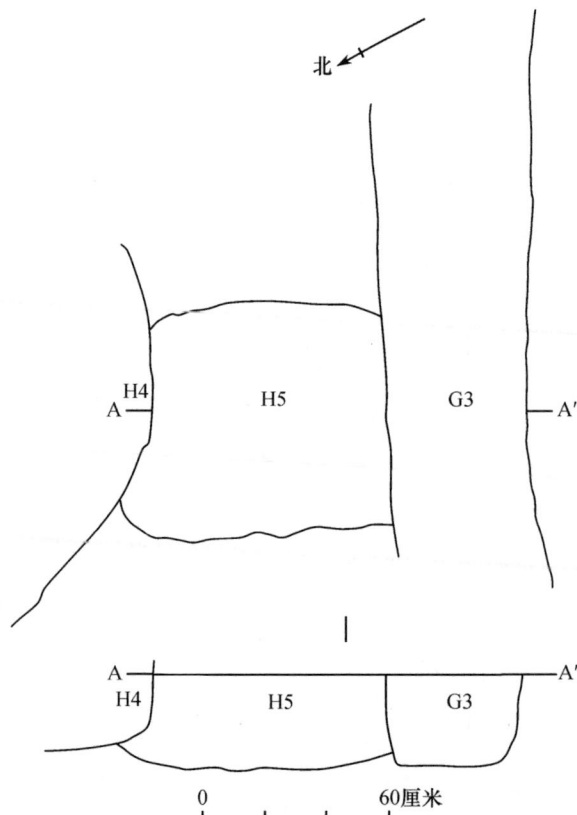

图九二　1998STA2H5平、剖面图

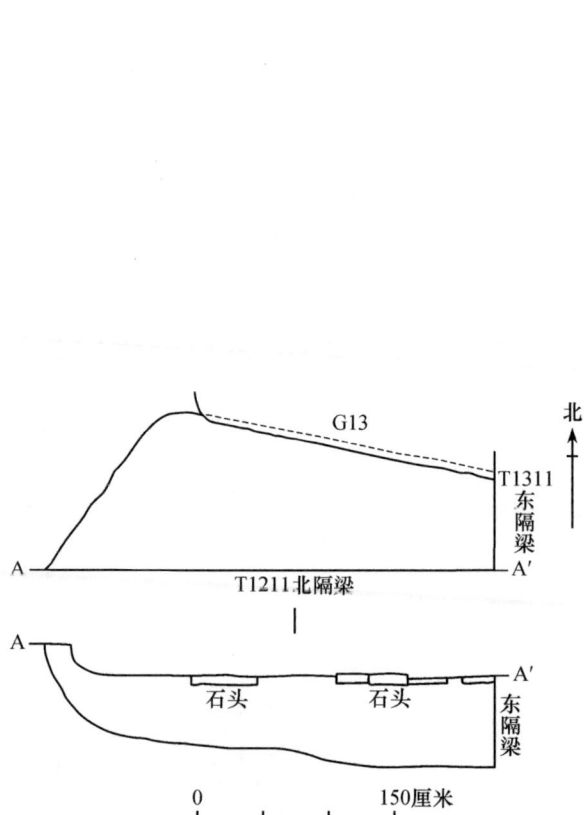

图九三　1998STA2H23平、剖面图

1999STA2H28　位于T3114东部，一部分在东隔梁下，该坑在T3115中G19之西南。开口于第②层，打破G19和第③层。平面呈不规则长方形，斜壁平底，口部长1.2、口部宽0.45～0.9、底部长1、底部宽0.4～0.8、深0.15米。坑壁及其底部未作加工，只是该坑的西边坑壁稍整齐些。坑内堆积为一次性堆积而成，填土呈黑褐色，土质为黏土，其结构较密，质地稍硬，填土中包含有大量木炭粒、草木灰、石头块、兽骨。H28出土物可辨器形有筒瓦、碗、罐、壶等陶瓷器（图九四）。

1999STA2H29　分布在T3316的东北部、T3317的西北部，位于1999STA2M3的北侧。在T3316中H29被叠压在第③层下，打破第④层，距地表0.65米，与其南侧的M3墓穴相连接，它们被同一地层下的1999STA2F2打破。H29略呈长方形，口大底小，坑口长4.3、宽2.35、深0.35米，坑底长4、宽2.2米，坑壁、坑底加工较规整。H29内为一层堆积，厚0.35米，呈灰褐色，结构较致密，质地略硬，含有烧土块，出土遗物有瓷碗、陶网坠等（图九五）。

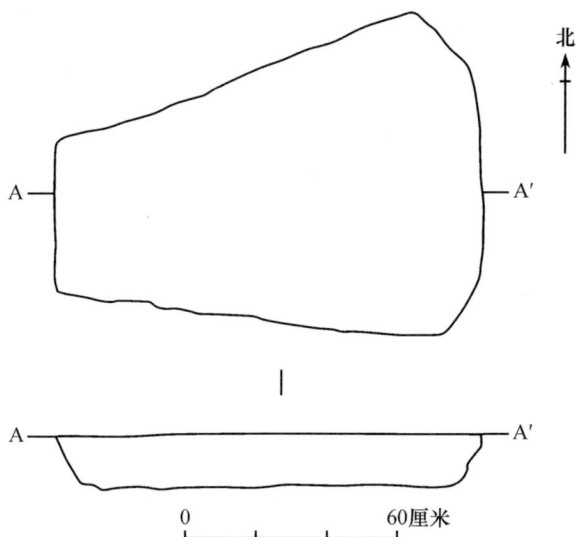

图九四　1999STA2H28平、剖面图

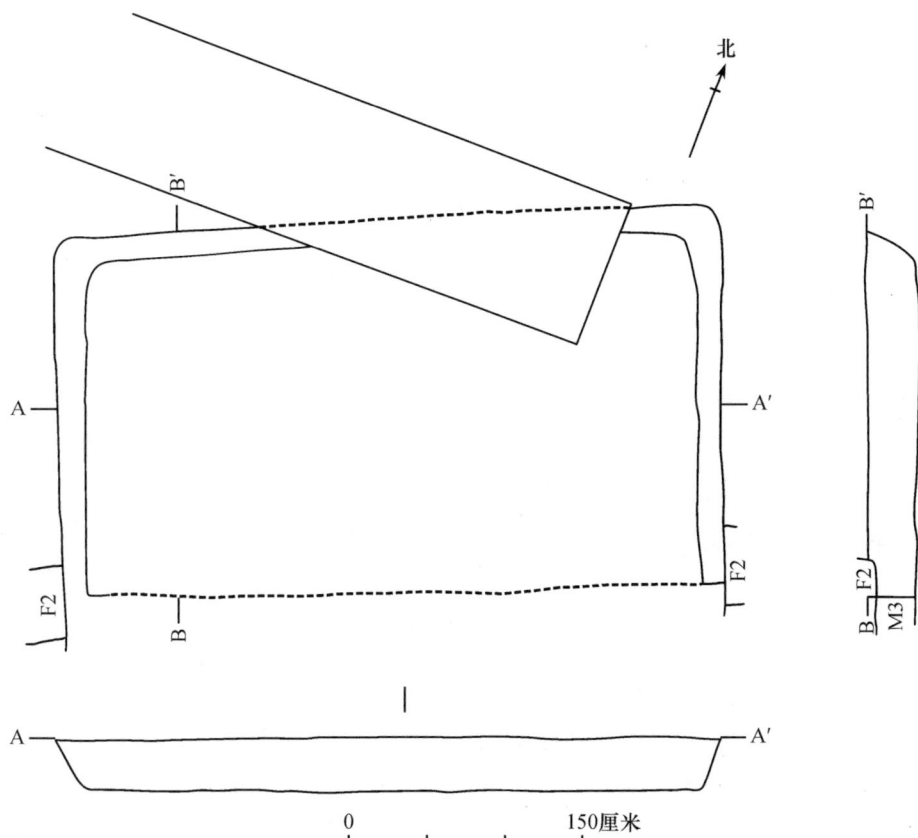

图九五　1999STA2H29平、剖面图

1999STA2H31　位于T3217的北部，一部分被压在北隔梁下。开口在第③层下，打破第④层，距地表深0.55～0.6米。根据本坑在探方的暴露部分看，形状为长方形，横剖面呈锅形，长1.6、宽0.32、深0.2米。坑内堆积为一层灰色土，土质较硬，含有少量的烧土粒和灰粒，出土遗物有瓷碗等残片（图九六）。

1999STA2H35　位于T2714西北、T2814西南部。开口于第④层下，被H34叠压，本身叠压H32，坑口距地表深0.25米。平面形状长方形，直壁平底，南北长3.56、东西宽1、深0.45米。坑内堆积为灰褐色黏土，含有少许木炭粒及碎石块，出土遗物少而破碎，可辨器形有瓷碗等（图九七）。

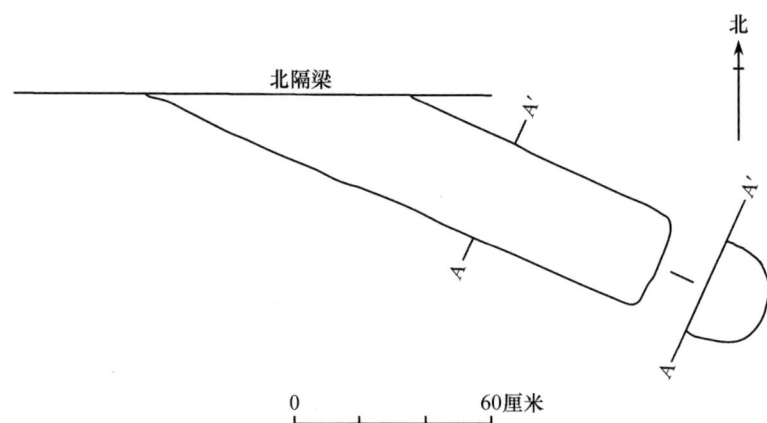

图九六　1999STA2H31平、剖面图　　　　　图九七　1999STA2H35平、剖面图

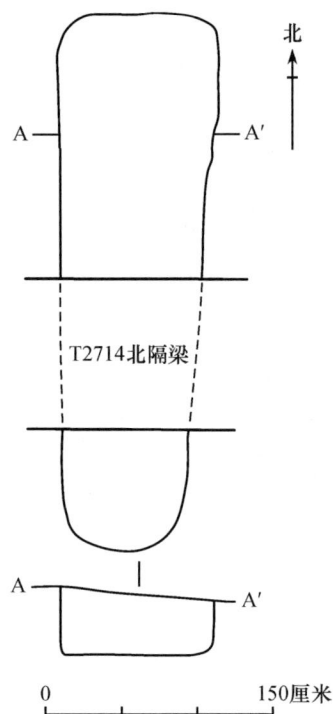

2000STA2H39　位于T1307东北角与T1308西北角，向北伸于探方以外，伸出部分未做清理。开口于第③层下，打破第④、⑤层及生土。坑口距地表深0.4米。平面呈东西长方形，坡壁圜底。已发掘长5.6、深0.8米。坑内堆积大致分为三层：上层浅灰色，含有较多红烧土粒、少许木炭粒（屑），土质较软；中层黄褐色，含有少许红烧土粒及木炭粒，土质较硬；下层深灰色，含有少许红烧土粒及木炭粒，土质较软。出土遗物较多，大部分出于上层与下层堆积中，可辨器形有瓷碗、罐、盆、盏、灯盏，陶缸、案、瓦等（图九八）。

2001STA1H43　位于T3706北部，向北伸于北隔梁下部分未做清理。开口于第②层下，打破第③、④、⑤层及生土。坑口距地表深0.45米。平面估计呈南北向长方形，壁面斜直，平底。已发掘南北长0.8、东西宽1.35、深0.85米。坑内堆积呈灰褐色，含有较多的木炭粒及红烧土块。结构松散，土质较软。出土遗物较多，可辨器形有瓷碗、碟、罐、盆、壶、盏等（图九九）。

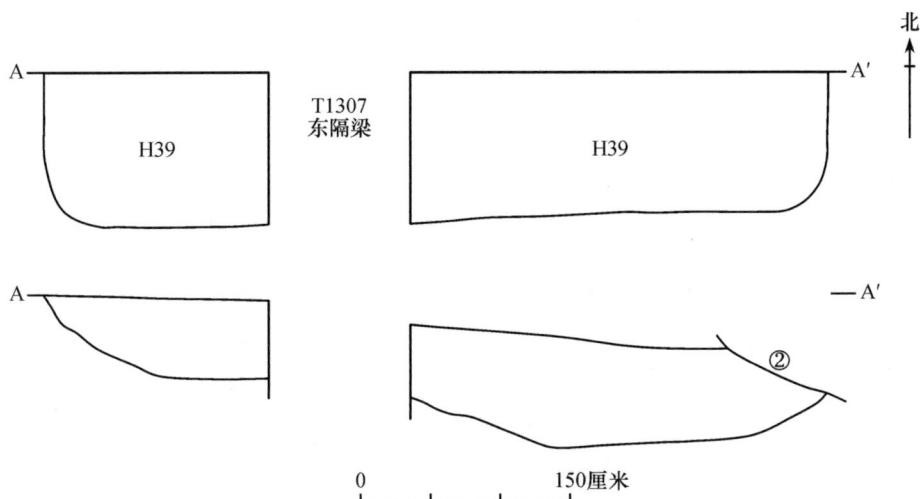

图九八　1999STA2H39平、剖面图

2001STB1H47　位于T3838东南角，南边叠压于T3738北隔梁下。北与G5相距1.5～1.8米。H47开口于第⑥层下，距地表深1.95米，打破第⑦层，叠压于第⑧层上，根据露出坑边，其形状为长方形，底部略平，其壁无明显加工痕迹，深0.55米。H47坑内堆积灰褐色土，质地松软，含少量红烧土块、炭粒，出土有瓷钵1件、瓷碗1件，瓷片较多，有不规则大石块（图一○○）。

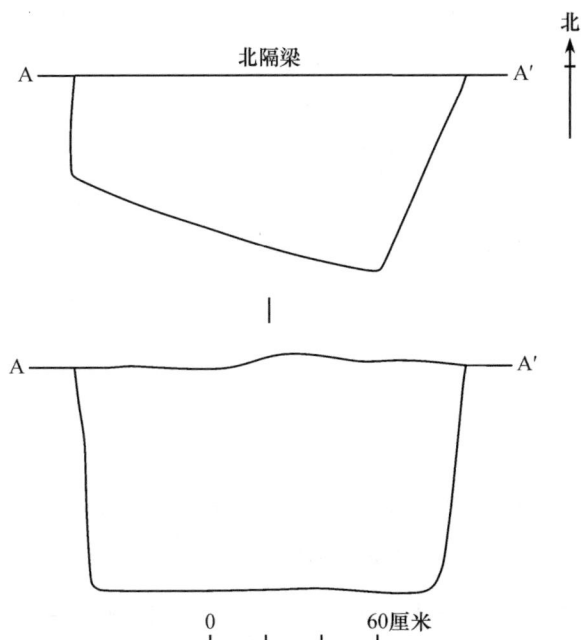

图九九　2001STA1H43平、剖面图

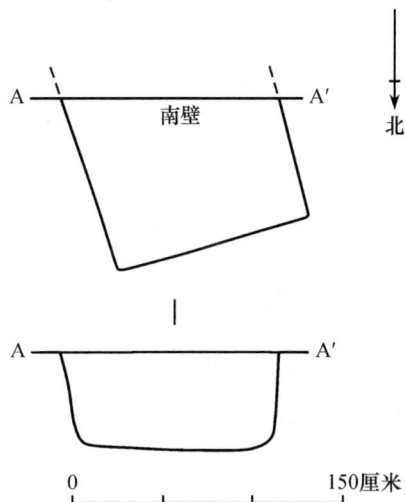

图一○○　2001STB1H47平、剖面图

4. 三角形灰坑2座

1998STA2H6　位于T0105的西南角，一部分在探方外。H6开口于第②层下，坑口距地表0.25～0.3米，形状呈三角形。该坑分别打破③、④层及H18。填土为黑褐色黏土，结构紧密，坑内填土上半部分稍硬，下半部分土质稍软。坑底部西边有一层不规则小石块，填土中包含有大量红烧土块和木炭粒，有少量兽骨和动物牙齿，出土遗物有筒瓦、陶片、瓷片等（图一〇一）。

1998STA2H8　位于T2811的东南角，在H7的东面。开口在第④层下，坑口距地表0.9～0.95米，此坑在探方内只暴露一少部分，大部分被压在隔梁下，其形状略呈三角形，坑现深0.3米，壁为斜坡，未发现加工痕迹。此坑堆积为一层，土为黄褐色黏土，质地较硬，较致密，含有大量的红烧土块，遗物有瓦、罐、碗、盆等陶瓷器残片（图一〇二）。

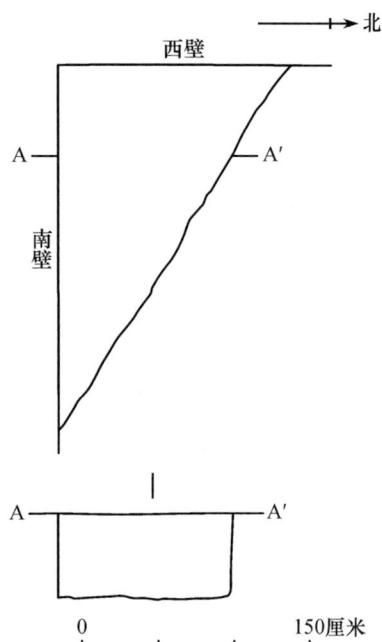

图一〇一　1998STA2H6平、剖面图

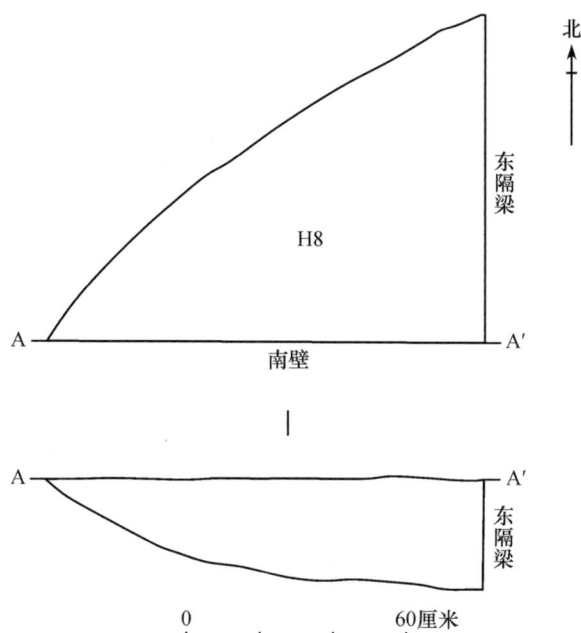

图一〇二　1998STA2H8平、剖面图

5. 不规则形灰坑3座

1998STA2H13　部分遗迹位于T1408的西南部，其他部分在探方外未发掘。H13被H9叠压并打破，H9开口在第④层下，H13坑口距地表约0.9米，该坑在T1408内略呈不规则形，现坑口最大径为2.3、深0.95米，此坑底部较为规整略平，它的东、北、西部边缘分布着经过加工的石条5块，H9下部与H13底部是以石条为界，H9上部叠压在H13之上，H13内的石条现已被破坏，但从其现分布情况可排除原来应是挨着H13边缘而相连接的。H13内的堆积为黄褐色土，含有烧土块和草木灰，结构较致密，质地略硬，出土遗物有粉盒、碗、灯盏、罐等陶瓷器（图一〇三）。

1999STA2H32　位于T2814的西南部，少部分伸于探方外未做清理。开口在第③层下，少部分被H35叠压，本身打破第④层。坑口距地表深0.3米。平面呈不规则形，直壁平底，南北最长1.34、东西最宽0.8、深0.3米。坑内堆积呈黑褐色，含有较多的红烧土块、草木灰及石块等，土质较硬。出土遗物有碗、罐、盆、板瓦等陶瓷器残片（图一〇四）。

1999STA2H34　位于T2714西部，横穿北、南隔梁。开口于第④层下，打破H34、F7、H35。形状呈北宽南窄横贯于北、南隔梁。在T2714呈一长条形，坑口长4、北宽1.05、南宽0.5米，坑底长4、北宽0.6、南宽0.2米，坑深0.35米。坑壁呈斜直壁，平底坑，坑口至坑底呈斜坡状。坑壁无人为加工痕迹，坑底有一层泛黄烧土层，质较硬。该坑填土呈灰黑色，包含大量红烧土块、木炭屑。出土遗物有碗等陶瓷器残片，另出有残铜饰件（图一〇五）。

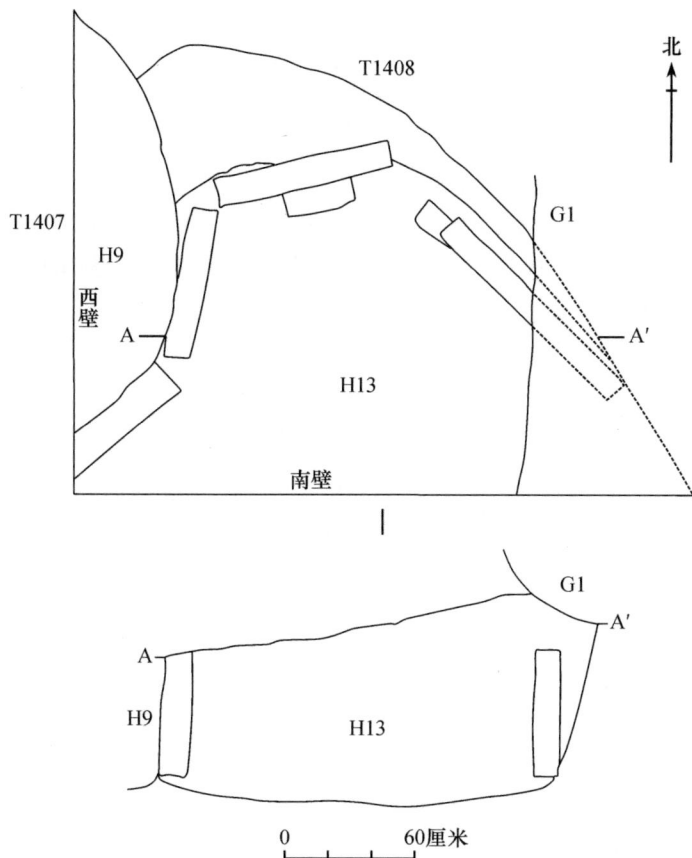

图一〇三　1998STA2H13平、剖面图

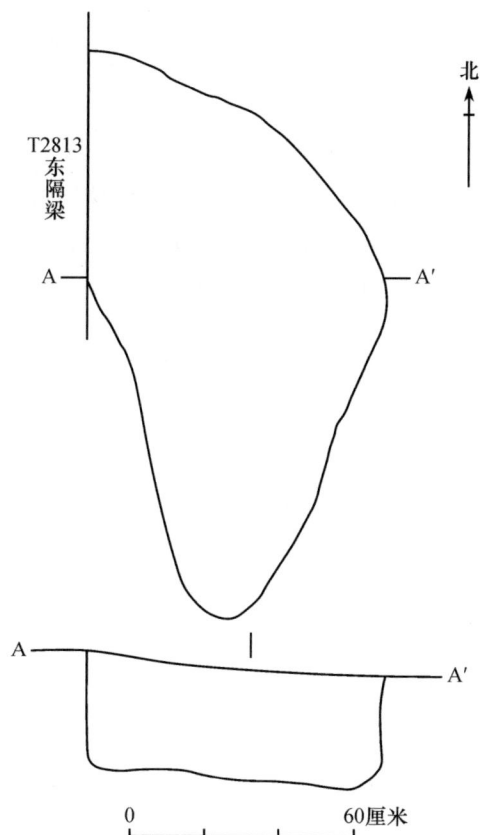

图一〇四　1999STA2H32平、剖面图

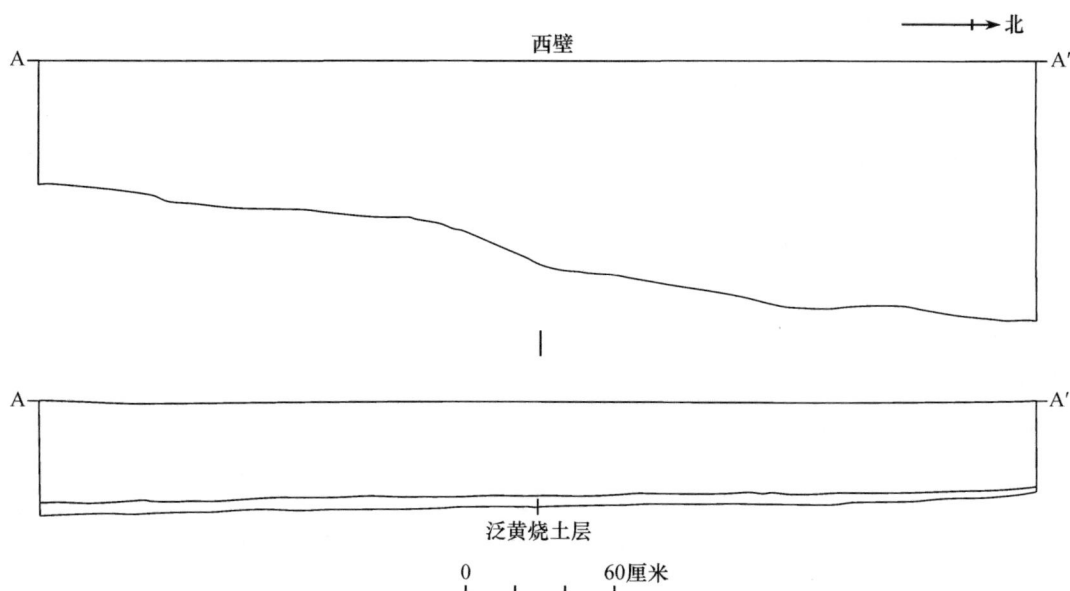

图一〇五　1999STA2H34平、剖面图

（五）灰沟

灰沟共发现23条。平面形状有长条形、拐把形和不规则形三种。

1. 长条形灰沟21条

1998STA1G3　位于T4006西南部，开口于第③层下，沟口距地表0.5米。平面形状为条状，长4.6、宽0.4～0.44、深0.18米，斜壁平底，底部未作加工。沟内堆积为浅黄褐色黏土，其结构紧密，质地稍硬，包含有木炭粒、烧土粒。出土物有瓦片、瓷片等（图一〇六）。

1998STA2G3　位于T0104东南部，向东伸出探方外。开口于第③下，打破G4、H5，沟口距地表深0.3米。坡壁圜底，发掘部分长2.3、宽0.3～0.35米。沟内填土为灰褐色黏土，结构紧密，质较硬。出土遗物有碗、罐、盆等陶瓷器残片（图一〇七）。

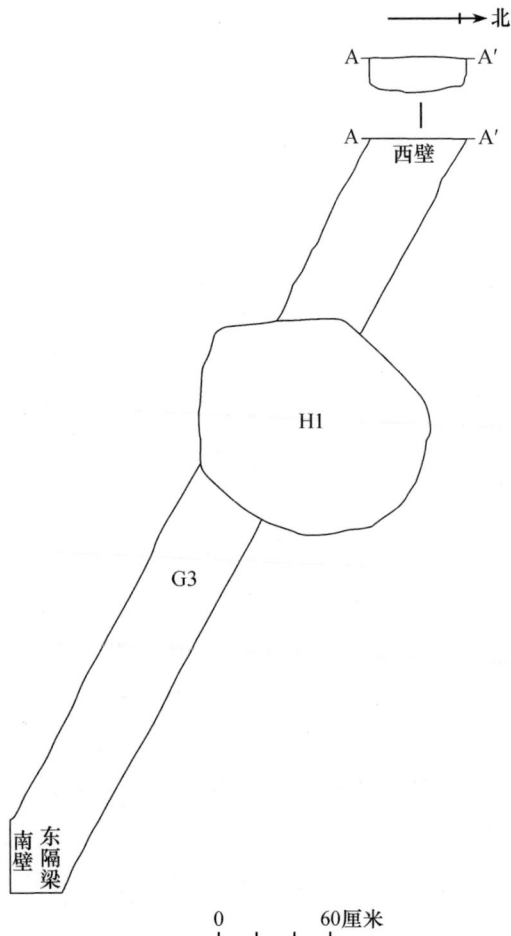

图一〇六　1998STA1G3平、剖面图

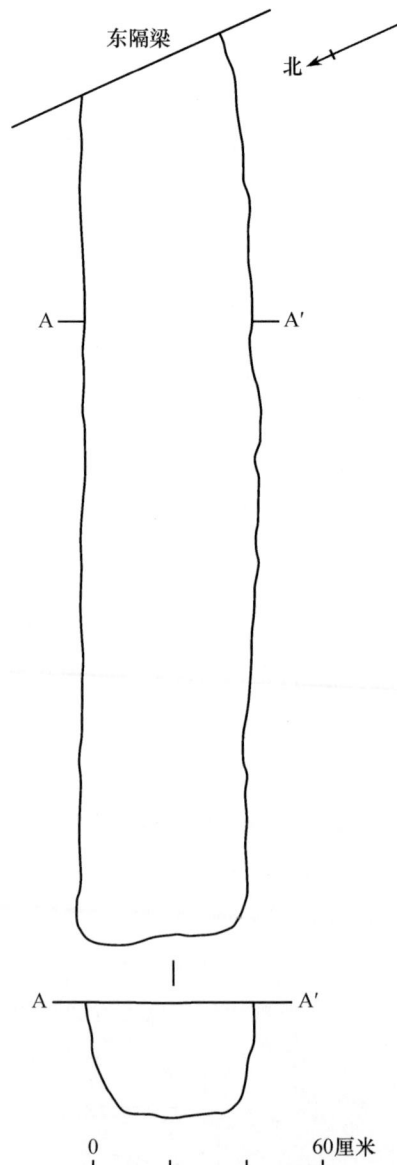

图一〇七　1998STA2G3平、剖面图

　　1998STA2G4　位于T0104东南部，H5西侧，开口于第②层下，沟口距地表0.3米。G4为不规则长条形，长2、宽0.4、深0.15米，直壁平底，壁与底部未作加工。该坑为一次性堆积，黄褐色黏土，其结构紧密，质地较硬，包含有烧土粒。该坑内出土遗物较少，有瓦片、瓷片等（图一〇八）。

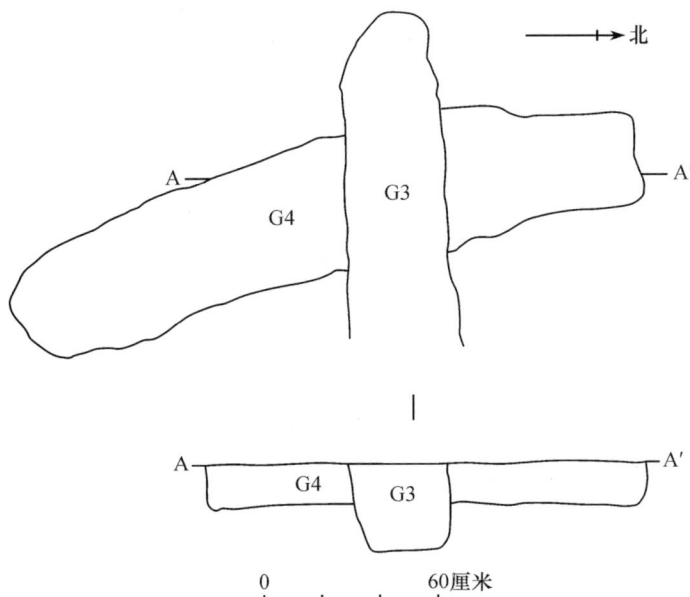

图一〇八　1998STA2G4平、剖面图

　　1998STA2G5　位于T0105的东北部，呈西北至东南向，沟两端在探方外边，位于G6北部、H17东侧。开口于第②层下，沟口距地表0.35米。已发掘部分长3.5、宽0.4～0.75、0.25～0.35米。沟内为一次堆积，呈坡状堆积，填土呈黑褐色，黏土，结构致密，质地较硬，填土中包含有烧土粒，兽骨，出土遗物有盆、碗等陶瓷器残片（图一〇九）。

　　1998STA2G6　位于T0105东部，部分位于东隔梁下及探方外，G5南侧。G6开口于第②层下，沟口距地表0.35～0.45米。发掘部分呈长方形，长1.7、宽0.5、底0.4、深0.15米。沟壁稍斜，平底，壁与底未见加工痕迹。沟内为一次堆积，填土为黑褐色黏土，其结构紧密，质地稍硬，土中包含有草木灰屑、红烧土粒、石块。出土物有瓷碗、陶片等（图一一〇）。

　　1998STA2G7　位于T0104东部，东隔梁叠压该沟。开口于第⑤A层下，沟口距地表0.8～0.9米，南北两端均在探方以外，发掘部分长4、宽0.1～0.8、深0.3～0.55米，其底部和边未作加工，但比较整齐。沟内坡状堆积，北高南低，填土为褐色花土，其结构疏松，质地软，包含有大量的木炭粒，有少量石块。出土物有瓷碗、瓦片等，遗物较少（图一一一）。

　　1998STA1G10　位于T4006西南部，两端均伸出探方外。开口于第③层下，打破第④层，沟口距地表深0.5米。斜壁平底。发掘部分长4.6、宽0.4～0.45、深0.18米。沟内堆积为浅黄褐色土，含有少量木炭粒及烧土粒，结构紧密，质较硬。出土遗物有盆、罐等陶瓷器残片。

　　1998STA2G12　位于T1311内，南侧有G13。开口在第⑥层下，口部距地表0.8米。沟呈长条形，长约2.4、宽0.7、深0.5米，坑壁和底部较为规整。堆积为褐色黏土，结构致密，呈块状，包含物有瓷碗等（图一一二）。

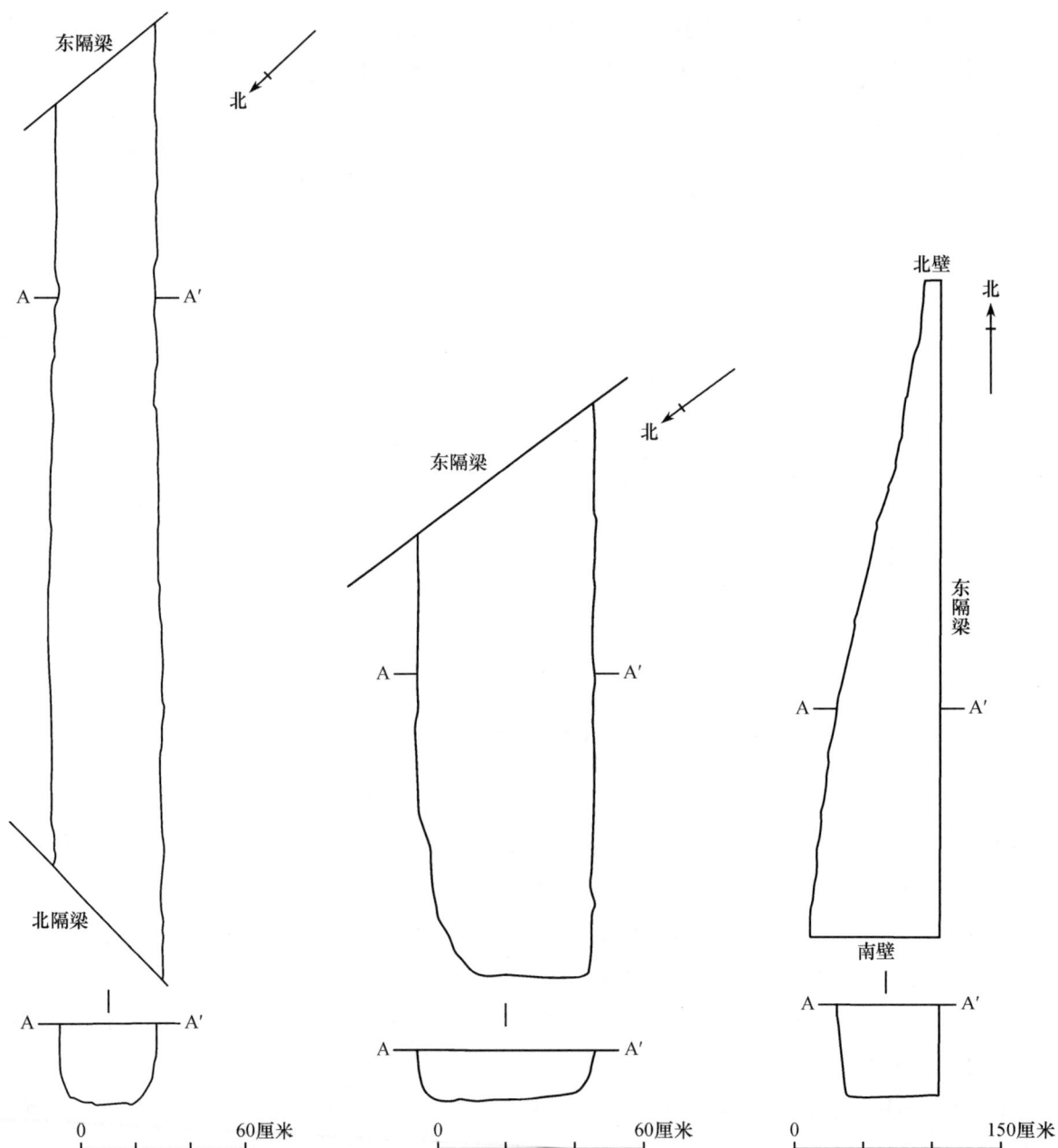

图一〇九　1998STA2G5平、剖面图　　　图一一〇　1998STA2G6平、剖面图　　　图一一一　1998STA2G7平、剖面图

　　1998STA2G13　部分分布在T1311内，其他部分在探方外，没有发掘，在T1311中G13的北侧有G12与其并列分布。G13被叠压在第⑥层下，打破第⑦、⑨层，H23。G13在T1311内略呈长条状，其东西长2.45、深0.4米，坑壁底较规整。G13内堆积为褐色花土，结构较致密，质略硬，呈块状，其包含有瓦片、罐、盆等陶瓷器残片（图一一三）。

　　1999STA2G16　位于T2715西部、T2815南部中间。形状呈长条圜底状，长6.4、宽2.1、深0.15～0.35米。沟壁与沟底未见加工痕迹。G16内堆积基本一致，灰褐花土，因水浸时间长，故有水锈斑点。土质较硬，黏度较大，包含物有草木灰、木炭粒、石块等。出土物有碗、盆、罐、壶等陶瓷器残片（图一一四）。

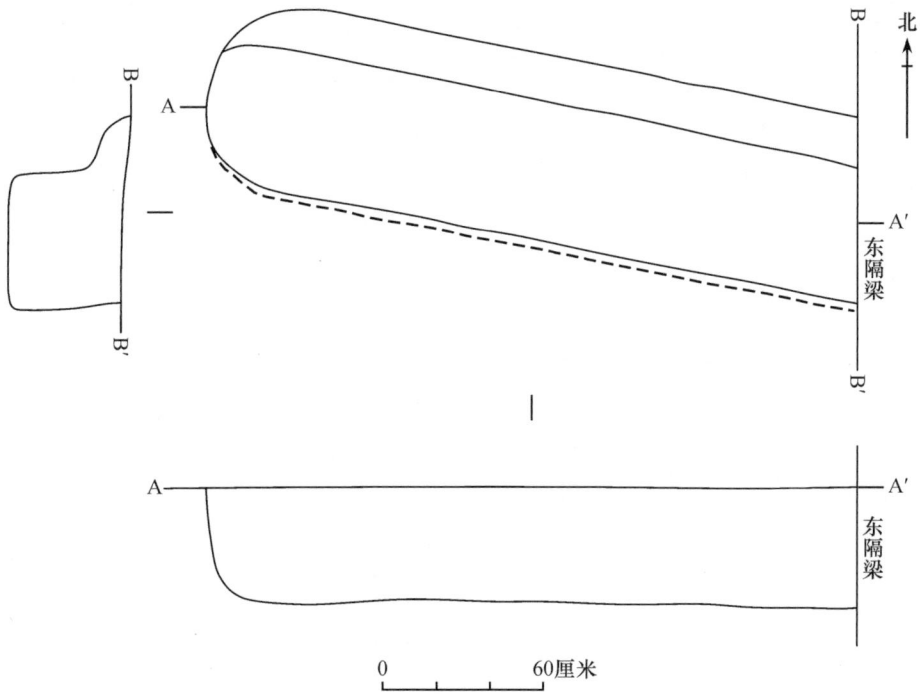

图一一二 1998STA2G12平、剖面图

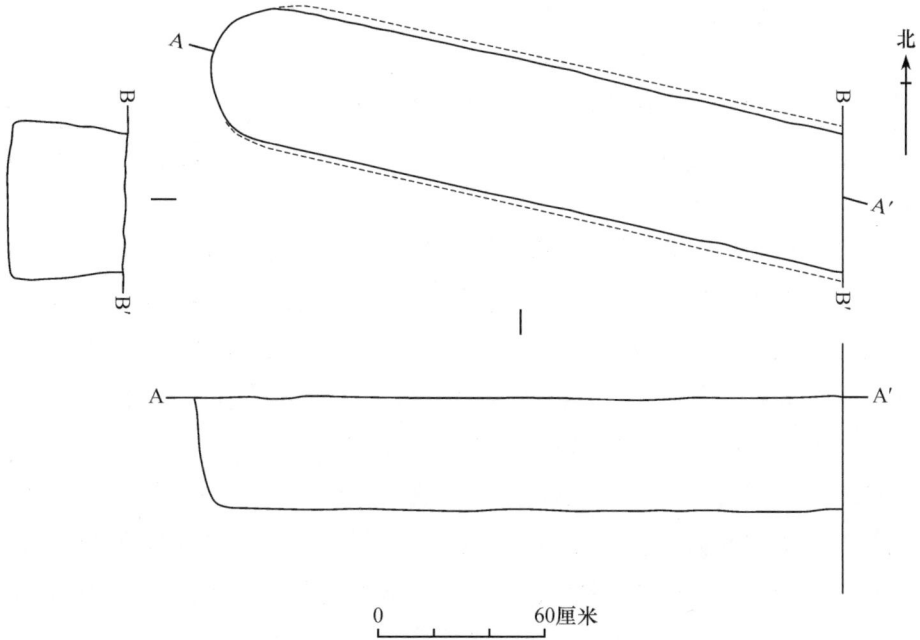

图一一三 1998STA2G13平、剖面图

1999STA2G18 位于T3115北部、G19东北部，一部分在探方外。G18在T3115中呈西北—东南走向；长条形，该沟东南端因被地层破坏，呈斜坡状，另一种可能就是，当时挖好沟后，自然冲刷为斜坡状。该沟横截面为斜坡锅底状。G18发掘部分长0.5～1.7、宽0.8、深0.54米，沟壁部及底部未作加工，但修得比较整齐。沟内填土为黄褐色，略泛黑，土质为块状黏土，其结构紧密，质地稍硬，土中包含有草木灰、木炭粒。该沟出土遗物较多，但很单纯，大多数是瓦片，有筒瓦和板瓦两种（图一一五）。

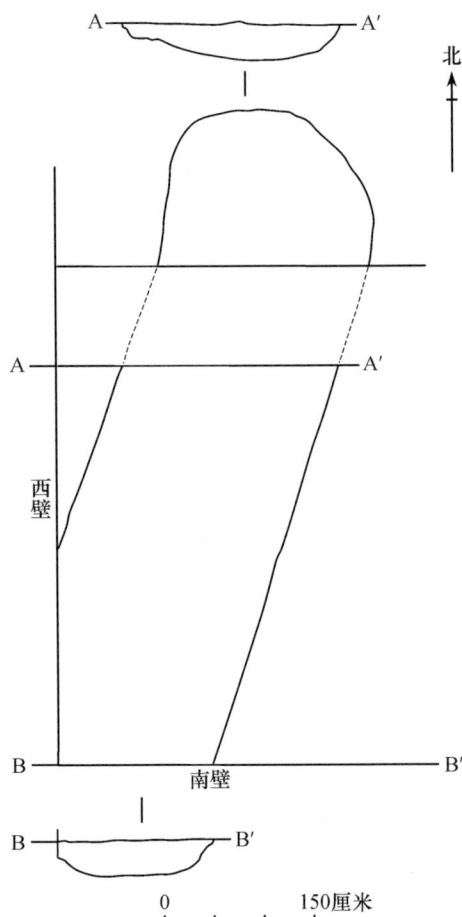

图一一四　1999STA2G16平、剖面图

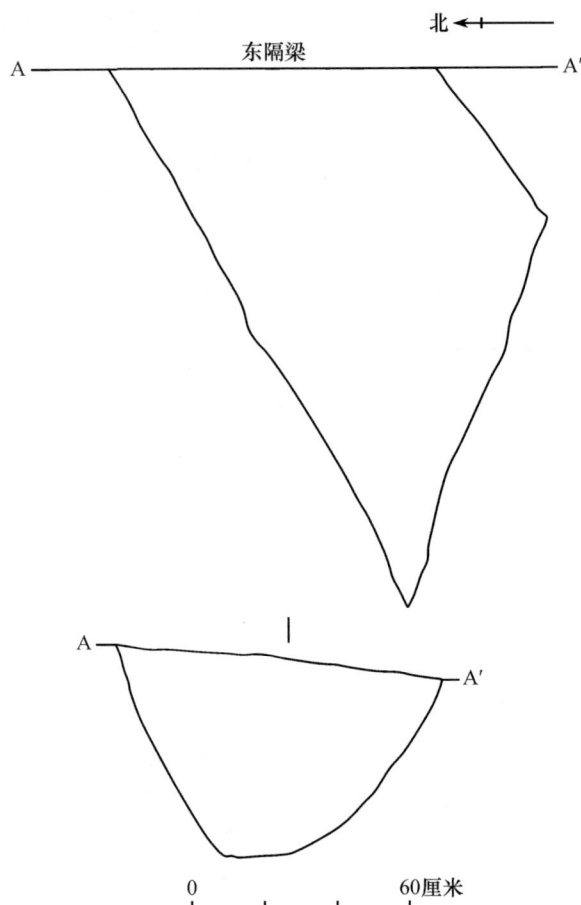

图一一五　1999STA2G18平、剖面图

　　1999STA2G19　位于T3114东部、T3115西北部。开口于第④层下，被H28和G18叠压或打破，本身打破第⑤层。平面形状为长条形，直壁平底，残长2.7、宽0.66、深0.15米。沟内两侧发现有横立的长方形石板，底部平铺长方形石板，形成宽0.22~0.26、深0.22米的石槽，石板长0.9、宽0.26、厚0.06米。由此推测，该沟应为下水道一类的遗迹。沟内堆积为灰褐色黏土，含有少许草木灰、木炭粒等。未出其他遗物（图一一六）。

　　1999STA2G20　位于T2815中部，G16之北，G22之南边，G20一部分在探方以外。G20呈长条形，斜坡平底状，该沟在本方中长2.6~2.8、宽1.1、深0.2米。G20内堆积黑褐色黏土，其结构紧密，质地较硬，土中包含大量的草木灰、木炭粒。该沟内堆积一致，为一次性形成。出土遗物以瓷器为主，可辨器形有瓷碗、灯盏，陶釜、筒瓦等（图一一七）。

　　1999STA2G21　位于本次发掘区的西南，分布在T2814、T3014这三个探方中。G21开口于第①层下，打破第③、④层和H33的一部分。G21为长条形，为不规则的灰沟，是直接在地上挖成的一条沟槽，上口略宽于底部，两部略向内倾斜，底部不太平整，而且南部比北部要深一些。G21的全长11.4米，最宽处有0.66米，南部最深处有0.6米，北部最浅处有0.15米。G21内的填土呈黑褐色，黏土，土质较疏松，包含有大量红烧土块、石块、草木灰等。G21出土的主要遗物有瓷碗、盆、罐，陶盆等（图一一八）。

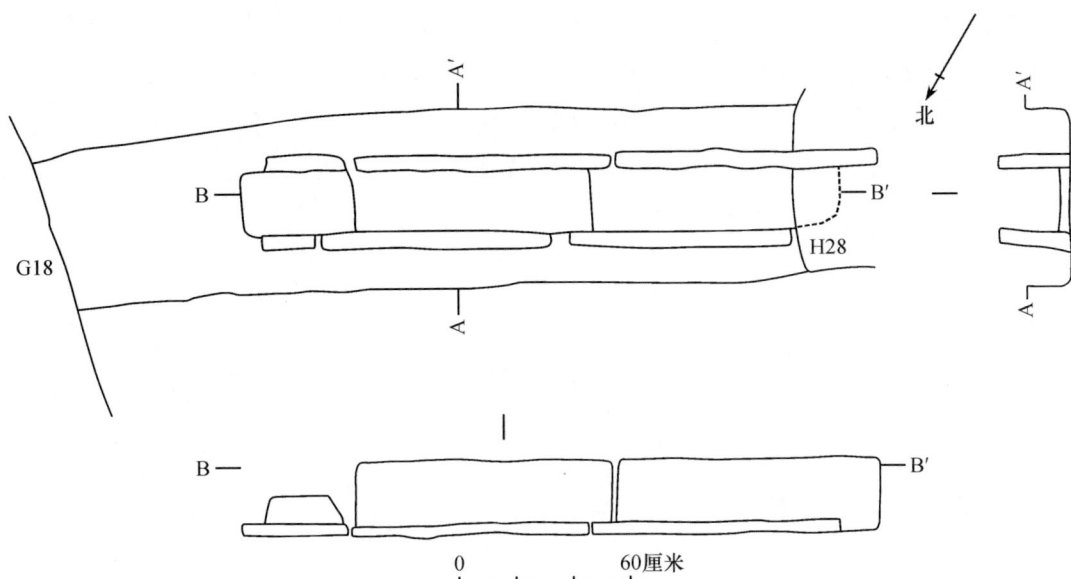

图一一六　1999STA2G19平、剖面图

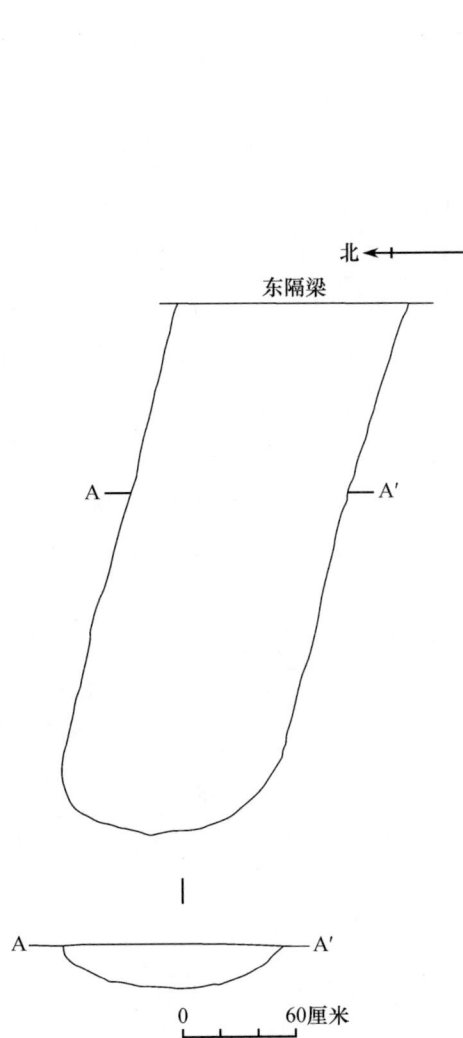

图一一七　1999STA2G20平、剖面图

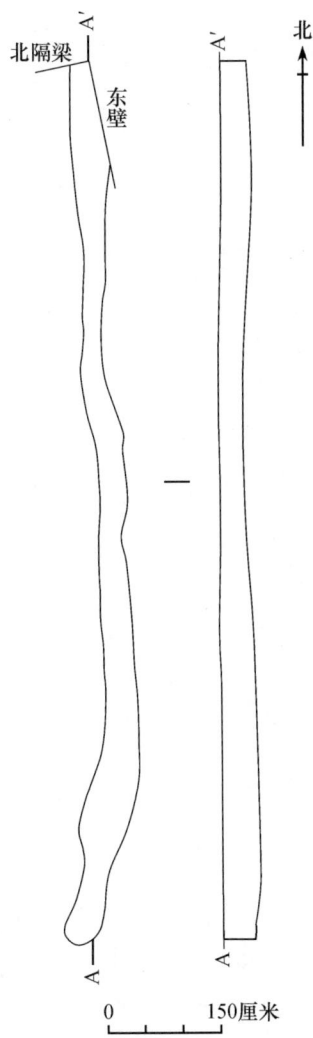

图一一八　1999STA2G21平、剖面图

1999STA2G22　位于T2915东部，并有小部分在邻方T2815北部。开口于第⑤层下，西南—东北走向，呈长条形。沟长4.28、宽0.6～0.84、深0.26米，横剖面呈自然圆弧形，沟壁及沟底均无人为加工痕迹。G22内填土为深灰褐色，泛黑，砂型黏土，结构紧密，质地较硬，夹有红烧土粒、草木屑、木炭粒。该沟出土遗物以残瓷片居多，器形以碗为主（图一一九）。

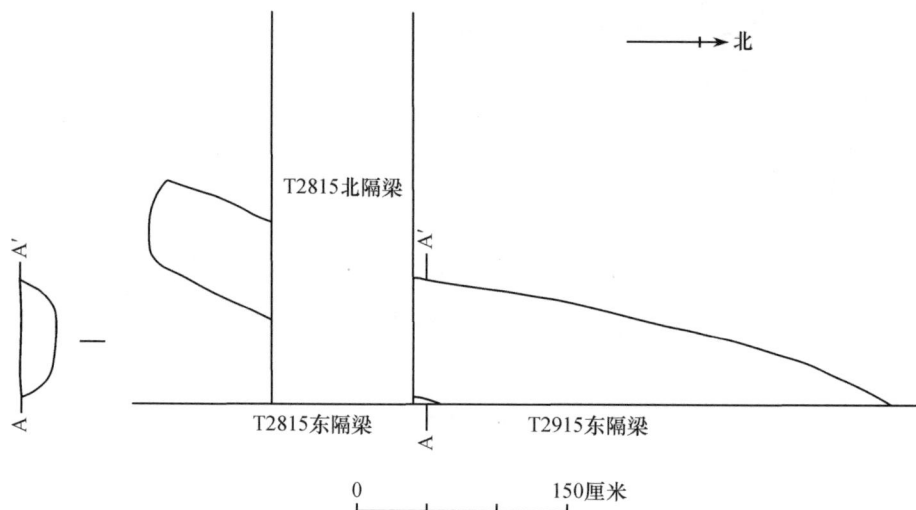

图一一九　1999STA2G22平、剖面图

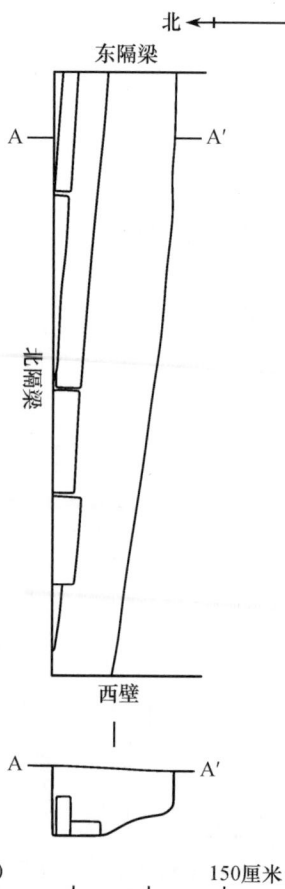

图一二〇　2000STA2G24平、剖面图

2000STA2G24　位于T1309北部，只清理了探方内的一部分，东西两端及北侧边缘均伸于探方以外，未做清理。开口于第③层下，打破第④层。沟口距地表深0.7～0.85米。平面呈东西向长条形（略西偏北），直壁平底。已发掘部分长4、宽0.4～0.8、深0.5米。沟底中部东西向平铺一道长方形石条，沟内北侧横立长方形石条与底石相接，石条长度不一，长者2.1、短者0.6米，宽厚大体一致，宽0.2、厚0.1米左右。由此推断，该沟应为下水道或排水沟一类的遗迹。沟内堆积呈灰色，含有少许红烧土粒及木炭粒，土质松软。出土遗物破碎，可辨器形有瓷碗、罐、盆、壶、盏等（图一二〇）。

2001STA1G26　位于T3805、T3905的中部，西部延伸至T3904、T3804之中，东边延伸至T3906、T3806的东壁。开口于第③层下，距地表0.75～0.95米，其走向为东西向，西延伸至T3904西壁之内，东延伸至T3806东隔梁之下，沟壁呈斜坡形，底部略平，深1.3、宽0.7～3.35米，沟内堆积灰褐色土，含有红烧土块、草木灰、水锈，底部为水淤土，出土物有碗、盆、盏等（图一二一）。

2001STA1G27　位于T3904的西半部，G2压在其南部分，西边距探方西壁0.2米。开口于第③层下，距地表0.95～1米，打破第④层，叠压在G26下。为南北走向，南压在T3804北隔梁下，北延伸入T3904北隔梁，沟壁略斜，底部略

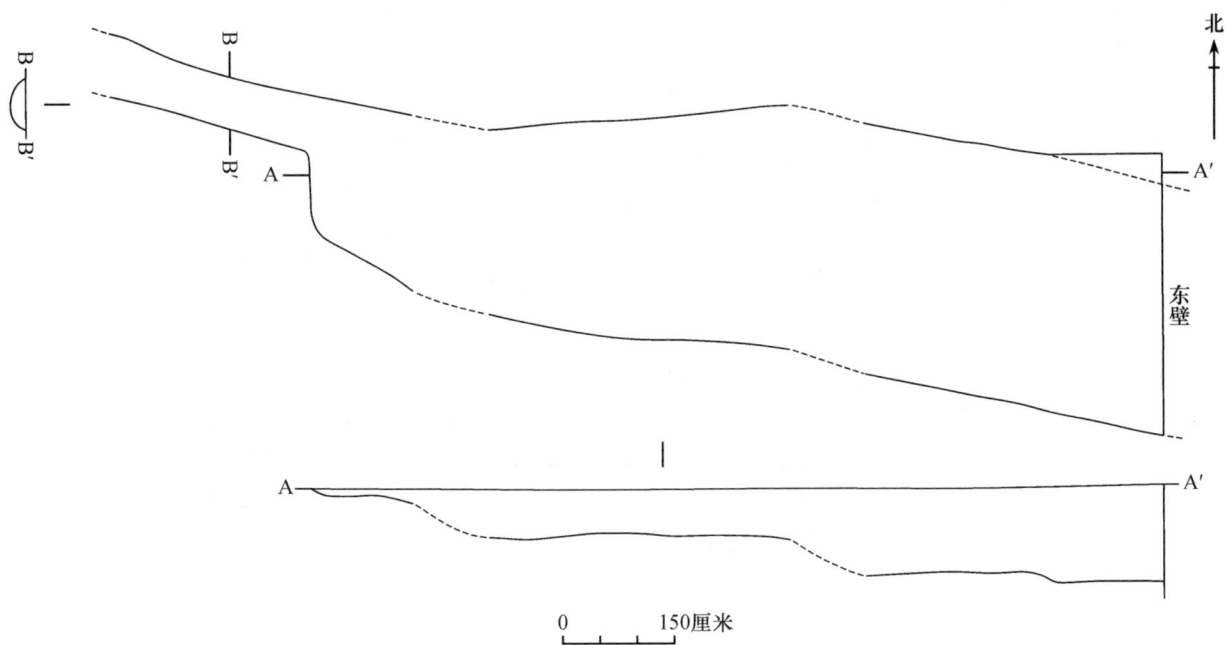

图一二一　2001STA1G26平、剖面图

平，深0.1~0.27、宽0.8米，沟内堆积灰褐色土，质地松软，含有灰粒，底部有薄层草木灰，出土有瓷片，可辨器形有碗、盏等（图一二二）。

2001STA1G28　位于T3803的中部，西边距T3803西壁1.9米，东边距T3803东壁0.65~1.75米。开口于第③层下，叠压第④层，距地表0.95米，其走向为南北向，南在T3803南壁处已断，北压在T3804北隔梁下，沟壁呈斜坡形，底部略斜，深0.2~0.7、宽0.3~1.4米，沟内堆积灰褐色土，包含物有烧土块、草木灰，底部有水淤土，出土遗物有瓷片（图一二三）。

2001STB1G29　位于T3838东北部，一部分延伸进西北壁下，T3839中部偏西，呈西北—东南向。开口于第⑥层下，距地表深1.7米，打破第⑦、⑧层，与其他遗迹无打破关系。整体呈西宽东窄的长条沟，剖面呈锅底形，沟长7.9、宽0.3~2.25、深0.4米，沟内无任何遗迹现象，只有底部有淤土。沟内堆积上下一致，均为灰褐土，土质疏松，结构松散，呈小块状，出土遗物以缸胎瓷为主，瓦片和瓷片次之。可辨器形有罐、碗、盆、壶等（图一二四）。

2001STB1G30　位于T3739南部。开口于第⑤层下，打破第⑥、⑦、⑧层及H44直至生土。沟口距地表深1.3米。平面呈东西向长条形，壁面斜直，平底。沟口长7.5、宽0.7、深0.95米。沟内堆积呈灰褐色，含有少许木炭粒及红烧土块。结构松散，土质较软。出土遗物较多，可辨器形有瓷碗、碟、罐、盆、盏等（图一二五）。

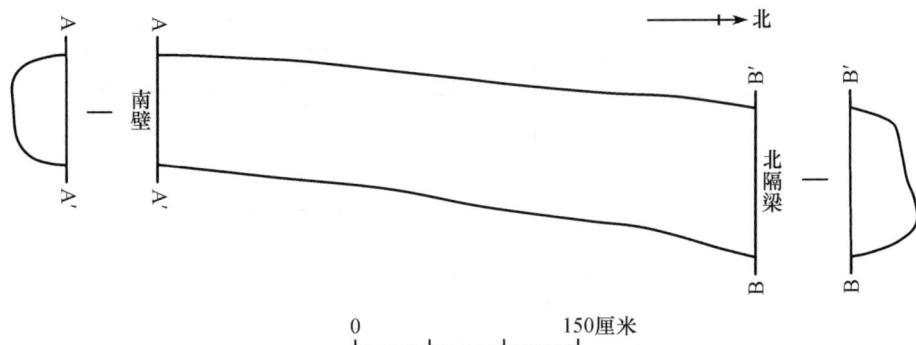

图一二二　2001STA1G27平、剖面图

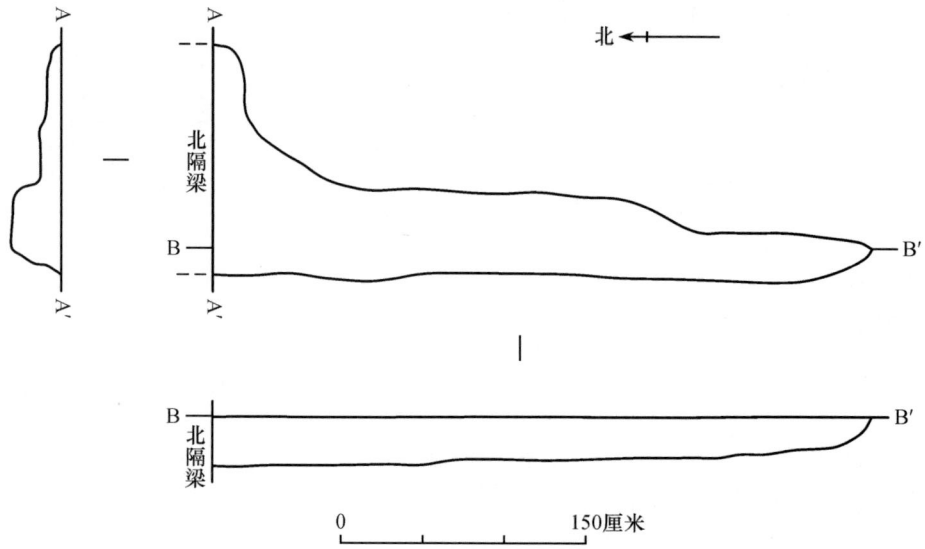

图一二三　2001STA1G28平、剖面图

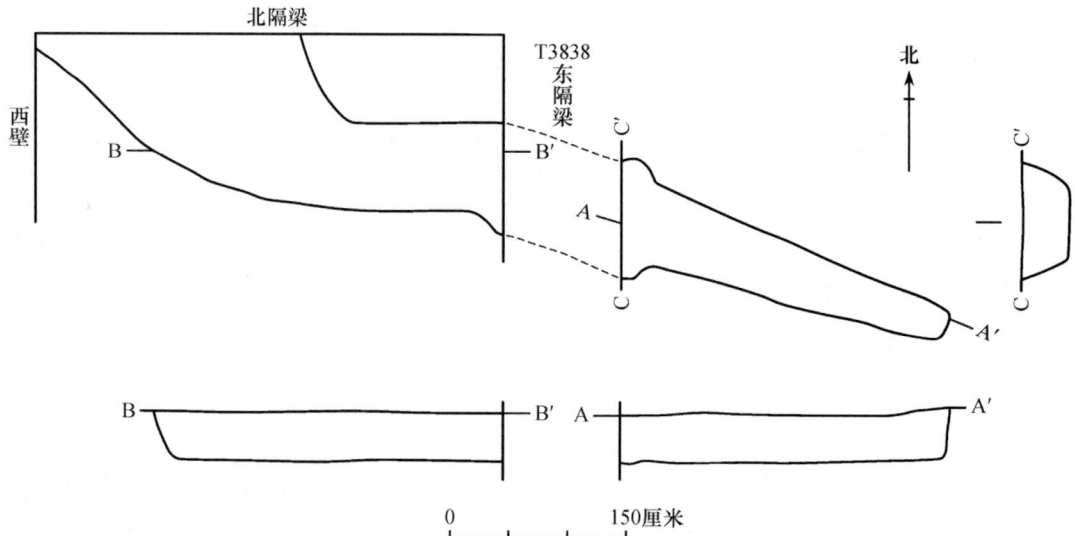

图一二四　2001STB1G29平、剖面图

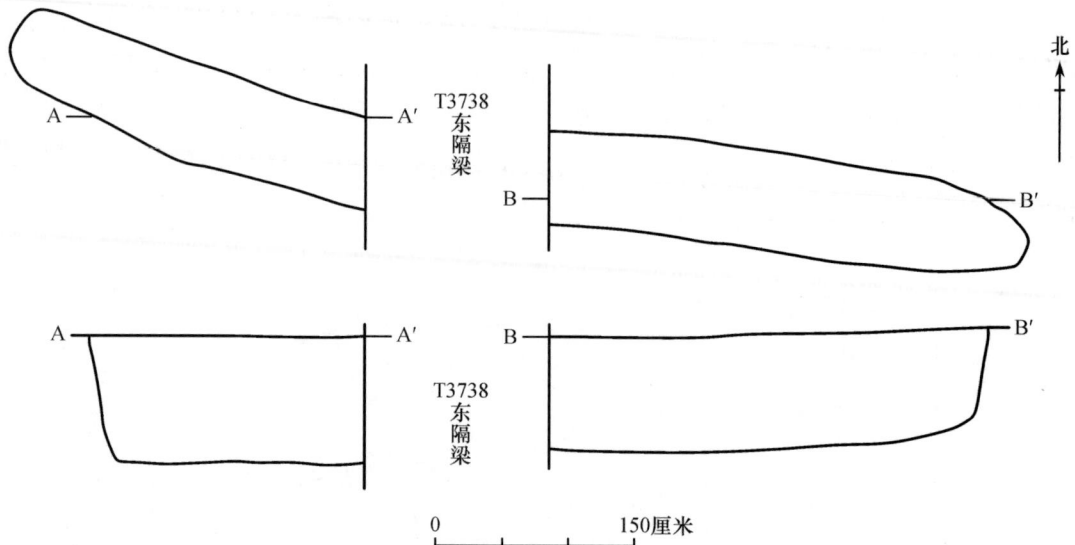

图一二五　2001STB1G30平、剖面图

2. 拐把形灰沟1条

1999STA2G15　位于T3217的西南部，向南伸出探方外，未做清理。G15开口于第③层下，打破第④层，距地表深0.6米。整体形状为拐把形，弧壁圜底。已发掘总长5、宽0.2～0.35、深0.05～1米。沟内堆积为浅灰色，含有少许烧土粒、木炭粒。土质较软。出土遗物少而破碎，可辨器形有罐、盆等瓷器（图一二六）。

3. 不规则形灰沟1条

1999STA2G17　位于T3116中部偏北，向东向西伸出探方外，未做清理。G17开口于第⑥层下，被F2打破，本身打破第⑦层，沟口距地表深0.65米。平面形状为不规则形，斜直壁平底，已发掘部分东西长4、宽0.3～0.6、深0.2米。沟内堆积为黄褐色水浸土，含有少许木炭粒、烧土粒及石块等，土质较软。出土遗物少而破碎，可辨器形有碗、罐、板瓦等陶瓷器（图一二七）。

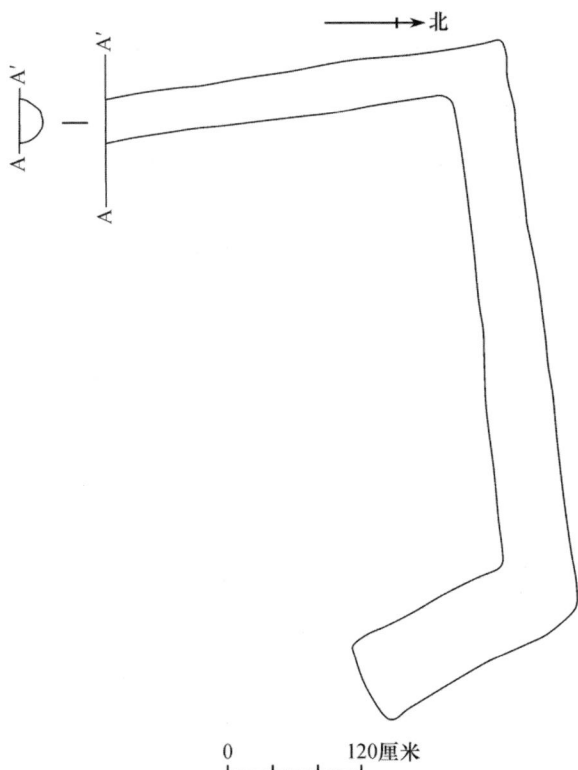

图一二六　1999STA2G15平、剖面图

（六）烧灶

烧灶共2座，灶口平面皆圆形。

2001STA1Z2　位于T3903中西部。开口于第③层下，打破第④层。灶口距地表深0.85米。平面近圆形，坡壁圜底，东部壁底保存较好，壁底以草泥抹过并贴有碎石块，壁底经长期烧烤呈青褐色。灶口径0.5、壁厚0.03～0.06、深0.2米。灶内堆积呈灰褐色，含有较多木炭粒及红烧土块。出土遗物不多，可辨器形有瓷碗、罐、盏，筒瓦等（图一二八）。

2001STB1Z3　位于T3838西南部，西距T3838西壁1.2米，南距T3838南壁0.15米。开口在第⑤层下，周围有红烧土块层，距地表深1.4米。Z3形状为圆形，直径0.3～0.4米，底部垫有石块，石块上有经过火烧痕迹，深0.05～0.1米，根据发掘情况周围红烧土块可能是灶坍塌后堆积（图一二九）。

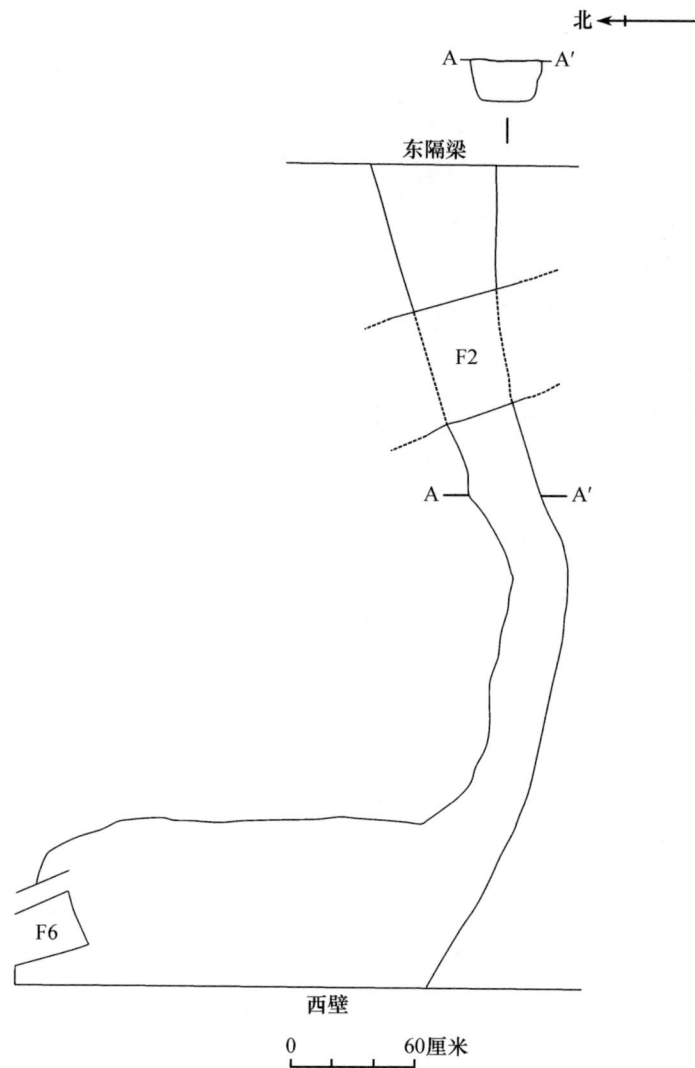

图一二七　1999STA2G17平、剖面图

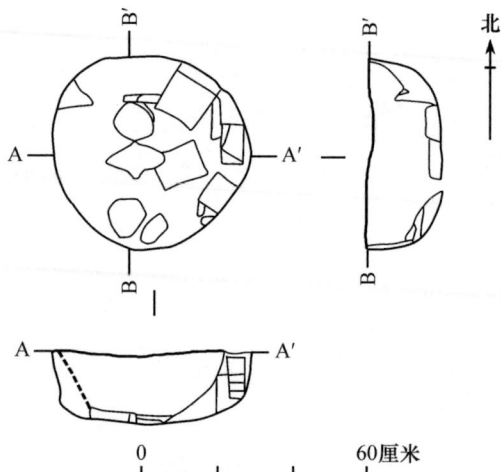

图一二八　2001STA1Z2平、剖面图

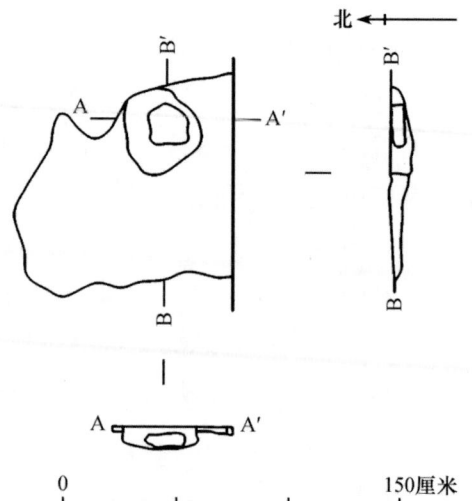

图一二九　2001STB1Z3平、剖面图

（七）灰土遗迹

1998STA2灰土遗迹 位于T1508的北部，开口于第③层下，遗迹平面距地表0.5米。其南部被M1破坏，东部被G1破坏，灰土遗迹直接叠压在自然生土层上。此灰土遗迹呈不规则状，最长处为1.74米，最宽处1.3米，此堆积高于周围平面0.1米，为浅灰色土，结构较致密，质略硬，没发现任何遗物，在浅灰土层下发现有红烧土层，红烧土是生土经火烧后形成的，形状和灰土遗迹相同，厚约0.05米，质地较硬。在灰土遗迹周围没有发现叠压在第③层的其他遗迹（图一三〇）。

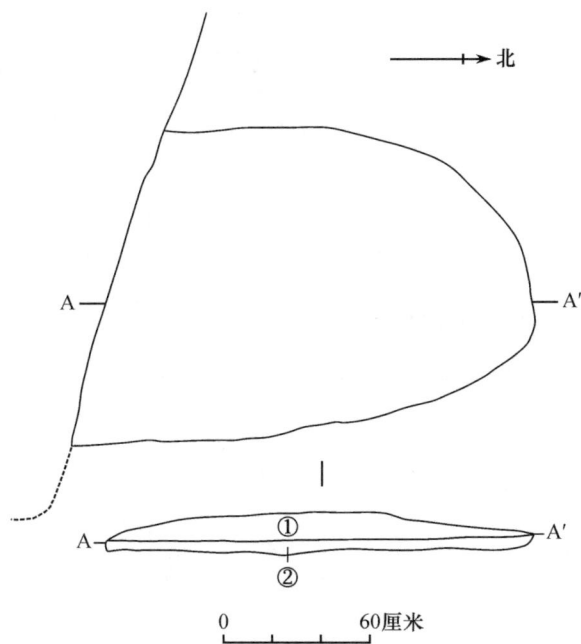

图一三〇　1998STA2灰土遗迹平、剖面图

（八）石筑基址

1998STA2石筑基址 位于长江岸边的二级台地上，分布在T1407、T1507、T1508内。开口于第④层下，距地表0.25～0.4米。方向为东北—西南向，是由9块相互连接或叠压的石条组成，其总长为8.7米，石条的宽度和高度基本相同，但每块石条长度不等，石条宽约0.18米，高0.16～0.18米，每块石条的长度为①0.76米，②0.83米，③1.15米，④1.6米，⑤2.0米，⑥1.02米，⑦1.54米，⑧1.6米，⑨1.1米。每块石条上部平面的侧部有一条纵向凸棱（图一三一）。

根据对此石筑基址的发掘、解剖情况可知，此遗迹的形成过程是：先在地面上挖一条基槽，因基槽的东北部地面略低，故先在东北部基槽内放入石条使其高度与西南部基槽高度相同，最后在东北部石条上和西北侧基槽内放入石条互相连接，东北部石条是放在基槽内石条凸棱的内侧，使下部石条凸棱挡住上部石条，使它不能滑落，此石基遗址基槽宽0.3～0.4米，深0.16～0.18米，长8.9米。

北壁

北壁

北

A'

北

A'

⑨

B

B'

⑥

⑧

东壁 西壁

基槽

⑤ ⑦ 基槽

T1507 T1508

北壁 T1407 T1408 北壁

西壁 东壁

④

A

③

B 基槽 ②

B' ①

A A

0 150厘米

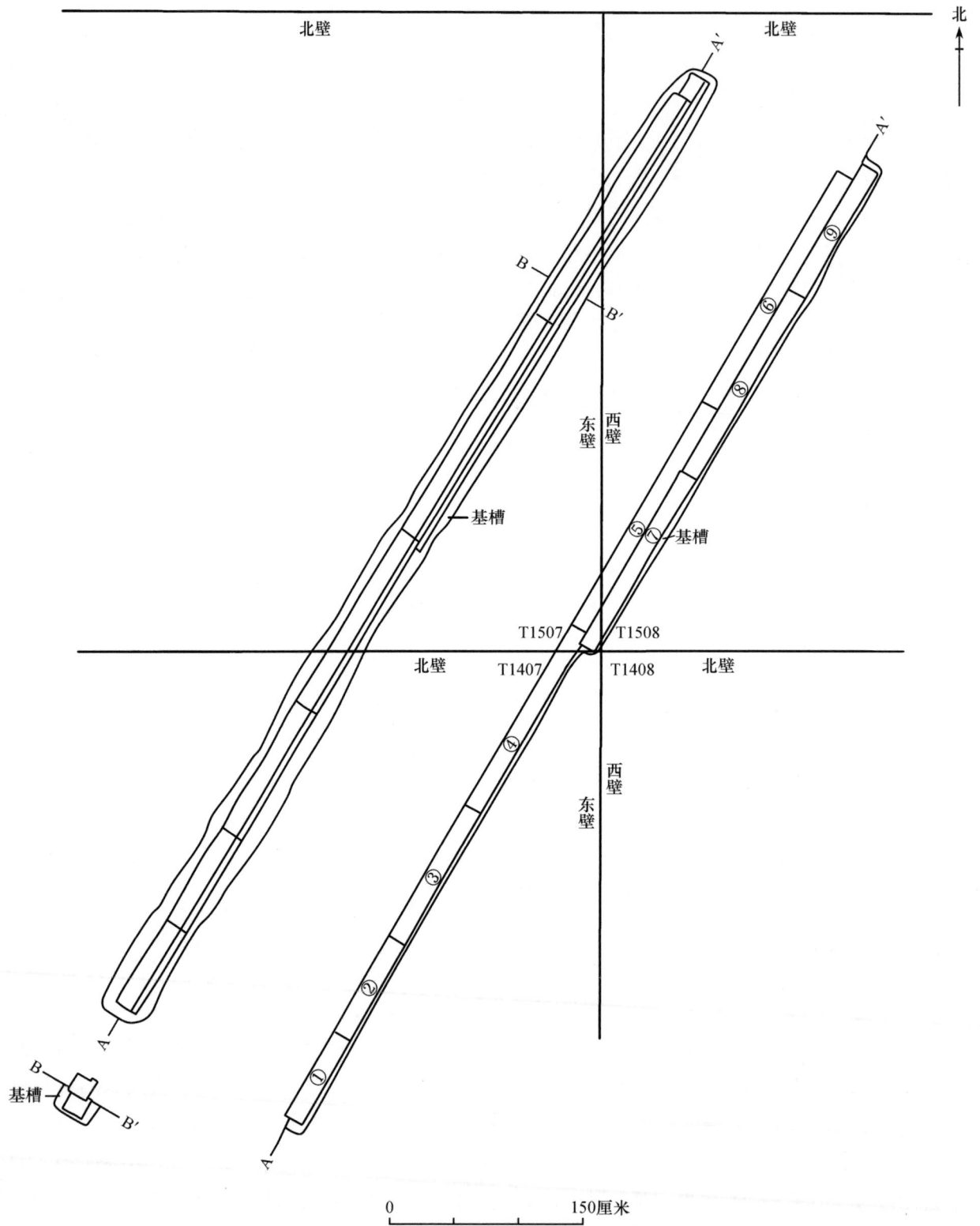

图一三一 1998STA2石筑基址平、剖面图

二、遗　物

出土遗物包括瓷器、陶器、铜器等，以瓷器数量居多，其余类较少。

（一）瓷器

瓷器包括瓷器和缸胎瓷器。瓷器的胎质大部分细密坚致，胎色多白或灰白色，极少量微红白或浅灰褐色胎。釉色以青白色釉为主，另有少量的米黄色、青灰色、黑色釉。一般内壁施满釉，外壁一般施釉至足部，足底无釉。大多数器壁无纹饰，少量刻划及印花，个别彩绘。出土器物大多破碎，部分可复原。可辨器形有碗、碟、盆、壶等，尤以碗为大宗。

缸胎瓷器的胎质大多数细密坚致，胎色多为紫红色，少量为灰色或灰褐色。釉陶器的胎质较缸胎器略差一些，胎色多为砖红色，少量灰色。釉色均以酱釉为主，酱釉有酱黑、酱黄之分，另有一定数量的米黄色釉和土黄色釉等。器物的内、外壁绝大多数素面无纹饰，少量施弦纹、绳纹、菱形纹、刻划纹和彩绘纹等。出土器物破碎，盏复原器较多外。其余大多不能复原。可辨器形有碗、盏、灯盏、盒、钵、盆、罐、壶、盏托、器盖等生活用具和垫圈、垫饼等窑具。

钵：复原5件。根据口沿可以分为三型。

A型：2件。1998STA2T2513③：3，平沿，方唇，敛口，直弧腹，饼足内凹。紫红色缸胎，内壁及外壁上部施甚薄一层酱色釉，下部没有施釉。腹部有一圈凸弦纹。口径20.8、足径9.8、高11.5厘米（图一三二，1；图版二四，1）。2000STA2H39：22，敞口，圆唇，鼓腹，饼足。紫红色缸胎，施酱色釉，外壁半釉。口径19.2、通高6.8、足径8、足高0.3厘米（图一三二，2）。

B型：2件。1998STA2H19：5，圆唇，敛口，鼓腹，饼足，足底旋削一周凹槽。紫红色缸胎，胎质粗糙，内壁施土黄色釉，外壁施米黄色釉不到底。口径18.5、高12、足径8.6厘米（图一三二，3；图版二四，2）。2000STA2H39：19，圆唇，近直口，腹微鼓，平底微凹。紫红色缸胎，胎质粗糙，豆绿色釉，外壁上部分施釉大部分脱落。口径19.8、通高7.5、足径9.8、足高0.4厘米（图一三二，4；图版二四，3）。

C型：1件。1998STA2T1311⑥：1，平沿微鼓，敛口，上腹鼓，下腹斜直，平底，紫红色缸胎，胎质粗糙，仅口部施双层釉，内施酱釉，外施米黄色釉，外壁施到腹部，内壁施满釉。口径19.2、底径10.96、高12.84厘米（图一三二，5；图版二四，4）。

碟：标本13件。依口沿形制不同分二型。

A型：4件。敞口，尖唇，斜直壁微弧，平底。2001STA1T4001⑤：6，圆唇，敞口，浅盘，平底。瓷胎，青色釉。口径11.2、底径4.4、通高2.5厘米（图一三二，6；图版二四，5）。1998STA2T2911③：1，尖圆唇，侈口，腹部斜直微弧，平底，胎质致密，胎质白，细腻，浅青白色釉，内外满釉，底没有施釉。口径11.16、高2.56、底径4.64厘米（图一三二，7）。

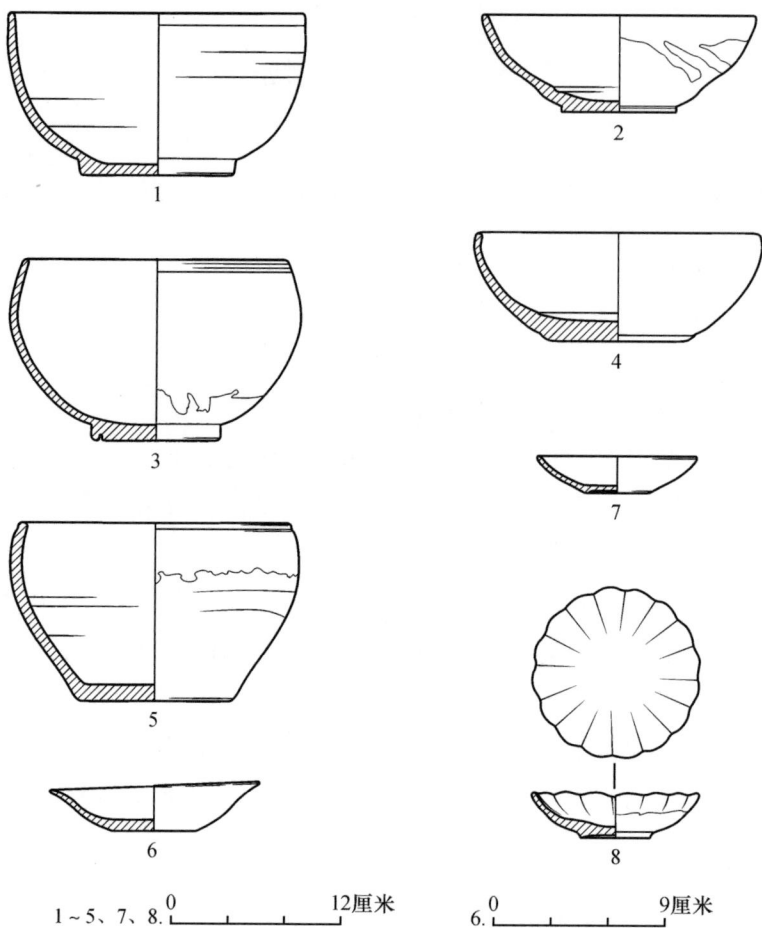

图一三二　宋元瓷器

1、2. A型钵（1998STA2T2513③：3、2000STA2H39：22）　3、4. B型钵（1998STA2H19：5、2000STA2H39：19）

5. C型钵（1998STA2T1311⑥：1）　　6～8. A型碟（2001STA1T4001⑤：6、1998STA2T2911③：1、2001STB1G30：4）

2001STB1G30：4，敞口，尖圆唇，莲花瓣，斜鼓腹，饼底。紫红色缸胎，酱色釉，内壁满釉，外壁半釉。口径11.9、底径4.8、高3.3厘米（图一三二，8）。1999STA2T2715④：1，圆唇，敞口，斜弧壁，微凹底。青灰色胎，内壁施豆青色釉，外壁无釉。口径8.8、底径4.4、高2厘米（图版二四，6）。

B型：9件。折沿，敞口，尖唇，斜直壁微弧，平底。2001STB1T3432④：2，尖圆唇，敞口，斜腹，平底内凹。瓷胎，胎质较好，乳白色釉，底部无釉，整体呈莲花状。口径10.2、底径4.2、高2.4厘米（图一三三，1）。2001STB1T3839⑤：1，圆唇，敞口，斜沿外翻，斜弧腹，饼底。紫红色缸胎，胎质粗糙，酱色釉，内壁满釉，外壁半釉，内底饰一道凹弦纹。口径10.8、足径3.6、高2.9厘米（图一三三，2）。2001STB1H46：1，圆唇，敞口，斜鼓腹，平底。瓷胎，乳白色釉，底部无釉，整体呈莲瓣状。口径10.2、底径4.1、高2.4厘米（图一三三，3）。2001STB1T4040⑤：25，尖唇，敞口，平底内凹，呈莲花状。瓷胎，胎质较好，青绿色釉。口径9.6、底径4.2、高2.3厘米（图一三三，4；图版二五，1）。2000STA2T1309③：1，尖唇，敞口，斜腹微鼓，平底微凹。瓷胎青白色釉，整体呈莲瓣状。口径10.8、高2.3、底径4.2厘米（图一三三，5）。2001STA1G26：20，尖唇，敞口，斜鼓腹，平底。瓷胎，乳白色釉，底部无釉。口径11.4、底径4.6、高2.4厘米（图一三三，6；图版

图一三三 宋元B型瓷碟

1. 2001STB1T3432④：2 2. 2001STB1T3839⑤：1 3. 2001STB1H46：1 4. 2001STB1T4040⑤：25
5. 2000STA2T1309③：1 6. 2001STA1G26：20 7. 2001STA1G26：27 8. 2001STB1T4040⑤：20

二五，2）。2001STA1G26：27，敞口，斜腹，平底内凹，瓷胎，白色釉，底部无釉。整体呈莲花状。器物剩下约五分之三。口径10.5、底径3.8、高2.4厘米（图一三三，7；图版二五，3）。2001STB1T4040⑤：20，敞口，尖唇，平底微凹。瓷胎，胎质细腻，呈乳白色，底部无釉，口部呈莲花状。口径9.8、底径4.2、高2.3厘米（图一三三，8）。1999STA2H31：2，尖唇，敞口，浅腹，上腹斜直，下腹斜内收，饼足底。紫红色缸胎，胎质粗糙，内外壁施满酱黄色釉，内满釉外半釉，有泪滴痕迹。口径12、底径4.8、高3厘米（图版二五，4）。

罐：共7件。可分为二型。

A型：3件。可分为三亚型。

Aa型：1件。2000STA2H39：20，尖唇，斜沿，敛口，鼓腹，平底。紫红色缸胎，胎质粗糙，外壁施半截浅黄色釉。器物仅剩下五分之二。口径13、通高13.3、腹径16.7、底径8.8厘米（图一三四，1；图版二五，5）。

Ab型：1件。1998STA2T1606③：1，尖唇，小平折沿，敛口，弧腹，下腹壁旋削一周呈折收状，矮圈足，胎灰白，细腻，折腹到足部无釉，内壁多半釉，釉色似钧窑。口径10.16、高7.48、底径5.96厘米（图一三四，2；图版二五，6）。

图一三四　宋元瓷罐

1. Aa型（2000STA2H39：20）　2. Ab型（1998STA2T1606③：1）　3. Ac型（2001STB1T3232④：7）　4. Ba型（2001STB1T3232④：8）
5. Bb型（2001STA1G26：15）　6. Bc型（2001STB1T4040⑤：10）

　　Ac型：1件。2001STB1T3232④：7，形体较大。紫红色缸胎，尖唇，沿斜平，敛口，溜肩，鼓腹，凹平底。肩腹相接处饰对称的两竖系，系残。仅口部及上腹施酱黄色釉，有泪滴。口径14.6、底径9.5、腹径19、高22.8厘米（图一三四，3）。

　　B型：3件。可分为三亚型。

　　Ba型：1件。2001STB1T3232④：8，圆唇，直口，平沿，圆腹，平底，颈部施双系。紫红色缸胎，胎质粗糙，施黄白色釉，外壁半釉。口径8.5、腹径10.5、底径5.4、高8.5厘米（图一三四，4；图版二六，1）。

　　Bb型：1件。2001STA1G26：15，圆唇，直口，高颈，圆鼓腹，平底。紫红色缸胎，胎质粗糙，酱绿色釉，外壁半釉，内颈部以上施釉。器物基本完整。口径4.2、腹径9、底径5、高9.7厘米（图一三四，5；图版二六，2）。

　　Bc型：1件。2001STB1T4040⑤：10，圆唇，圆沿外翻，束颈，腹微鼓，平底。紫红色缸胎，胎质粗糙，酱色釉，腹上部无釉。口径5.7、腹径7、底径5、高9.5厘米（图一三四，6；图版二六，3）。

　　另有在罐腹壁刻划文字的1件。1998STA2H24：3，罐腹片，紫红色缸胎，外壁施酱色釉，内壁无釉。外壁刻划"天下太平"，"……方"等字样。口沿直径38.8、底径16、高12.4厘米（图一三五，1；图版二六，4）。

盘口罐：3件。依形制不同分为二型。

A型：1件。束颈。1998STA2H17：11，口腹部残片，方唇，盘口，敛口，束颈，圆肩，紫红色缸胎，胎质粗糙，内外壁施酱色釉。口径8.06、残高9.5厘米（图一三五，2；图版二六，5）。

B型：2件。无颈。1998STA2H13：10，方唇，直口，溜肩。外壁及盘口内壁施酱色釉（图一三五，3）。1998STA2T1507⑤：2，口部残片，尖圆唇，盘口，敛口，圆肩，肩部有系，已残，紫红色缸胎，外壁及盘内施酱色釉。残长10.76、残宽4.8、厚0.6厘米（图一三五，4）。

高领罐：4件。此类型罐，一般颈较长，领部有一匝凸棱，肩部一般为四竖系。依口沿形态不同分为三型。

A型：2件。平沿。分二式。

Ⅰ式：1件。敞口，颈较直，颈部一匝凸棱较粗重。1998STA2H10：11，平沿，敞口，颈部一匝凸棱较粗重，颈较长，口部较长，紫红色缸胎，内外壁施酱色釉。口径13.2厘米（图一三五，5）。

Ⅱ式：1件。直口，颈较斜，颈部一匝凸棱较纤细。1998STA2H12：4，口部残片，平沿，直口，颈较斜，颈部一匝凸棱较纤细，肩部残有一竖系，紫红色缸胎。外壁及内壁口部施酱色釉。口径14.5厘米（图一三五，6）。

B型：1件。尖唇，沿斜平，沿面下凹，敞口，高斜领，溜肩。1998STA2H12：5，条唇，

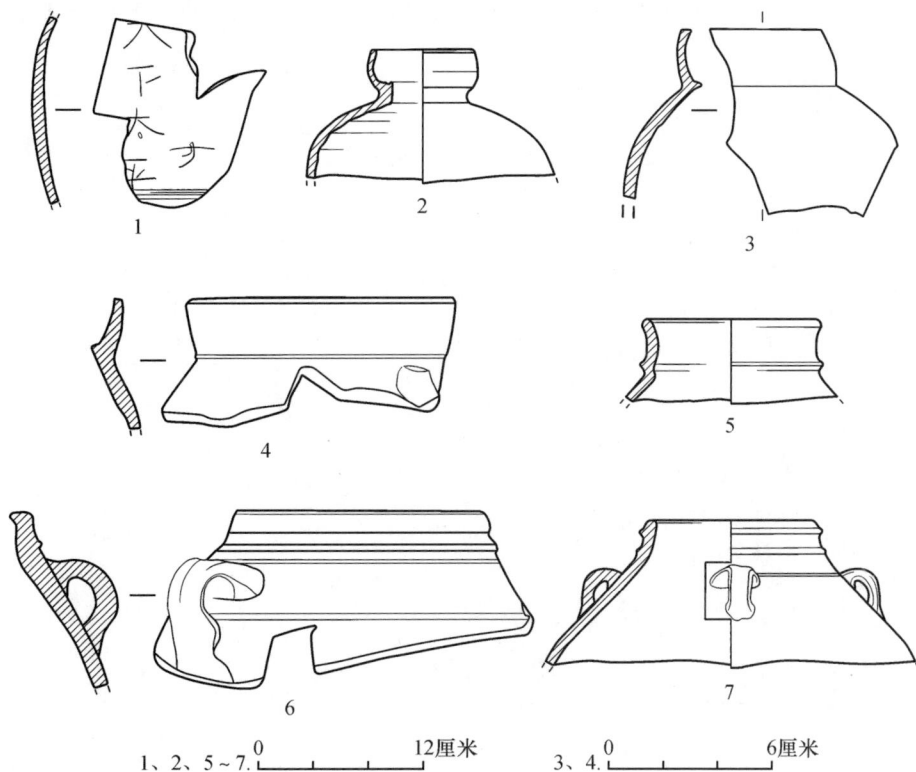

图一三五　宋元瓷罐腹片、盘口罐、高领罐

1. 罐腹片（1998STA2H24：3）　2. A型盘口罐（1998STA2H17：11）　3、4. B型盘口罐（1998STA2H13：10、1998STA2T1507⑤：2）　5. A型Ⅰ式高领罐（1998STA2H10：11）　6. A型Ⅱ式高领罐（1998STA2H12：4）
7. B型高领罐（1998STA2H12：5）

沿斜平，沿面下凹，敛口，高斜领，溜肩，口部残片，紫红色缸胎，肩部四竖系，残存两系。颈部一匝凸棱较纤细，外壁及唇沿施酱色釉，内壁口部施白色护胎釉，下部无釉。口径12.4厘米（图一三五，7）。

C型：1件。似B型，唯卷沿。1998STA2H12：6，圆唇，沿向外微卷，侈口，高领，溜肩，颈部一匝凸棱较细，口部至腹部残片，紫红色缸胎，胎质粗糙。肩部四竖系残存一系，外壁及唇沿施酱色釉，内壁口部施白色护胎釉，下部无釉。口径12.5厘米（图一三六，1；图版二六，6）。

带流罐：2件。分二式。

Ⅰ式：1件。唇沿较薄，流较短。方圆唇，直口，矮直领，溜肩。1998STA2H19：6，口部残片，方圆唇，直口，矮直领，溜肩，口部沿上有系已残。肩部有双竖系，残存一系，并有一短流，灰褐色缸胎，胎质粗糙。内外壁施酱色釉，内部施釉不到底。口沿9.6、残高7.5、残存腹径14.8厘米（图一三六，2；图版二七，1）。

Ⅱ式：1件。唇沿较厚，流较长，较Ⅰ式偏上。方唇，敛口，矮直领，肩较圆。1998STA2T2513③：4，方唇，敛口，矮直领，肩较圆，唇沿较厚，罐流残，口部残片，灰褐色缸胎，外壁及口部施酱黑色釉。残长10.34、残宽6.52、厚0.7厘米（图一三六，3）。

矮领罐：7件。依口沿形态不同分为四型。

A型：2件。尖唇，沿斜平，敛口，溜肩。此类型罐一般器壁较薄，肩部多为横系，分二式。

Ⅰ式：1件。颈部微凹不太明显。1998STA2H13：11，口部残片，灰褐色缸胎，尖唇，沿斜平，敛口，溜肩，外壁及唇沿施酱色釉，内壁口部施浅黄色护胎釉，下部无釉。口径12.2厘米（图一三六，4）。

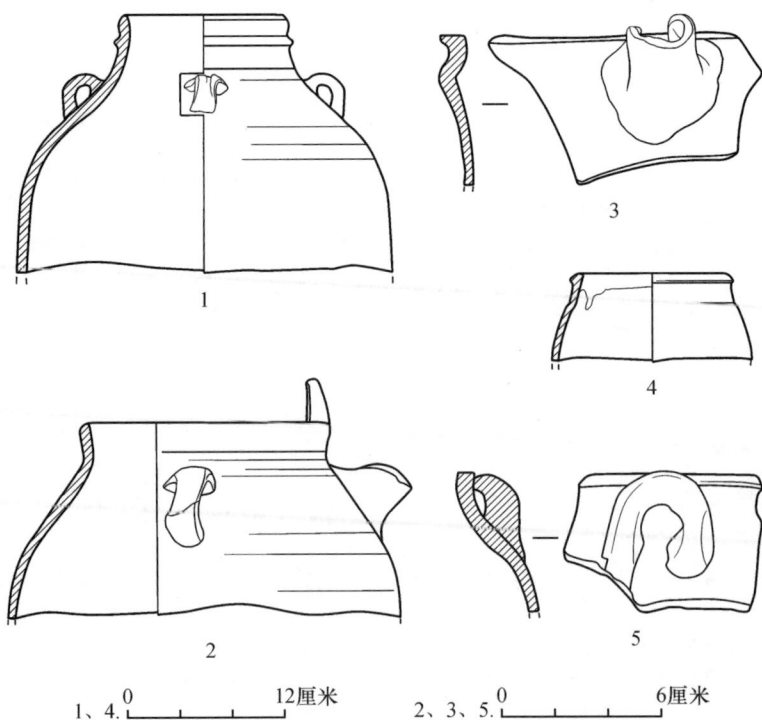

图一三六　宋元瓷高领罐、带流罐、矮领罐

1. C型高领罐（1998STA2H12：6）　2. Ⅰ式带流罐（1998STA2H19：6）　3. Ⅱ式带流罐（1998STA2T2513③：4）

4. A型Ⅰ式矮领罐（1998STA2H13：11）　5. A型Ⅱ式矮领罐（1998STA2T0105③：7）

Ⅱ式：1件。颈部内凹明显。1998STA2T0105③：7，口部残片，尖唇，沿斜平，颈部内凹明显，肩部残存一横系，紫红色缸胎，胎质粗糙，外壁施黄色釉。残长7.56、残宽5.42、厚0.94厘米（图一三六，5；图版二七，2）。

B型：2件。沿向外圆卷，敛口。此类型罐，器壁多较厚，肩膀有横系和竖系两种，分二式。

Ⅰ式：1件。颈较短，内凹较浅，溜肩。1998STA2H26：7，口部残片，圆唇，沿向外卷呈圆形，敛口，溜肩，肩部残存一竖系，紫红色缸胎，外壁及唇沿施酱色釉，内壁口部施浅黄色护胎釉。残长14、残宽13.5厘米（图一三七，1；图版二七，3）。

Ⅱ式：1件。颈较长，内凹较深，圆肩。1998STA2H9：6，尖圆唇，卷沿，敛口，颈部内凹，溜肩，肩部残存一横系，口部残片，紫红色缸胎，外壁施酱黑色釉，内壁无釉。残长13.88、残宽7.72、厚0.96厘米（图一三七，2）。

C型：2件。平沿，敛口，广肩。此类型罐一般器壁较厚，肩部一般为竖系。分二式。

Ⅰ式：1件。颈较短，内凹较浅。1998STA2H13：12，口部残片，尖唇，平沿，敛口，广圆肩，紫红色缸胎，外壁及唇沿施酱黑色釉，内壁仅口部施浅黄色护胎釉。残长23.28、残宽6.92、厚1.24厘米（图一三七，3）。

Ⅱ式：1件。颈较长，内凹较深。1998STA2H12：3，口部残片，紫红色缸胎，尖圆唇，

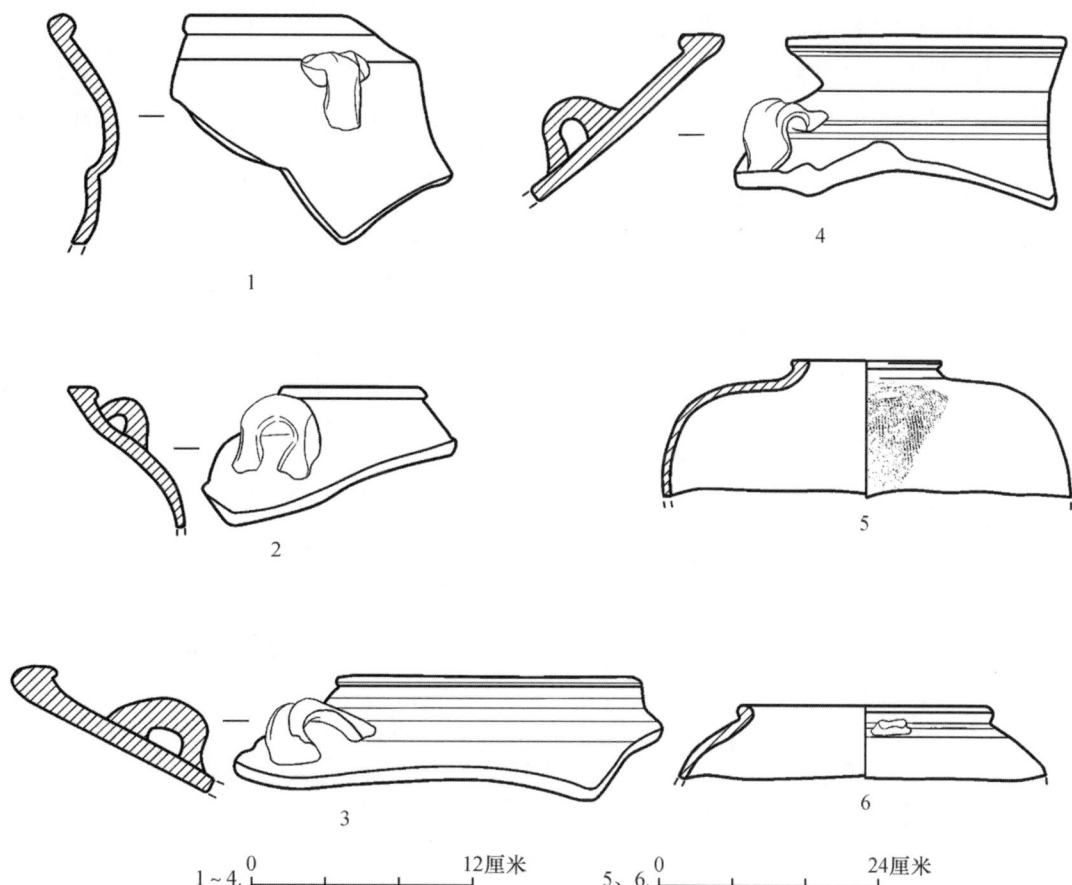

图一三七　宋元瓷矮领罐、无领罐

1. B型Ⅰ式矮领罐（1998STA2H26：7）　2. B型Ⅱ式矮领罐（1998STA2H9：6）　3. C型Ⅰ式矮领罐（1998STA2H13：12）

4. C型Ⅱ式矮领罐（1998STA2H12：3）　5. D型矮领罐（1998STA2H23：2）　6. A型Ⅰ式无领罐（1998STA2H26：8）

平沿，敛口，颈部内凹，矮领。外壁及唇沿施酱色釉，内壁仅口部施浅黄色护胎釉。残长18.24、残宽9.52、厚1.28厘米（图一三七，4）。

D型：1件。圆唇，折沿，斜领内凹较深，广肩，弧腹。1998STA2H23：2，口部残片，圆唇，折沿，斜领内凹较深，广肩，弧腹，灰色缸胎，胎质粗糙，外壁及内壁部分部位施青黄色釉，外壁颈以下饰竖向中绳纹，内壁颈以下饰绳纹。口沿直径16.5厘米（图一三七，5；图版二七，4）。

无领罐：4件。依口沿形态不同分为二型。

A型：3件。此类型罐一般器壁较厚，个体较大，肩部多为竖系，分三式。

Ⅰ式：1件。沿向外圆卷，口微敞，溜肩弧腹。1998STA2H26：8，口部残片，方圆唇，敞口，广肩，鼓腹，肩部残存一系，紫红色缸胎，米黄色釉大部脱落，内外壁施半釉。口径28、残高8.2厘米（图一三七，6；图版二七，5）。

Ⅱ式：1件。沿向外平卷，口微敛，广肩。1998STA2H12：7，口部残片，沿向外平卷，敛口，广肩，肩部残存一竖系，砖红色釉陶，胎质粗糙，外壁肩部施米黄色釉大部脱落，内壁无釉。残长12、残宽11.16、厚1.4厘米（图一三八，1；图版二七，6）。

Ⅲ式：1件。沿向外卷贴，敛口，广肩。1998STA2T2513③：5，口部残片，圆唇，沿向外卷贴，敛口，广肩。肩部残存一竖系，紫红色缸胎。外壁施酱色釉，内壁施浅黄色护胎釉，大部脱落。残长14.36、残宽5.88、厚0.72厘米（图一三八，2）。

B型：1件。折沿。此类型罐器壁较薄，较A型小，肩部为横系。1998STA2H18：3，口部残片，圆唇，窄平折沿，口微敞，溜肩，腹微鼓，沿面及肩部各饰一周凹弦纹，肩部为横系，

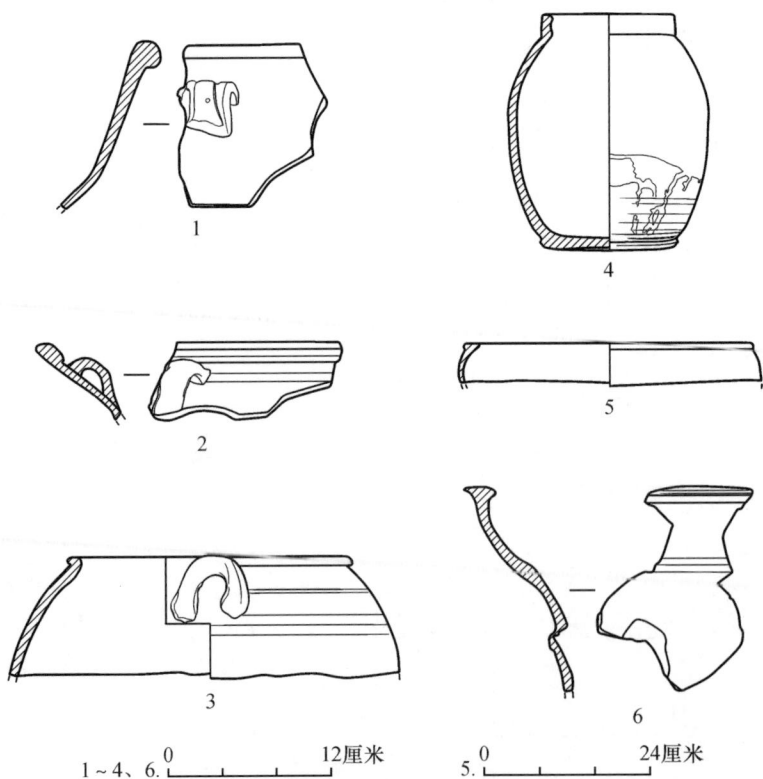

图一三八　宋元瓷无领罐、深腹罐、缸

1. A型Ⅱ式无领罐（1998STA2H12：7）　　2. A型Ⅲ式无领罐（1998STA2T2513③：5）　　3. B型无领罐（1998STA2H18：3）

4. 深腹罐（2000STA2T1305④：1）　　5. A型Ⅰ式缸（1998STA2T1408⑤：4）　　6. A型Ⅰ式缸（1998STA2H26：9）

紫红色缸胎，外壁及唇沿施青黄色釉，内壁口部施米黄色护胎釉。口径24.8厘米（图一三八，3；图版二八，1）。

深腹罐：2件。2000STA2T1305④：1。平唇，直口，鼓腹，饼足外撇。紫红色缸胎，胎质粗糙，内外壁饰半截豆青色釉，外壁半釉。口径10、高17.2、底径10.3厘米（图一三八，4；图版二八，2）。1999STA2T3016④：2，方唇，敞口，斜矮领，圆肩，弧腹，假圈足。紫红色缸胎，胎质粗糙，肩部有对称的两个环形竖系，口部及腹部施酱黄色釉，有泪痕。器物保存较好，残缺部分可以复原。高23.6厘米（图版二八，3）。

缸：6件。可分为三型。

A型：3件。可分为二式。

Ⅰ式：2件。1998STA2T1408⑤：4，口部残片，泥质灰陶，唇沿较薄，方唇，折沿，沿面下凹，敛口，斜弧腹，素面。口径42.32、残高5.92厘米（图一三八，5）。1998STA2H26：9，口部残片，唇沿较薄，尖圆唇，斜平沿，口微敛，颈不明显，鼓腹，紫红色缸胎，外壁及唇沿施浅黄色釉，内壁口部施白色护胎釉。残长15.08、残宽11.44、厚1.2厘米（图一三八，6；图版二八，4）。

Ⅱ式：1件。1998STA2H19：8，口部残片，方圆唇，沿斜平，敞口，紫红色缸胎，外壁及内壁口部施浅黄色釉，上腹部饰一周凸弦纹。残长12.64、残宽8.44、厚0.94厘米（图一三九，1；图版二八，5）。

B型：2件。可分为二式。

Ⅰ式：1件。1998STA2H12：8，口腹部残片，泥质灰陶，圆唇，卷沿，敛口，素面。残长12.28、残宽10.64、厚0.8厘米（图一三九，2；图版二八，6）。

Ⅱ式：1件。1998STA2Y1：1，泥质灰陶，口部残片，厚圆唇，宽卷沿，敛口，素面。残长18.8、残宽8.52、厚1.24厘米（图一三九，3）。

C型：1件。2001STA1T3803⑤：5，斜腹部，平底，内底有一圈凸棱。灰白色缸胎，胎质粗糙。残，只剩底部，不可复原。底径21.6、残高2.6厘米（图一三九，4）。

盘：复原标本15件。圆唇，浅腹，斜弧腹，圈足，根据口部形态不同分为三型。

A型：8件。敞口。2001STB1T3940⑤：6，圆唇，敞口，斜弧壁，矮圈足。紫红色缸胎，胎质粗糙，酱绿色釉，内壁满釉，外壁半釉，底部残存两个支钉和一道凹纹，底釉为酱红色釉。口径14.6、足径4.9、高3.4厘米（图一三九，5；图版二九，1）。2001STB1T3940⑤：10，圆唇，敞口，斜弧壁，矮圈足。紫红色缸胎，胎质粗糙，酱色釉，内壁满釉，外壁半釉，腹部有凹弦纹，底部有5个支钉。口径14.3、足径5.5、高4.1厘米（图一三九，6）。2001STB1T3232④：1，圆唇，敞口，浅腹，壁斜直，矮圈足。紫红色缸胎，胎质粗糙，酱黄色釉，外壁半釉，内底有五个支钉痕迹，饰凹弦纹一道。口径14.5、足径5、足高0.4、通高3.9厘米（图一四〇，1；图版二九，2）。2001STB1T3838⑥：23，圆唇，敞口，斜腹，饼足。紫红色缸胎，胎质粗糙，浅黄色釉，内壁满釉，底部残存两个支钉和一道凹纹，外壁口部施浅黄色釉，腹部施红褐色釉。器物剩下约八分之一。口径16.2、足径6.2、高4.05厘米（图一四〇，2）。2001STB1T4040④：3，圆唇，敞口，斜弧壁，矮圈足。紫红色缸胎，胎质粗糙，酱色釉，内壁满釉，底部有五个支钉痕迹，并有一道弦纹，外壁半釉。口径14.8、足径

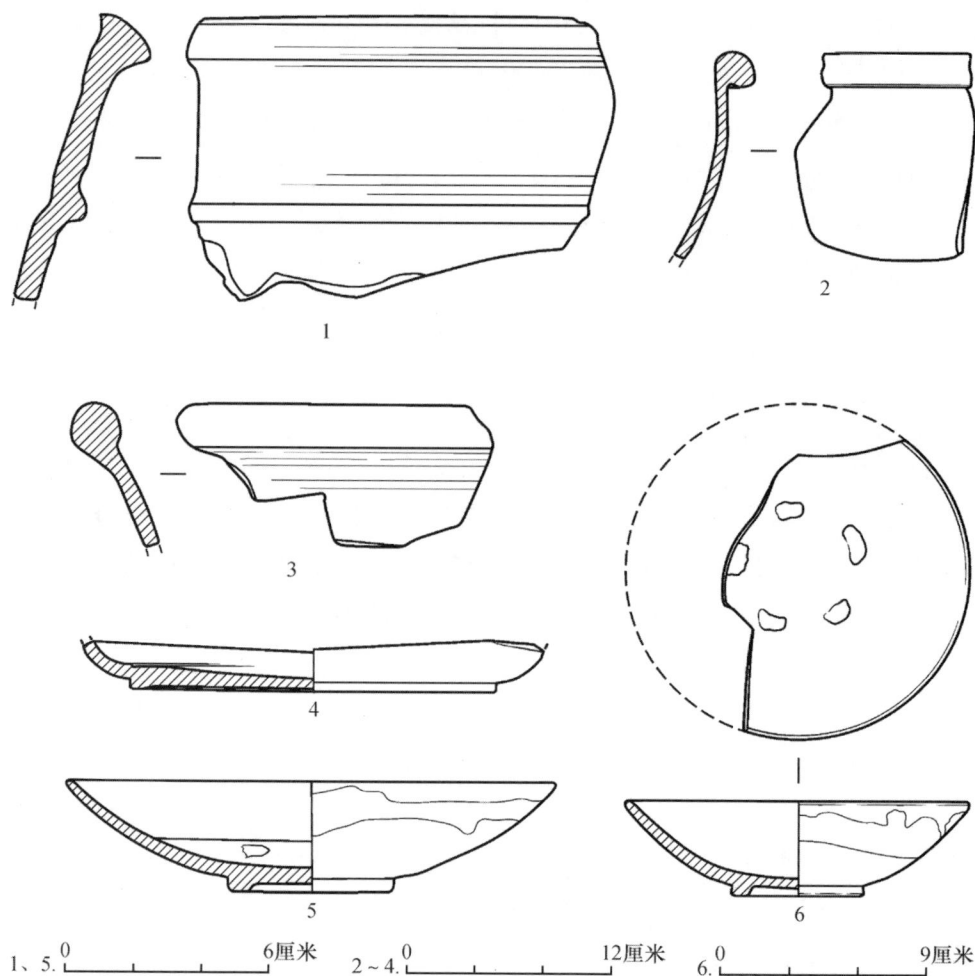

图一三九　宋元瓷缸、盘

1. A型Ⅱ式缸（1998STA2H19∶8）　2. B型Ⅰ式缸（1998STA2H12∶8）　3. B型Ⅱ式缸（1998STA2Y1∶1）

4. C型缸（2001STA1T3803⑤∶5）　5、6. A型盘（2001STB1T3940⑤∶6、2001STB1T3940⑤∶10）

5.8、高3.7厘米（图一四〇，3）。2001STB1T4040④∶9，圆唇，敞口，斜弧壁，矮圈足。紫红色缸胎，胎质粗糙，酱色釉，内壁满釉，外壁半釉，内壁和底部各饰一道凹弦纹。口径14.4、足径5.4、高3.8厘米（图一四〇，4；图版二九，3）。2001STB1T4040⑤∶27，圆唇，敞口，斜弧壁，矮圈足。紫红色缸胎，胎质粗糙，酱色釉，内壁满釉，外壁半釉，底部有一道凹纹。口径14.8、足径5.2、高3.9厘米（图一四〇，5）。2000STA2TG2④∶1，圆唇，沿微外翻，敞口，斜腹微鼓，圈足。粗瓷，灰白色釉，盘内底部有圆形凹窝。口径18.2、高4、底径6.4厘米（图一四〇，6；图版二九，4）。

　　B型：5件。敞口。2001STA1T4001⑤∶2，尖圆唇，沿向外撇，敞口，斜弧腹，圈足外撇。紫红色缸胎，胎质粗糙，内壁及口沿施乳白色釉，外壁半截豆绿色釉，内底饰凹弦纹一道，内有五个支钉痕迹。口径15.2、足径6.1、足高0.5、通高4厘米（图一四一，1；图版二九，5）。2001STB1T4039⑤∶4，小圆唇，敞口，斜腹，矮圈足。紫红色缸胎，胎质粗糙，酱色釉，圈足无釉，内底有涩圈。器物剩下约八分之一。口径18、足径7.1、足高0.4、通高3.1厘米（图一四一，2）。2000STA2T1309③∶2，尖唇，平沿，敞口，圆腹，柄足。紫红色缸胎，胎质粗糙，豆绿色釉，外部半釉。口径15.8、高3.7、底径6.5厘米（图一四一，3；

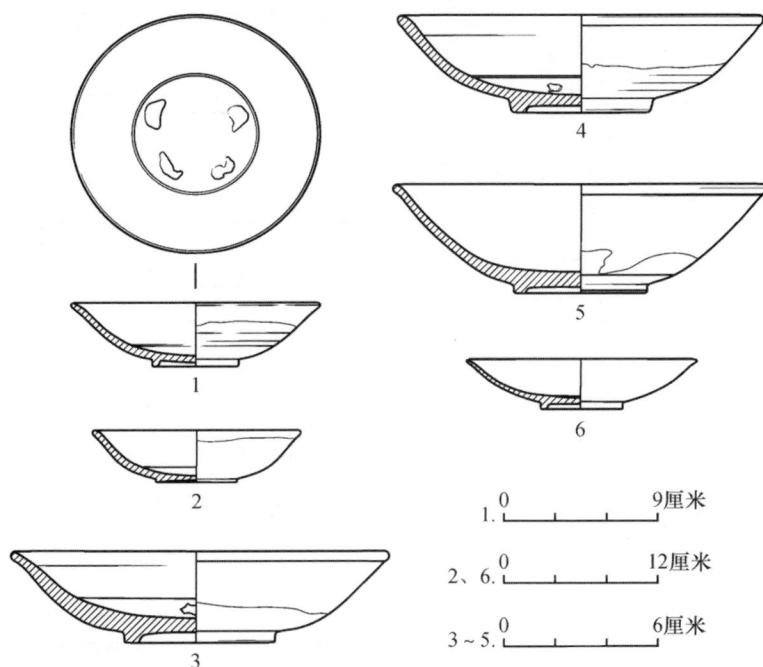

图一四○　宋元A型瓷盘

1. 2001STB1T3232④：1　2. 2001STB1T3838⑥：23　3. 2001STB1T4040④：3　4. 2001STB1T4040④：9

5. 2001STB1T4040⑤：27　6. 2000STA2TG2④：1

图版二九，6）。1998STA2T1506②：1，尖圆唇，敞口，斜弧腹，矮圈足外撇，胎体致密，呈白色，釉为灰色，釉色较均匀。内饰一圈凹弦纹。口径11.08、底径5.98、高2.58厘米（图一四一，4）。1998STA2T2513③：3，尖圆唇，沿向外卷，侈口，斜直腹，平底内凹，紫红色缸胎，釉已全部脱落。口径9.84、高1.84、底径4.32厘米（图一四一，5；图版三○，1）。

C型：2件。1998STA2H23：1，平沿，敛口，外腹壁向内凹曲，腹甚浅，平底，紫红色缸胎，胎质粗糙，素面。口沿直径19、高1.9、底径17.4厘米（图一四一，6；图版三○，2）。1999STA2M3：13，方圆唇，侈口，底部有轮制涡痕。灰褐色缸胎，胎质粗糙，口部、内壁、内底、外壁均施紫红色釉，外底未施釉。口径10.8、底径9.4、高2.6厘米（图版三○，3）。

盆：复原标本19件，圆唇，浅腹，平底。根据唇部朝向不同分为四型。

A型：6件。唇朝外，根据口部及腹壁形制变化分三式。

Ⅰ式：4件。圆唇，敞口，斜直腹，腹较浅。2001STB1T4039⑤：5，紫红色缸胎，施酱黄色釉，内满釉，外半釉大部脱落，有泪滴。口径25.4、底径11、通高7.3厘米（图一四二，1；图版三○，4）。2001STA1T3805⑤：4，圆唇，敞口，斜直壁，平底。紫红色缸胎，胎质粗糙，施酱色釉，颈部饰绳纹，底部饰有螺旋纹。口径40.08、底径18、高12.56厘米（图一四二，2；图版三○，5）。2001STB1T3631②：2，圆唇外翻，敞口，斜直壁，圈足，外壁饰灰绿色花纹及两条弦纹。瓷胎，胎质较好，施乳白色釉，器表饰有图案。口径30.6、足径16、高10厘米（图一四二，3；图版三○，6）。1998STA2H7：8，紫红色缸胎，酱色釉，内满釉，外半釉。唇沿较厚，折沿，圆唇，口微敛，斜直壁微弧。口沿直径18厘米（图一四二，4）。

Ⅱ式：1件。圆唇，口近直，上腹微鼓，下腹斜内收，腹较浅。2001STA1T3232④：4，紫红色缸胎，施酱黄色釉，内满釉，外半釉，大部脱落，有泪滴。口径33、底径16.8、通高9.7厘

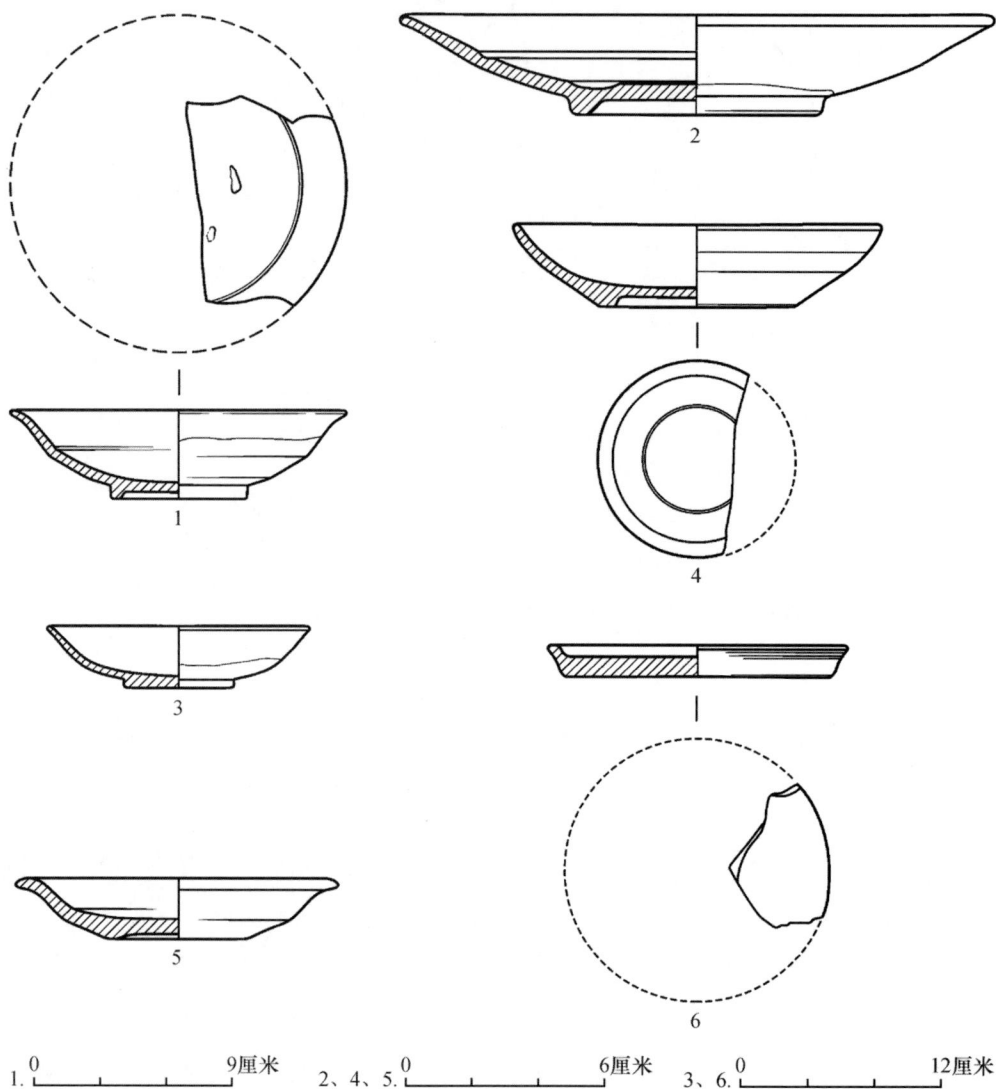

图一四一　宋元瓷盘

1~5. B型（2001STA1T4001⑤：2、2001STB1T4039⑤：4、2000STA2T1309③：2、1998STA2T1506②：1、
1998STA2T2513③：3）　6. C型（1998STA2H23：1）

米（图一四二，5；图版三一，1）。

　　Ⅲ式：1件。2001STA1T3705③：8，尖圆唇，敛口，上腹圆鼓，下腹斜内收，腹较深。紫红色缸胎，仅上部及上腹施酱黄色釉，有泪滴。上腹饰一周凹弦纹。口径28、底径13.8、通高12.4厘米（图一四二，6）。

　　B型：5件。1998STA2H24：2，圆唇，沿斜平，敛口，斜直壁微弧，平底，紫红色缸胎，施白色护胎釉，内满釉，外半釉，外底部无釉，内底有支钉痕迹，残存3个。口沿直径38.8、底径16、高12.4厘米（图一四二，7；图版三一，2）。2001STA1T3805③：3，圆唇，敛口，斜腹，平底。紫红色缸胎，胎质粗糙，灰白色釉，外壁少部分施釉。口径38、底径20.6、通高11.4厘米（图一四二，8）。2001STB1H50：3，圆唇，敛口，斜直壁，平底。紫红色缸胎，胎质粗糙，米黄色釉，内壁施釉，外壁半釉。口径45.4、底径23.2、高11.5厘米（图一四三，1；图版三一，3）。2000STA2H39：21，圆唇，敛口，上腹斜直，下腹内收，平底。紫红色

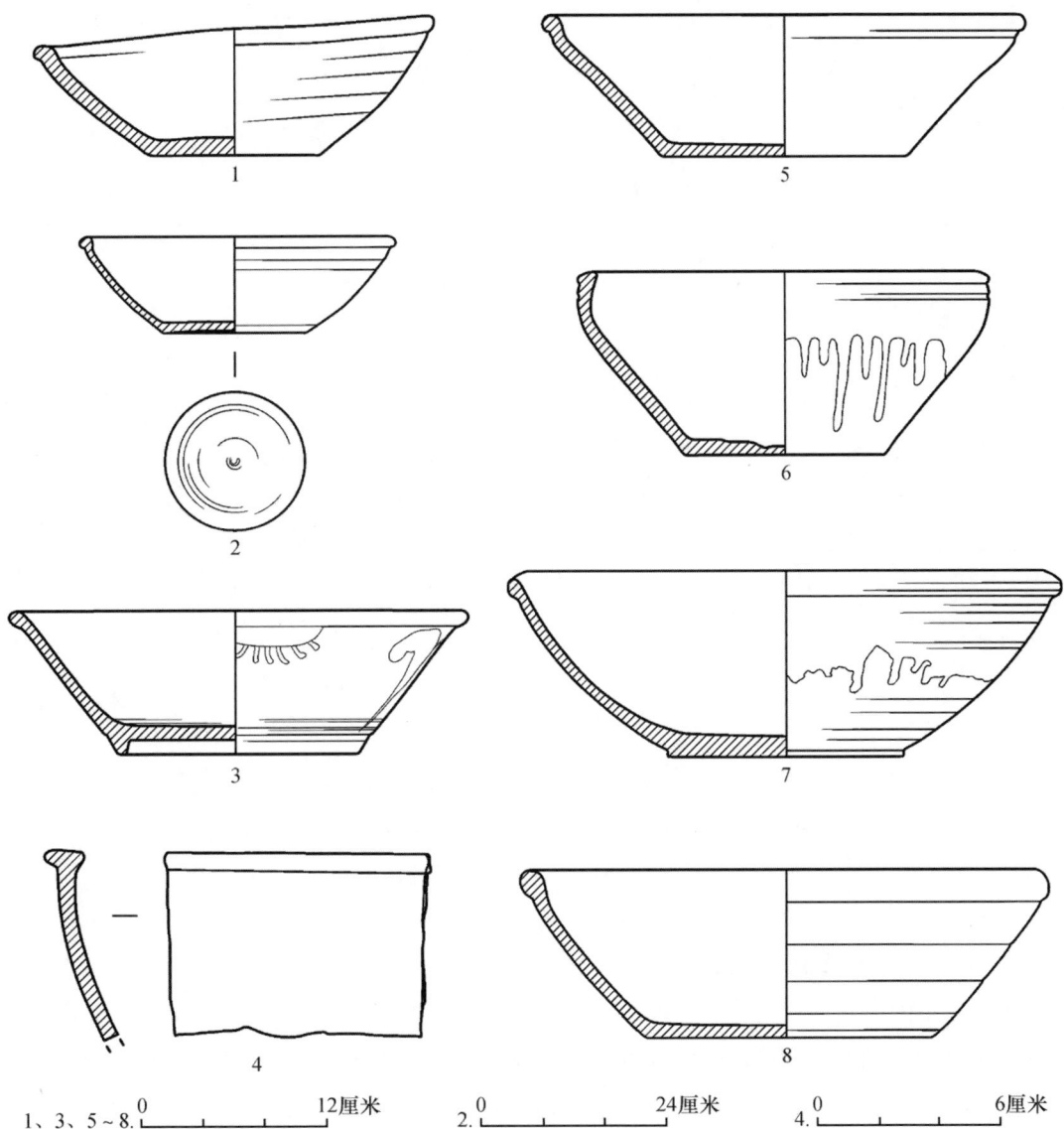

图一四二　宋元瓷盆

1~4. A型Ⅰ式（2001STB1T4039⑤：5、2001STA1T3805⑤：4、2001STB1T3631②：2、1998STA2H7：8）

5. A型Ⅱ式（1998STA1T3232④：4）　　6. A型Ⅲ式（2001STA1T3705③：8）　　7、8. B型（1998STA2H24：2、
2001STA1T3805③：3）

缸胎，胎质粗糙，浅黄色釉，外壁半釉，底部有螺旋纹，应该是轮制的痕迹。口沿直径37、高
10、底径18厘米（图一四三，2；图版三一，4）。2001STB1T3838⑤：2，圆唇，直口，斜直
腹，平底。紫红色缸胎，胎质粗糙，双层釉，内施酱釉，外施米黄色釉，内壁满釉，外壁半
釉，有泪滴，内壁腹部处施彩绘方纹。口径39.2、底径16、高9.3厘米（图一四三，3）。

C型：3件。可分为二亚型。

Ca型：1件。1998STA2H10：9，圆唇，窄平沿，沿面微鼓，敞口，斜直腹，平底，紫红
色缸胎，胎质粗糙，内壁及口沿施满米黄色釉，外壁酱色釉不到底。内底刻双鱼纹，内壁刻
划水草纹。内底有12个支钉痕迹。口沿直径47、底径30、高13.5厘米（图一四三，4；图版
三一，5）。

Cb型：2件。1998STA2H26：5，方唇，平沿，唇沿下饰一周附加堆纹，敛口，斜直腹，

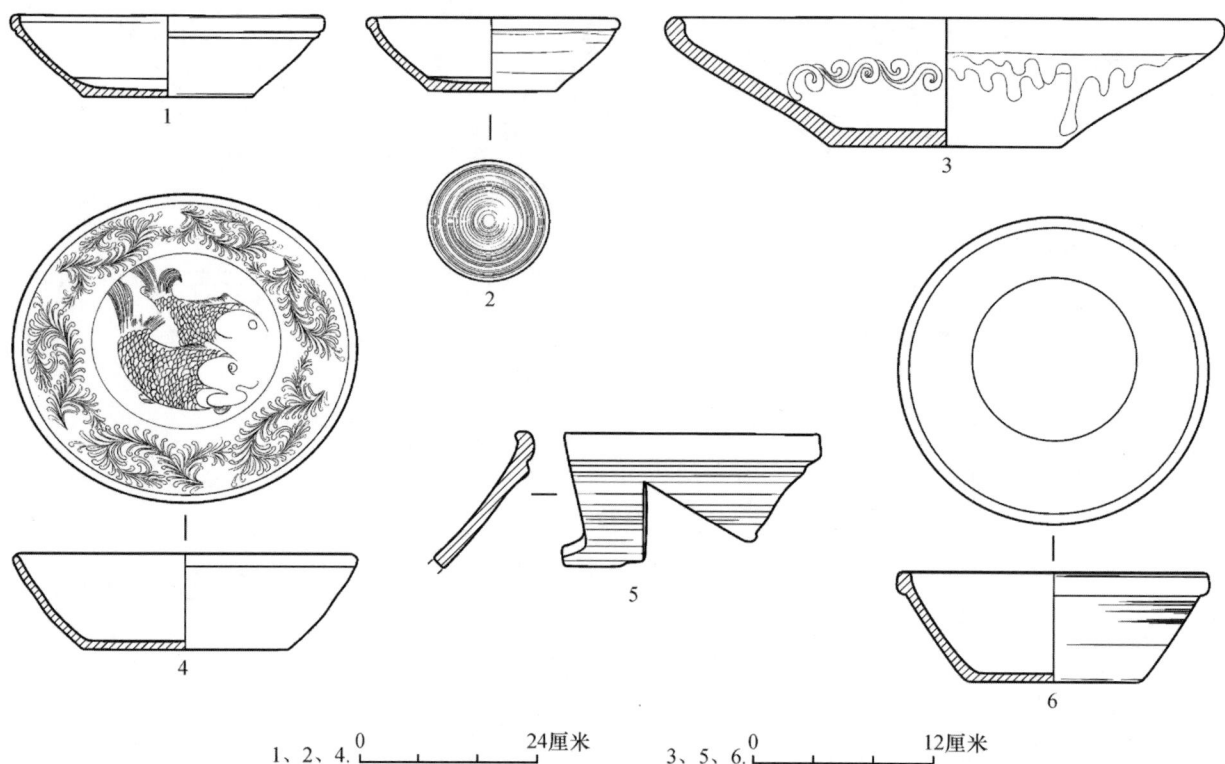

1、2、4. ├─────────────┤ 24厘米　　3、5、6. ├─────────────┤ 12厘米

图一四三　宋元瓷盆

1～3. B型（2001STB1H50：3、2000STA2H39：21、2001STB1T3838⑤：2）　　4. Ca型（1998STA2H10：9）

5、6. Cb型（1998STA2H26：5、1998STA2H26：6）

紫红色缸胎，内壁及唇沿施米黄色釉，外壁酱色釉不到底。残长17.48、残宽9.16、厚1.04厘米（图一四三，5；图版三一，6）。1998STA2H26：6，厚圆唇，沿向外卷成方形，敞口，斜直壁，平底，紫红色缸胎，内壁及口沿施满米黄色釉，外壁施酱釉不到底，内底残存一个支钉痕迹。口径20.76、高7.44、底径11.72厘米（图一四三，6；图版三二，1）。

D型：共5件。可分为二型。

Da型：3件。可分为二式。

Ⅰ式：2件。1998STA2H10：10，厚圆唇，沿向外卷，侈口，唇沿下一周凹槽旋痕，斜直腹，微弧，平底，紫红色缸胎，胎质粗糙，施米黄色釉，内满釉，外半釉，内壁口沿下有刻划的细线弧形纹。口径39.5、底径21.5、高12.4厘米（图一四四，1；图版三二，2）。1998STA2T1407⑤：4，圆唇，沿向外卷，侈口，唇沿下有一周凹槽旋痕，斜直壁微弧，平底，紫红色缸胎，米黄色釉，内满釉，外半釉，内壁釉下施绿彩绘。口沿直径37.8、底径18.5、高8.6厘米（图一四四，2；图版三二，3）。

Ⅱ式：1件。1998STA2H17：9，尖圆唇，卷沿，敛口，上腹微鼓，下腹缓收，平底，紫红色缸胎，胎质粗糙，施米黄色釉，内满釉。内壁及内底釉上施彩绘，内底一周压印圆圈，圆圈内有支钉痕迹，残存2个。口径32.16、高8.6、底径16.48厘米（图一四四，3；图版三二，4）。

Db型：2件。1998STA2G5：1，圆唇，沿向外撇，侈口，斜直腹，平底，紫红色缸胎，胎质粗糙，内壁及外壁上部施米黄色釉，外壁施酱釉不到底，内壁及内底釉上施彩纹，内底

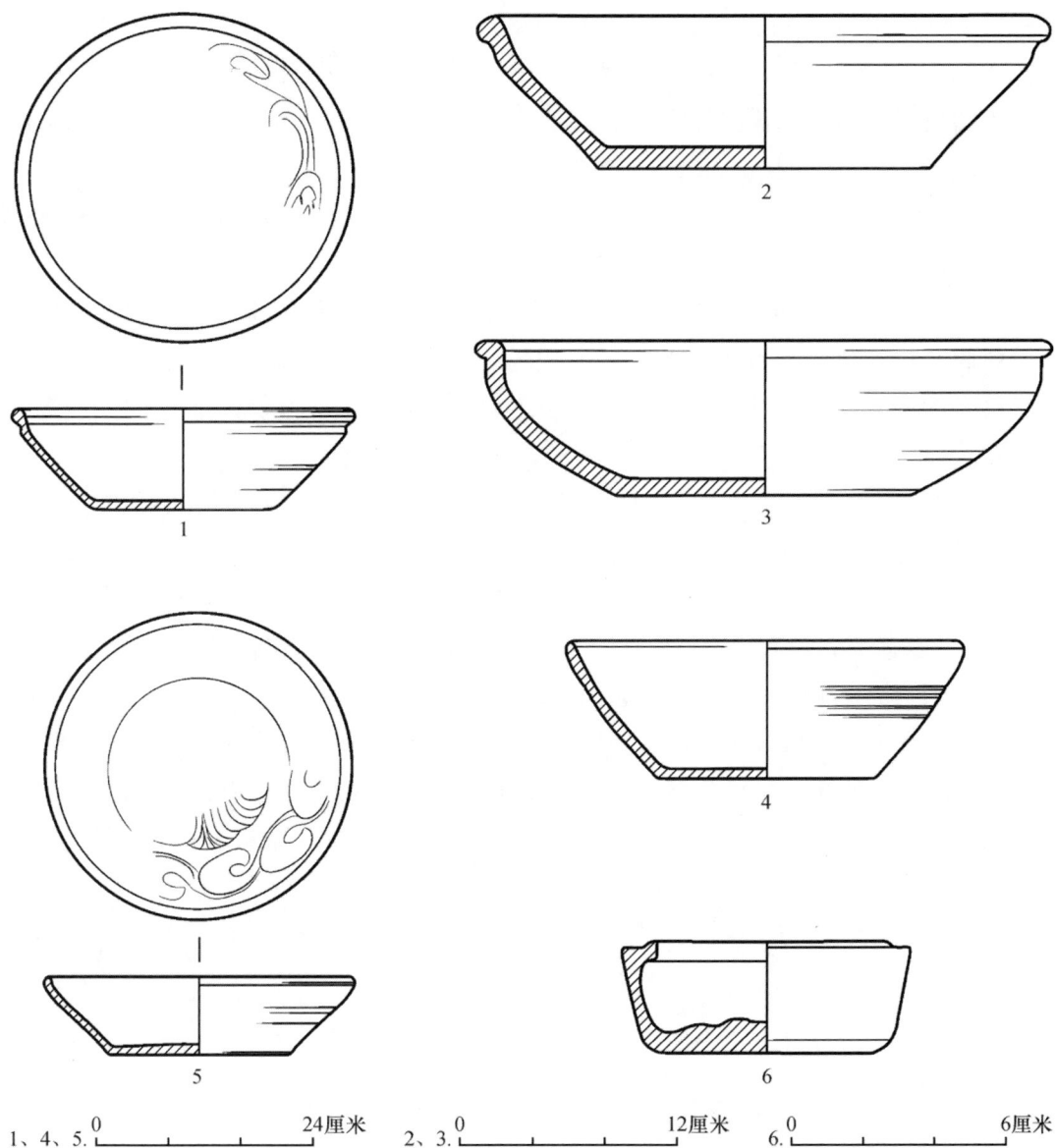

图一四四　宋元瓷盆

1、2. Da型Ⅰ式盆（1998STA2H10∶10、1998STA2T1407⑤∶4）　　3. Da型Ⅱ式盆（1998STA2H17∶9）

4、5. Db型盆（1998STA2G5∶1、1998STA2H2∶1）　　6. 粉盆（1998STA2H17∶6）

有支钉痕迹，残存两个。口径47.4、底径26.8、高15.8厘米（图一四四，4；图版三二，5）。

1998STA2H2∶1，圆唇，沿向内圆卷，侈口，斜直壁，平底，紫红色缸胎，胎质粗糙。内壁及外壁上部施米黄色釉，外壁施酱釉不到底，内壁及内底施釉，刻划有弧形纹饰，内底有支钉痕迹，残存两个。口沿直径35.3、底径20.7、高8.7厘米（图一四四，5；图版三二，6）。

粉盆，1件。1998STA2H17∶6，母状敛口，斜直壁，平底，有穿孔，紫红色缸胎，子外壁及底施酱黄色釉，内壁及口部未施釉。口径8.1、底径6.12、高3.18厘米（图一四四，6；图版三三，1）。

碗：复原标本188件。可分为七型。

A型：44件。敞口，尖圆唇，圈足或饼足。依腹壁及足部形制不同又可分为五亚型。

Aa型：15件。敞口，尖圆唇，斜直壁或斜弧壁，腹壁斜度较大，圈足。分五式。

Ⅰ式：2件。尖唇，斜直壁，高（直）圈足，圈足较小，足壁较薄，足内壁外撇。1998STA2H24：1，尖圆唇，沿向外撇，敞口，斜直壁，微弧，高圈足较小，足壁薄，胎白，细腻，浅青白色釉，器身布满细小开片，足底无釉，内壁有刻划纹。口径12.4、高5.4、底径3.68厘米（图一四五，1；图版三三，2）。2001STA1T3705③：9，尖唇，敞口，斜直腹，高圈足外撇，内底施有一乳突。瓷胎，乳白色釉。口径10.5、足径2.9、足高1.1、通高5.8厘米（图一四五，2；图版三三，3）。

Ⅱ式：1件。似Ⅰ式，唯圈足较大，较矮，足壁较厚，足整体外撇。1998STA2H17：2，敞口，曲壁弧腹，矮圈足，紫红色缸胎，胎质粗糙，酱色釉，外半釉，内满釉，唇部内外施一周米黄色釉，内底有一圆环状压痕，并有六个支钉痕迹，支钉对称。底径6.54、残高4.2厘米（图一四五，3）。

Ⅲ式：2件。圆唇，斜直壁微弧，圈足矮小，足内壁外撇。1998STA2T1507④：1，尖圆唇，侈口，斜直壁微弧，圈足矮小，足内壁外撇，胎质致密，白色发黄胎，内壁满外壁上半部只施白色护胎釉。口径15.92、底径5.68、高6.04厘米（图一四五，4）。1999STA2G21：1，尖圆唇，敞口，上腹较直，饼底。紫红色缸胎，胎质粗糙，内壁及口部施青灰色釉，大部分脱落，内底有一凹弦纹，并有6个明显的支钉痕迹。口径11.6、底径5.5、高4.8厘米（图版三三，5）。

Ⅳ式：6件。2000STA2H39：14，圆唇外翻，敞口，圆腹斜收，圈足底，内有5个支钉痕迹。紫红色缸胎，胎质粗糙，施浅黄色釉，外壁半釉。口径14.2、通高6.4、足径5、足高1.2厘米（图一四五，5；图版三三，4）。2000STA2H39：15，圆唇，敞口，鼓腹，饼足，平底。

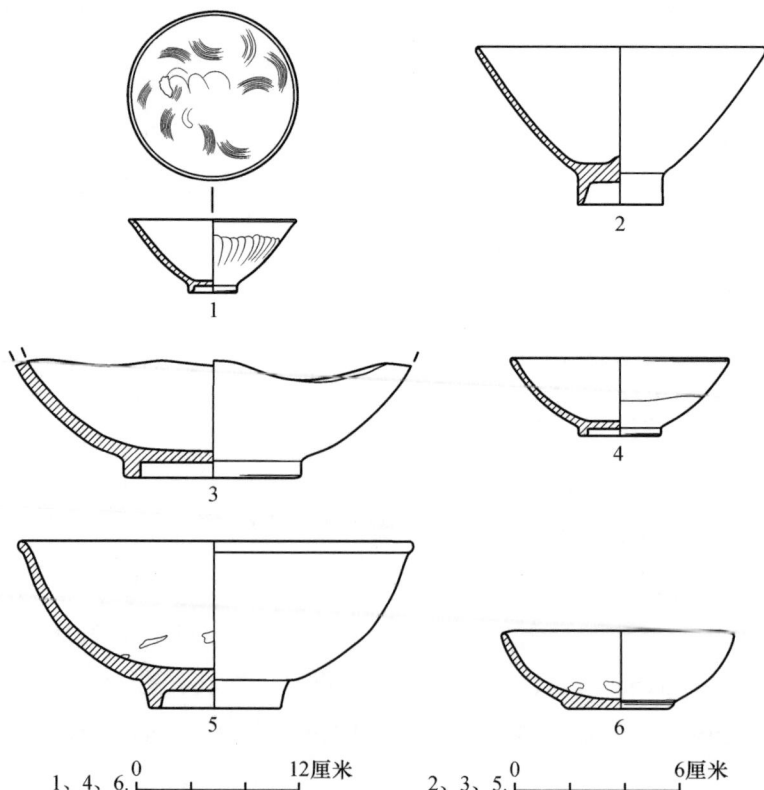

图一四五　宋元Aa型瓷碗

1、2. Ⅰ式（1998STA2H24：1、2001STA1T3705③：9）　3. Ⅱ式（1998STA2H17：2）　4. Ⅲ式（1998STA2T1507④：1）

5、6. Ⅳ式（2000STA2H39：14、2000STA2H39：15）

紫红色缸胎，胎质粗糙，酱色釉，口沿部施灰白色釉，内底有5个支钉痕迹。口径17.2、通高5.8、足径7.2、足高0.6厘米（图一四五，6；图版三三，6）。2000STA2H39：17，尖唇，敞口，斜腹，圈足。瓷胎，白色釉，底部釉有脱落，胎质细腻。口径10.6、通高5.5、足径3.1、足高1厘米（图一四六，1；图版三四，1）。2000STA2H39：18，尖唇，敞口，壁斜直，矮圈足。瓷胎，乳白色釉，足部釉脱落。口径9.8、高4.9、底径3.2厘米（图一四六，2；图版三四，2）。2001STB1T3432③：3，圆唇，敞口，斜腹，下腹微鼓，圈足。粗瓷，胎质粗糙，豆绿色釉，内有涩圈，青花。口径17.2、足径8.8、足高1、通高5.8厘米（图一四六，3）。2001STA1G26：31，敞口，圆唇，斜壁，圈足，内有四个支钉痕迹。紫红色缸胎，豆绿色釉，底釉为酱色，外壁半釉。口径14.4、足径5.4、足高0.7、通高6.2厘米（图一四六，4）。

　　Ⅴ式：4件。2001STA1T3706②：1，圆唇，敞口，圆鼓腹，矮圈足。紫红色缸胎，胎质粗糙，酱色釉，内壁满釉，外壁半釉，内底饰一道凹弦纹，口沿内外施乳白色釉。口径16.8、底径6.6、高6.3厘米（图一四六，5；图版三四，3）。2001STA1G26：28，圆唇，沿向外卷，敞口，斜壁微鼓，圈足。紫红色缸胎，胎质粗糙，双层釉，底釉酱色，表釉酱红色，内壁满釉，外壁半釉，表釉大部分脱落。器物剩下三分之一。口径16.4、足径6、高6.6厘米（图

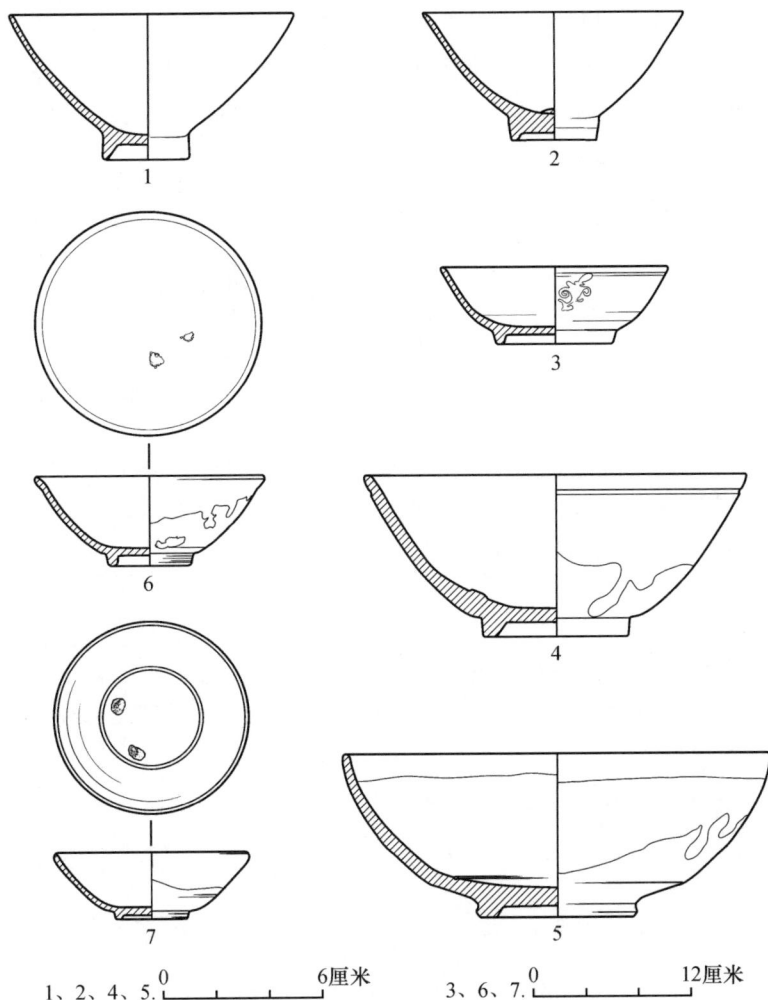

图一四六　宋元Aa型瓷碗

1～4.Ⅳ式（2000STA2H39：17、2000STA2H39：18、2001STB1T3432③：3、2001STA1G26：31）

5～7.Ⅴ式（2001STA1T3706②：1、2001STA1G26：28、2001STA1G26：10）

一四六，6）。2001STA1G26：10，圆唇，敞口，斜直壁，矮圈足。紫红色缸胎，胎质粗糙，酱色釉，内壁满釉，外壁半釉，内底残存两个支钉痕迹和一道凹弦纹。口径14.8、足径5.2、高5厘米（图一四六，7）。2001STB1G29：2，圆唇，敞口，斜直壁微弧，矮圈足。紫红色缸胎，豆绿色釉，内壁满釉，外壁半釉，底部残存4个支钉痕迹。口径15.9、足径6、高4.9厘米（图一四七，1）。

Ab型：10件。敞口，尖唇，斜腹壁，斜度较小，高深圈足，内底有乳钉凸起。可分为三式。

Ⅰ式：2件。1998STA2H18：2，尖圆唇，敞口，深弧腹，饼足微凹，紫红色缸胎，内施米黄色釉，外壁三分之一以下无釉，内底有对称支钉痕六枚。口径16.76、高6.28、底径7.24厘米（图一四七，2；图版三四，4）。1999STA2M3：11，尖圆唇，敞口，斜弧壁，饼底。灰褐色胎，双层釉，内施浅黄色护胎釉，外壁仅口部施青灰色釉。口径15.3、底径6.9、高6.6厘米（图版三四，5）。

Ⅱ式：6件。1998STA2H12：1，尖圆唇，敞口，深弧腹较曲，紫红色缸胎，胎质粗糙，表面呈灰色，口沿部有一圈白色护胎釉，内支钉痕六个。口径15.76、高6.52、底径6.8厘米（图一四七，3；图版三四，6）。1999STA2M3：12，圆唇，敞口，浅腹，斜弧壁，饼足。紫红色缸胎，胎质粗糙，内底有一周弦纹，并有六个支钉痕迹，内壁施满酱黄色釉，外壁半釉，有泪痕。器物仅剩下四分之一。口径15.5、底径6、高5.1厘米（图版三五，1）。

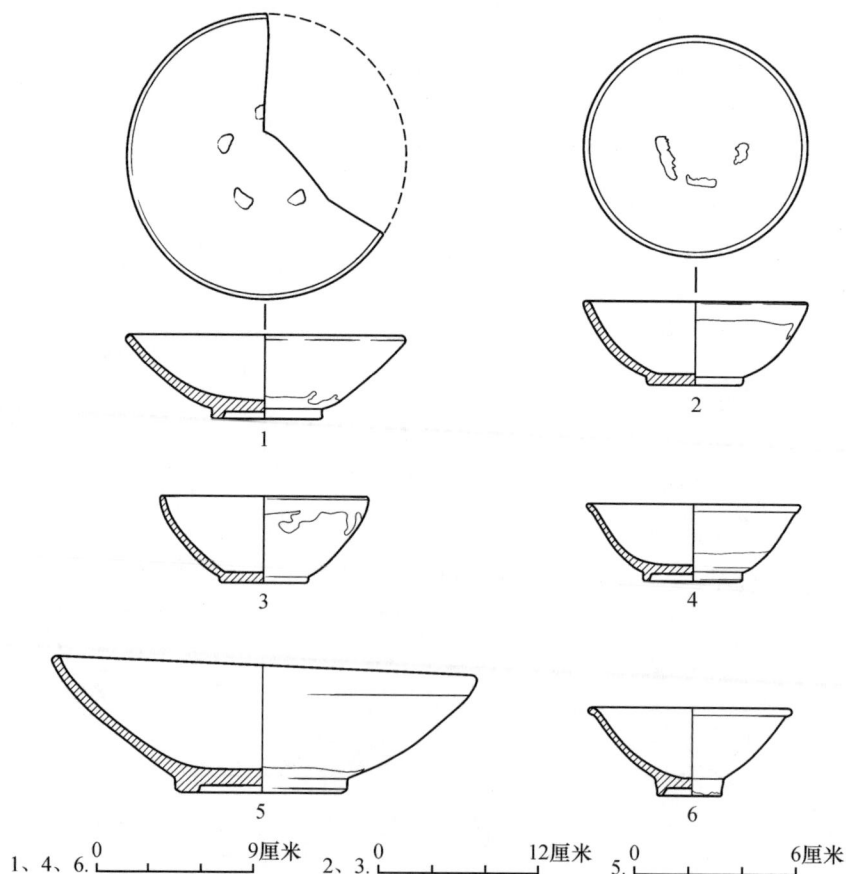

1、4、6. 0   9厘米   2、3. 0   12厘米   5. 0   6厘米

图一四七　宋元瓷碗

1. Aa型Ⅴ式（2001STB1G29：2）　2. Ab型Ⅰ式（1998STA2H18：2）　3～6. Ab型Ⅱ式（1998STA2H12：1、2001STB1T3430③：2、2001STA1T3705③：5、2001STB1T3838⑥：6）

1999STA2T2814②：1，尖圆唇，侈口，斜弧腹，平底。紫红色缸胎，胎质粗糙，施灰白色釉，口沿、内壁及内底均施釉，口沿外上腹施釉。外壁及底部未施釉。存有口部、腹部、底部，可以修复。口径11.1、底径4.2、高2.7厘米（图版三五，2）。2001STB1T3430③：2，小圆唇，敞口，腹微鼓，圈足。瓷胎，灰白色釉，外壁半釉，内有涩圈。口径11.6、足径5.2、足高0.5、通高4.4厘米（图一四七，4）。2001STA1T3705③：5，圆唇，敞口，斜弧壁，矮圈足。紫红色缸胎，胎质粗糙，豆绿色釉，内壁满釉，外壁半釉。口径16、足径6.2、高4.3厘米（图一四七，5；图版三五，3）。2001STB1T3838⑥：6，圆唇，敞口，斜腹微鼓，高圈足。瓷胎，胎质较好，乳白色釉，内外壁皆是满釉。口径11.2、足径3.5、足高1、通高4.9厘米（图一四七，6；图版三五，4）。

Ⅲ式：2件。1998STA2T1508②：2，尖圆唇，敞口，深腹甚曲，饼足内凹，紫红色缸胎，内施一层米黄色釉并施及口沿下，其余部位无釉，底部有四圈轮制的涡痕。口径19.32、高8.56、底径8.96厘米（图一四八，1）。2001STA1T3806③：1，圆唇，敞口，圆鼓腹，矮圈足外撇。紫红色缸胎，胎质粗糙，酱色釉，口沿内外施乳白色釉，内壁满釉，外壁半釉，内底残存3个支钉痕迹。口径16.3、足径6.4、高6.3厘米（图一四八，2）。

Ac型：11件。敞口，尖唇，斜直壁，斜度较大，高浅圈足。分三式。

Ⅰ式：2件。圈足较小。1998STA2H9：1，尖唇，敞口，斜直壁，斜度较大，高浅圈足，胎白，细腻，月白色釉（浅青），足底无釉，内壁有划印纹饰。口径13.88、高5.12、底径3.72厘米（图一四八，3；图版三五，5）。1998STA2T1508②：1，尖圆唇，敞口，斜直壁，斜度较大，矮浅圈足。胎质致密，胎白而细腻，施浅青白色釉，内壁有刻画弧线纹饰，足底无釉。口径13.92、高5.28、底径3.8厘米（图一四八，4）。

Ⅱ式：5件。圈足较大。1998STA2H26：3，尖圆唇，敞口，斜弧壁，腹较浅，饼足内凹外撇，紫红色缸胎，胎质粗糙。内壁施米黄色釉，外壁施酱色半釉，内底一圆圈压印痕，圆圈内五个支钉痕。口径16.28、高4.88、底径6.72厘米（图一四八，5；图版三五，6）。2001STB1T4039⑤：3，圆唇，敞口，鼓腹，圈足。瓷胎，胎质较好，乳白色釉，圈足大部分无釉。口径14.4、足径5.7、足高3.3、通高6.1厘米（图一四八，6；图版三六，1）。2001STA1G26：14，圆唇，敞口，圆鼓腹，矮圈足外撇。紫红色缸胎，胎质粗糙，酱色釉，内壁满釉，外壁半釉，内底残存一个支钉痕迹和一道凹弦纹。口沿内外施乳白色釉。口径16.8、足径6.2、高5.7厘米（图一四九，1；图版三六，2）。2001STB1T4040⑤：5，圆唇，敞口，圆腹，圈足。瓷胎，胎质较好，灰白色釉，外壁下部无釉。口径14.6、足径5、足高0.9、通高4.9厘米（图一四九，2；图版三六，3）。1999STA2M3：10，圆唇，敞口，矮斜弧壁，圈足外侈。紫红色缸胎，胎质粗糙，内底有一凹弦纹，并有六个明显的支钉痕迹，双层釉，内施白色护胎釉，外仅口部及上腹施酱黄色釉，内壁满釉，但大部分脱落，外壁半釉。口径15.9、底径6.9、高7.5厘米（图版三六，4）。

Ⅲ式：4件。2001STA1T3806③：12，尖圆唇，近直口，圆腹，矮圈足。紫红色缸胎，胎质粗糙，豆绿色釉，外壁半釉。口径17.2、底径6.4、高6厘米（图一四九，3）。2001STB1T3940⑤：11，尖圆唇，近直口，圆腹，饼状足。紫红色缸胎，胎质粗糙，酱色釉，外壁半釉，口沿施乳白色，内饰凹弦纹一道。口径17、足径7.1、足高0.5、通高6.9厘米（图

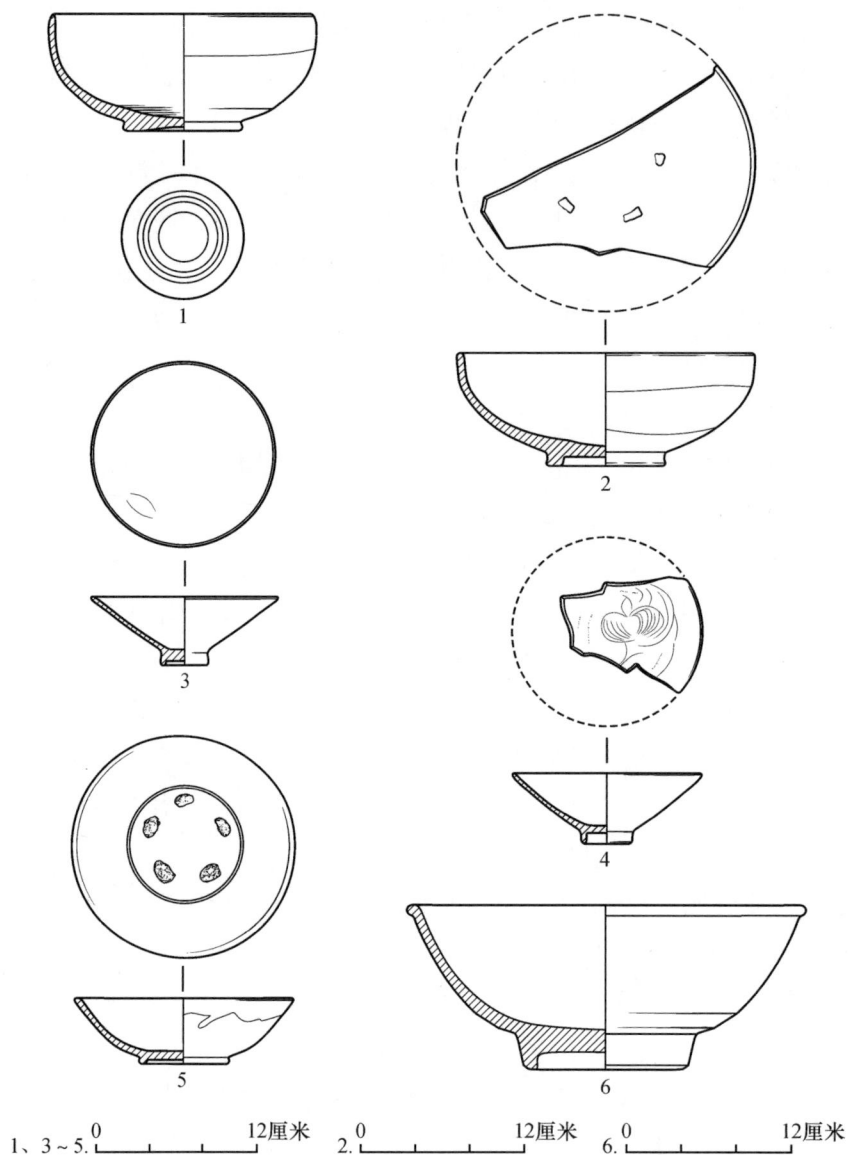

图一四八　宋元瓷碗

1、2. Ab型Ⅲ式（1998STA2T1508②：2、2001STA1T3806③：1）　3、4. Ac型Ⅰ式（1998STA2H9：1、1998STA2T1508②：1）

5、6. Ac型Ⅱ式（1998STA2H26：3、2001STB1T4039⑤：3）

一四九，4；图版三六，5）。2001STB1T4040⑤：13，圆唇，直口，圆腹，矮圈足。紫红色缸胎，胎质粗糙，灰褐色釉，外壁半釉，口沿施乳白色釉，内有六个支钉痕迹。口径16.8、底径6.7、高6.2厘米（图一四九，5；图版三六，6）。2001STB1T4040⑤：16，圆唇，近直口，圆鼓腹，矮圈足，内饰凹弦纹一道，并有支钉痕迹。紫红色缸胎，胎质粗糙，酱色釉，唇部为乳白色釉，外壁半釉。口径17.6、底径7.1、高6厘米（图一四九，6）。

Ad型：7件。敞口，尖唇或圆唇。斜直腹或斜弧腹，饼足。施米黄色釉，内满釉，外半釉。分三式。

Ⅰ式：3件。尖唇，斜直腹，足较大。1998STA2T1408⑤：1，尖圆唇，敞口，饼足，胎质细，灰白，酱黄色釉，内壁施满釉，外壁不到底，内满釉外半釉，内壁约三分之一处有一周凹槽，内壁底到饼足部分有一周凹槽。口径10.84、高4.04、底径3.52厘米（图一五〇，1）。

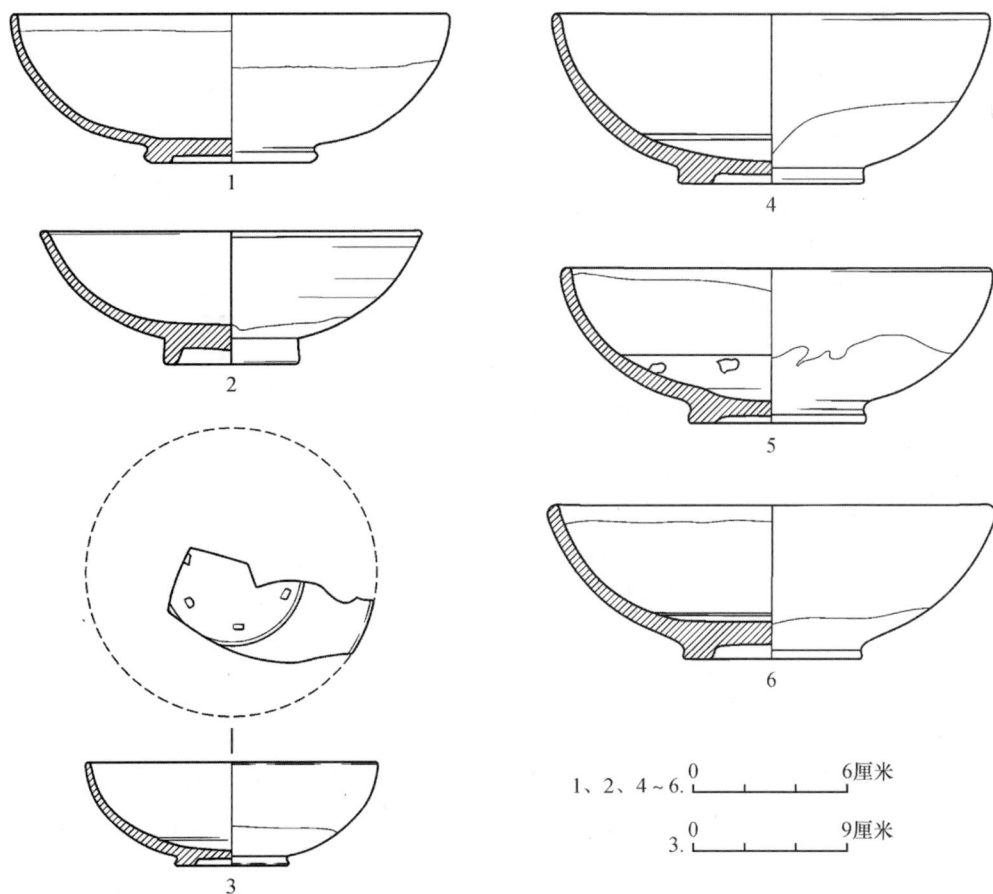

图一四九　宋元Ac型瓷碗

1、2. Ⅱ式（2001STA1G26∶14、2001STB1T4040⑤∶5）　3～6. Ⅲ式（2001STA1T3806③∶12、2001STB1T3940⑤∶11、
2001STB1T4040⑤∶13、2001STB1T4040⑤∶16）

1999STA2T3016④∶1，尖唇，敞口，斜直壁，圈足。紫红色缸胎，胎质粗糙，内壁施满酱黑色釉，外壁半釉，内底有一压印涩圈。器物仅剩下四分之一。口径16.8、底径6.9、高5.4厘米（图版三七，1）。2001STB1T3838⑥∶17，圆唇外翻，口微敛，圆腹，高圈足。瓷胎，胎质较好，施乳白色釉，圈足无釉。口径16.2、足径5.5、足高1.5、通高7.6厘米（图一五〇，2；图版三七，2）。

Ⅱ式：3件。圆唇，斜弧腹，足较小。1998STA2H9∶2，圆唇，敞口，斜弧腹，饼足，胎灰白，胎质致密，施姜黄色釉，内满釉，外半釉，内底中心一压印圆圈。口径8.88、高3.76、底径3.52厘米（图一五〇，3；图版三七，3）。2001STB1T3231④∶2，圆唇，敞口，深腹，斜鼓腹，高圈足。紫红色缸胎，胎质粗糙，酱色釉，内壁满釉，外壁半釉，内底有四个支钉痕迹，饰一道凹弦纹，口沿内外施乳白色釉。器物剩下约三分之二。口径16、底径6.4、高8.6厘米（图一五〇，4；图版三七，4）。2001STA1T4001⑤∶9，圆唇外翻，近直口，深腹圆鼓，高圈足。瓷胎，灰白色釉。口径15.4、底径7.4、通高8.15厘米（图一五〇，5）。

Ⅲ式：1件。1998STA2T1407⑤∶3，尖圆唇，敞口，深弧腹，饼足，略内收，缸胎（内紫红外黑），内外施酱色釉（均已脱落），内下印有一圈凹弦纹，内底有两枚支钉痕。口径13.96、高6.2、底径3.84厘米（图一五〇，6）。

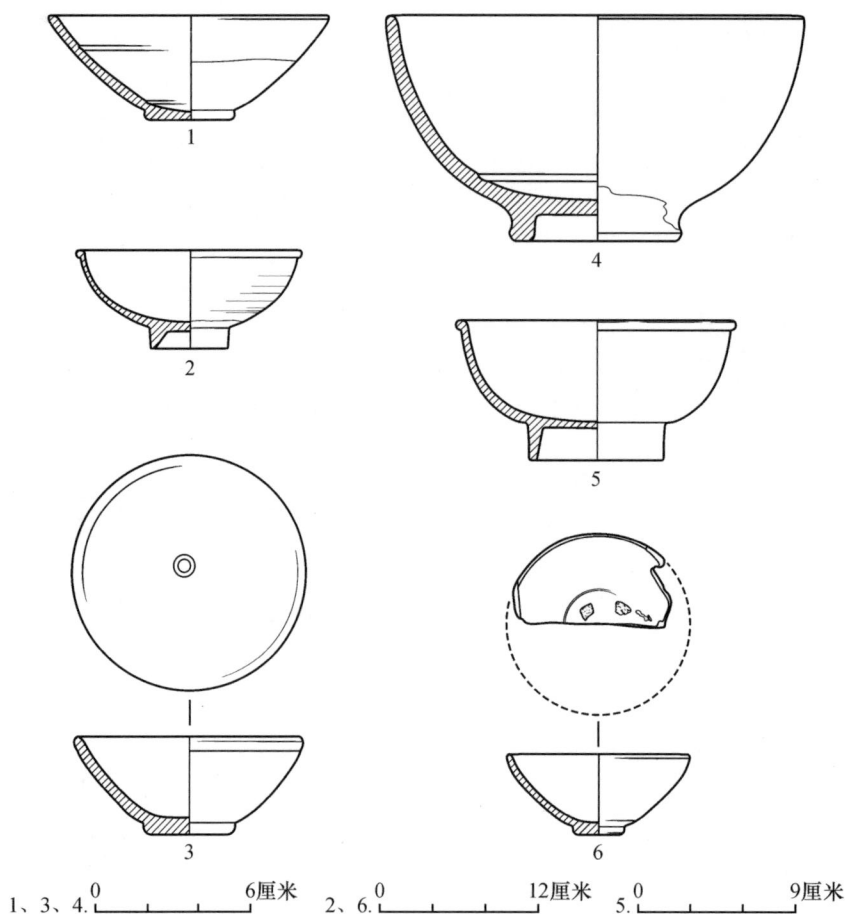

1、3、4.　0　　　　　　6厘米　　　2、6.　0　　　　　12厘米　　　5.　0　　　　　9厘米

图一五〇　宋元Ad型瓷碗

1、2. Ⅰ式（1998STA2T1408⑤：1、2001STB1T3838⑥：17）　3~5. Ⅱ式（1998STA2H9：2、2001STB1T3231④：2、
2001STA1T4001⑤：9）　6. Ⅲ式（1998STA2T1407⑤：3）

Ae型：1件。2001STA1T4001⑤：4，圆唇外翻，敞口，斜鼓腹，圈足。紫红色缸胎，胎质粗糙，浅黄色釉，底釉为酱色，外壁半釉，内底有5个支钉痕迹。口径15.4、底径5.2、高5.5厘米（图一五一，1）。

B型：32件。侈口，尖唇或圆唇，斜弧腹，深圈足或浅圈足。根据足部形制不同分为四亚型。

Ba型：12件。圈足整体较直，较深。分三式。

Ⅰ式：2件。器壁较薄，腹壁微弧，矮圈足，足内壁外撇。1998STA2H26：1，尖唇，侈口，腹壁微弧，圈足，足内壁外撇，胎质致密，胎白细腻。白色发灰薄壁，足内外无釉。口径14.58、底径4.38、高6.04厘米（图一五一，2；图版三七，5）。2001STA1G26：26，尖唇，敞口，斜腹微鼓，高圈足外撇。瓷胎，青色釉。口径15.4、足径5、足高1.5、通高6.6厘米（图一五一，3；图版三七，6）。

Ⅱ式：3件。器壁较厚，圆唇，腹壁较弧，矮圈足，足内外壁较直。1998STA2T0104⑤：1，尖圆唇，沿向外卷，侈口，斜弧腹，矮圈足，足内外壁较直，器壁较厚，胎质较粗糙，灰白色，内外壁釉已脱落，足底无釉。圈足内底略下垂。口径12.3、足径3.7、高5.8厘米（图一五一，4；图版三八，1）。2001STA1T4001⑤：5，尖唇外翻，敞口，斜鼓腹，圈足。瓷

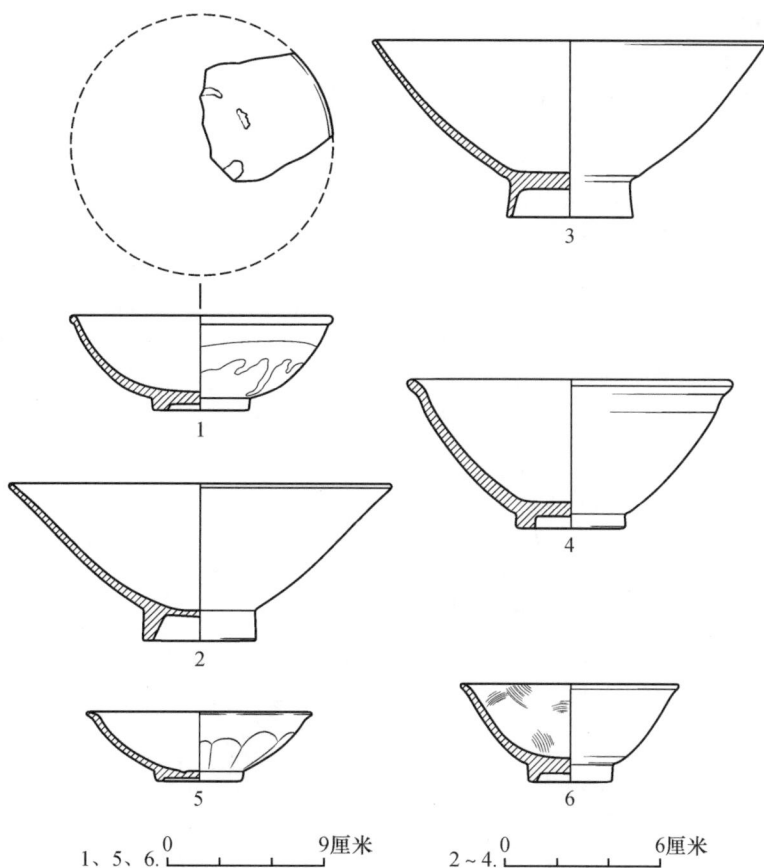

图一五一　宋元瓷碗

1. Ae型（2001STA1T4001⑤：4）　　2、3. Ba型Ⅰ式（1998STA2H26：1、2001STA1G26：26）

4~6. Ba型Ⅱ式（1998STA2T0104⑤：1、2001STA1T4001⑤：5、2001STB1T3738⑥：6）

胎，乳白色釉，外壁饰有花瓣纹。口径12.2、足径4.8、足高0.5、通高4厘米（图一五一，5）。2001STB1T3738⑥：6，尖圆唇，敞口，斜腹微鼓，圈足。瓷胎，胎质较好，青灰色釉，圈足无釉，内壁饰有曲线划纹。口径12.6、足径4.6、足高1、通高5.7厘米（图一五一，6）。

Ⅲ式：7件。似Ⅱ式，唯腹壁更弧。1998STA2T1407⑤：1，尖圆唇，侈口，斜弧腹，矮圈足，足内外壁较直，浅青色釉，灰白胎，足内外无釉，内底一压印圆圈，使内底稍显高一些。口径12.06、底径4.32、高4.16厘米（图一五二，1；图版三八，2）。1998STA2T1407⑤：2，圆唇，敞口，斜弧壁，矮圈足外撇，紫红色缸胎，内壁及外壁上部施酱色釉。外壁下腹部及底未施釉，圈足下部略削。口径11.8、足径3.5、通高5.4厘米（图一五二，2；图版三八，3）。1998STA2H17：3，圆唇，侈口，弧腹，矮圈足外撇。紫红色缸胎，胎质粗糙，内壁及口沿部施以浅黄色釉，外部施以酱色釉，施到半部，不到底，内壁有划刻"道序号"三字。口径16.64、底径6.68、高6.72、厚0.68厘米（图一五二，3）。2001STB1T4040⑤：26，圆唇，敞口，斜弧壁，矮圈足。紫红色缸胎，胎质粗糙，酱色釉，内壁满釉，外壁半釉，底部残存2个支钉。口径15.4、足径5.3、高3.65厘米（图一五二，4；图版三八，4）。2001STB1T3332③：3，小圆唇，敞口，上腹斜直，下腹圆鼓，圈足。瓷胎，青色釉，饰有青花图案，外壁满饰青花。口径11.6、足径5.4、足高0.8、通高5.9厘米（图一五二，5）。2001STA1G26：18，尖唇，敞口外翻，浅腹，高圈足。瓷胎，施豆绿色釉，内壁釉下饰有

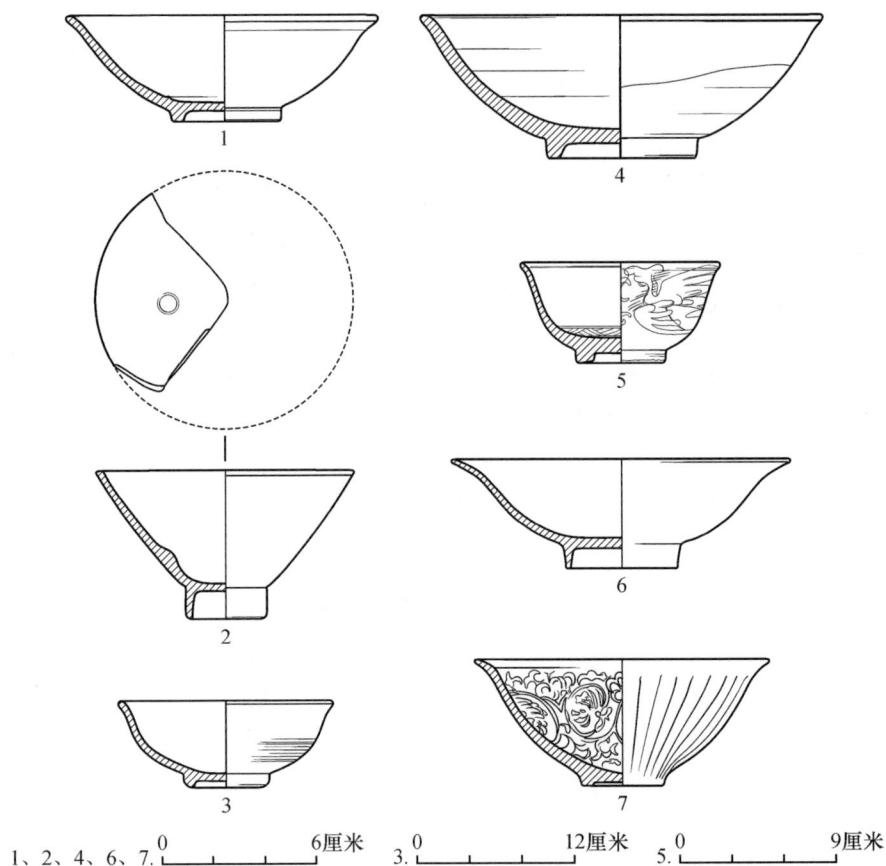

图一五二　宋元Ba型Ⅲ式瓷碗

1. 1998STA2T1407⑤：1　2. 1998STA2T1407⑤：2　3. 1998STA2H17：3　4. 2001STB1T4040⑤：26　5. 2001STB1T3332③：3
6. 2001STA1G26：18　7. 2001STB1T4040⑤：2

弧线形划纹。口径12.8、足径4.1、足高0.9、通高4.4厘米（图一五二，6；图版三八，5）。
2001STB1T4040⑤：2，胎较厚，圆唇，口外侈较甚，矮小圈足略内收。青灰色胎，豆青色釉略泛黄，内外壁施满釉，足内底无釉。内壁压印花卉图案，外壁刻划纤细的竖向线条纹。口径11、足径3、足高0.4、通高4.9厘米（图一五二，7）。

Bb型：7件。圈足整体外撇。分三式。

Ⅰ式：1件。器壁较薄，斜直壁微弧，高圈足内底略下垂。1998STA2H10：1，尖圆唇，侈口，斜直壁微弧，高圈足，内底略下垂，圈足整体外撇，胎白稍发灰，青灰色釉，足底无釉，内底一压印纹，圆圈状，器壁较薄，此器周身布满烟熏痕。口径12.36、底径4.92、高5.66厘米（图一五三，1；图版三八，6）。

Ⅱ式：4件。似Ⅰ式，唯圈足较矮。1998STA2H19：1，圆唇，侈口，斜直壁微弧，矮圈足，整体外撇，胎釉发灰白，胎质致密而细腻，内壁满釉，外壁釉到底，足底无釉，兔毫。口径13.76、高5.16、底径3.64厘米（图一五三，2；图版三九，1）。2001STB1T3838⑥：22，尖圆唇，敞口，斜腹微鼓，圈足。瓷胎，胎质较好，乳白色釉。口径12.7、足径4.5、足高0.5、通高3.9厘米（图一五三，3；图版三九，2）。2001STA1G26：2，敞口，圆唇，斜沿外翻，斜鼓腹，矮圈足，内有五个支钉痕迹。紫红色缸胎，酱色釉，外壁半釉。口径17.2、底径5.9、高6厘米（图一五三，4）。2001STA1G27：3，敞口，圆唇，斜壁微弧，矮圈足。紫红色缸胎，酱色釉，内壁满釉，底部残存两个支钉痕迹。外壁双层釉，底釉酱色釉，表面米黄色釉，均为半釉。口径15、足径5.4、高5.4厘米（图一五三，5）。

Ⅲ式：2件。器壁较厚，矮圈足，底下垂。1998STA2T0104⑥：1，平圆唇，敞口，斜直腹壁微弧，矮圈足外侈似喇叭口，足根外撇。底下垂（似Ba型唯圈足整体外侈）。紫红色缸胎，内壁满施黑釉，外壁施及足根部，足及足底无釉。口径11.06、底径3.56、高4.66厘米（图一五三，6；图版三九，3）。2001STB1T3838⑤：1，圆唇，敞口，斜腹，圜底，矮圈足。紫红色缸胎，胎质粗糙，施酱色釉，外壁半釉。口径9.2、足径3.2、足高0.6、通高4.5厘米（图版三九，4）。

Bc型：11件。浅腹，腹壁斜度较大，略呈盘状，高浅圈足内收，分四式。

Ⅰ式：2件。斜直壁微弧，圈足较小，较深。1998STA2H26：2，尖圆唇，侈口，斜弧腹，高浅圈足内收，白色胎底，胎白，细腻，浅青色（月白色）釉，足底无釉，内底一压印圆凹圈。口径15.2、高4.6、底径4.76厘米（图一五三，7；图版三九，5）。2001STB1T3839⑥：1，小圆唇，敞口，垂腹，圈足。瓷胎，胎质较好，青色釉。口径10.4、足径3.4、足高0.8、通高3.3厘米（图一五三，8；图版三九，6）。

Ⅱ式：4件。斜直壁较弧，圈足较大、较浅。1998STA2H13：2，尖圆唇，沿向外撇，侈口，浅腹，腹壁斜度较大，斜直壁微弧，高浅圈足内收。胎白致密而细腻，施白色泛黄釉，内壁、内底及外壁均施釉，足底无釉。口径16.96、高5.08、底径5.12厘米（图一五四，1；图版

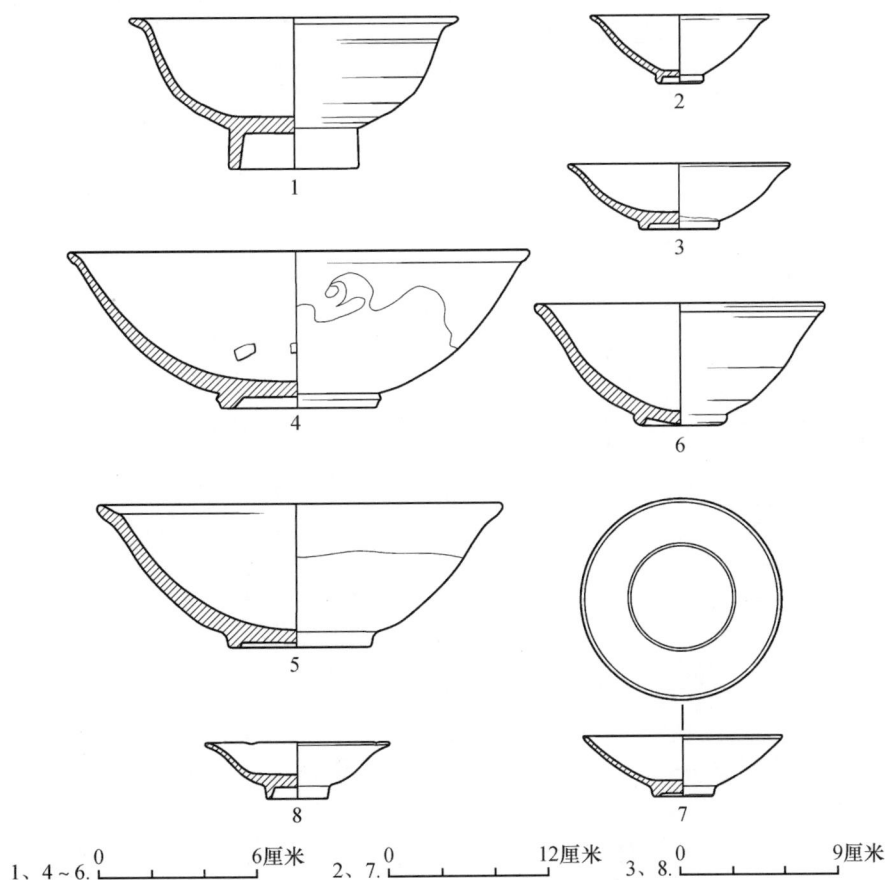

图一五三　宋元瓷碗

1. Bb型Ⅰ式（1998STA2H10：1）　2～5. Bb型Ⅱ式（1998STA2H19：1、2001STB1T3838⑥：22、2001STA1G26：2、2001STA1G27：3）　6. Bb型Ⅲ式（1998STA2T0104⑥：1）　7、8. Bc型Ⅰ式（1998STA2H26：2、2001STB1T3839⑥：1）

四○，1）。1998STA2T0104⑤：2，尖圆唇，侈口，浅弧腹，矮饼足内凹。紫红色缸胎，内壁及外壁上部施酱釉，饼状足，底略内凹。内壁下部饰一圈凹弦纹，内底有支钉痕（图一五四，2；图版四○，2）。1999STA2G21：3，尖圆唇，敞口，唯壁较弧，腹更浅，圈足。紫红色缸胎，胎质粗糙，外壁凹凸不平，双层釉，内施浅黄色护胎釉，外施米黄色釉，并有冰裂纹，内壁釉薄，外壁半釉。口径16、底径5.4、高6厘米（图版四○，3）。1999STA2G21：6，圆唇，敞口，唯壁较弧，腹更深，圈足。灰褐色胎，内外壁施浅黄色护胎釉，内壁满釉，外壁半釉。器物仅剩下五分之一，存有口沿、器壁、器底。口径14.4、底径4.9、高4.1厘米（图版四○，4）。

Ⅲ式：1件。似Ⅱ式，唯圈足更浅。1998STA2H10：2，尖圆唇，侈口，斜弧壁，高浅圈足略内收，通体施白色釉，胎白色，细腻，内壁、内底饰划印纹饰，底无釉。口径14.04、高4.32、底径4.88厘米（图一五四，3；图版四○，5）。

Ⅳ式：4件。敞口，鼓腹。2000STA2H39：16，圆唇外翻，敞口，斜鼓腹，圈足。瓷胎，青灰色釉，圈足及周围无釉，底部饰有螺旋纹，应是轮制的涡纹。口径14.2、通高5.5、足径5.1、足高0.9厘米（图一五四，4；图版四○，6）。2000STA2G24：1，圆唇，敞口，腹微鼓，圈足。紫红色缸胎，胎质粗糙，浅黄色釉，外壁半釉，内底有五个支钉痕迹。口径16.8、高6.8、底径6.5厘米（图一五四，5；图版四一，1）。2000STB2T1305③：1，圆唇，敞口，鼓腹，柄足微凹。紫红色缸胎，胎质粗糙，浅黄色釉，外壁半釉，内饰一条凹弦纹。口径16.6、

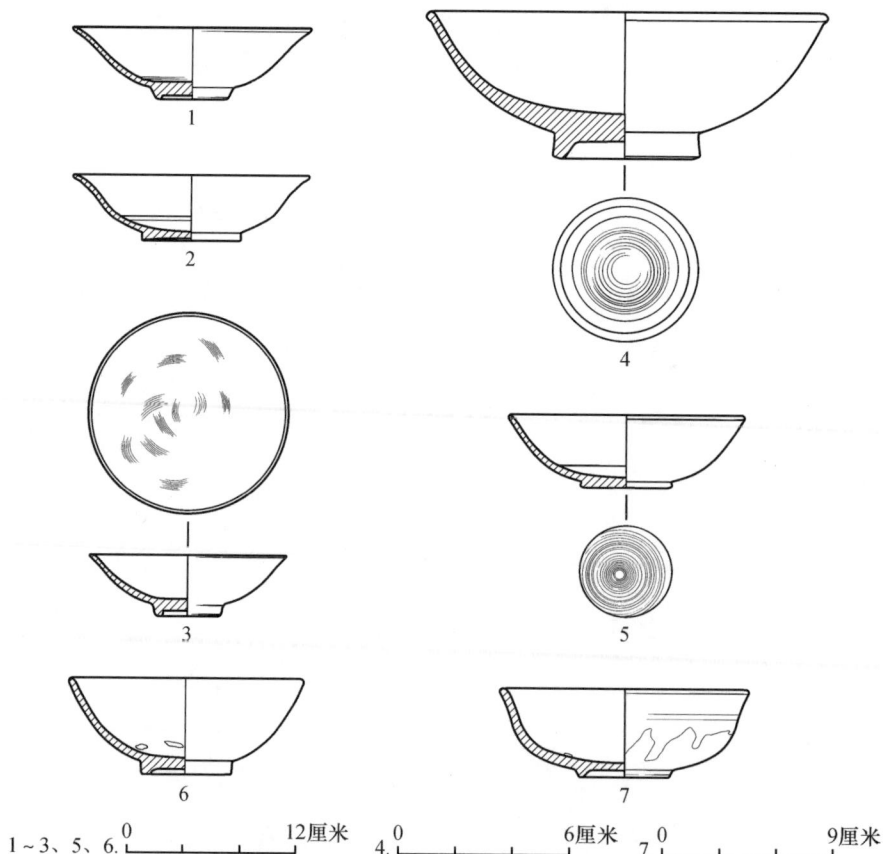

图一五四　宋元Bc型瓷碗

1、2. Ⅱ式（1998STA2H13：2、1998STA2T0104⑤：2）　3. Ⅲ式（1998STA2H10：2）　4～7. Ⅳ式（2000STA2H39：16、2000STA2G24：1、2000STB2T1305③：1、2001STB1T3739⑤：1）

高5、底径6.2厘米（图一五四，6）。2001STB1T3739⑤：1，圆唇，敞口，圆鼓腹，矮圈足。紫红色缸胎，胎质粗糙，酱红色釉，内壁满釉，外壁半釉，底部残存2个支钉痕迹。口径13、足径4.6、高4.6厘米（图一五四，7；图版四一，2）。

Bd型：2件。饼足外撇。根据圈足可以分为二式。

Ⅰ式：1件。矮圈足。1998STA2T1507④：2，紫红色胎，双层釉，内酱色釉，外米黄色釉。内壁满釉，外壁半釉，下部底涂一层白色护胎釉。口径9.2、足径3.2、通高4厘米（图一五五，1）。

Ⅱ式：1件。高圈足。2001STB1T4040⑤：3，尖唇，敞口，腹斜直，折盘横收，高圈足，器底呈平底，口呈花瓣状。瓷胎，胎质较好，乳白色釉，圈足少釉，部分无釉。口径13.1、足径5.1、足高2、通高7.4厘米（图一五五，2；图版四一，3）。

C型：3件。口微侈，斜直壁，高圈足。1998STA2H10：3，尖唇，口微侈，斜直壁，足内壁外侈，高圈足，胎质致密，施浅青白色釉，胎白细腻。足内侧无釉，表面有皲裂，有破痕，可以复原。口径11.04、底径3.48、高6.08厘米（图一五五，3）。1998STA2H19：2，斜直圆唇，侈口，腹壁斜直微弧，矮圈足，胎质灰红较细腻，内外施青绿色釉，并有护胎釉，外壁釉未到底，圈足部分无釉。内壁底有支钉痕五个。口径17.8、底径6.88、高5.4厘米（图一五五，4）。2000STA2T1305③：2，尖唇，敞口，斜直腹，矮圈足。白色釉，粗瓷，内壁上部饰一条不明显的凹弦纹。口径17.2厘米、高5.5厘米、底径6.2厘米（图一五五，5；图版四一，4）。

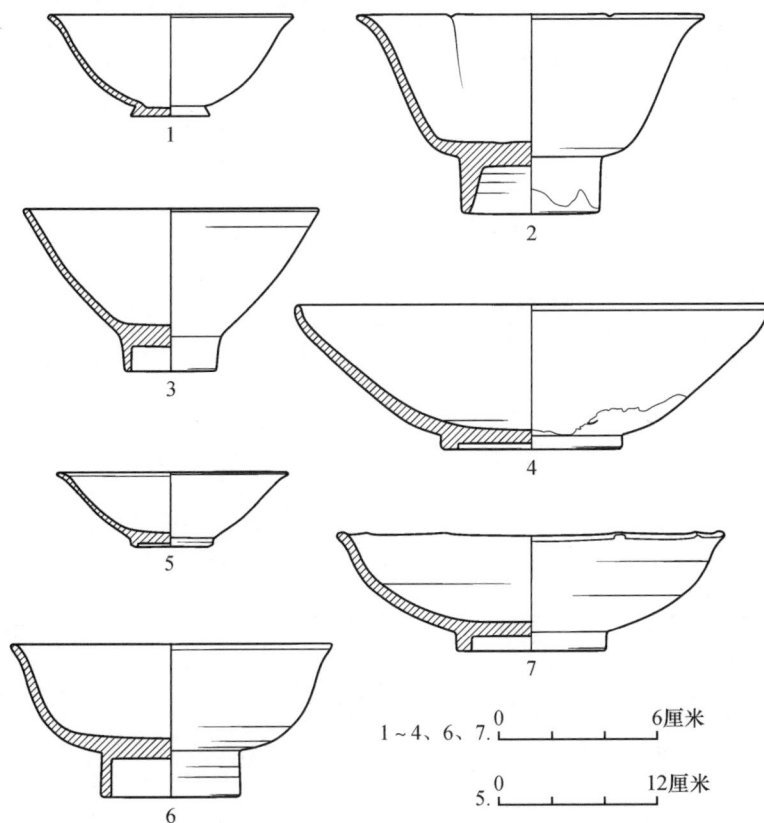

图一五五　宋元瓷碗

1. Bd型Ⅰ式（1998STA2T1507④：2）　2. Bd型Ⅱ式（2001STB1T4040⑤：3）　3～5. C型（1998STA2H10：3、1998STA2H19：2、2000STA2T1305③：2）　6、7. D型（1998STA2H13：3、1998STA2H10：4）

　　D型：21件。侈口，尖唇，曲壁，圈足。1998STA2H13：3，尖唇，侈口，曲壁，深腹，高圈足外撇，胎质灰白质细腻，胎质致密。施青灰色釉，足根及底无釉。口径12.06、底径5.3、高5.8厘米（图一五五，6；图版四一，5）。1998STA2H10：4，尖圆唇，侈口，斜弧腹，高圈足较直，足壁较厚，胎质致密而细腻，胎灰白，釉白色泛黄，足底无釉，其他地方均施釉，内壁饰一周弦纹。口径14.6、底径5.66、高4.5厘米（图一五五，7；图版四一，6）。1998STA2H13：6，尖圆唇，沿向外微卷，侈口，斜弧腹，矮圈足，白色胎，施青色釉，除足底不施釉外，其他地方均施釉。口径10.82、底径3.14、高4.96厘米（图一五六，1；图版四二，1）。1998STA2M2：1，尖圆唇，侈口，斜直壁，矮圈足，紫红色缸胎，胎质粗糙，施酱色釉，内壁满釉，外壁大部分施釉，底部未施釉。口径10.96、底径4.78、高4.06厘米（图一五六，2；图版四二，2）。1999STA2H31：1，尖圆唇，敞口，直壁微弧，饼足底。黄白色胎，内外壁施豆青色釉，外壁施釉不到底。口径10.8、底径3.6、高4.2厘米（图版四二，3）。1998STA2H19：4，尖圆唇，沿向内卷，侈口，斜弧腹，矮卷足，平底。紫红色缸胎，胎质粗糙。施酱色釉，内壁施满釉，外壁施釉不到底，施半釉，底部有轮制的涡痕。口径9.48、高3.24、底径3.36厘米（图一五六，3；图版四二，4）。1998STA2H17：4，尖圆唇，沿向外卷，侈口，斜弧腹，玉璧底，灰白胎底，施白色釉，内壁、外壁均施釉，外底未施釉，内底有两个支钉。口径13.94、底径5、高5.96厘米（图一五六，4）。1998STA2H10：3，尖圆唇，侈口，斜直腹，高圈足，胎白而细腻，施月白色釉。口径10.06、底径3.26、高5.62厘米（图一五六，5；图版四二，5）。2001STB1T3230④：5，尖圆唇，敞口，斜腹，矮圈足。

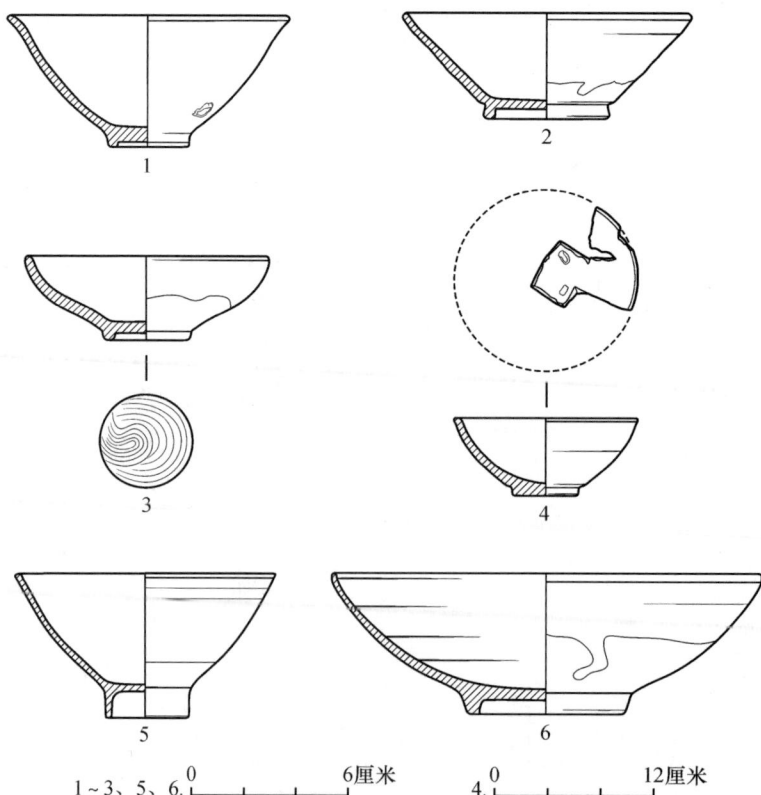

图一五六　宋元D型瓷碗

1. 1998STA2H13：6　2. 1998STA2M2：1　3. 1998STA2H19：4　4. 1998STA2H17：4　5. 1998STA2H10：3
6. 2001STB1T3230④：5

紫红色缸胎，胎质粗糙，豆绿色釉，外壁半釉。口径16.8、底径6.2、高5.3厘米（图一五六，6）。2001STB1T3739⑤：3-2，尖圆唇，沿向外卷，侈口，斜弧壁，矮圈足外撇。紫红色缸胎，胎质粗糙，施酱色釉，施釉不均，内壁及内底满釉，外壁半釉，外底无釉。口径10.62、底径3.84、高5.94厘米（图一五七，1；图版四二，6）。2001STB1T3739⑤：4，尖圆唇，敞口，斜腹微鼓，饼状足。紫红色缸胎，胎质粗糙，双层釉，底釉为酱色，表釉呈乳白色，外壁半釉，内底饰凹弦纹一道。口径16.4、底径6.1、高5厘米（图一五七，2；图版四三，1）。2001STB1T3940⑤：12，尖圆唇，敞口，鼓腹，饼足。紫红色缸胎，胎质粗糙，内壁及口沿外侧施乳白色釉，外壁上半截施酱色釉，内底饰一道凹弦纹。口径14.6、足径5.5、足高0.3、通高4.7厘米（图一五七，3；图版四三，2）。2001STB1T4001⑤：3，小圆唇，敞口，斜腹微鼓，圈足。紫红色缸胎，胎质粗糙，黄色釉，底釉为酱色，外壁半釉，内底有支钉痕迹。口径14.2、足径4.6、足高0.5、通高5.2厘米（图一五七，4；图版四三，3）。2001STB1H46：2，小圆唇，斜直口，斜腹，圈足。紫红色缸胎，胎质粗糙，酱色釉，外壁半釉，内底有五个支钉痕迹。口径17.3、足径5.9、足高0.8、通高4.4厘米（图一五七，5；图版四三，4）。2001STB1T3330④：6，尖圆唇，敞口，斜腹微鼓，饼状足。紫红色缸胎，胎质粗糙，乳白色釉，底釉呈红褐色，外壁半釉，内底饰凹弦纹一道。口径16.7、足径6.7、足高0.4、通高4.9厘

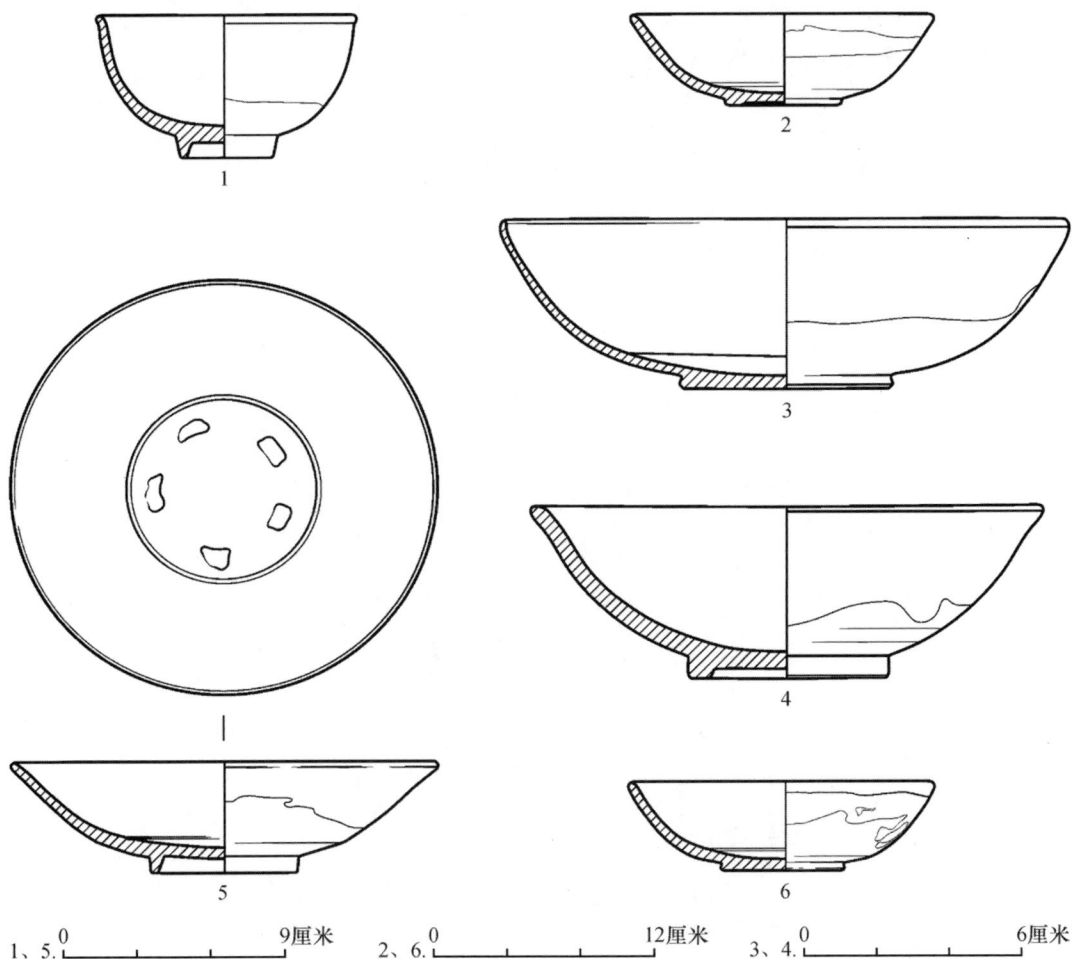

图一五七 宋元D型瓷碗

1. 2001STB1T3739⑤：3-2 　2. 2001STB1T3739⑤：4 　3. 2001STB1T3940⑤：12 　4. 2001STB1T4001⑤：3

5. 2001STB1H46：2 　6. 2001STB1T3330④：6

米（图一五七，6；图版四三，5）。2001STB1T3738⑥：5，小圆唇，敞口，斜腹，圈足。紫红色缸胎，胎质粗糙，施乳白色釉，内有五个支钉痕迹。口径12、足径5.4、足高0.8、通高6.1厘米（图一五八，1；图版四三，6）。2001STB1H50：2，尖圆唇，敞口，斜腹，饼状足。瓷胎，胎质较好，施酱黄色釉，外壁半釉，内饰螺旋形划纹。口径12、足径4.2、足高0.5、通高4.6厘米（图一五八，2；图版四四，1）。2001STA1G26：38，尖圆唇，敞口，斜弧腹，矮圈足外撇。白色胎，胎质致密而细腻，施青色釉，碗底无釉，其他地方均有釉。内碗底可以看见三个支钉痕迹。口径14.4、底径5.4、高6.6厘米（图一五八，3）。2001STA1T3806③：6，小圆唇，敞口，斜腹微鼓，圈足。紫红色缸胎，胎质粗糙，黄白色釉，底釉为豆绿色，外壁半釉，内底有五个支钉痕迹。口径15.3、足径5.8、足高0.6、通高5.4厘米（图一五八，4）。2001STB1T4040⑤：17，尖圆唇，敞口，斜腹微鼓，矮圈足，内有五个支钉痕迹。紫红色缸胎，胎质粗糙，双层釉，底釉为酱色，表釉为乳白色，外壁半釉。口径16.4、底径5.6、高4.9

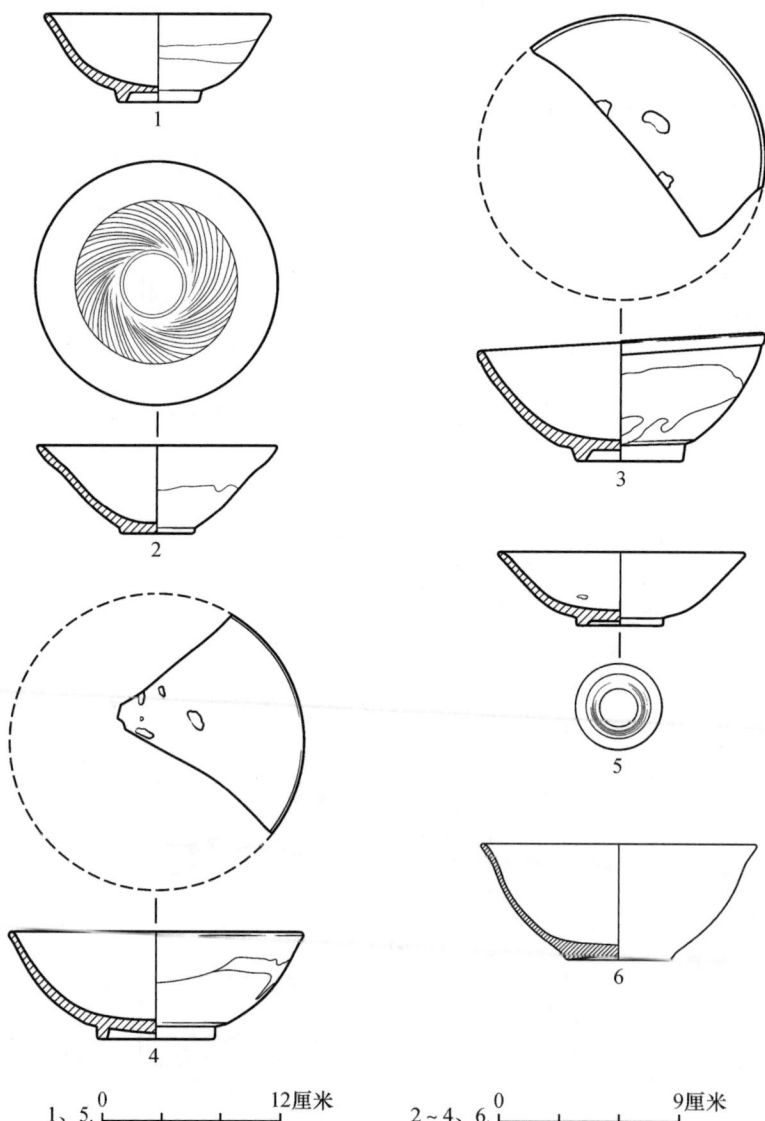

图一五八　宋元D型瓷碗

1. 2001STB1T3738⑥：5　2. 2001STB1H50：2　3. 2001STA1G26：38　4. 2001STA1T3806③：6　5. 2001STB1T4040⑤：17
6. 1998STA2G3：1

厘米（图一五八，5）。1998STA2G3：1，碗口微侈，呈圆唇，斜弧腹，平底内凹。紫红色缸胎，内壁及外壁上部施釉，釉脱落严重，平底无足，底见轮制涡纹。口径16.8、底径6.2、高6.6厘米（图一五八，6）。

E型：13件。敞口，厚唇，曲壁，圈足。分二亚型。

Ea型：4件。内底较平。分四式。

Ⅰ式：1件。厚圆唇，圈足较高，内壁外撇，1998STA2T1408⑤：2，厚圆唇，沿向外卷，敞口，曲壁，圈足较高，内壁外撇，灰黄胎，施土黄色釉，足内外无釉，釉只施到足根部。口径15.36、高6.44、底径6.04厘米（图一五九，1）。

Ⅱ式：1件。与Ⅰ式区别在于圈足壁较矮厚。1998STA2H9：3，敞口，曲壁，内壁外侈，高圈足，胎质致密而细腻，胎质灰白，内外壁施青白釉，足内外无釉。足径5.8、残高4厘米（图一五九，2；图版四四，2）。

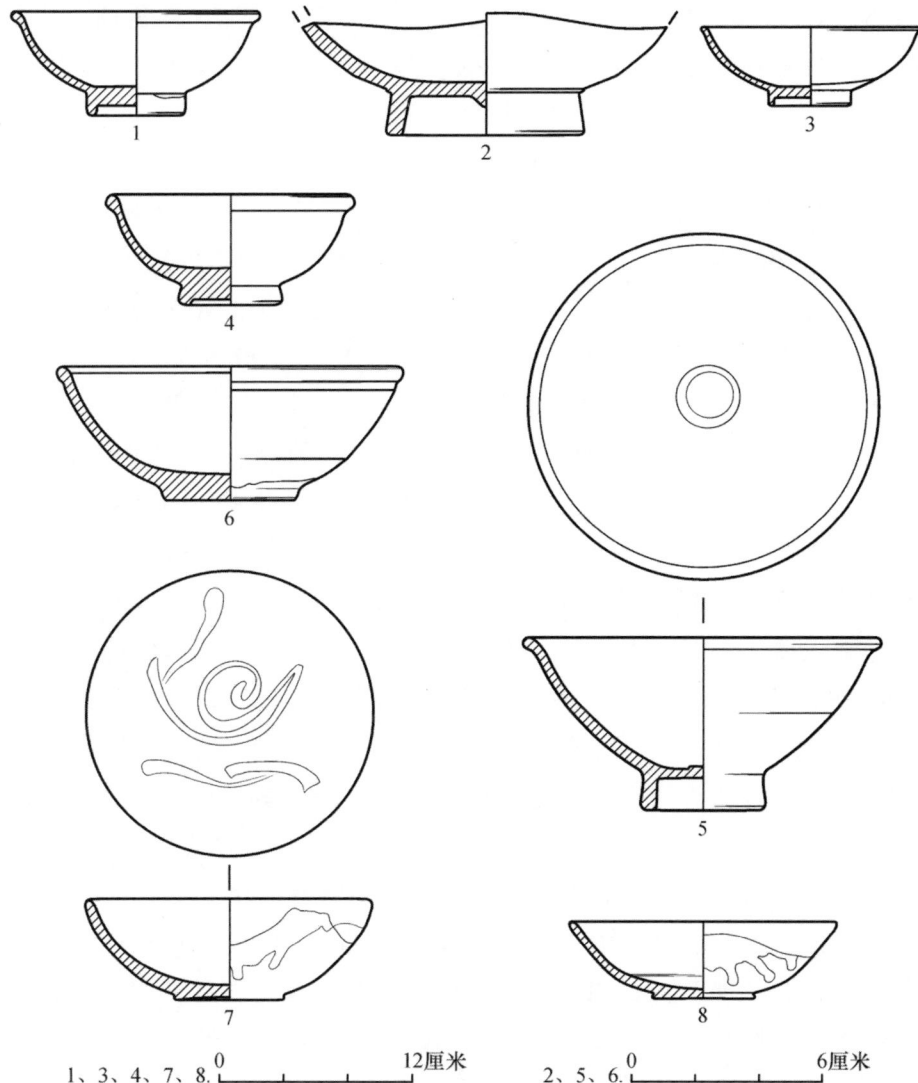

图一五九 宋元瓷碗

1. Ea型Ⅰ式（1998STA2T1408⑤：2） 2. Ea型Ⅱ式（1998STA2H9：3） 3. Ea型Ⅲ式（1998STA2T1507④：3）

4. Ea型Ⅳ式（1998STC2Y4：1） 5～8. Eb型（1998STA2H18：1、2001STB1T3230④：1、2001STB1T3838⑥：21、

2001STB1T3838⑥：24）

Ⅲ式：1件。圆唇，矮圈足，内壁外撇。1998STA2T1507④：3，厚圆唇，沿向外卷，敞口，曲壁，圈足较高，内壁外撇，胎质致密，胎白细腻，施浅青灰色釉，胎灰白足内外无釉。口径13.72、高4.92、底径5.24厘米（图一五九，3）。

Ⅳ式：1件。器壁较厚，厚尖圆唇，圈足外撇，足底下垂呈尖状。1998STC2Y4：1，厚尖圆唇，侈口，曲壁，器壁较厚，矮圈足外撇，底较厚。胎灰白而致密。施青色釉，足底及内底无釉。其他地方满釉。口径15.44、高7、底径6.44厘米（图一五九，4；图版四四，3）。

Eb型：9件。内底略显乳钉状凸起。1998STA2H18：1，圆唇，敞口，斜弧壁，矮圈足，圈足内壁外撇，胎质致密，胎质白而细腻，釉色青白，内外满釉，足内底部无釉，碗内底一凸起乳钉。口径11.26、底径3.98、高5.44厘米（图一五九，5；图版四四，4）。2001STB1T3230④：1，圆唇，敞口，鼓腹，饼状足。瓷胎，胎质较好，豆绿色釉，内外壁满釉。口径10.7、足径4.3、足高0.4、通高4.1厘米（图一五九，6；图版四四，5）。2001STB1T3838⑥：21，圆唇，敞口，斜弧壁，饼底。紫红色缸胎，白色釉，其中，口沿部分内外施双层釉，白色釉为内满釉，外半釉，大部分脱落，粉红色釉施于口沿内外。口径18.2、足径6.6、高6.1厘米（图一五九，7；图版四四，6）。2001STB1T3838⑥：24，圆唇，敞口，斜鼓腹，饼足。紫红色缸胎，胎质粗糙，内壁浅黄色釉，底部残存两个支钉痕迹和一道凹纹。外壁口部施浅黄色釉，腹部施酱红色釉。器物剩下约八分之一。口径16.8、足径6.2、高4.85厘米（图一五九，8）。2001STA1G26：3，圆唇，敞口，圆鼓腹，饼底内凹。紫红色缸胎，胎质粗糙，酱色釉，内壁满釉，外壁半釉，内底残存三个支钉痕迹，口沿外壁施一道凹弦纹。口径13.8、足径6.5、高5.1厘米（图一六〇，1；图版四五，1）。2001STA1G26：32，圆唇，口微敛，圆腹，饼状足，内有六个支钉痕迹。紫红色缸胎，胎质粗糙，红褐色釉，口沿外侧施釉。口径15.5、足径7、足高0.5、通高5.2厘米（图一六〇，2；图版四五，2）。2000STC3③：3，尖圆唇，敛口，斜鼓壁，饼底。紫红色缸胎，胎质粗糙，内壁满釉，外壁半釉，内壁口沿处施米黄色釉，其余为酱黑色釉。口径10.26、底径4、高4.06厘米（图一六〇，3，图版四五；3）。2001STA2H39：2，尖圆唇，斜弧腹，饼足，平底。紫红色缸胎，胎质粗糙，施酱色釉，施釉不均。内壁施满釉，外壁施釉不均，仅到一半，外底无釉。口径19.2、底径8.4、高7厘米（图一六〇，4；图版四五，4）。1999STA2G21：2，圆唇敞口，上腹近直，下腹收成为平底，腹较深，内底有一周凹弦纹，并有支钉痕迹，仅残存一个，紫红色缸胎，双层釉、内施浅黄色护胎釉，外仅口部施青灰色釉。口径14.4、底径4.5、高6.3厘米（图一六〇，5；图版四五，5）。

F型：62件。敞口，厚圆唇，斜弧壁，矮圈足。多为黑釉。分二式。

Ⅰ式：18件。腹壁微弧，圈足外撇。1998STA2T1411⑨：1，厚圆唇向外凸，敞口，斜弧腹，圈足，足根外撇，胎质灰白，内壁满施黑釉，外壁施及足根部，足部无釉。口径9.08、高3.92、底径3.4厘米（图一六〇，6）。2001STA1T3940⑤：8，厚圆唇，敞口，斜弧腹，圈底。青灰色缸胎，胎质粗糙，釉层已经脱落。口径7、高2.4厘米（图一六〇，7；图版四五，6）。2001STB1T3839⑤：3，圆唇，敞口，斜弧壁，饼足。紫红色缸胎，胎质粗糙，内壁浅黄色釉，底部残存一个支钉痕迹和一道凹纹。外壁半釉，口部施浅黄色釉，腹部施酱红色釉。器物剩下约八分之一。口径14.8、足径5.3、高5厘米（图一六一，1）。2001STB1H50：1，

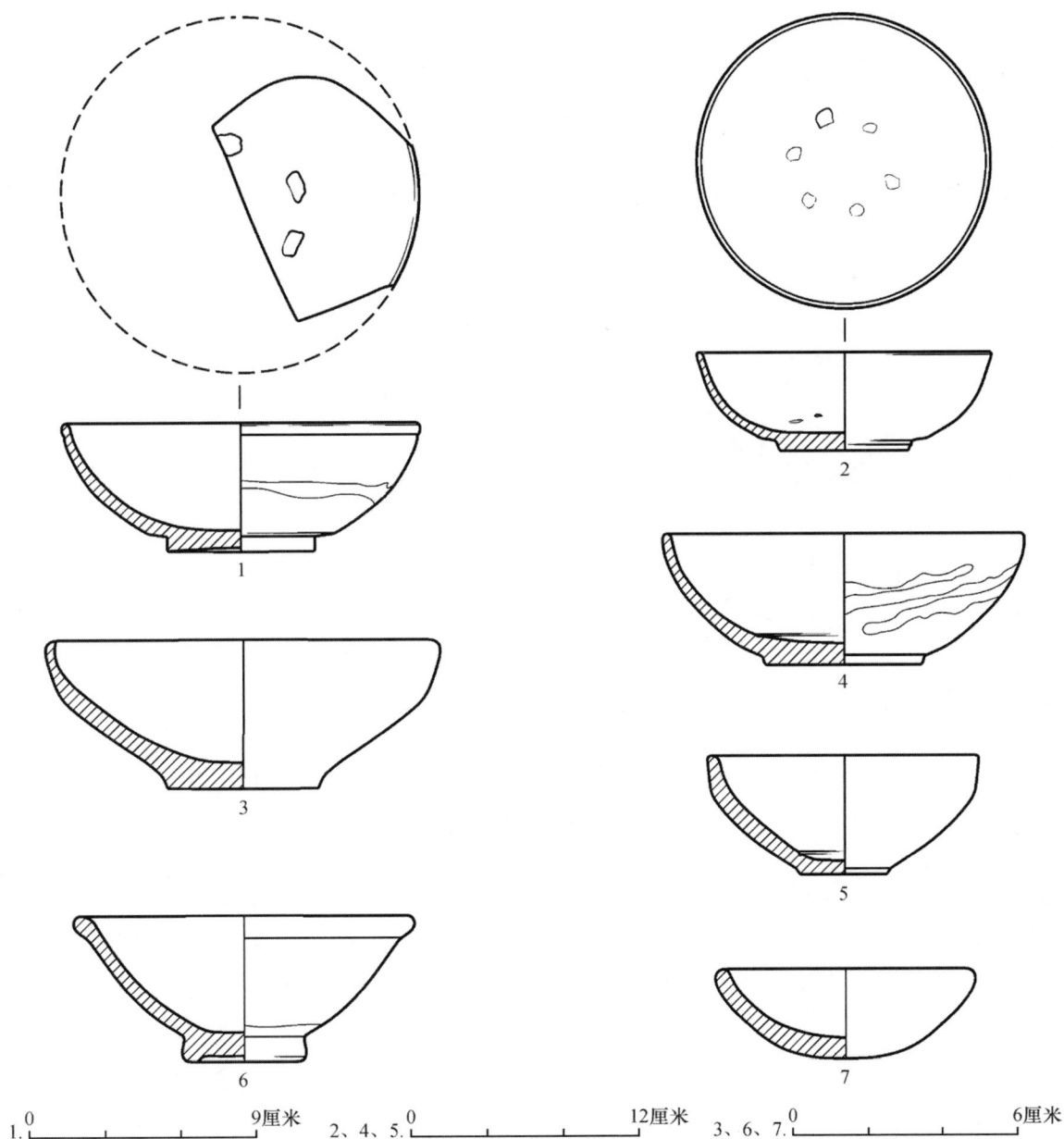

图一六〇　宋元瓷碗

1~5. Eb型（2001STA1G26：3、2001STA1G26：32、2000STC3③：3、2001STA2H39：2、1999STA2G21：2）

6、7. F型Ⅰ式（1998STA2T1411⑨：1、2001STA1T3940⑤：8）

圆唇，敞口，斜腹，饼状足。瓷胎，施黄白色釉，内饰螺旋形划纹。口径11.2、足径4.2、足高0.4、通高4.6厘米（图一六一，2）。2001STB1T3331④：2，尖唇外翻，敞口，圆腹，饼足。瓷胎，胎质较好，米黄色釉，外壁半釉。口径11.4、足径3.7、足高0.4、通高4.1厘米（图一六一，3）。2001STA1G26：22，圆唇，敞口，圆鼓腹，平底。紫红色缸胎，胎质粗糙，口沿内外施米黄色釉，外壁半釉。口径16.8、足径6.4、高6.3厘米（图一六一，4；图版四六，1）。2000STA2H39：10，圆唇，敞口，斜弧腹，饼底。紫红色缸胎，胎质粗糙，米黄色釉，外壁口沿处施釉，饼底无釉。口径10.66、底径4.24、高3厘米（图一六一，5，图版四六；2）。2000STA1T3805③：1，圆唇，敞口，腹微鼓，矮圈足。紫红色缸胎，胎质粗糙，酱黄色

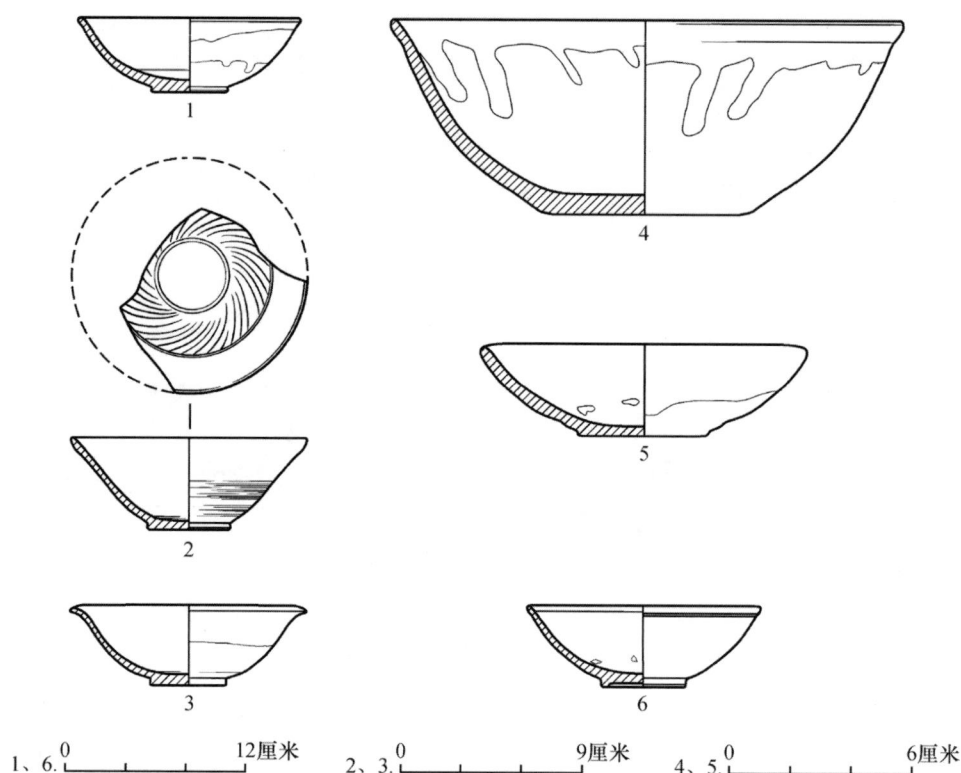

图一六一　宋元F型 I 式瓷碗

1. 2001STB1T3839⑤：3　2. 2001STB1H50：1　3. 2001STB1T3331④：2　4. 2001STA1G26：22　5. 2000STA2H39：10

6. 2000STA1T3805③：1

釉，外壁半釉。口径15.48、底径5.52、高5.32厘米（图一六一，6）。2000STC3T1935②：1，圆唇，敞口，斜腹微鼓，高圈足。瓷胎青白色，外壁满釉。口径15.3、高7.1、底径4.9厘米（图一六二，1，图版四六：3）。2001STB1T4040⑤：4，圆唇，敞口，斜弧壁，饼足。紫红色缸胎，胎质粗糙，酱色釉，内壁满釉，底部有五个支钉和一道凹纹，口沿内外施灰白釉，外壁半釉。口径17.4、底径7.2、高5.8厘米（图一六二，2）。2001STB1T4040⑤：6，圆唇，敞口，斜弧壁，饼足。紫红色缸胎，胎质粗糙，酱色釉，内壁满釉，底部有一道凹弦纹，外壁半釉，口沿内外施灰白釉，外壁半釉。口径17.6、足径6.8、高5.7厘米（图一六二，3）。2001STB1T4040⑤：7，圆唇，敞口，斜弧壁，饼底。紫红色缸胎，胎质粗糙，酱色釉，内壁满釉，底部残存两个支钉和一道凹弦纹，外壁半釉，口沿内外施灰白釉。口径11.4、足径7.4、高5.7厘米（图一六二，4）。2001STB1T4040⑤：8，圆唇，敞口，斜弧壁，圈足。紫红色缸胎，胎质粗糙，酱色釉，内壁满釉，外壁半釉，底部残存一个支钉。口径16.4、足径5.5、高6.4厘米（图一六二，5）。2001STB1T4040⑤：15，圆唇，敞口，斜弧壁，矮圈足。紫红色缸胎，胎质粗糙，酱红色釉，底釉乳白色，内壁满釉，外壁半釉。存有口沿、器壁、器底。口径14.2、足径5.6、高5.4厘米（图一六二，6）。2001STB1T4040⑤：18，圆唇，敞口，圆腹，圈足。瓷胎，乳白色釉。外壁下部无釉。口径14.6、足径4.8、足高1、通高5.6厘米（图一六三，1）。2001STB1T4040⑤：19，圆唇，敞口，斜壁微弧，矮圈足。紫红色缸胎，胎质粗糙，酱色釉，内壁满釉，外壁半釉。口径17.2、足径5.4、高6.3厘米（图一六三，2）。2001STB1T4040⑤：22，圆唇，敞口，斜弧壁，矮圈足。紫红色缸胎，胎质粗糙，酱色

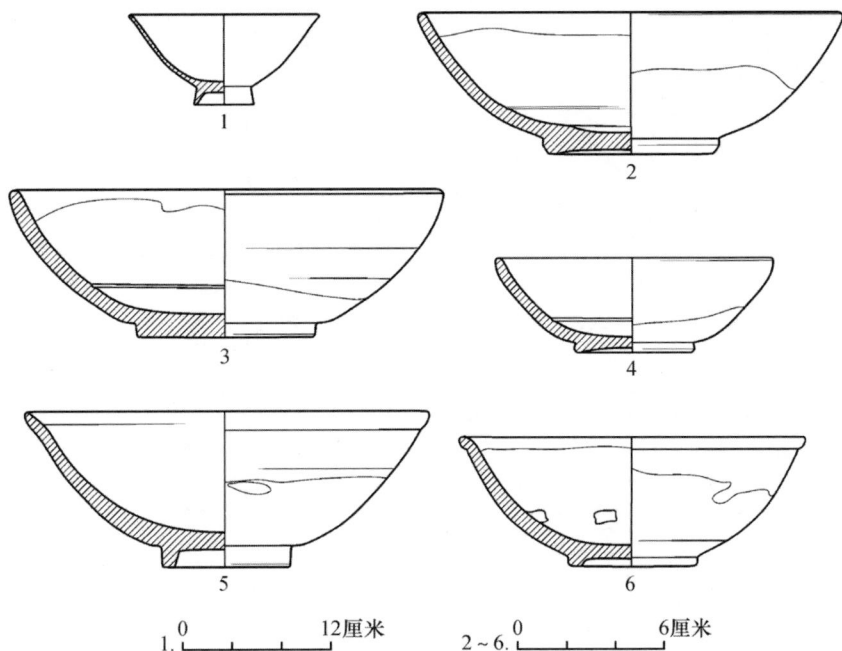

图一六二　宋元F型Ⅰ式瓷碗

1. 2000STC3T1935②∶1　2. 2001STB1T4040⑤∶4　3. 2001STB1T4040⑤∶6　4. 2001STB1T4040⑤∶7　5. 2001STB1T4040⑤∶8
6. 2001STB1T4040⑤∶15

釉，内满釉，底部有一个支钉，外壁半釉。口径16、足径5.6、高5.2厘米（图一六三，3）。2001STB1T4040⑤∶28，圆唇，敞口，斜弧壁，饼足。紫红色缸胎，胎质粗糙，酱色釉，内壁满釉，底部有一道凹纹，外壁半釉，口沿内外施灰白釉。口径13、足径4.6、高3.9厘米（图一六三，4）。

Ⅱ式：44件。腹壁较弧，圈足内壁外撇。2001STB1T4042⑥∶2，圆唇，敞口，斜弧腹，饼足。紫红色缸胎，胎质粗糙，口沿处施釉，外壁半釉。外底无釉。口径9.8、底径4.6、高3厘米（图一六三，5）。2001STB1T4838⑥∶16，圆唇，敞口，圆鼓腹，圈足。瓷胎，乳白色釉。口径15.8、底径6.4、高6.4厘米（图一六三，6）。2001STB1T3430③∶6，圆唇，敞口，斜垂腹，圈足。瓷胎，胎质较好，豆绿色釉，内涩底，外壁饰青花图案。口径14.6、足径7.5、足高0.9、通高5.6厘米（图一六四，1）。2001STB1T3940⑤∶8，圆唇，敞口，斜弧壁，饼足。紫红色缸胎，胎质粗糙，米黄色釉，内壁满釉，大部分脱落，底部残存三个支钉痕迹和凹弦纹一道，外壁半釉，口沿内外施青色釉。口径15.4、足径6.6、高5.1厘米（图一六四，2）。2001STB1T3838⑥∶7，圆唇，敞口，斜弧壁，矮圈足。紫红色缸胎，胎质粗糙，乳白色釉，内壁满釉，底部残存4个支钉，外壁半釉，为双层釉，底釉为酱色釉。口径14.2、足径6.2、高4.7厘米（图一六四，3；图版四六，4）。2001STB1T3838⑥∶19，圆唇，敞口，斜弧壁，饼足。紫红色缸胎，胎质粗糙，酱色釉，内壁满釉，外壁半釉，底部残存两个支钉痕迹和一道凹弦纹，口沿内外施浅黄色釉。口径15.6、足径7.2、高5.6厘米（图一六四，4；图版四六，5）。2001STB1T3838⑥∶20，圆唇，敞口，斜弧壁，矮圈足。紫红色缸胎，胎质粗糙，酱色釉，内壁满釉，外壁半釉，底部有6个支钉痕迹。口径18、足径6.4、高6.5厘米（图一六四，5；图版四六，6）。2001STB1T3839⑤∶4，圆唇，敞口，斜直壁，矮圈足。紫红色

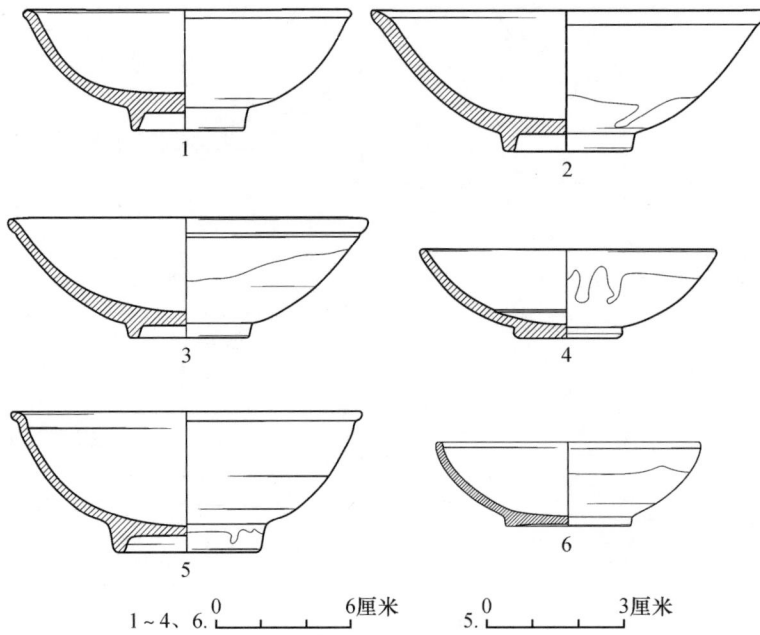

图一六三　宋元F型瓷碗

1～4. Ⅰ式（2001STB1T4040⑤：18、2001STB1T4040⑤：19、2001STB1T4040⑤：22、2001STB1T4040⑤：28）

5、6. Ⅱ式（2001STB1T4042⑥：2、2001STB1T4838⑥：16）

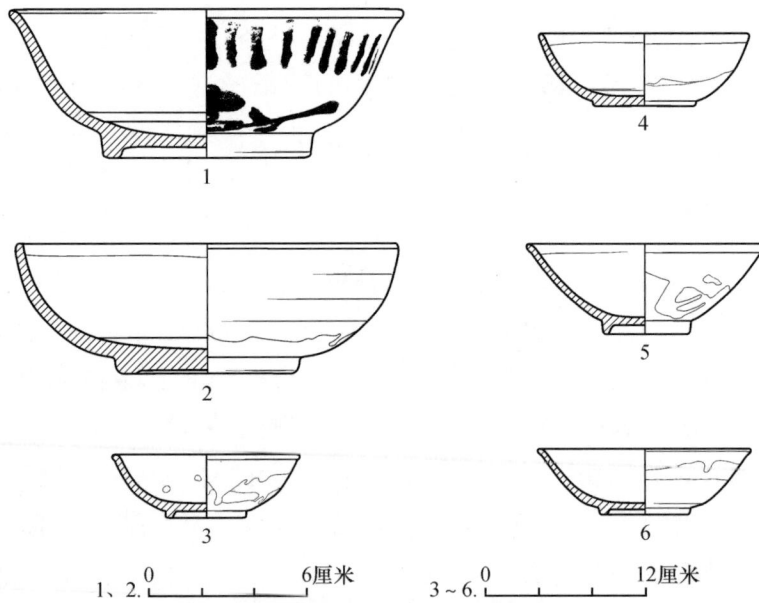

图一六四　宋元F型Ⅱ式瓷碗

1. 2001STB1T3430③：6　2. 2001STB1T3940⑤：8　3. 2001STB1T3838⑥：7　4. 2001STB1T3838⑥：19

5. 2001STB1T3838⑥：20　6. 2001STB1T3839⑤：4

缸胎，胎质粗糙，乳白色釉，底釉酱色，内壁满釉，外壁半釉。口径15.4、足径6、高5.1厘米（图一六四，6；图版四七，1）。2001STB1T4040④：5，圆唇，敞口，斜弧壁，矮圈足。紫红色缸胎，胎质粗糙，酱黄色釉，内壁满釉，内底部有3个支钉，外壁半釉。器物剩下约八分之一。口径14.8、足径5.4、高5.6厘米（图一六五，1）。2001STB1T4040④：6，圆唇，敞口，斜弧壁，圈足。紫红色缸胎，胎质粗糙，酱色釉，内壁满釉，外壁半釉。口径13.6、底径5.3、高5.55厘米（图一六五，2）。2001STB1T4040④：7，圆唇，敞口，斜弧壁，矮圈足。紫红色缸胎，胎质粗糙，浅黄色釉，内壁满釉，内底部有两个支钉，外壁半釉。口径15.6、足径5.6、高5.4厘米（图一六五，3；图版四七，2）。2001STB1T4040④：10，圆唇，敞口，斜腹，矮圈足。紫红色缸胎，胎质粗糙，浅黄色釉，酱色底釉，外壁半釉，内底有支钉痕迹。口径15.2、底径5.8、高5.3厘米（图一六五，4）。2001STB1T3330④：1，圆唇，敞口，斜弧壁，矮圈足。紫红色缸胎，胎质粗糙，灰黄色釉，内壁满釉，外壁半釉，底部有三个支钉。口径15.6、足径6、高4.9厘米（图一六五，5；图版四七，3）。2001STB1T3330④：4，圆唇，敞口，弧鼓壁，饼底。紫红色缸胎，胎质粗糙，灰白色釉，内壁满釉，外壁半釉，底部饰一道凹弦纹，残存三个支钉痕迹。口径15.8、足径6.6、高5.3厘米（图一六五，6；图版四七，4）。2001STB1T3332③：2，圆唇，敞口，斜直壁，下腹微鼓，圈足。粗瓷，胎质粗糙，豆绿色釉，施青花图案。口径14、足径7.6、足高1.2、通高6.4厘米（图一六六，1；图版四七，5）。2001STB1T3738⑤：1，圆唇，敞口，斜壁微弧，矮圈足。紫红色缸胎，胎质粗糙，双层釉，底釉乳白色，表釉酱色，内壁满釉，外壁半釉，底部残存三个支钉痕迹。口径15.3、

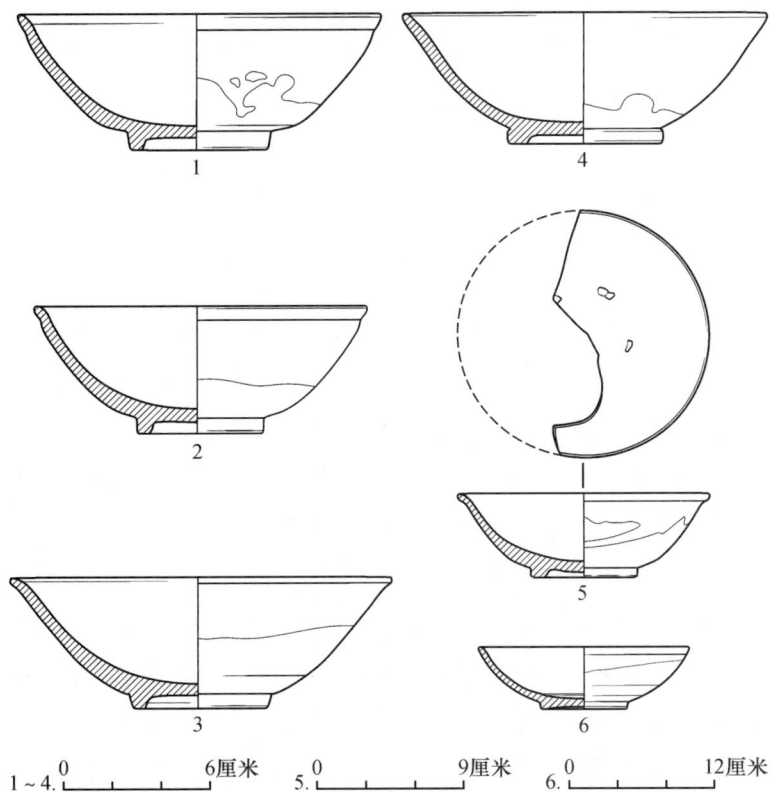

图一六五　宋元F型Ⅱ式瓷碗

1. 2001STB1T4040④：5　2. 2001STB1T4040④：6　3. 2001STB1T4040④：7　4. 2001STB1T4040④：10

5. 2001STB1T3330④：1　6. 2001STB1T3330④：4

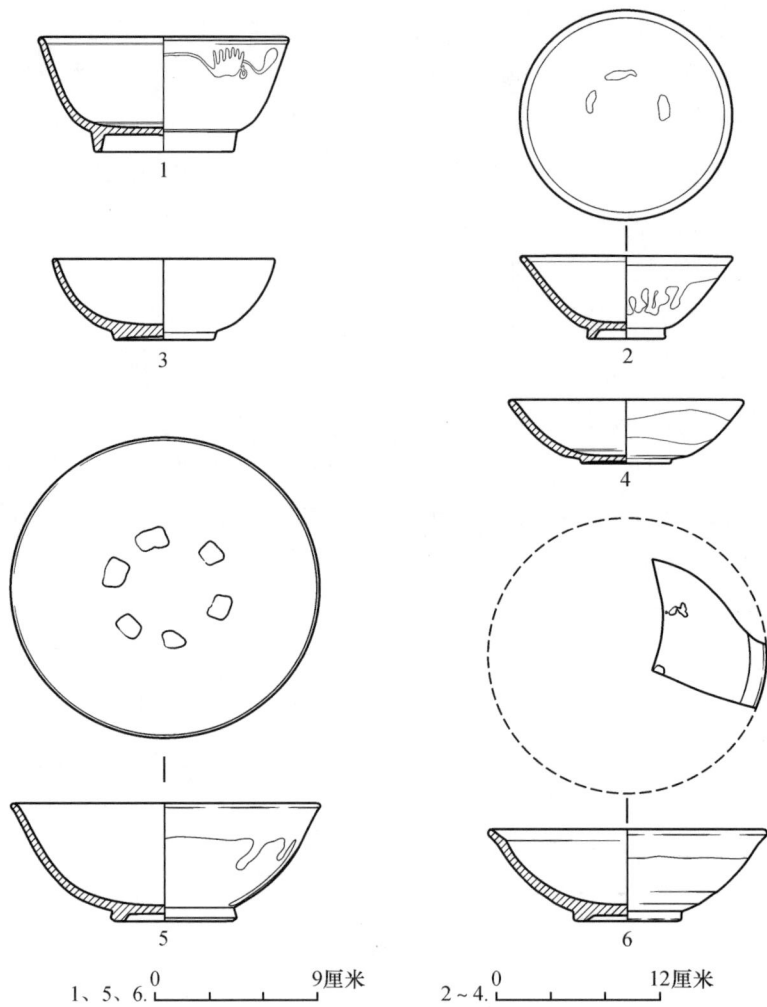

图一六六　宋元F型Ⅱ式瓷碗

1. 2001STB1T3332③：2　2. 2001STB1T3738⑤：1　3. 2001STB1T3738⑤：3　4. 2001STB1T3738⑥：4　5. 2001STA1G26：3
6. 2001STA1G27：1

足径5、高6厘米（图一六六，2；图版四七，6）。2001STB1T3738⑤：3，圆唇，敞口，斜鼓弧，饼底内凹。紫红色缸胎，胎质粗糙，酱色釉，内壁满釉，外壁半釉，内底残存3个支钉痕迹。口径16.6、底径6.8、高6厘米（图一六六，3；图版四八，1）。2001STB1T3738⑥：4，圆唇，敞口，斜壁微弧，饼底。紫红色缸胎，胎质粗糙，米黄色釉，内壁满釉，外壁半釉，底釉酱色，内底残存一个支钉痕迹、一道凹弦纹。口径17.4、足径6.4、高4.6厘米（图一六六，4；图版四八，2）。2001STA1G26：3，圆唇，敞口，斜弧壁，矮圈足外撇。紫红色缸胎，胎质粗糙，灰褐色釉，内壁满釉，外壁半釉，内底有6个支钉痕迹。口径16.4、足径6.6、高6.5厘米（图一六六，5）。2001STA1G27：1，圆唇，敞口，斜弧壁，矮圈足。紫红色缸胎，胎质粗糙，酱色釉，内壁满釉，外壁半釉。器物剩下约六分之一。口径15.8、足径6、高5.1厘米（图一六六，6）。2001STA1G27：2，圆唇，敞口，斜直壁微弧，矮圈足。紫红色缸胎，胎质粗糙，酱色釉，内壁满釉，外壁半釉。口径14.6、足径5.7、高5.2厘米（图一六七，1；图版四八，3）。2001STA1G27：7，圆唇，敞口，斜鼓壁，矮圈足外撇。紫红色缸胎，胎质粗糙，酱色釉。口径15、底径5.7、高5.4厘米（图一六七，2；图版四八，4）。2001STA1G26：7，圆唇，敞口，斜鼓腹，饼底。紫红色缸胎，胎质粗糙，内外壁无釉，口沿处施灰白釉。口径16.9、足径6.3、高6.5厘米（图一六七，3；图版四八，5）。2001STA1T4001⑤：1，圆唇，敞口，斜腹微鼓，饼状足。紫红色缸胎，胎质粗糙，双层釉，底釉呈酱色，外釉呈浅黄色，外壁半釉，内饰凹弦纹一道，内底有支钉痕迹。口径15.6、足径5.8、足高0.5、通高5.3厘米（图一六七，4）。2001STA1T4001⑤：8，圆唇外翻，敞口，鼓腹，高圈足。瓷胎，乳白色釉。口径12.1、足径5.1、足高1.3、通高6.2厘米（图一六七，5；图版四八，6）。2001STA1T4001⑤：11，圆唇，敞口，斜腹，饼状足内凹。紫红色缸胎，胎质粗糙，酱色釉，内底饰凹弦纹一道。口径15.8、底径7.7、高5.8厘米（图一六七，6；图版四九，1）。2001STA1T4001⑤：11-2，圆唇，敞口，圆鼓腹，矮圈足。紫红色缸胎，胎质粗糙，酱色釉，内壁满釉，外壁半釉。口径14.4、足径4.8、高5.7厘米（图一六八，1）。2001STA1T4001⑤：12，圆唇外翻，敞口，圆腹，圈足。紫红色缸胎，胎质粗糙，灰白色釉，外壁半釉，内有5个支钉痕迹。口径15.4、底径5.6、高5.2厘米（图一六八，2；图版四九，2）。2001STA1T4001⑤：10，圆唇，敞口，斜弧壁，矮圈足。紫红色缸胎，胎质粗

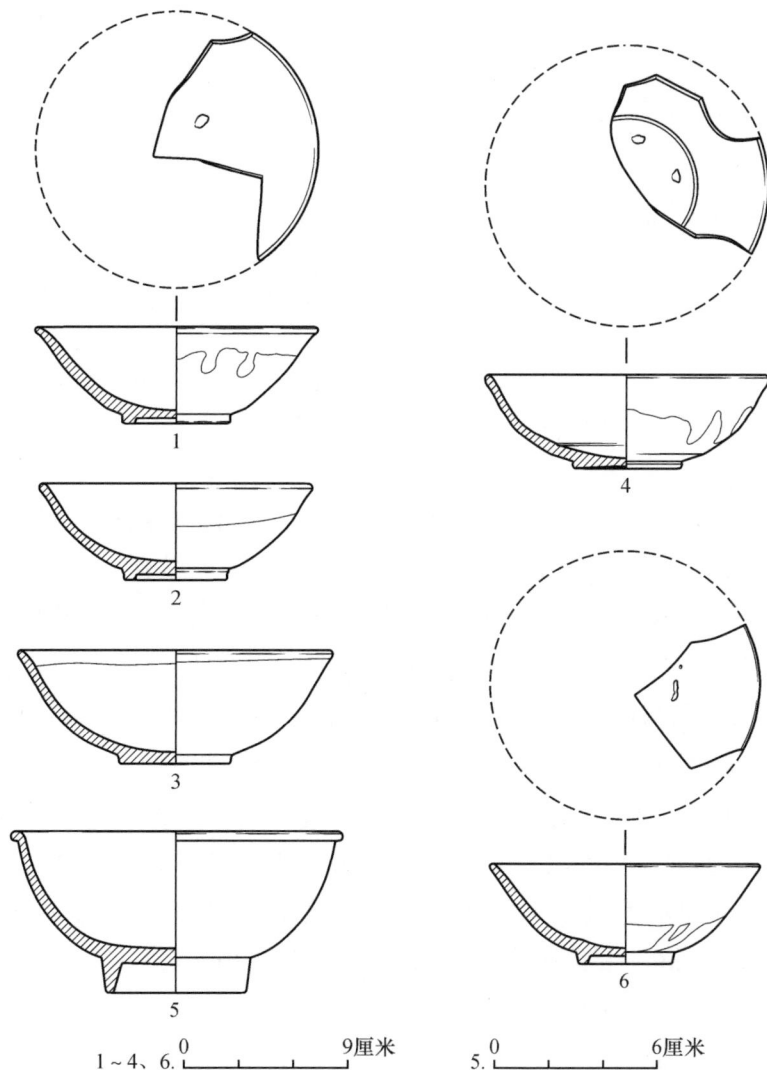

图一六七　宋元F型Ⅱ式瓷碗

1. 2001STA1G27：2　2. 2001STA1G27：7　3. 2001STA1G26：7　4. 2001STA1T4001⑤：1　5. 2001STA1T4001⑤：8
6. 2001STA1T4001⑤：11

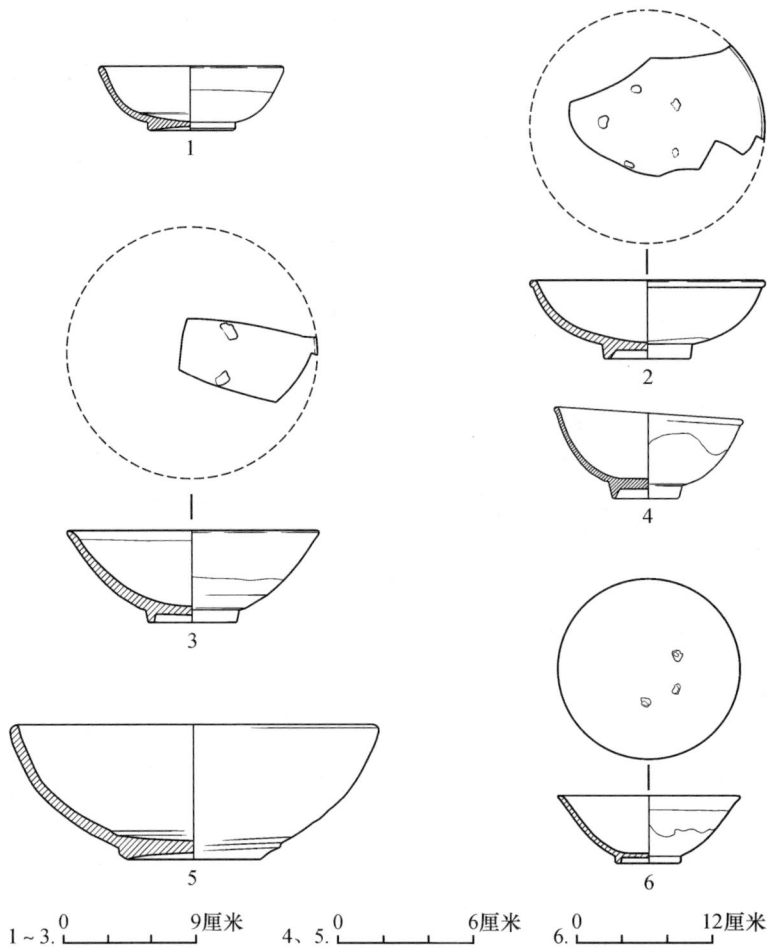

图一六八　宋元F型Ⅱ式瓷碗

1. 2001STA1T4001⑤：11-2　2. 2001STA1T4001⑤：12　3. 2001STA1T4001⑤：10　4. 2001STA1T3705③：6
5. 2001STA1T3705③：7　6. 2001STA1T3805②：2

糙，酱色釉，内壁满釉，外壁半釉。器物剩下约八分之一。口径16.4、足径5.6、高6.1厘米（图一六八，3）。2001STA1T3705③：6，圆唇，敞口，圆鼓腹，圈足内收，内底有支钉痕迹。紫红色缸胎，胎质粗糙，灰白色釉，外壁半釉。口径14.2、底径4.9、高6.7厘米（图一六八，4；图版四九，3）。2001STA1T3705③：7，圆唇，敞口，深腹，圆鼓腹，饼底内凹。紫红色缸胎，胎质粗糙，米黄色釉，内壁满釉，外壁半釉，大部分脱落，内底饰一道凹弦纹，口沿内外施灰白色釉。口径16.3、底径6.1、高5.8厘米（图一六八，5；图版四九，4）。2001STA1T3805②：2，圆唇，敞口，斜壁微弧，深腹，矮圈足。紫红色缸胎，胎质粗糙，双层釉，底釉酱色釉，表釉乳白色，内壁满釉，外壁半釉，底部残存3个支钉痕迹。口径15.4、足径5.6、高6厘米（图一六八，6）。2001STA1T3805③：2，圆唇，口微敞，斜鼓壁，矮圈足。紫红色缸胎，胎质粗糙，双层釉，底釉灰色，表釉酱色。内壁满釉，外壁半釉，内底残存3个支钉痕迹。口径14.6、足径4.8、高4.9厘米（图一六九，1；图版四九，5）。2001STA1T3805③：4，圆唇，敞口，斜弧壁，矮圈足。紫红色缸胎，胎质粗糙，酱色釉，内壁满釉，外壁半釉，大部分脱落。口径15.3、足径5.4、高5.3厘米（图一六九，2；图版四九，6）。2001STA1G26：8，圆唇，敞口，圆鼓腹，矮圈足。紫红色缸胎，胎质粗糙，酱色釉，内壁满釉，外壁半釉，内底残存四个支钉痕迹和一道凹弦纹。口径15、足径5.2、高5.7厘米（图一六九，3）。2001STA1G26：11，圆唇，敞口，斜弧腹，矮圈足。紫红色缸胎，胎质粗糙，米黄色釉，内壁满釉，外壁半釉，口沿内外施豆绿色釉。口径15.6、足径5.4、高5.5厘米（图一六九，4）。2001STA1T3806②：1，圆唇，敞口，斜壁微弧，矮圈足。紫红色缸胎，胎质粗糙，双层釉，底釉乳白色釉，表釉米黄色，内壁满釉，外壁半釉。口径13.8、底径5、高4.4厘米（图一六九，5）。2001STA1T3806②：3，圆唇，敞口，斜弧壁，矮圈足。紫红色缸胎，胎质粗糙，酱黄色釉，内壁满釉，外壁半釉。口径16.8、足径6.4、高5.3厘米（图一六九，6）。2001STA1T3806③：10，圆唇外翻，敞口，斜鼓腹，矮圈足。紫红色缸胎，胎质粗糙，豆绿色釉，酱色底釉，外壁半釉，内底有5个支钉痕迹。器物剩下约七分之一。口径15.2、底径5.1、高4.8厘米（图一七〇，1）。2001STA1G2：2，圆唇，敞口，斜鼓腹，矮圈足外撇。紫红色缸胎，胎质粗糙，施酱色釉，口沿处饰一道凹弦纹，内满釉，外壁半釉，内底有5个支钉痕迹。口径17.7、底径5.7、高6.4厘米（图一七〇，2；图版五〇，1）。2001STA1G26：6，圆唇，敞口，斜鼓腹，矮圈足。紫红色缸胎，胎质粗糙，乳白色釉，内壁满釉，外壁半釉，底釉施酱

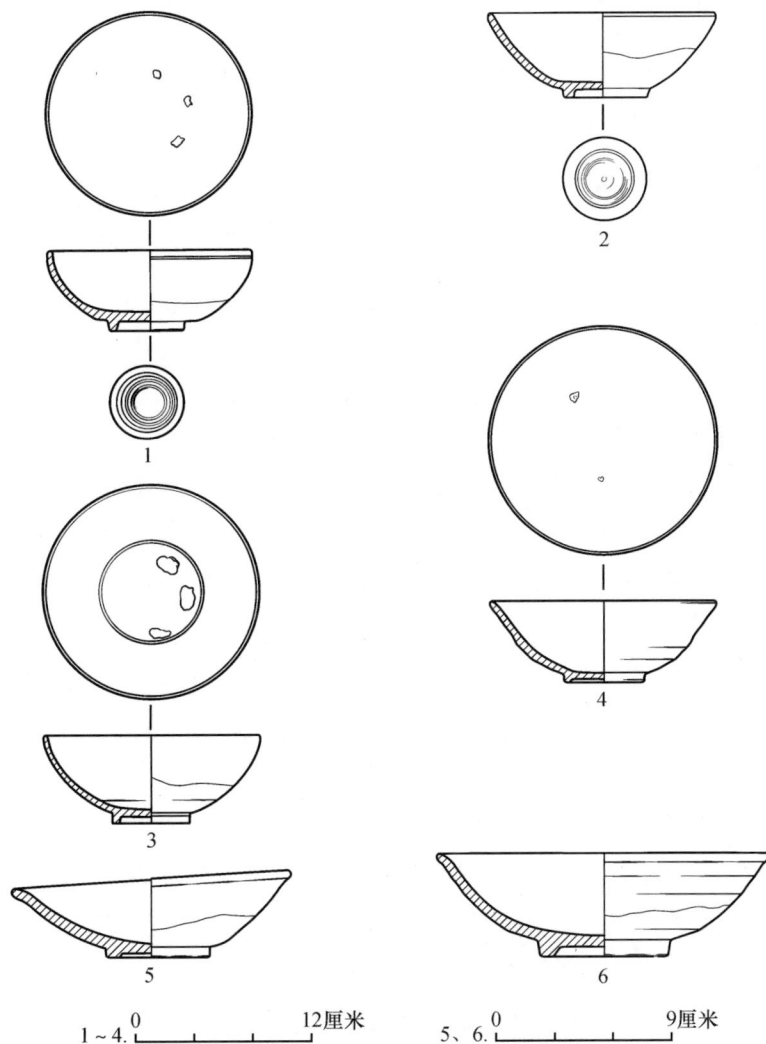

图一六九　宋元F型Ⅱ式瓷碗

1. 2001STA1T3805③：2　2. 2001STA1T3805③：4　3. 2001STA1G26：8　4. 2001STA1G26：11　5. 2001STA1T3806②：1

6. 2001STA1T3806②：3

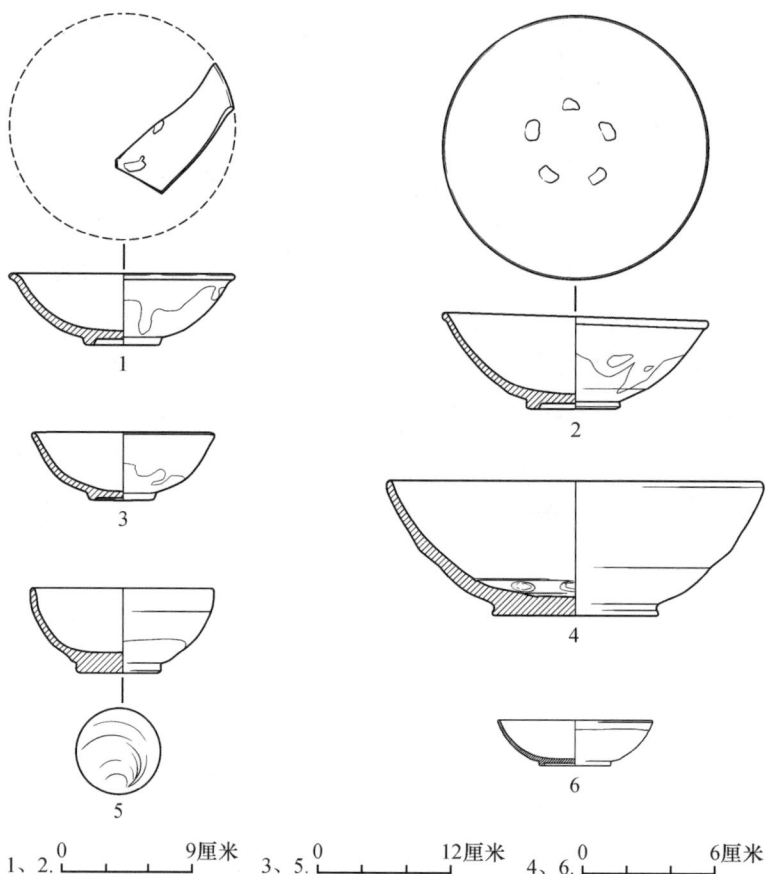

图一七〇　宋元F型Ⅱ式瓷碗

1. 2001STA1T3806③：10　2. 2001STA1G2：2　3. 2001STA1G26：6　4. 2001STA1T3606②：1　5. 2001STA1T3606②：2
6. 2001STA1T3704⑤：2

色釉。口径16.2、足径6、高6厘米（图一七〇，3；图版五〇，2）。2001STA1T3606②：1，圆唇，敞口，斜腹，饼状足。内饰凹弦纹一道，内有五个支钉痕迹。紫红色缸胎，胎质粗糙，酱色釉，外壁半釉。口径17.4、足径6.7、足高0.6、通高6.2厘米（图一七〇，4）。2001STA1T3606②：2，圆唇，敞口，斜弧壁，矮圈足。紫红色缸胎，胎质粗糙，酱色釉，内壁满釉，外壁半釉，口沿内外施一层灰白釉，底部有一个支钉痕和一道凹弦纹。口径16.2、足径7.6、高5.1厘米（图一七〇，5）。2001STA1T3704⑤：2，圆唇，口微敞，圆鼓腹，饼足。缸胎瓷，胎质粗糙，灰白釉，大部分已脱落，底部饰有螺旋纹。口径8.1、高3.65、底径3.7厘米（图一七〇，6）。

G型：共13件，可分为二式。

Ⅰ式：12件。尖唇，敞口。2000STA2T1308②：1，尖唇，敞口，斜壁下部微鼓，柄足微凹。紫红色缸胎，胎质粗糙，口沿施浅黄色釉。器物仅剩下三分之一。口径17.3、高6.2、底径7.8厘米（图一七一，1；图版五〇，3）。2001STB1T4040⑥：6，尖唇，敞口，斜弧壁，矮圈足。紫红色缸胎，胎质粗糙，酱色釉，内壁满釉，底部有3个支钉，外壁半釉。口径16.2、足径5.4、高5.45厘米（图一七一，2）。2001STB1T3940⑤：4，尖唇，敞口，斜直腹，圈足，瓷胎，胎质较好，深黄色釉，外壁半釉，内饰凹弦纹一道。口径11.5、足径4.2、足高0.4、通高4.3厘米（图一七一，3）。2001STB1T3330④：2，尖唇，敞口，斜弧

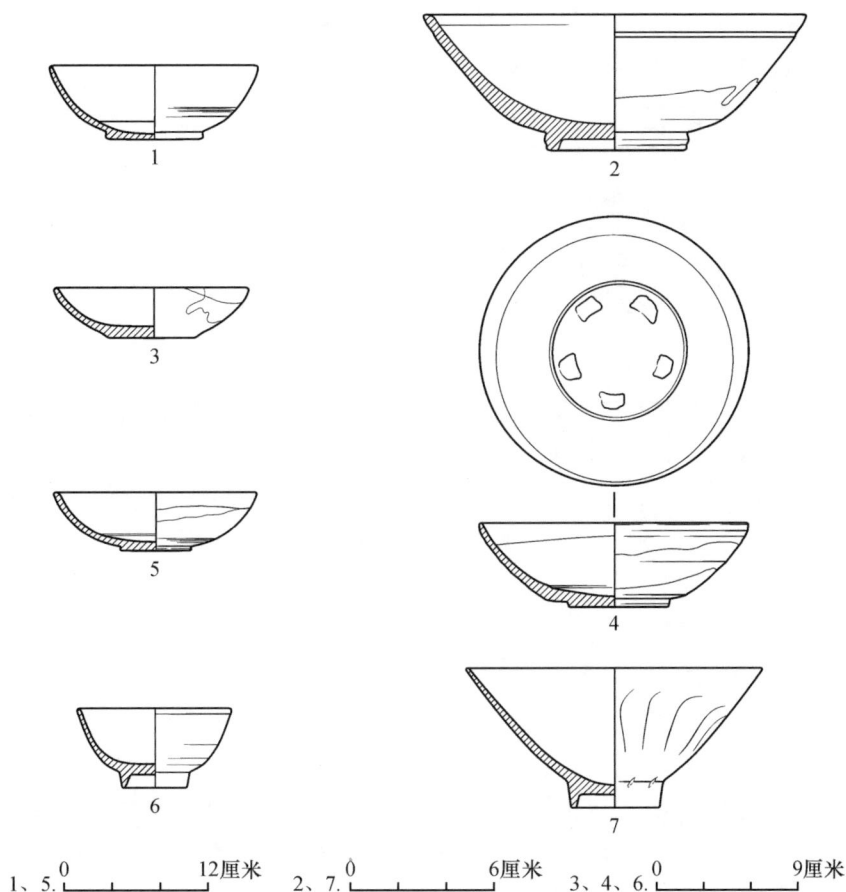

图一七一　宋元G型Ⅰ式瓷碗

1. 2000STA2T1308②：1　2. 2001STB1T4040⑥：6　3. 2001STB1T3940⑤：4　4. 2001STB1T3330④：2　5. 2001STB1T3330④：5
6. 2001STB1T3332③：1　7. 2001STA1T3705⑤：2

壁，饼足。紫红色缸胎，胎质粗糙，酱色釉，内壁满釉，外壁半釉，口沿内外施一层灰白釉，底部有五个支钉，并有一道凹弦纹。口径16.4、足径6.2、高5.3厘米（图一七一，4；图版五〇，4）。2001STB1T3330④：5，尖唇，敞口，斜鼓腹，饼状足。紫红色缸胎，灰白色釉，外壁半釉，内饰凹弦纹一道。口径16、足径6.2、高4.8厘米（图一七一，5；图版五〇，5）。2001STB1T3332③：1，尖唇，敞口，斜直腹，圈足。瓷胎，胎质较好，豆绿色釉，内有涩底。口径9.5、足径4.1、足高1、通高5厘米（图一七一，6；图版五〇，6）。2001STA1T3705⑤：2，尖唇，敞口，斜直腹，高圈足。瓷胎，乳白色釉，外壁釉下饰弧线划纹、指甲纹。口径12.2、足径3.7、足高1.1、通高5.9厘米（图一七一，7；图版五一，1）。2001STA1T3804②B：1，尖唇外翻，敞口，圆腹，平底。紫红色缸胎，胎质粗糙，施酱色釉，外壁半釉。口径10.4、足径4.2、通高4.5厘米（图一七二，1；图版五一，2）。2001STB1T3738⑥：3，尖唇，敞口，斜腹，圈足。瓷胎，胎质较好，青色釉，内外壁饰有弧线划纹。口径13.2、足径4.1、足高0.9、通高5.7厘米（图一七二，2；图版五一，3）。2001STB1T4040⑤：9，尖唇，敞口，斜直腹，圈足，内底有一乳突。瓷胎，乳白色，外壁满釉。口径9.6、足径2.8、足高0.9、通高4厘米（图一七二，3）。2001STA1T3601③：3，尖唇，敞口，斜直腹，矮圈足。瓷胎，灰青色釉。口径11、底径3.5、高3.96厘米（图一七二，4）。1999STA2M3：6，尖圆唇，口微侈，斜直壁微弧，高圈足较小。薄胎白而细腻，内底有一乳钉

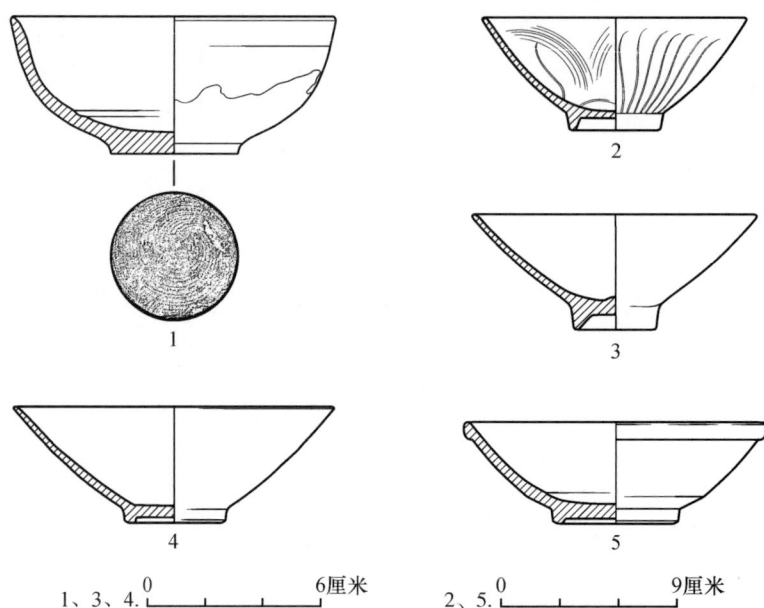

1、3、4. Ⅰ式（2001STA1T3804②B∶1、2001STB1T3738⑥∶3、2001STB1T4040⑤∶9、2001STA1T3601③∶3）

5. Ⅱ式（2001STB1G30∶1）

图一七二　宋元G型瓷碗

凸起，内外壁施青白色釉，足底及内侧无釉。口径12、底径3、高6厘米（图版五一，4）。

　　Ⅱ式：1件。方唇，直口或敞口。2001STB1G30∶1，方唇，敞口，尖沿，斜腹，矮圈足。瓷胎，乳白色釉。口径15.6、足径6.5、足高0.7、通高5.4厘米（图一七二，5；图版五一，5）。

　　盏：复原标本76件。依形制不同分为四型。

　　A型：43件。可分二亚型。

　　Aa型：13件。敞口，尖唇或圆唇，斜弧腹，平底。分二式。

　　Ⅰ式：6件。敞口，尖唇，腹壁微弧。1998STA2H12∶2，厚圆唇，沿向外撇，侈口，平底，底有轮制涡痕。紫红色缸胎，胎质粗糙。内壁及口部施米黄色釉，外部施酱色釉（几乎全脱落）。口径10.14、底径4.58、高2.88厘米（图一七三，1；图版五一，6）。1998STA2H26∶4，尖圆唇，敞口，弧壁，平底。深紫色缸胎，内壁酱黑色釉，外壁似为一层护胎釉。外壁釉不到底。下腹部有两道凹弦纹。口径9.46、底径5.08、高3.52厘米（图一七三，2；图版五二，1）。2000STA2H39∶1，圆唇，敞口，鼓腹，饼足，玉璧底。紫红色缸胎，胎质粗糙，浅黄色釉，外壁半截釉。口径8.1、高3.9、底径3.1厘米（图一七三，3；图版五二，2）。2001STB1T3838⑥∶15，小圆唇，敞口，斜腹，矮圈足。缸胎瓷，胎质粗糙，酱色釉，外壁下部无釉。口径13.2、足径4、足高0.7、通高6厘米（图一七三，4；图版五二，3）。1999STA2M3∶8，尖圆唇，敞口，弧壁深腹，斜弧壁，矮饼足外撇。紫红色缸胎，胎质粗糙，内壁口部及底各有一周凹弦纹，内外壁施酱黄色釉，内壁满釉。器物仅剩下四分之一。口径10.3、底径4.2、高4.8厘米（图版五二，4）。1999STA2M3∶9，尖圆唇，敞口，斜弧壁，饼足外撇。紫红色缸胎，胎质粗糙，内外壁施酱黑色釉，内壁满釉，外壁半釉。口径10.8、底径3.4、高4.7厘米（图版五二，5）。

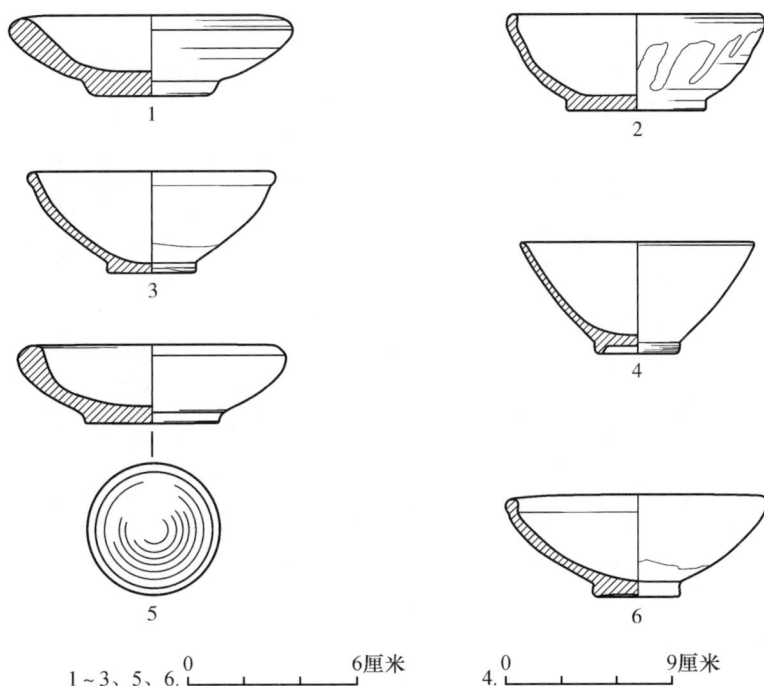

图一七三 宋元Aa型瓷盏

1~4. Ⅰ式（1998STA2H12：2、1998STA2H26：4、2000STA2H39：1、2001STB1T3838⑥：15）

5、6. Ⅱ式（1998STA2T2911③：2、2000STA2H39：2）

Ⅱ式：7件。口近直，圆唇，上腹向里收近直。1998STA2T2911③：2，厚圆唇，侈口，斜弧壁，玉璧底，底部有清晰的轮制痕迹。紫红色缸胎，胎质粗糙。内壁施酱釉，外壁没有施釉。底部有7圈轮制的涡痕。口径9.68、底径4.88、高2.92厘米（图一七三，5；图版五二，6）。2000STA2H39：2，圆唇，口微敛，上腹径直，下腹斜收，饼足，平底。紫红色缸胎，胎质粗糙，饼足内外施豆青色釉，外壁半釉不到底。口径9、高3.5、底径3厘米（图一七三，6；图版五三，1）。1998STA2H9：5，圆唇，沿向外撇，敞口，上腹向内收近直，玉璧底。紫红色缸胎，胎质粗糙，内施酱色釉，外壁施釉仅到口沿下部。口径10.64、底径4.56、高2.98厘米（图一七四，1；图版五三，2）。2001STB1T3838⑥：13，圆唇，敞口，斜弧壁，饼足。紫红色缸胎，胎质粗糙，内壁施豆绿色釉，外壁口部施豆绿色釉，腹部酱色釉。口径11、底径4.5、高3.1厘米（图一七四，2；图版五三，3）。2001STA1T3940⑤：9，圆唇，敞口，斜弧壁，饼足。紫红色缸胎，胎质粗糙，酱色釉，内壁满釉，外壁半釉。口径10.2、足径3.5、高2.9厘米（图一七四，3；图版五三，4）。2001STA1T3704⑤：1，圆唇，敞口，斜弧腹，圈底。灰褐色缸胎，胎质粗糙。釉层脱落，表面附着有泥土。口径9.1、高3.1厘米（图一七四，4）。2001STA1G28：1，圆唇，敞口，斜壁微弧，饼底。紫红色缸胎，胎质粗糙，酱色釉，内壁满釉，外壁半釉，内底施一道凹弦纹，口沿内外施乳白色釉。口径10.4、底径5.4、高3.9厘米（图一七四，5）。

Ab型：30件。整体似Aa型，唯平底内凹。分三式。

Ⅰ式：2件。敞口，尖唇，斜直壁微弧。1998STA2H13：8，尖唇，沿向外撇，敞口，斜弧腹，平底微凹，紫红色缸胎，胎质粗糙，内壁米黄色釉，外壁上半部米黄色釉，施釉不到底。口径10.2、底径4.07、高3.2厘米（图一七四，6；图版五三，5）。2001STA1T3706②：2，敞

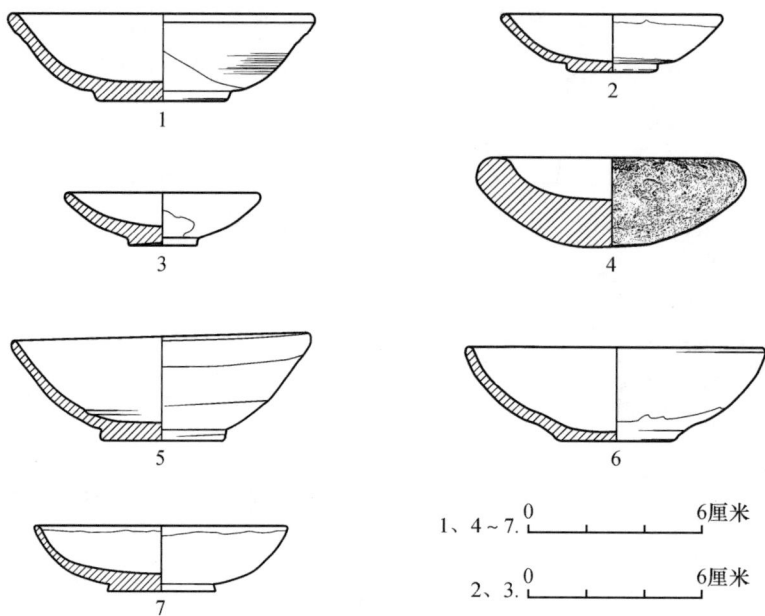

图一七四　宋元瓷盏

1～5. Aa型Ⅱ式（1998STA2H9：5、2001STB1T3838⑥：13、2001STA1T3940⑤：9、2001STA1T3704⑤：1、2001STA1G28：1）

6、7. Ab型Ⅰ式（1998STA2H13：8、2001STA1T3706②：2）

口，圆唇，鼓腹，饼足。紫红色缸胎，器表呈红褐色，唇部施酱色釉。口径9.6、足径4、足高0.3、通高2.5厘米（图一七四，7）。

Ⅱ式：26件。口近直，尖圆唇，上腹向里收近直。1998STA2T0105③：1，方圆唇，敞口，斜弧腹，平底。紫红色缸胎，胎质粗糙。内壁施酱色釉未到顶，口沿及外壁无釉。口径10.08、残高2.9厘米（图一七五，1；图版五三，6）。1998STA2T0104⑤：3，尖圆唇，侈口，斜弧壁，平底微凹。紫红色缸胎，内施酱色釉，外壁半釉，外底不施釉。口径10、底径4.16、高4.18厘米（图一七五，2；图版五四，1）。2001STB1T3739⑤：6，圆唇，敞口，斜弧腹，饼底。紫红色缸胎，胎质粗糙，酱色釉，内壁满釉，外壁半釉。口径9.8、底径4.9、高3.5厘米（图一七五，3）。2001STB1G26：23，圆唇，敞口，斜弧腹，平底。紫红色缸胎，胎质粗糙，灰白色釉，内壁满釉，外壁半釉。口径9.4、底径4、高2.8厘米（图一七五，4）。2001STB1T3838⑥：2，圆唇，敞口，斜弧壁，饼足。紫红色缸胎，胎质粗糙，内外壁釉脱落。口径10.7、底径4.6、高4.2厘米（图一七五，5）。2001STB1T3940⑤：13，圆唇，敞口，斜弧壁，平底。紫红色缸胎，胎质粗糙，米黄色釉，内壁满釉，外壁半釉。口径9.8、底径4.6、高4.2厘米（图一七六，1）。2001STB1T4040⑤：21，圆唇，敞口，斜弧壁，平底。紫红色缸胎，胎质粗糙，白色釉，大部分脱落，内壁满釉，外壁半釉。口径10.2、底径4.3、高3.9厘米（图一七六，2）。2001STB1T4040⑥：1，圆唇，敞口，斜弧壁，饼足。紫红色缸胎，胎质粗糙，米黄色釉，内外满釉。口径9.8、底径4、高2.7厘米（图一七六，3）。2001STB1T3940⑤：5，圆唇，敞口，斜弧壁，饼足。紫红色缸胎，胎质粗糙，米黄色釉，内壁满釉，外壁半釉。口径10.8、底径4.6、高3.95厘米（图一七六，4）。2001STA1T3806③：9，圆唇，敞口，斜弧腹，饼底。紫红色缸胎，胎质粗糙，豆绿色釉，内壁满釉，外壁半釉。口径10.4、足径4.4、高3.2厘米（图一七六，5）。2001STA1T3904③：1，

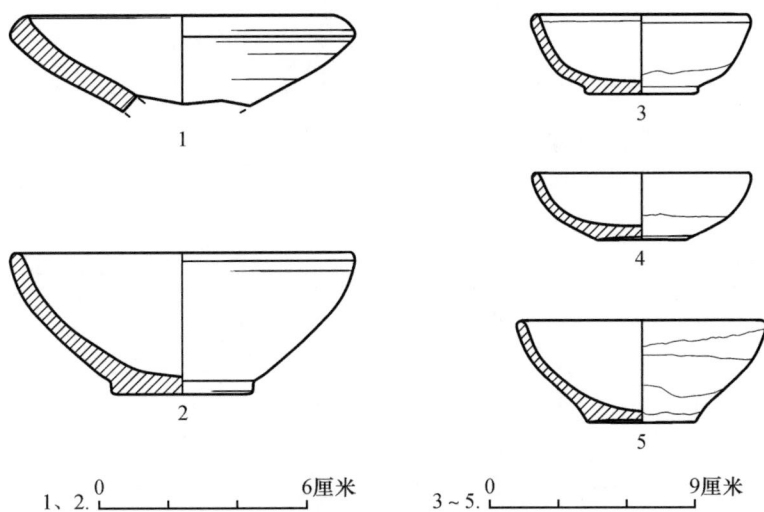

图一七五　宋元Ab型Ⅱ式瓷盏

1. 1998STA2T0105③：1　2. 1998STA2T0104⑤：3　3. 2001STB1T3739⑤：6　4. 2001STB1G26：23　5. 2001STB1T3838⑥：2

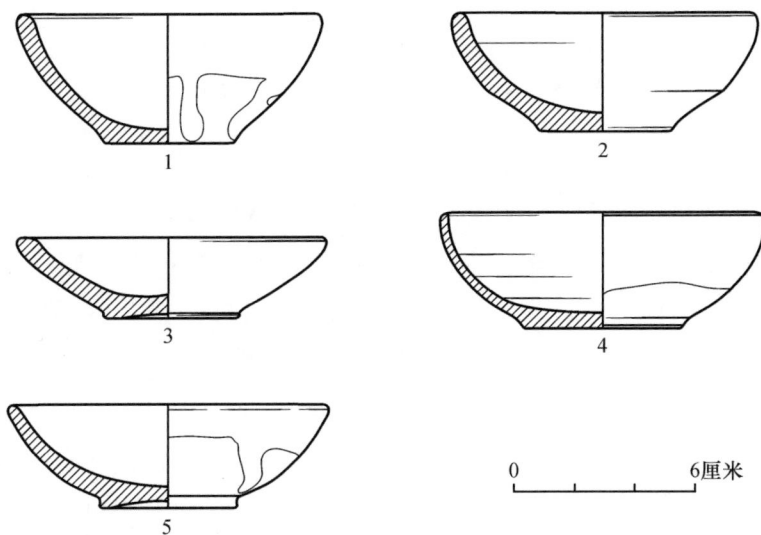

图一七六　宋元Ab型Ⅱ式瓷盏

1. 2001STB1T3940⑤：13　2. 2001STB1T4040⑤：21　3. 2001STB1T4040⑥：1　4. 2001STB1T3940⑤：5　5. 2001STA1T3806③：9

圆唇，敞口，斜弧壁，饼底。紫红色缸胎，胎质粗糙，乳白色釉，内壁满釉，大部分脱落，外壁半釉。口径9.6、足径3.6、高3.4厘米（图一七七，1）。2001STB1T4040⑥：5，圆唇，敞口，斜弧壁，饼足。紫红色缸胎，胎质粗糙，酱色釉，内壁满釉，外壁半釉。口径8.8、底径3.3、高3.3厘米（图一七七，2）。2001STA1G26：24，圆唇，敞口，斜弧壁，矮圈足。紫红色缸胎，胎质粗糙，酱色釉，内壁满釉，外壁半釉。口径11、底径3、高3.7厘米（图一七七，3；图版五四，2）。2001STA1G26：16，圆唇，敞口，斜壁微弧，矮圈足。紫红色缸胎，胎质粗糙，酱色釉，内壁满釉，外壁半釉。口径9.6、底径3.1、高4.1厘米（图一七七，4）。2001STB1G30：2，圆唇，敞口，斜壁微弧，平底。紫红色缸胎，胎质粗糙，内壁施酱色釉，外壁无釉。口径9.2、底径3.5、高2.8厘米（图一七七，5）。2001STB1G30：3，圆唇，敞口，斜直壁微弧，平底。紫红色缸胎，胎质粗糙，米黄色釉，内壁施釉，外壁无釉。

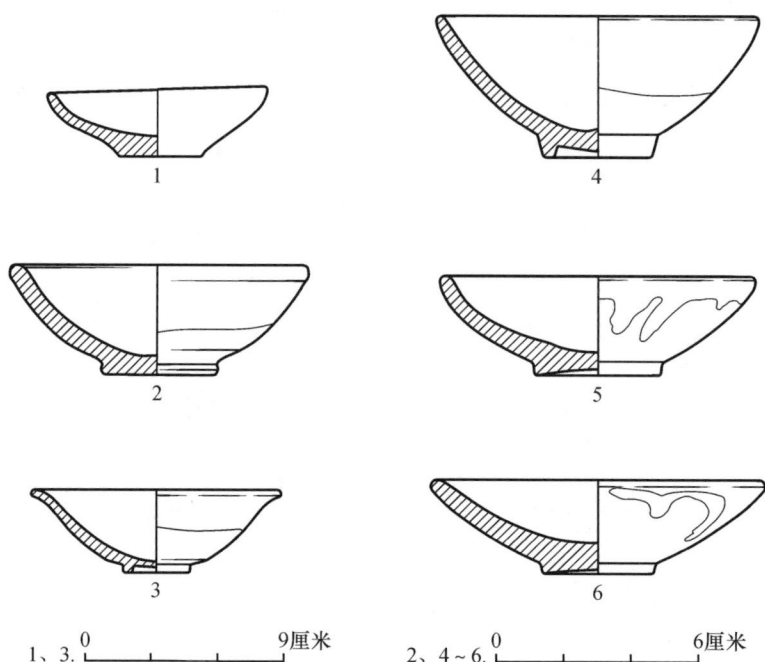

1、3.　0　　　　　　9厘米　　　2、4～6.　0　　　　　6厘米

图一七七　宋元Ab型Ⅱ式瓷盏

1. 2001STA1T3904③：1　2. 2001STB1T4040⑥：5　3. 2001STA1G26：24　4. 2001STA1G26：16　5. 2001STB1G30：2
6. 2001STB1G30：3

口径9.8、底径3.2、高2.8厘米（图一七七，6）。2001STA1G28：1，圆唇，敞口，斜壁微弧，饼底。紫红色缸胎，胎质粗糙，酱色釉，内壁满釉，外壁半釉，内底施一道凹弦纹，口沿内外施乳白色釉。器物剩下约四分之三。口径10.4、底径5.4、高3.9厘米（图一七八，1）。2001STA1T3806③：9，圆唇，敞口，斜弧腹，饼底。紫红色缸胎，胎质粗糙，豆绿色釉，内壁满釉，外壁半釉。口径10.4、足径4.4、高3.2厘米（图一七八，2）。2001STA1T3904③：1，圆唇，敞口，斜弧壁，饼底。紫红色缸胎，胎质粗糙，乳白色釉，内壁满釉，大部分脱落，外壁半釉。口径9.6、足径3.6、高3.4厘米（图一七八，3）。2001STA1G26：9，圆唇，敞口，斜弧壁，平底。紫红色缸胎，胎质粗糙，酱黄色釉，内壁满釉，外壁半釉，底釉施酱色釉。口径10.6、底径4、高2.7厘米（图一七八，4）。2001STA1G26：25，圆唇，敞口，斜弧壁，平底。紫红色缸胎，胎质粗糙，浅黄色釉，内壁满釉，外壁半釉。口径10.4、底径4.7、高2.9厘米（图一七八，5；图版五四，3）。2001STA1T3705③：3，圆唇，敞口，斜弧壁，饼底。紫红色缸胎，胎质粗糙，口沿内外施米黄色釉，外壁半釉。口径9.8、底径3.2、高3.9厘米（图一七八，6）。1999STA2M3：1，圆唇，敞口，曲壁弧腹，矮饼足内凹。紫红色缸胎，胎质粗糙，内外壁施酱黄釉，外壁半釉，有泪痕，足底外缘有三道弦纹。口径10.1、底径4.4、高3.8厘米（图版五四，4）。1999STA2T3114②：1，方圆唇，侈口，斜弧腹，平底。紫红色缸胎，胎质粗糙，内壁及内底施釉，口沿、外壁到底未施釉。存有口沿、腹部、底部，可以复原。口径9.2、底径3.1、高3.1厘米（图版五四，5）。1999STA2T3114②：2，尖圆唇，侈口，斜弧腹，平底，底部有轮制的涡纹。灰褐色胎，施酱色釉，口沿、腹部及内底施釉，口沿及外上腹部施釉，外下腹部及底部未施釉。存有口沿、腹部、底部，可以复原。口径8.4、底径3.1、高2.3厘米（图版五四，6）。1999STA2H28：1，圆唇，敞口，斜弧壁，矮圈足，足壁或直或外

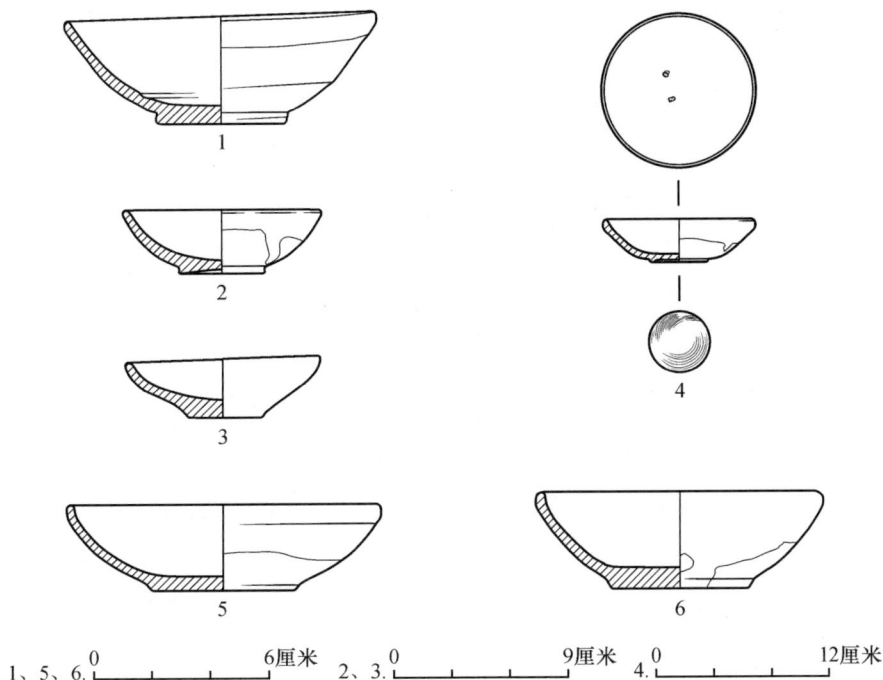

图一七八　宋元Ab型Ⅱ式瓷盏

1. 2001STA1G28：1　2. 2001STA1T3806③：9　3. 2001STA1T3904③：1　4. 2001STA1G26：9　5. 2001STA1G26：25
6. 2001STA1T3705③：3

撇。紫红色缸胎，胎质粗糙，内外壁施米黄色釉，内满釉，外半釉。口径11.4、底径4.9、高2.9
厘米（图版五五，1）。

　　Ⅲ式：2件。2000STC3T1938③：1，小圆唇，敞口，圆腹，小圈足。紫红色缸胎，胎质粗
糙，豆绿色釉，外壁半釉。器物仅剩下四分之一。口径9.3、高3.8、底径3.3厘米（图一七九，
1；图版五五，2）。2001STA1T3806③：4，圆唇，敞口，深腹，斜弧壁，矮圈足。紫红色缸
胎，胎质粗糙，双层釉，底釉酱色釉，表釉豆绿色釉，内壁满釉，外壁半釉。口径15.6、足径
4.3、高6.5厘米（图一七九，2）。

　　B型　24件。似A型，唯内底下凹成圆坑。分三式。

　　Ⅰ式：15件。敞口，弧腹，平底。1998STA2H17：5，厚方唇，沿向下呈方形，敞口，斜
壁微弧，平底。紫红色胎，内施米黄色釉及口沿下部，余无釉。口径8.86、底径3.66、高2.54
厘米（图一七九，3；图版五五，3）。2000STA2H39：4，圆唇，敞口，腹微弧，饼足，平
底。紫红色缸胎，胎质粗糙，施酱黄色釉，外壁半釉。器物仅剩下四分之一。口径10.1、高
3、底径3.5厘米（图一七九，4；图版五五，4）。2001STA1G26：5，圆唇，敞口，斜鼓腹，
平底。紫红色缸胎，胎质粗糙，口沿内外施浅黄色釉，口沿部饰有纹饰。口径12、底径4.8、
高4.6厘米（图一七九，5；图版五五，5）。2001STA1G26：17，圆唇，敞口，斜腹圆鼓，饼
底。紫红色缸胎，胎质粗糙，口沿内外施釉。口径10.8、底径3.8、高3.7厘米（图一七九，6；
图版五五，6）。2001STB1T3738⑥：1，圆唇，敞口，圆鼓腹，饼足内凹。紫红色缸胎，胎
质粗糙，浅黄色釉，内壁满釉，外壁半釉。口径9.6、底径4.4、高3.1厘米（图一八〇，1）。
2001STB1T3739⑤：5，圆唇，敞口，斜腹微鼓，饼底。紫红色缸胎，胎质粗糙，灰色釉，内
壁满釉，外壁半釉。口径11、底径4.8、高4厘米（图一八〇，2）。2001STB1T3432④：3，

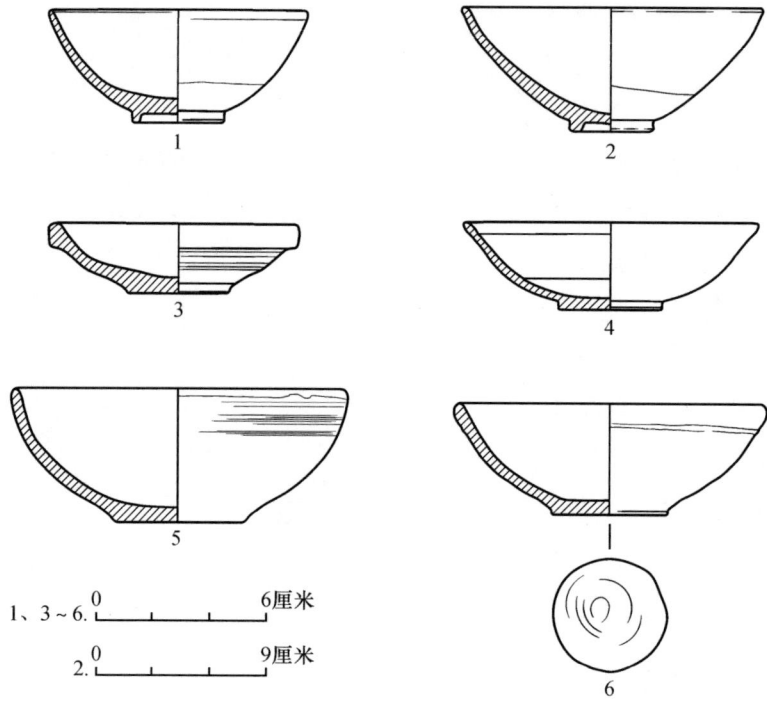

图一七九　宋元瓷盏

1、2. Ab型Ⅲ式（2000STC3T1938③：1、2001STA1T3806③：4）　　3～6. B型Ⅰ式（1998STA2H17：5、2000STA2H39：4、
2001STA1G26：5、2001STA1G26：17）

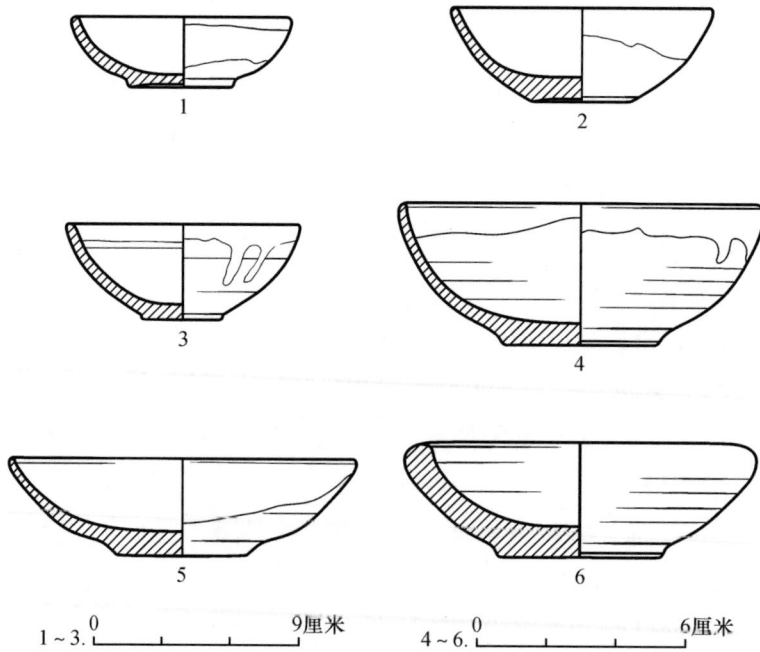

图一八〇　宋元B型Ⅰ式瓷盏

1. 2001STB1T3738⑥：1　2. 2001STB1T3739⑤：5　3. 2001STB1T3432④：3　4. 2001STB1T3232④：5　5. 2001STB1T3806③：8
6. 2001STB1T4090⑤：14

圆唇，敞口，斜腹圆鼓，饼底。红色缸胎，胎质粗糙，口沿内外施釉。口径9.3、底径3.4、高4.2厘米（图一八〇，3）。2001STB1T3232④：5，圆唇，敞口，圆鼓腹，小饼底。紫红色缸胎，胎质粗糙，口沿内外施浅黄色釉。口径11.5、底径4.6、高4.3厘米（图一八〇，4）。2001STB1T3806③：8，圆唇，敞口，圆鼓腹，饼底。紫红色缸胎，胎质粗糙，乳白色釉，内壁满釉，外壁半釉。口径11、足径4.6、高3厘米（图一八〇，5）。2001STB1T4090⑤：14，圆唇，敞口，圆鼓腹，饼底。紫红色缸胎，胎质粗糙，口沿处施米黄色釉。口径10.2、底径3.4、高4.8厘米（图一八〇，6）。2001STB1T3839⑤：5，圆唇，敞口，圆鼓腹，饼底。紫红色缸胎，胎质粗糙，豆绿色釉，内壁满釉，外壁半釉。口径10.1、底径4.7、高3.1厘米（图一八一，1）。2001STA1G26：4，圆唇，敞口，斜鼓腹，平底。紫红色缸胎，胎质粗糙，口沿内外施米黄色釉。口径9.4、底径4.3、高3.9厘米（图一八一，2）。2001STA1G26：19，圆唇，敞口，斜腹微鼓，饼足。紫红色缸胎，胎质粗糙，乳白色釉，内壁满釉，外壁半釉。口径10.6、底径5.6、高3.2厘米（图一八一，3）。2001STA1T4001⑤：14，圆唇，敞口，斜鼓腹，饼底。紫红色缸胎，胎质粗糙，豆绿色釉，内壁满釉，外壁半釉，口径9.8、底径4.5、高2.9厘米（图一八一，4）。2001STA1T3606②：4，圆唇，敞口，斜鼓腹，饼底。紫红色缸胎，胎质粗糙，豆绿色釉，内壁满釉，外壁半釉，大部分已脱落，内底饰一道凹弦纹，口沿处施灰白色釉。口径10.5、底径4.6、高3.3厘米（图一八一，5）。

Ⅱ式：4件。似Ⅰ式，唯平底内凹。1998STA2H19：4，尖圆唇，弧壁，上腹近直，玉璧底。紫红色缸胎，胎质粗糙。内壁施酱釉，外壁施半釉。口径16.56、底径7.04、高6.56厘米（图一八二，1；图版五六，1）。1998STA2T0104③：1，尖圆唇，敞口，上腹近直，饼状足，微上凸，紫红色缸胎，内施酱黑色釉，外壁半釉。口径8.02、底径4.1、高2.98厘米（图一八二，2）。2001STB1T3232④：2，尖圆唇，敞口，斜腹，饼足。缸胎瓷，胎质粗糙，酱色釉，外壁下部无釉，唇部施乳白色釉。器物剩下约四分之三。口径10.2、足径3.8、高5厘米（图一八二，3；图版五六，2）。1999STA2G21：5，圆唇，敛口，弧腹，矮圈足。紫红色缸胎，胎质粗糙，内外壁仅施白色护胎釉，口部有泪痕。因烧制变形，器物仅剩下四分之一，存

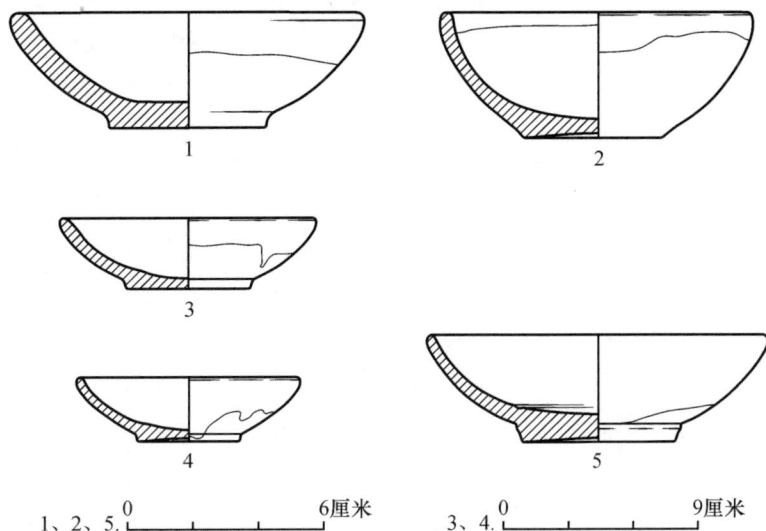

图一八一　宋元B型Ⅰ式瓷盏

1. 2001STB1T3839⑤：5　2. 2001STA1G26：4　3. 2001STA1G26：19　4. 2001STA1T4001⑤：14　5. 2001STA1T3606②：4

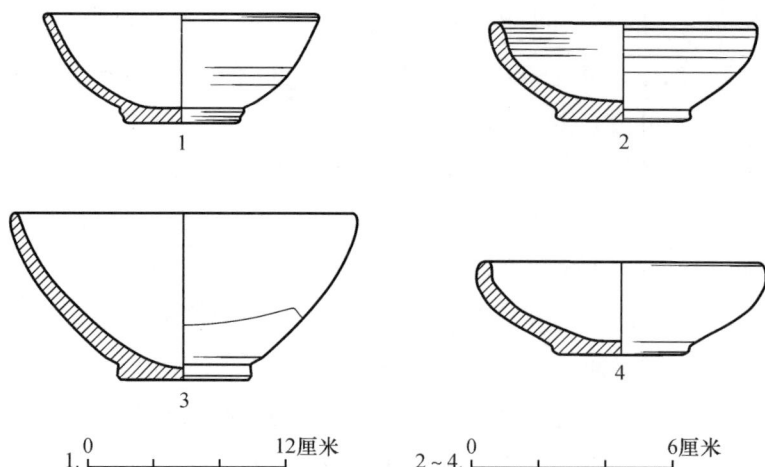

图一八二　宋元B型瓷盏
1～3. Ⅱ式（1998STA2H19：4、1998STA2T0104③：1、2001STB1T3232④：2）　4. Ⅲ式（1998STA2M1：1）

有口沿、器壁，可以复原。口径12、底径4、高4.6厘米（图版五六，3）。

Ⅲ式：5件。敞口，尖唇，斜弧腹，底较大。1998STA2M1：1，尖圆唇，沿向内卷，直口，斜弧壁，上腹较直，平底。紫红色缸胎，胎质粗糙。内外壁施酱色釉，足底无釉。口径8.6、底径4.06、高2.76厘米（图一八二，4；图版五六，4）。2001STB1T3738⑥：2，尖圆唇，敞口，斜弧壁，饼足。紫红色缸胎，胎质粗糙，米黄色釉，内外壁均为口部施釉。口径10.9、底径4.6、高3.5厘米（图一八三，1）。1998STA2T1311③：3，尖圆唇，沿向内卷，侈口，斜弧腹，平底，矮圈足，紫红色缸胎，胎质粗糙，施青白色釉，内壁施满釉，外壁釉不到底，底部不施釉。口径9.68、底径4.66、高2.14厘米（图一八三，2，图版五六，5）。1999STA2T2714④：1，圆唇，斜弧腹，平底，底部有一周轮制的涡纹。紫红色缸胎，胎质粗糙，施酱色釉，口沿、内壁均施酱色釉，外壁酱色釉到上腹，未施到底。存有口沿、腹部、底部，可以复原。口径10、底径4、高2.2厘米（图版五六，6）。1999STA2T3216④：1，圆唇，敞口，斜弧壁，矮圈足。灰褐色胎，双层釉，内施浅黄色护胎釉，外施酱色釉，但釉色大部分脱落，内满釉，外半釉，并有泪痕。口径11.3、底径4.5、高2.9厘米（图版五七，1）。

C型：共8件。可分为二式。

Ⅰ式：2件。1998STA2H13：9，尖圆唇，平沿，斜直壁，平底。紫红色缸胎，胎质粗糙。施酱黄色釉，内壁满釉，外壁无釉。底部有轮制的涡纹痕迹。口径12.02、底径4.36、高3.32厘米（图一八三，3；图版五七，2）。2001STA1T3606②：4，圆唇，敞口，斜鼓腹，饼底内凹。紫红色缸胎，胎质粗糙，豆绿色釉，内壁满釉，外壁半釉，大部分脱落，内底饰一道凹弦纹，口沿内外施灰白色釉。口径10.6、底径4.6、高3.3厘米（图一八三，4）。

Ⅱ式：6件。1998STA2T0105③：4，尖唇，侈口，平沿较宽，沿面较鼓。紫红色缸胎，胎质粗糙。酱色釉，内满釉，外半釉。口径46.2、残高7.4厘米（图一八三，5）。2000STA2H39：3，尖唇，敞口，腹斜直，饼足，玉璧底。紫红色缸胎，胎质粗糙，施浅黄色釉，外壁半截釉。口径9.1、高3.5、底径3厘米（图一八三，6；图版五七，3）。2001STB1T3838⑥：11，尖唇，敞口，斜弧壁，饼足。紫红色缸胎，胎质粗糙，酱色釉，内壁釉脱落，外壁半釉。口径9.4、底径4.3、高3.3厘米（图一八三，7）。2001STA1T3804③：3，尖唇，敞口，圆鼓

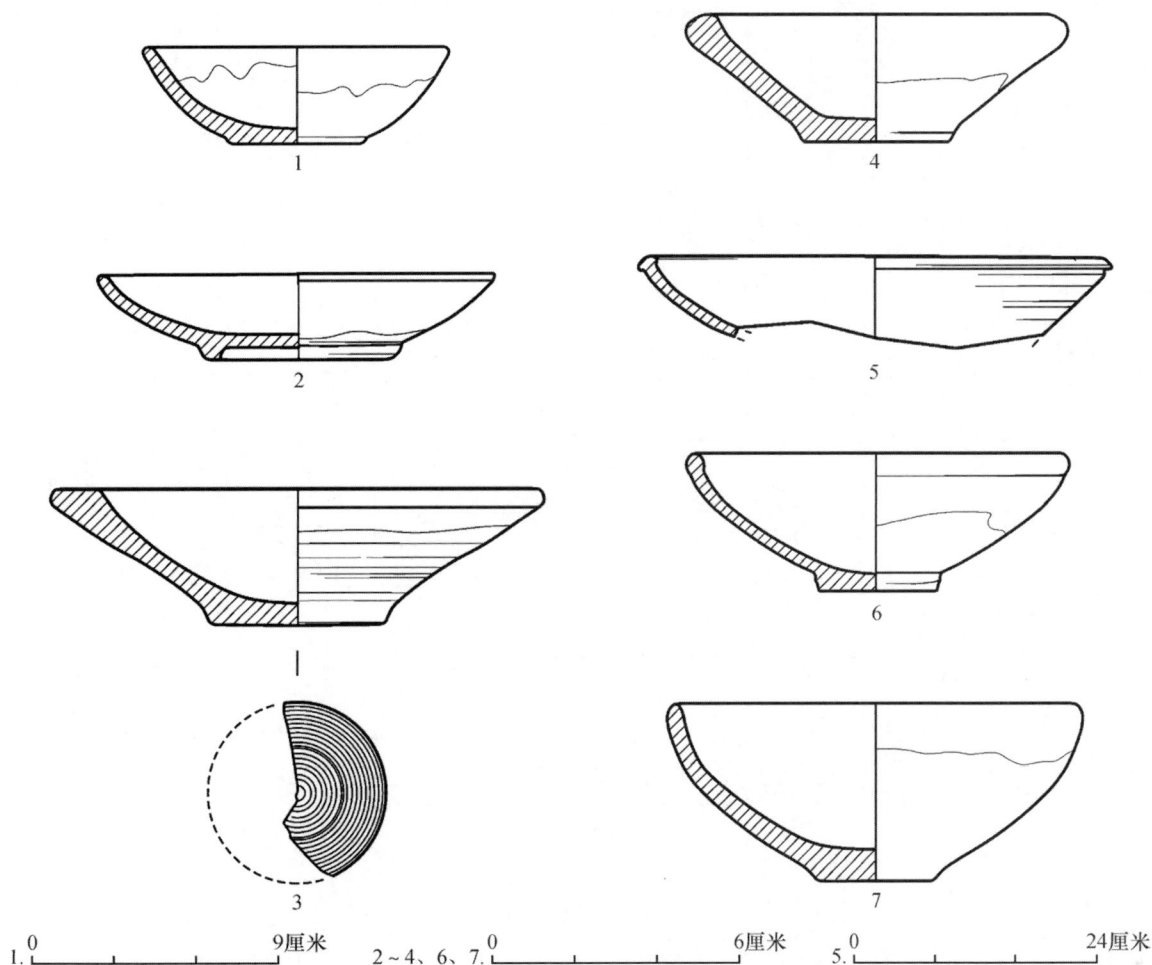

图一八三　宋元瓷盏

1、2. B型Ⅲ式（2001STB1T3738⑥：2、1998STA2T1311③：3）　3、4. C型Ⅰ式（1998STA2H13：9、2001STA1T3606②：4）

5～7. C型Ⅱ式（1998STA2T0105③：4、2000STA2H39：3、2001STB1T3838⑥：11）

腹，平底。紫红色缸胎，胎质粗糙，口沿内外施灰白色釉。口径10.4、底径4.2、高3.6厘米（图一八四，1）。2000STA2H39：6，尖唇，敞口，鼓腹，饼足，平底。紫红色缸胎，胎质粗糙，浅黄色釉，外壁口沿处施釉。口径10.6、高2.6、底径4厘米（图一八四，2）。2001STB1T4040⑥：4，圆唇，敞口，深腹，弧壁，饼底。紫红色缸胎，胎质粗糙，米黄色釉，内壁满釉，底部有道凹纹和3个支钉，外壁半釉。口径15.4、足径6.2、高5.55厘米（图一八四，3；图版五七，4）。

D型：1件。2000STB2TG4④：3，圆唇，口微敛，斜腹稍鼓，饼足。瓷胎，酱色釉，外壁半釉。口径10.7、高4.4、底3.6厘米（图一八四，4；图版五七，5）。

灯盏：复原标本63件。依形制不同分为四型。

A型：26件。可分二式。

Ⅰ式：20件。敞口，厚圆唇，斜弧腹，矮饼足，平底。2000STA2H39：13，圆唇，斜沿外翻，敞口，斜腹，饼足。紫红色缸胎，胎质粗糙，酱色釉，外壁少部施釉。口径9.4、高2.4、底径4.6厘米（图一八四，5；图版五七，6）。2000STA2T1307④：1，圆唇，敞口，斜腹，饼足。紫红色缸胎，酱色釉已脱落，腹部饰三道凹弦纹。口径12.2、底径4、高3.6厘

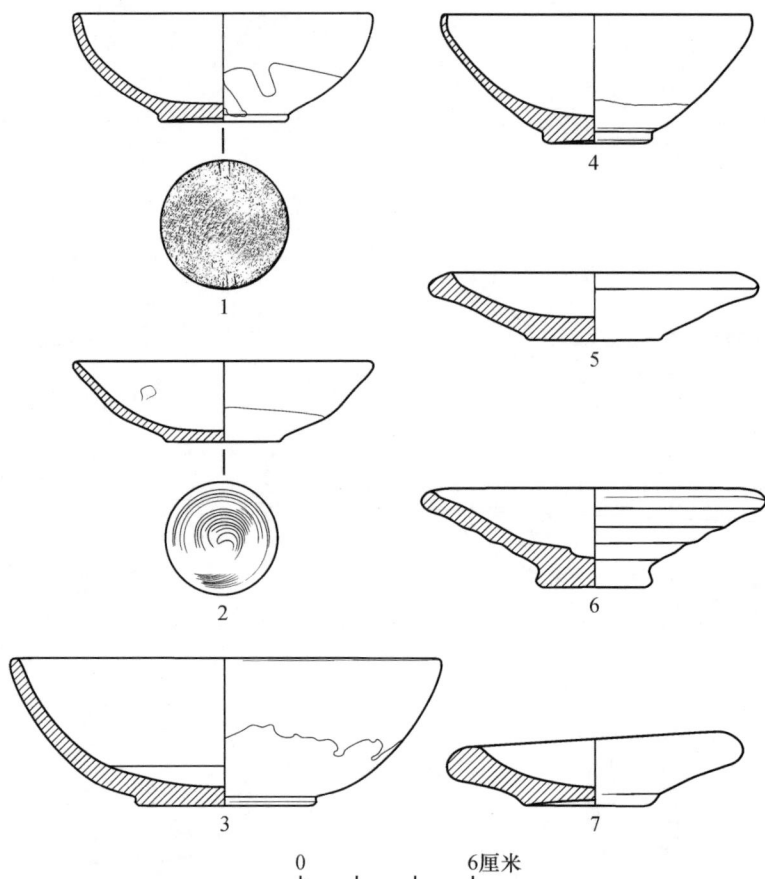

图一八四　宋元瓷器

1～3. C型Ⅱ式盏（2001STA1T3804③：3、2000STA2H39：6、2001STB1T4040⑥：4）　　4. D型盏（2000STB2TG4④：3）

5～7. A型Ⅰ式灯盏（2000STA2H39：13、2000STA2T1307④：1、2001STA1T3705⑤：3）

米（图一八四，6）。2001STA1T3705⑤：3，圆唇，敞口，斜沿，斜腹内凹，饼底。紫红色缸胎，胎质粗糙，内壁施浅黄色釉，口沿及外壁无釉。口径10.4、底径4.1、高2.5厘米（图一八四，7；图版五八，1）。2001STA1T3806③：2，厚圆唇，敞口，斜弧腹，饼底。紫红色缸胎，胎质粗糙，米黄色釉，内壁满釉，外壁半釉。口径9.5、底径3.3、高2.7厘米（图一八五，1；图版五八，2）。1999STA2G21：4，尖圆唇，斜内壁，平底，底有轮制涡痕。紫红色缸胎，胎质粗糙，内壁及口部施米黄色釉，外部施酱色，几乎全脱落。口径8.1、底径4.2、高2.4厘米（图版五八，3）。1999STA2H30：1，圆唇，直口，斜直腹，平底。紫红色缸胎，胎质粗糙，唇部及内部仅施酱黄色釉，外壁无釉。口径8.8、底径3.9、高2.6厘米（图版五八，4）。1999STA2T2814③：2，圆唇，侈口，斜弧腹，平底。灰褐色胎，施酱色釉，仅内壁施釉，口沿及外壁到底未施釉。口径8.4、底径3.9、高2.6厘米（图版五八，5）。1999STA2T3317③：1，尖圆唇，侈口，斜弧腹，平底，器底有轮制的涡痕。紫红色缸胎，胎质粗糙，施酱色釉，内底、内腹及口沿部分施釉，外壁及外底未施釉。器物残存四分之一左右，存有口沿、腹部、底部，可以复原。口径8.5、底径4.2、高2.4厘米（图版五八，6）。2001STA1T3705③：1，圆唇，敞口，斜弧壁，饼足。紫红色缸胎，胎质粗糙，内外壁无釉，口部施酱色釉。器物基本完整。口径8.9、足径4.2、高3.15厘米（图一八五，2；图版五九，1）。2001STB1T4039⑤：2，圆唇，敞口，斜弧壁，饼足。紫红色缸胎，胎质粗糙，青灰色釉，内壁满釉，外壁半釉。口径8.1、底径4.4、高2.7厘米（图一八五，3；图版五九，2）。2001STB1T4040⑤：23，圆唇，敞口，斜弧壁，饼足。紫红色缸胎，胎质粗糙，黄色釉，内壁满釉，外壁半釉。口径9.6、底径3.8、高3.2厘米（图一八五，4；图版五九，3）。2001STB1T4040⑥：3，圆唇，敞口，斜弧壁，饼底。紫红色缸胎，胎质粗糙，灰色釉，内壁满釉，外壁半釉。口径8.7、底径4.5、高2.8厘米（图一八五，5；图版五九，4）。2001STB1T3232④：3，圆唇，敞口，斜腹微弧，饼足，平底。紫红色胎，内施酱色釉，口沿及外壁无釉。残，仅剩器物的四分之一，可以复原。口径12.2、底径4.9、高2.6厘米（图一八六，1；图版五九，5）。2001STB1T4040⑤：12，圆唇，敞口，斜弧壁，饼足。紫红色缸胎，胎质粗糙，酱色釉，内壁满釉，外壁半釉。口径7.9、最大径9.72、高2.97厘米（图一八六，2；图版五九，6）。1999STA2M3：2，圆唇，斜内壁，平底。底部有10圈轮制涡纹。紫红色缸胎，胎质粗糙，口部及内部、内底均施酱色釉，外壁施釉未到底。器物残存二分之一要少，口径6.9、底径4.1、高1.9厘米（图版六〇，1）。1999STA2M3：3，方圆唇，敞口，斜直臂，饼底。紫红色缸胎，胎质粗糙，内壁施满酱黄色釉，外壁无釉。口径10.1、底径4.2、高2.9（图版六〇，2）。1999STA2M3：4，圆唇，敞口，浅腹，斜直壁微弧，矮圈足外撇。

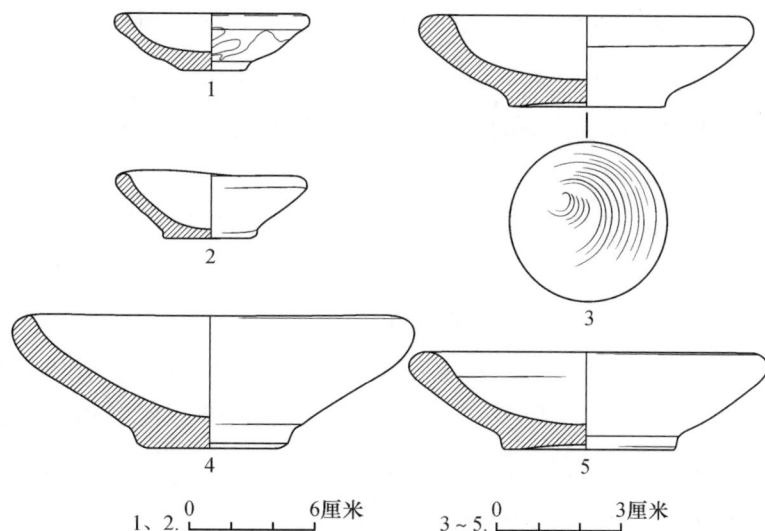

1、2. ├─0────────6厘米┤　　3～5. ├─0────────3厘米┤

图一八五　宋元A型Ⅰ式瓷灯盏

1. 2001STA1T3806③：2　2. 2001STA1T3705③：1　3. 2001STB1T4039⑤：2　4. 2001STB1T4040⑤：23　5. 2001STB1T4040⑥：3

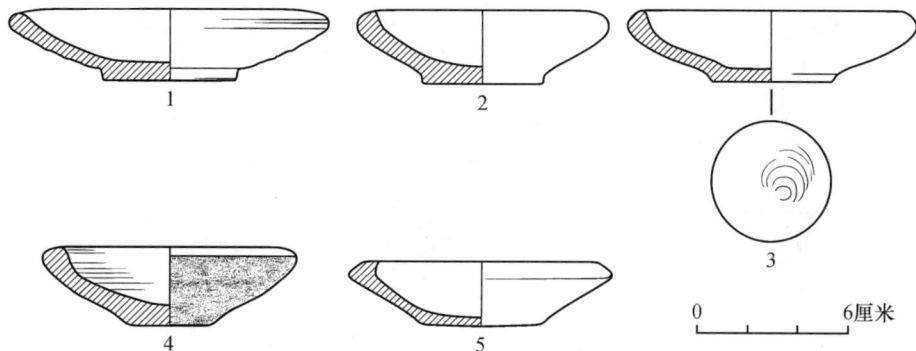

├─0────────6厘米┤

图一八六　宋元瓷灯盏

1～4. A型Ⅰ式（2001STB1T3232④：3、2001STB1T4040⑤：12、2001STA1G26：12、1998STA2T1408③：2）

5. A型Ⅱ式（2000STA2H39：12）

紫红色缸胎，胎质粗糙，内壁凹凸不平，内壁及口部施酱黄色釉，口部有泪痕。口径10.2、底径3.8、高2.5厘米（图版六〇，3）。1998STA2T2811④：1，方圆唇，敞口，斜直壁。平底微凹。紫红色缸胎，胎质粗糙。内壁施米黄色釉，口沿及外壁没有施釉。底部有轮制的涡痕。口径12.1、底径6、高4.1厘米（图版六〇，4）。2001STA1G26：12，圆唇，敞口，斜腹微弧，饼底。紫红色缸胎，胎质粗糙，米黄色釉，内壁满釉，外壁半釉，大部分脱落。口径11、足径4.8、高2.7厘米（图一八六，3；图版六〇，5）。1998STA2T1408③：2，厚圆唇，沿向内卷，侈口，斜弧腹，饼足。紫红色缸胎，胎质粗糙。通体施酱色釉，釉脱落严重，饼状足较小。口径10.06、底径3.42、高3.2厘米（图一八六，4；图版六〇，6）。

Ⅱ式：6件。2000STA2H39：12，圆唇外翻，敞口，斜腹，平底内凹。紫红色缸胎，胎质粗糙，浅黄色釉已脱落。口径8.6、高2.8、底径4.5厘米（图一八六，5；图版六一，1）。2001STA1T3806③：11，圆唇，敞口，斜弧壁，平底。紫红色缸胎，胎质粗糙，浅黄色釉，内壁满釉，大部分脱落，外壁及口沿无釉。口径10.2、底径5.2、高3.1厘米（图一八七，1）。2001STB1T3940⑤：7，圆唇，敞口，斜弧壁，平底。紫红色缸胎，胎质粗糙，黑色釉，内外壁及底部施满釉。口径9.4、底径4.2、高2.3厘米（图一八七，2）。2001STA1T3940⑤：1，圆唇，敞口，斜弧腹，平底。紫红色缸胎，胎质粗糙，酱色釉，内壁施釉，口部无釉，外壁无釉。口径10.4、底径3.6、高2.6厘米（图一八七，3）。2001STA1T3606②：5，圆唇，敞口，斜弧壁，平底。紫红色缸胎，胎质粗糙，酱色釉，内壁半釉，外壁半无釉。口径10.4、底径4.6、高3厘米（图一八七，4）。2001STB1T3432④：1，圆唇，敞口，斜弧腹，平底。紫红色缸胎，胎质粗糙，酱色釉，内壁满釉，已脱落，外壁无釉。口径8.8、底径3、高2.4厘米（图一八七，5）。

B型：19件。敞口，方唇，斜直壁微弧，平底。分三式。

Ⅰ式：8件。唇沿窄平，微下垂。2000STB2TG4④：1，圆唇，敞口，斜腹微鼓，饼足。紫红色缸胎，胎质粗糙，器壁呈灰色，口沿施酱色釉，大部分已脱落，底部饰螺旋纹。口径9.6、高3.5、底4.2厘米（图一八八，1）。2000STA2H39：7，圆唇，敞口，鼓腹，饼足，平底。紫红色缸胎，胎质粗糙，施米黄色釉，外壁半釉。器底有轮制涡纹的痕迹。口径10.4、高3、底径4厘米（图一八八，2）。2000STA2H39：9，圆唇，敞口，斜鼓腹，饼足，平底。紫

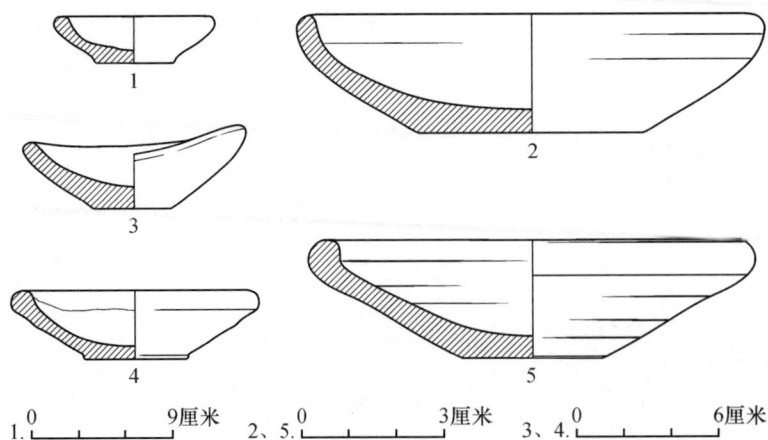

图一八七　宋元A型Ⅱ式瓷灯盏

1. 2001STA1T3806③：11　2. 2001STB1T3940⑤：7　3. 2001STA1T3940⑤：1　4. 2001STA1T3606②：5　5. 2001STB1T3432④：1

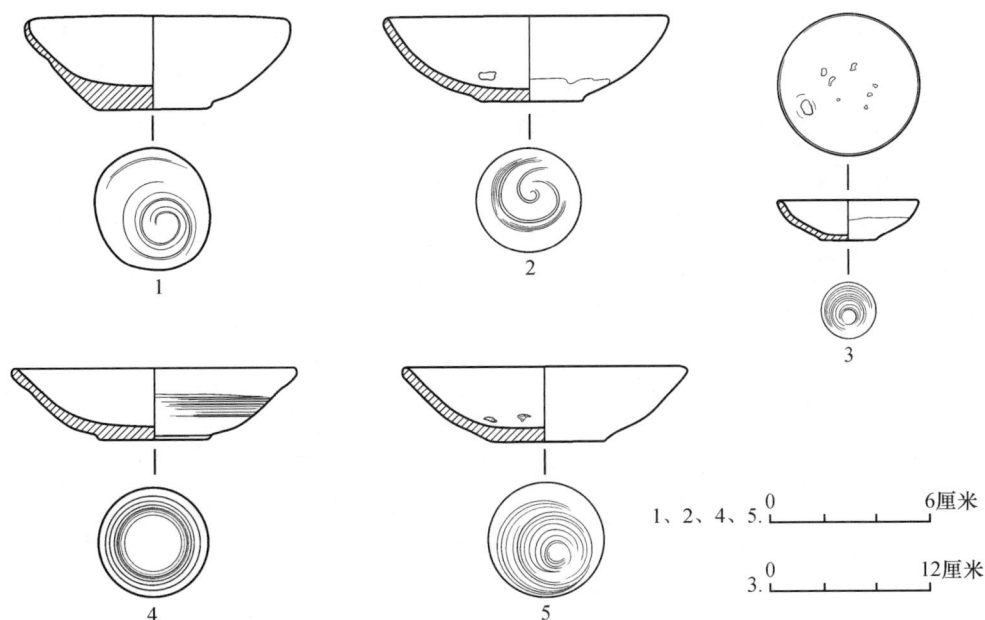

图一八八　宋元B型Ⅰ式瓷灯盏

1. 2000STB2TG4④：1　2. 2000STA2H39：7　3. 2000STA2H39：9　4. 2000STA2H39：5　5. 2000STA2H39：8

红色缸胎，胎质粗糙，豆绿色釉，外壁口沿处施釉，底部有螺旋纹，应该是轮制涡纹的痕迹。口径10.4、高2.9、底径4.2厘米（图一八八，3）。2000STA2H39：5，圆唇，敞口，斜直壁，鼓腹，饼足微凹。紫红色缸胎，胎质粗糙，浅黄色釉，外壁口沿处施釉，底部饰有螺旋纹。器物仅剩下四分之一。口径10.3、高2.5、底径4.2厘米（图一八八，4）。2000STA2H39：8，圆唇，敞口，鼓腹，饼足，平底。紫红色缸胎，胎质粗糙，浅黄色釉，外壁口沿施釉，底部饰螺旋纹，应是轮制涡纹的痕迹。口径10.5、高2.8、底径4.4厘米（图一八八，5）。2001STA1T3804③：2，圆唇，敞口，斜鼓腹，平底。紫红色缸胎，胎质粗糙，无釉。口径7.2、底径3.5、高2.1厘米（图一八九，1；图版六一，2）。2001STB1T3838⑥：14，圆唇，敞口，斜鼓壁，饼足。紫红色缸胎，胎质粗糙，酱色釉，内壁满釉，外壁口部施釉。口径9.6、足径3.6、高3.5厘米（图一八九，2；图版六一，3）。1999STA2T3216④：2，圆唇，侈口，斜弧腹，平底，底部有轮制涡痕。紫红色缸胎，胎质粗糙，施酱色釉，内壁及内底均施釉，口沿及外壁均施釉，外底未施釉。存有口沿、腹部、底部，可以复原。口径6.4、底径4.2、高2.5厘米（图版六一，4）。

　　Ⅱ式：4件。唇沿宽斜，略下垂。2001STB1T4040④：11，圆唇，敞口，斜鼓腹，饼足。紫红色缸胎，胎质粗糙，酱色釉，内壁满釉，外壁无釉。口径9、底径3.8、高3.8厘米（图一八九，3；图版六一，5）。2001STB1T4040⑤：11，圆唇，敞口，圆鼓腹，平底。缸胎，胎质粗糙，内施浅黄色釉。口径9.8、底径3.7、高2.8厘米（图一八九，4；图版六一，6）。2001STB1T3940⑤：3，圆唇，敞口，斜腹微鼓，饼足。紫红色缸胎，胎质粗糙，酱色釉，内壁满釉，外壁半釉。器物剩下约四分之三。口径8.6、底径4.2、高3.1厘米（图一八九，5）。2001STB1T4040④：8，圆唇，敞口，斜鼓腹，平底。紫红色缸胎，胎质粗糙，米黄色釉，内壁满釉，大部分脱落，外壁半釉。器物剩下约三分之二。口径7.7、底径4.2、高2.5厘米（图一八九，6；图版六二，1）。

　　Ⅲ式：7件。宽唇沿，沿面下凹成槽，唇沿下垂。2001STA1T3705③：2，圆唇，敞口，斜壁较直，平底。灰色缸胎，胎质粗糙，口沿施釉，大部分脱落。口径7、底径3.6、高1.8厘米（图一九〇，1；图版六二，2）。2001STB1T3838⑥：12，厚圆唇，敞口，斜直腹，平底内收。青灰色缸胎，胎质粗糙，釉层脱落。口径8.8、底径3.8、高2.5厘米（图一九〇，2；图版六二，3）。2001STA1T3705③：4，厚圆唇，口微敞，斜直壁，饼底。紫红色缸胎，胎质粗糙，内壁施米黄色釉，口沿及外壁部分施酱色釉。口径10.3、底径4.6、高3厘米（图一九〇，3）。2001STA1T4001⑤：7，厚圆唇，敞口，斜直壁，平底。紫红色缸胎，胎质粗糙，浅

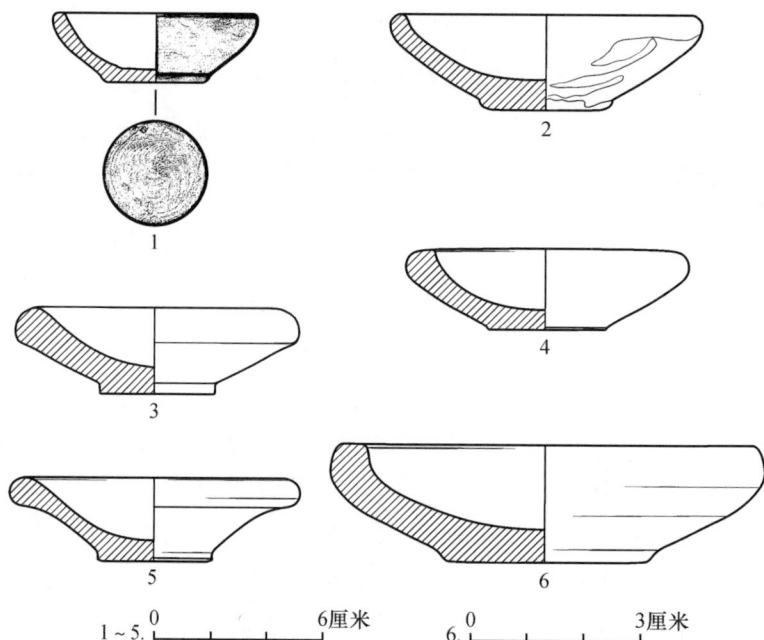

图一八九　宋元B型瓷灯盏

1、2. Ⅰ式（2001STA1T3804③：2、2001STB1T3838⑥：14）　3～6. Ⅱ式（2001STB1T4040④：11、2001STB1T4040⑤：11、2001STB1T3940⑤：3、2001STB1T4040④：8）

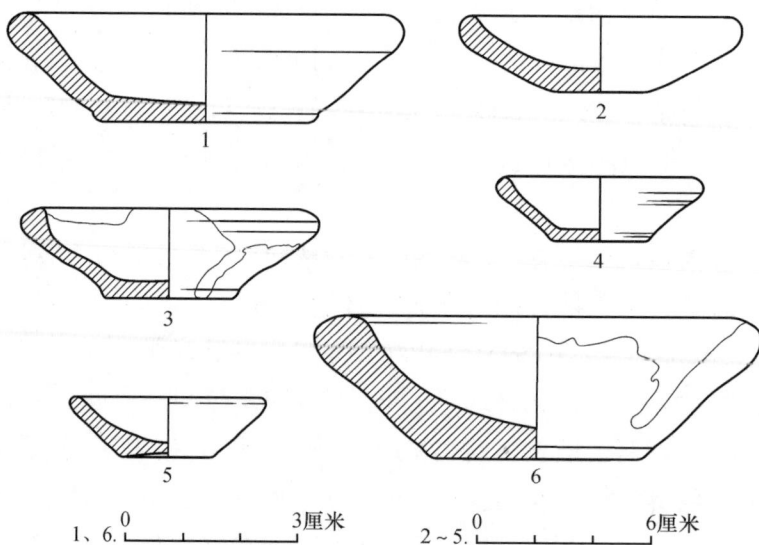

图一九〇　宋元B型Ⅲ式瓷灯盏

1. 2001STA1T3705③：2　2. 2001STB1T3838⑥：12　3. 2001STA1T3705③：4　4. 2001STA1T4001⑤：7
5. 2001STA1T4001⑤：13　6. 2001STB1T4040④：2

黄色釉，内壁满釉，部分脱落，外壁无釉。口径7、底径3.4、高2.2厘米（图一九〇，4）。2001STA1T4001⑤：13，圆唇，敞口，斜直壁，平底。紫红色缸胎，内施酱色釉，外壁半釉。口径6.8、底径3.1、高2.1厘米（图一九〇，5）。2001STB1T4040④：2，圆唇，敞口，斜鼓腹，饼足。紫红色缸胎，胎质粗糙，豆绿色釉，内壁满釉，部分脱落，外壁无釉。口径7.8、底径4.5、高3.1厘米（图一九〇，6；图版六二，4）。2001STB1T3940⑤：2，圆唇，敞口，斜直壁，饼足。紫红色缸胎，胎质粗糙，酱色釉，内壁半釉，大部分脱落，外壁无釉。口径9.6、足径3.6、高2.9厘米（图一九一，1；图版六二，5）。

C型：7件。折沿，尖圆唇，敞口，斜直壁微弧，平底。分二亚型。

Ca型：2件。唇沿较薄，沿面较平，腹壁较直，底较大。2001STB1T4040⑤：24，方唇，敞口，饼足。紫红色缸胎，胎质粗糙，酱色釉，内壁满釉，外壁无釉。口径12.2、底径4.8、高2.8厘米（图一九一，2；图版六二，6）。1999STA2T2714④：3，厚圆唇，口微敞，壁斜直微弧，平底。灰褐色胎，唇部和内壁仅施浅黄色护胎釉，大部脱落。口径8.3、底径4.3、高2.4厘米（图版六三，1）。

Cb型：5件。唇沿较厚，沿面微鼓，腹壁较弧，底较小。2001STA1T3804③：5，方唇，敞口，斜腹，饼底。紫红色缸胎，胎质粗糙，内壁及口沿施双层釉，外壁无釉，表

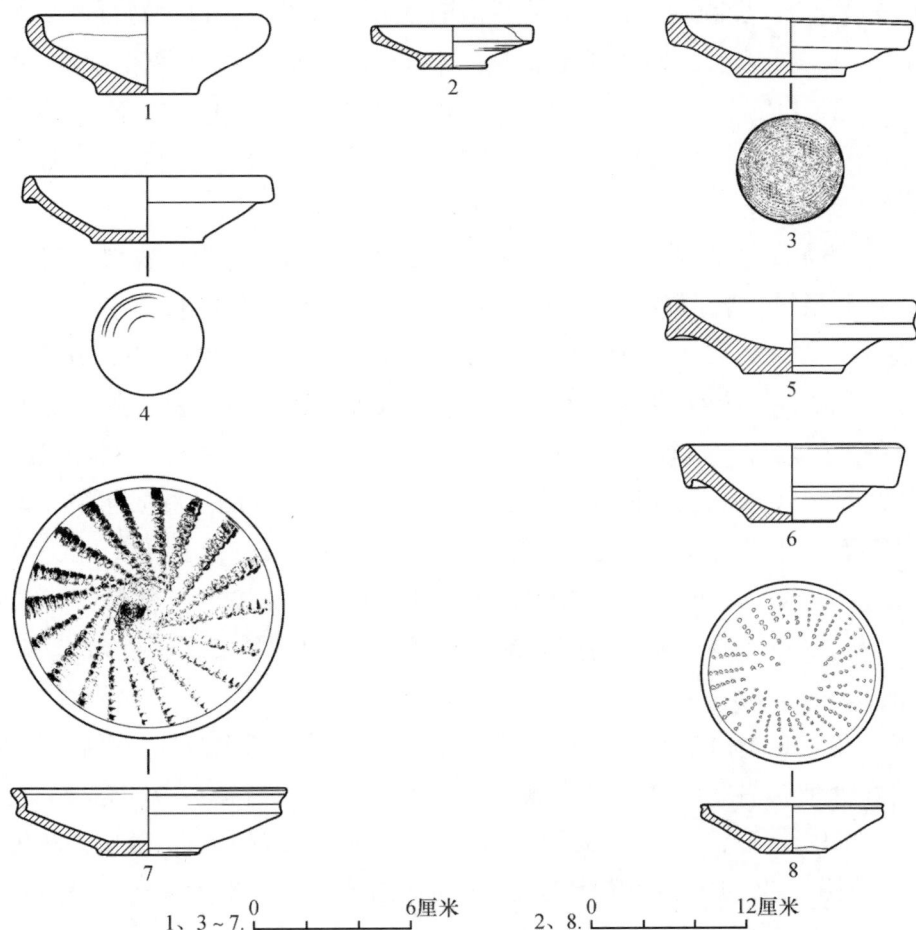

图一九一　宋元瓷灯盏

1. B型Ⅲ式（2001STB1T3940⑤：2）　2. Ca型（2001STB1T4040⑤：24）　3～6. Cb型（2001STA1T3804③：5、2001STA1G26：21、1998STA2T2513③：2-2、1998STA2T0104⑤：4）　7、8. D型Ⅰ式（1998STA2H10：5、2001STB1T3739⑤：3）

釉米黄色釉，底釉酱红色釉。口径9.4、底径4.1、高2.2厘米（图一九一，3；图版六三，2）。2001STA1G26：21，方唇，敞口，斜腹微弧，平底内凹。紫红色缸胎，胎质粗糙，内壁施酱色釉，外壁无釉。口径9.6、底径4.1、高2.5厘米（图一九一，4；图版六三，3）。1998STA2T2513③：2-2，宽唇沿，唇面小凹成槽，唇沿下垂，敞口，平底。紫红色缸胎，通体施酱色釉，外壁及底已脱落，宽折沿，平底，有轮制涡纹。口径10.8、底径4.2、通高3.2厘米（图一九一，5）。1998STA2T0104⑤：4，尖圆唇，沿下垂呈三角，侈口。腹壁斜直微弧，平底。紫红色缸胎，酱黑色釉，内壁满釉，外壁无釉。口径9.64、底径3.86、高3.32厘米（图一九一，6；图版六三，4）。1999STA2T2815⑤：3，方唇微凹，敞口，浅腹，平圜底。灰褐色胎，唇部及内壁施酱黑色釉，外壁无釉。口径10.5、底径7.1、高2厘米（图版六三，5）。

D型：11件。尖唇外翻，束颈，斜直腹微弧，平底微凹。分三式。

Ⅰ式：4件。1998STA2H10：5，尖唇，侈口，束颈，斜直壁微弧，平底微凹。紫红色缸胎，胎质粗糙。内、外施酱色釉，口沿颈部施一周米黄色釉，外壁只施于折沿部位。内壁有19条戳点形成的涡状纹饰。口径10.6、底径3.9、高2.58厘米（图一九一，7；图版六三，6）。2001STB1T3739⑤：3，尖圆唇，直口，斜直腹，平底。紫红色缸胎，胎质粗糙，酱色釉，内壁满釉，外壁无釉，器物内壁满饰锥刺纹。口径14.1、底径5.4、高4厘米（图一九一，8）。1998STA2T0105③：2，尖圆唇，唇沿较厚，沿面微鼓。折沿，敞口，斜直壁微弧。紫红色缸胎，内施米黄色釉，外无釉，外底部无釉，底部有6圈轮制涡痕。口径10.08、底径3.38、高2.36厘米（图一九二，1；图版六四，1）。1999STA2T2714红烧土：1，尖圆唇，斜弧腹，平底，底部有轮制的涡痕。紫红色缸胎，胎质粗糙，灰白色釉，外壁及外底未施釉，内壁及口沿部分施釉。口径8.2、底径3.6、高2.4厘米（图版六四，2）。

Ⅱ式：4件。方唇，直口或敞口。2001STB1T3838⑥：4，方唇，直口，斜折沿，饼足。紫红色缸胎，胎质粗糙，乳白色釉，内壁满釉，大部分脱落，外壁仅口沿施釉。口径13、足径4.4、高2.4厘米（图一九二，2；图版六四，3）。2001STB1T3838⑥：3，方唇，直口，斜直壁，平底，紫红色缸胎，胎质粗糙，米黄色釉，内满釉，大部分脱落，外壁无釉，内有戳刺纹。器物剩下约五分之四。口径12.8、底径4.4、高3.1厘米（图一九二，3；图版六四，4）。2001STB1T3838⑥：5，方唇，直口，斜折沿，饼足。紫红色缸胎，胎质粗糙，黄色釉，内壁满釉，大部分脱落，外壁只有口部施釉。器物剩下约四分之三。口径10.8、底径4.5、高2.9厘米（图一九二，4；图版六四，5）。2001STB1T4040④：1，方唇，敞口，斜鼓腹，饼足。紫红色缸胎，胎质粗糙，酱色釉，内壁满釉，外壁无釉。口径9.2、底径4.8、高2.5厘米（图一九二，5；图版六四，6）。

Ⅲ式：3件。2001STB1T3738⑤：2，圆唇，直口，折沿，斜腹微鼓，平底。紫红色缸胎，胎质粗糙，酱红色釉，内壁满釉，布满戳刺钉，外壁半釉。口径12.9、底径3.7、高2.7厘米（图一九二，6；图版六五，1）。2000STA2H39：11，圆唇，沿斜直，敛口，斜腹，平底。紫红色缸胎，胎质粗糙，灰色，底部饰螺旋纹，应是轮制的涡纹。口径8.5、底径3.6、高2.8厘米（图一九三，1；图版六五，2）。2000STB2G4④：2，圆唇，斜沿，敛口，斜腹，饼足微凹。紫红色缸胎，胎质粗糙，豆绿色釉已脱落。口径11.3、高3、底4.9厘米（图一九三，2；图版六五，3）。

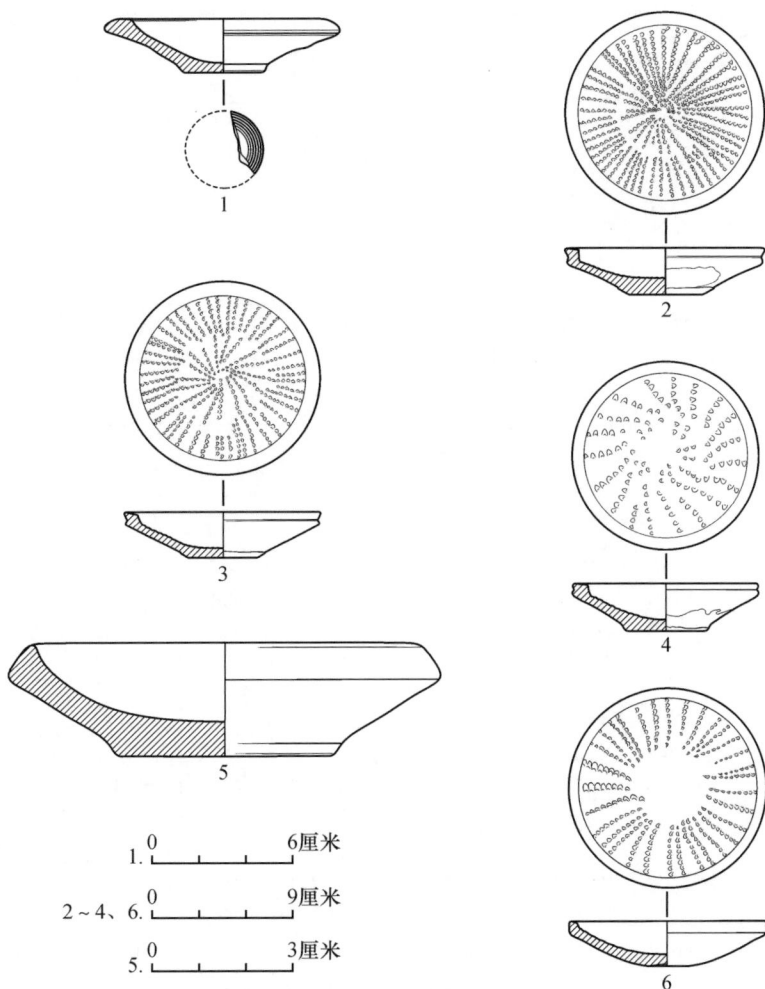

图一九二 宋元D型瓷灯盏

1. Ⅰ式（1998STA2T0105③：2） 2～5. Ⅱ式（2001STB1T3838⑥：4、2001STB1T3838⑥：3、2001STB1T3838⑥：5、
2001STB1T4040④：1） 6. Ⅲ式（2001STB1T3738⑤：2）

盏托：6件。均为残器。口微敞，宽折沿，直腹壁。1998STA2T1408③：1，胎质灰褐，
内外壁施黑色釉。腹壁有竖向扉棱。口径7厘米（图一九三，3）。1998STA2T0105③：3。
圆唇，斜平折沿下垂，口微敞，腹壁近直，假圈足，唇缘上凸，内底下凹成圆窝。紫红色缸
胎，胎质粗糙。内施米黄色釉及口沿，外无釉。口径8.04、底径4.06、腹径5.88、高4.56厘米
（图一九三，4；图版六五，4）。1998STA2T2513③：2。沿略残，宽折沿，敞口，直腹壁，
矮柄，喇叭口状假圈足。胎灰白，稍发红。黑釉，釉色较暗。底无釉，内无釉。口径6.04、高
6.4、底径4.56厘米（图一九三，5）。1998STA2T1408③：1。宽折沿，口微敞，直腹壁，腹
壁有竖向扉棱，胎质灰褐，内外壁施黑色釉。长4.04、宽3.92厘米。1999STA2T3317④：2，尖
唇，宽折沿，沿面微鼓，敞口，斜直壁，平底。灰褐色胎，唇沿及内壁施黑色釉，大部脱落，
内底釉一乳状凸起。口径7.8、底径2.8、高2.2厘米（图版六五，5）。2001STB1T3838⑥：1。
圆沿外翻，敞口，近直腹，折腹下收成细柄。紫红色缸胎，胎质粗糙，豆绿色釉，沿部施乳白
色釉，足部一周饰4条瓷条呈抱柱状。口径8.8、底径4、高5.7厘米（图一九三，6）。

支圈：1件。1998STA2H17：12。完整，紫红色缸胎，胎质粗糙，圆形，一面为平面圆角

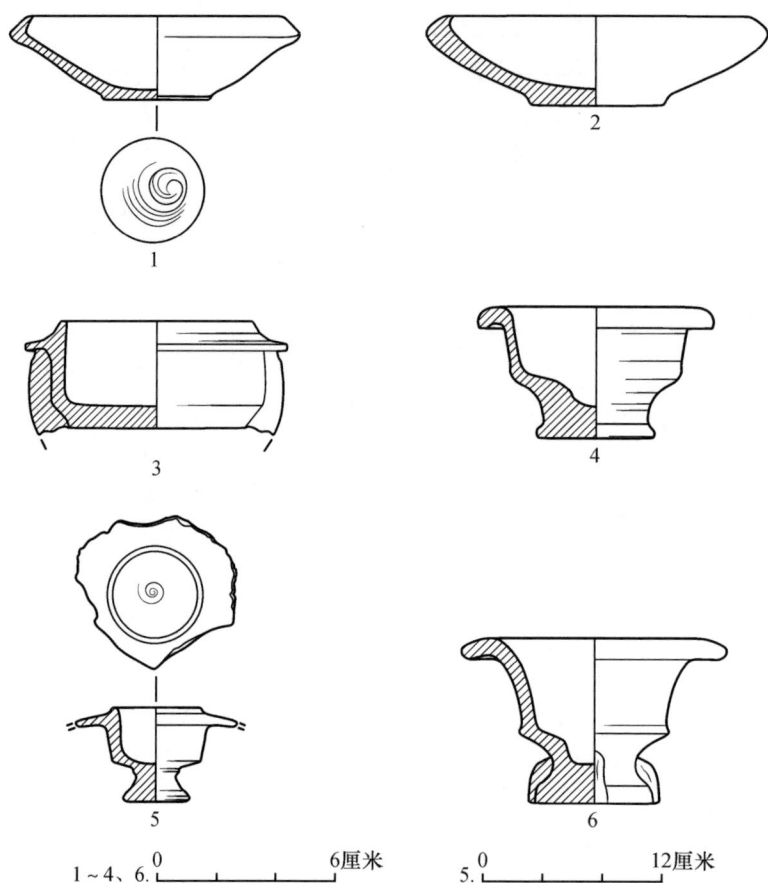

图一九三　宋元瓷器

1、2. D型Ⅲ式灯盏（2000STA2H39：11、2000STB2G4④：2）　3～6. 盏托（1998STA2T1408③：1、1998STA2T0105③：3、
1998STA2T2513③：2、2001STB1T3838⑥：1）

斜棱，另一面有支钉5个，支钉半面为长方形，因经多次使用，器表呈锈铁红色。直径7、高
2.12厘米（图一九四，1；图版六五，6）。

盒：2件。1998STA2H10：7，子口，口向内敛，斜弧腹，底部和盖皆遗失，灰褐色釉陶，
外壁、上部及口施米黄色釉，其余部位无釉。口径10.2厘米（图一九四，2；图版六六，1）。
1998STA2H13：5，盖遗失，胎质细腻。子母口斜直壁微弧，平底微上凸，内外施满浅青白色
釉，底无釉。口径8.16、底径6.4、通高5.2厘米（图一九四，3）。

省油灯：2件。1998STA2H10：6，厚圆唇，敞口，斜直腹，饼足，唇沿下圆注水孔，紫红
色缸胎，内施酱色釉，外壁半釉不到底，内壁一侧有烧烤痕迹。口径10.68、高3.72、底径4.48
厘米（图一九四，4；图版六六，2）。2001STB1T4039⑤：1，紫红色缸胎，圆唇，敞口，口
外部有一圆注水孔，斜弧腹，矮假圈足。灯的剖面似两个灯盏叠落在一起，中间留有空隙以存
水降温达到省油的目的。外形同其他型式灯盏，内外壁施酱色釉，足底无釉。注水孔径0.5、
口径10.8、底径4.8、通高4厘米（图一九四，5）。

器盖：复原标本4件。1998STA2H17：1，尖圆唇，沿向外卷，侈口，斜直腹，白色
胎底，施青白色釉，外表光泽鲜亮。口径7.6、高2厘米（图一九四，6；图版六六，3）。
1998STA2H10：8，平沿，敞口，折腹，上有圆足状把手，覆盘状，紫红色缸胎，外壁施酱
色釉，内壁及口部无釉。直径10、残高5厘米（图一九四，7）。2001STA1T3604③：1，黄白

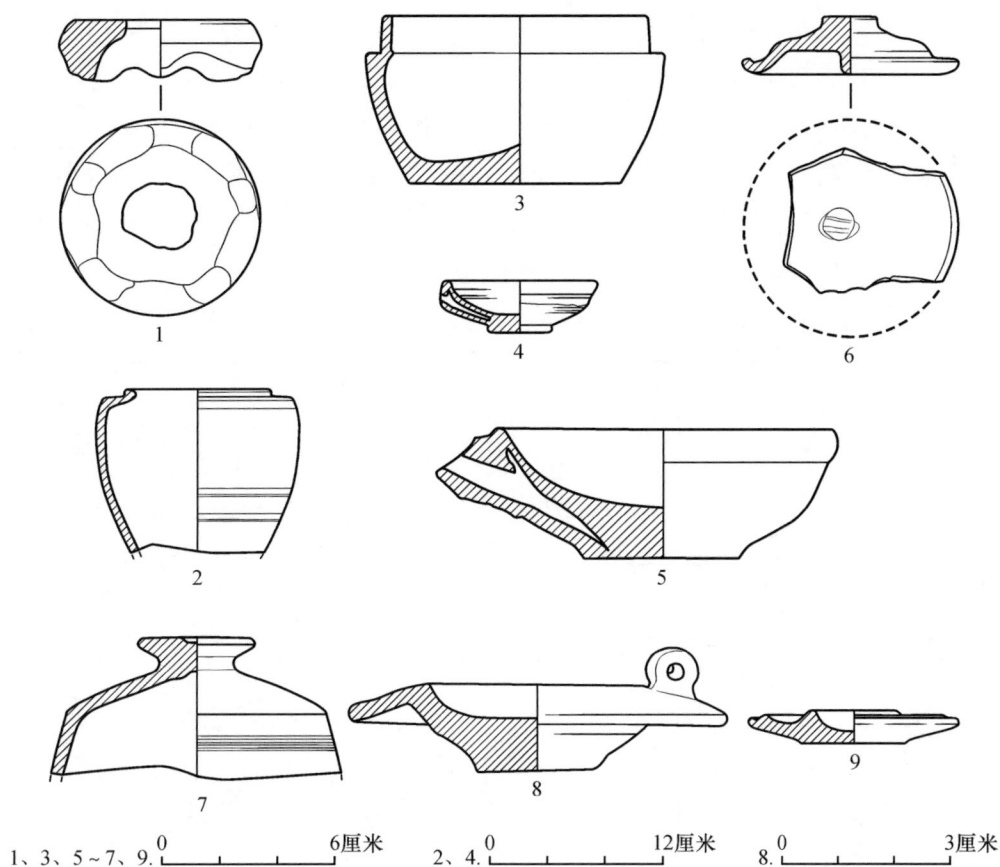

图一九四 宋元瓷器

1. 支圈（1998STA2H17：12） 2、3. 盒（1998STA2H10：7、1998STA2H13：5） 4、5. 省油灯（1998STA2H10：6、
2001STB1T4039⑤：1） 6～9. 器盖（1998STA2H17：1、1998STA2H10：8、2001STA1T3604③：1、
2001STB1T3330②：3）

胎，碟状，圆唇，宽沿斜平，斜弧腹，平底。口部一环耳状器纽。沿面及内壁施青白色釉，外
壁无釉。外径6.5、通高1.5厘米（图一九四，8；图版六六，4）。2001STB1T3330②：3，紫红
色缸胎，胎质粗糙，双层釉，底釉酱色釉，表釉米黄色釉，内壁满釉，外壁部分施釉。可以复
原。外径7.4、内径3.1、高1厘米（图一九四，9；图版六六，5）。

杯：1件。2001STB1T3430③：1，黄褐色胎，尖唇，直口，直腹，近底部折收，矮圈足。
施酱黑色釉，内半釉，外釉不到底。口径8.2、足径4.8、足高0.5、通高6.5厘米（图一九五，
1；图版六六，6）。

洗：2件。2001STB1T4040④：4，方唇，敛口，平沿斜直，圆肩，斜腹内凹，平底。紫红
色缸胎，胎质粗糙，器表呈灰色，外壁肩以上施浅黄色釉，口沿饰一道凹弦纹。口径18、底径
9.5、高9.3厘米（图一九五，2；图版六七，1）。2001STB1T3838⑥：18，敛口，平沿，腹斜
直，平底，口沿外侧饰凹弦纹一道。紫红色缸胎，乳白色釉，内、外壁上部施釉。口径17.5、
底径10、通高9.8厘米（图一九五，3）。

骑士俑：3件。1998STA2T1507⑤：7，略残，紫红色缸胎，马背上坐一骑士，马腿部以上施
酱色釉。马长7.4、通高8.5、人高2.8厘米（图一九五，4；图版六七，2）。2001STA1T3604③：3，
紫红色缸胎，胎质粗糙，呈灰色。多处破损，马头破损，马的四足也断裂。骑士头戴冠，两腿

夹紧马背，两只手紧按马的头部，骑士俑的头转向一侧。残长7.4、高7厘米（图一九五，5；图版六七，3）。2001STB1T3940⑤：15，马的嘴部、尾部及3个马腿足残失，灰褐色缸胎。马肥壮，昂头竖耳怒目，无鞍。马背上骑一武士，昂首挺胸，头戴椭圆形盔，盔心一柿蒂纽，面目狰狞，怒目圆睁，高鼻大口，身穿铠甲，两手挽缰。通体施土黄色酱釉。长6.6、高8.8厘米（图一九五，6；图版六七，4）。

　　支座：1件。2001STB1T3940⑤：16，整体呈圆形，直腹，平底。紫红色缸胎，胎质粗糙，釉层脱落，腹部饰镂孔六个，底部有镂孔。残，剩下整器的三分之一，可以复原。直径

图一九五　宋元瓷器

1. 杯（2001STB1T3430③：1）　　2、3. 洗（2001STB1T4040④：4、2001STB1T3838⑥：18）

4～6. 骑士俑（1998STA2T1507⑤：7、2001STA1T3604③：3、2001STB1T3940⑤：15）

7. 支座（2001STB1T3940⑤：16）

19、高7.8厘米（图一九五，7；图版六七，5）。

执壶：6件。数量不多，无复原标本。根据形制不同分为三型。

A型：2件。形体瘦高，直口，高领，弧肩，鼓腹，假圈足。分二式。

Ⅰ式：1件。1998STA1T0105③：6，肩腹部至底部残片，细颈，溜肩，弧腹，紫红色缸胎，胎质粗糙，施米黄色釉，外壁施半釉，内壁没有施釉。腹径9.8、底径6.8、残高16.6厘米（图一九六，1；图版六八，1）。

Ⅱ式：1件。1998STA2H17：10，方圆唇，口微敛，颈较粗，溜肩，鼓腹，矮假圈足，红色缸胎，胎质粗糙。釉色米黄，外壁施半釉不到底，内无釉，下半部不施釉，呈灰色，流残，施红色釉，颈肩之间为一弓形扁把手，把手面上有刻划的弦纹。口径4、底径4.8、高13.2厘米（图一九六，2；图版六八，2）。

B型：2件。形体矮胖，盘口，高领，圆肩，鼓腹，假圈足。

图一九六 宋元瓷执壶

1. A型Ⅰ式（1998STA1T0105③：6） 2. A型Ⅱ式（1998STA2H17：10） 3. B型Ⅰ式（1998STA2T1407⑤：5）
4. B型Ⅱ式（1998STA2T1411⑨：2） 5. C型Ⅰ式（2001STB1T4040⑤：1） 6. C型Ⅱ式（2001STA1G28：1）

Ⅰ式：1件。1998STA2T1407⑤：5，口部残片，盘口，方圆唇，口较敞，盘壁凹曲，颈较细直，砖红色釉陶，盘口内外壁及颈部外壁施酱色釉。口沿直径5.9、残高7.8厘米（图一九六，3；图版六八，3）。

Ⅱ式：1件。1998STA2T1411⑨：2，口部残片，盘口，方圆唇，直口，盘壁微凹，唇较粗而圆卷，砖红色缸胎，胎质粗糙，内外壁施米黄色釉。口径6.3厘米（图一九六，4；图版六八，4）。

C型：2件。可分为二式。

Ⅰ式：1件。2001STB1T4040⑤：1，直口平沿，高颈，流残，饼状执手，鼓腹平底。紫红色缸胎，胎质粗糙，乳白色釉，下腹部无釉，盖呈蘑菇状，顶部有乳突。口径6.5、腹径13.7、底径7.5、高29厘米（图一九六，5；图版六八，5）。

Ⅱ式：1件。2001STA1G28：1，方唇，盘口，口微敛，束颈，鼓腹，平底外撇。残存有一流、一系。紫红色缸胎，胎质粗糙，施酱色釉，外壁施半釉，下半壁没有施釉，底部也没有釉。口径6、壶嘴直径0.6、腹径14.4、底径9.6、高20.8厘米（图一九六，6；图版六八，6）。

壶：共2件。2001STB1T3231④：1，尖唇，竹节状口，细高颈，双系，圆腹，平底。紫红色缸胎，胎质粗糙，黄白色釉，外壁下部无釉。口径5.5、腹径16.6、底径8.1、高23.5厘米（图一九七，1；图版六九，1）。2001STB1T3431③：1，束颈，上腹圆鼓，下腹斜直，平底。紫红色缸胎，胎质粗糙，豆绿色釉，外壁半釉，口部残，内外有轮制痕迹。腹径17.2、底径9.2、残高27.4厘米（图一九七，2）。

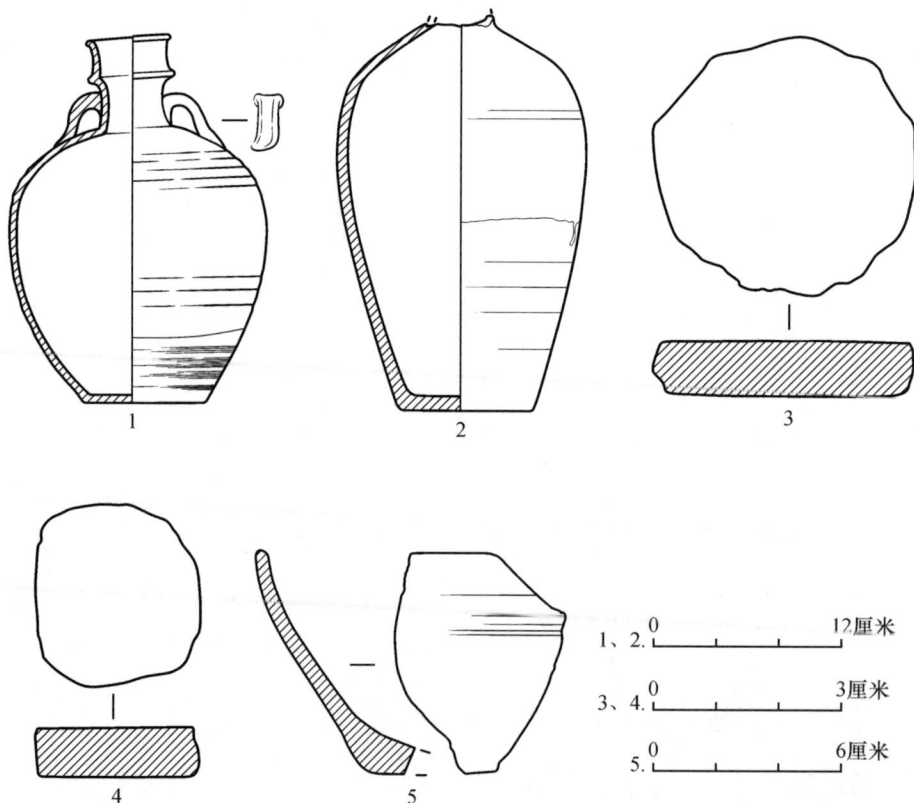

图一九七　宋元瓷器

1、2.瓷壶（2001STB1T3231④：1、2001STB1T3431③：1）　3、4.垫饼（1999STA2T3016⑤：1、1999STA2T2815⑤：2）

5.瓷片（1998STA2H26：11）

垫饼：较完整2件。均用缸胎碗、罐等器物腹片或底打制而成，有圆形及不规则形，大小不一。1999STA2T3016⑤：1，略呈圆形，个体较大，系碗底制成。直径4.3、厚0.8厘米（图一九七，3）。1999STA2T2815⑤：2，不规则圆形，个体较小，缸胎器腹片打制而成。直径2～2.4、厚0.8厘米（图一九七，4；图版六九，2）。1999STA2H28：2，近圆形，应是壶、罐、瓦片打制，或磨制而成。紫红色缸胎，胎质粗糙，一面未施釉，一面施酱色釉。直径3.2厘米（图版六九，3）。

瓷片：1件。1998STA2H26：11，尖圆唇，沿向内卷，侈口，平底，底较厚，紫红色缸胎，胎质粗糙，施酱色釉，内壁施满釉，外壁釉不到底。宽5.4、高7.02、厚0.52厘米（图一九七，5）。

（二）陶器

砚：2件。1998STA2H9：7，泥质灰陶，直壁平底，内底中部较平，外侧斜平，素面。残长7.4、残宽5.4、厚1.7厘米（图一九八，1；图版六九，4）。1999STA2H18：3，泥质灰陶。残，不可复原。侧面有一道凸起棱纹，还有方格纹。残长7.24、残宽7.98、厚1.06厘米（图一九八，2；图版六九，5）。

盏：2件。2001STA1T3804⑤：1，夹砂红陶。圆唇，直口，子母口，上腹近直，下腹斜收，小平底，素面。口径8.7、高6.7厘米（图一九八，3；图版六九，6）。1998STA2H13：14，泥质灰陶。圆唇，沿向外撇，敞口，斜直壁，平底，素面。口径6、底径2.5、高2.56厘米（图一九八，4；图版七〇，1）。

灯盏：1件。2001STB1T3838⑥：10，泥质灰陶。圆唇，敞口，斜弧壁，圜底。口径8.8、高3.1厘米（图一九八，5；图版七〇，2）。

缸：3件。1998STA2F1：1，泥质灰陶。圆唇，折沿，敛口，斜弧腹，平底，肩部有对称的竖系。外壁经磨光施散乱的暗纹。口径77、底径47厘米（图一九八，6）。2000STA2H39：24，夹砂灰陶。圆唇，敛口，斜鼓腹，平底微凹，肩部施双耳。存有口沿、器耳、器壁、器底，可以复原。口径48.8、高23.5、底径26.7厘米（图一九八，7，图版七〇，3）。2001STB1G29：1，泥质灰陶。圆唇外翻，敛口，近直腹，腹部施双耳，下部斜收，平底。器物剩下三分之一。口径22.8、底13、高24.6厘米（图一九八，8；图版七〇，4）。

直把三足釜：2件。1998STA2H13：15，器把及足残，夹砂灰褐陶。方唇，斜折沿，敞口，斜弧腹，上腹一圆柱状长把残。圜底，三圆柱状长足残。器表饰竖向中绳纹，底部饰散乱绳纹。外壁布满烟痕。口径15.6、通高7.36厘米（图一九九，1）。2001STA1G26：9，夹砂红陶。尖唇，斜折沿，敞口，直腹，圜底，圆锥状足，足端呈扁凿状，细长鋬手，腹部饰细绳纹。器物剩下口沿、器壁、鋬手、两个足，可以复原。口径16.2、通高13.1厘米（图一九九，2；图版七〇，5）。

釜：1件。2001STA1G26：30，夹砂灰褐陶。圆唇，敞口，折颈，鼓腹，圜底，腹部饰有细绳纹。口径41.6、腹径32.2、高21.5厘米（图一九九，3；图版七〇，6）。

罐：1件。1998STA2H19：7，口部残片，方唇，斜折沿，敛口，溜肩。肩部残存一横系，

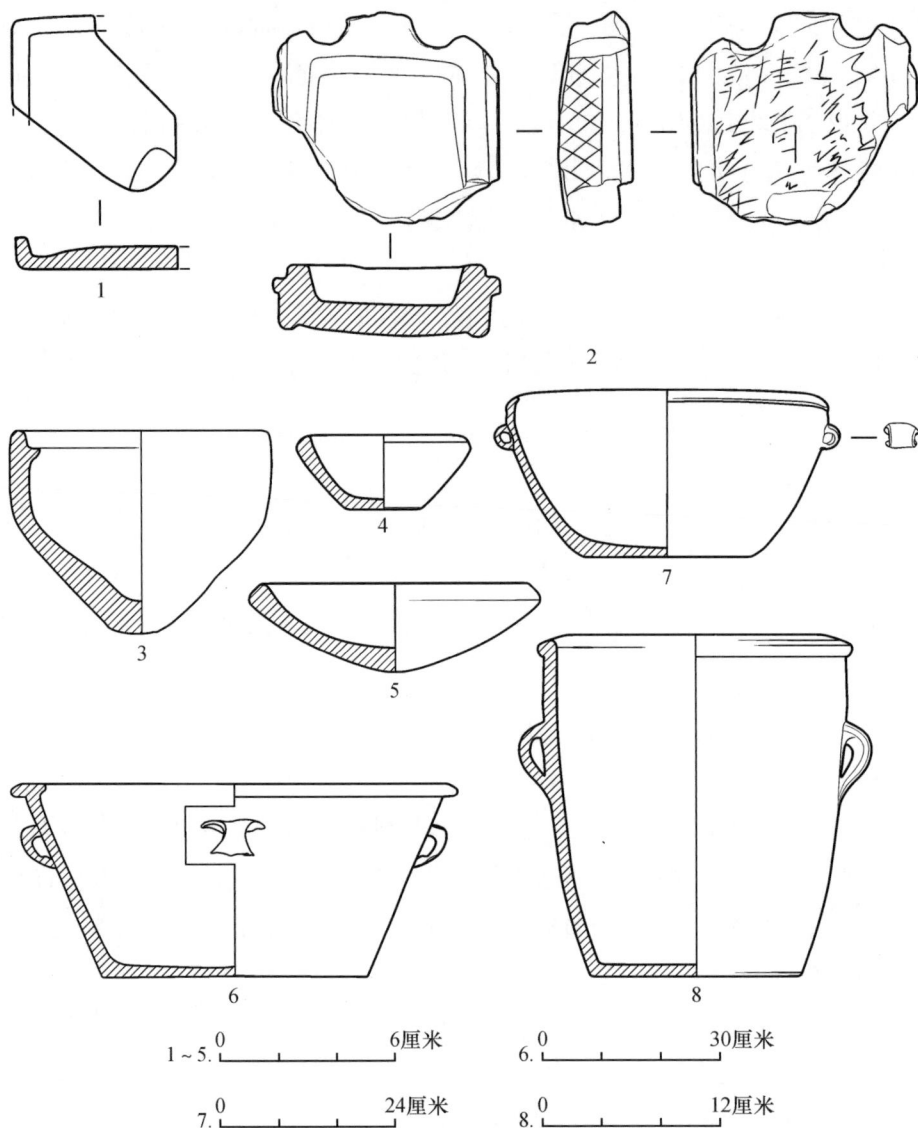

图一九八 宋元陶器

1、2.砚（1998STA2H9：7、1999STA2H18：3） 3、4.盏（2001STA1T3804⑤：1、1998STA2H13：14）

5.灯盏（2001STB1T3838⑥：10） 6～8.缸（1998STA2F1：1、2000STA2H39：24、2001STB1G29：1）

素面。口径24.08、残高8.48厘米（图一九九，4；图版七一，1）。

铃：1件。2001STA1T3804③：1，泥质灰黑陶。球形，下开缝，乳头状扁纽有穿孔可系绳，素面。腹径4、通高5.6厘米（图一九九，5；图版七一，2）。

板瓦：4件。1998STA2Y2：4，泥质灰陶。剖面呈弧形，表面有布纹，内凹面平整。长24.4、宽19.04、高4.76厘米（图二〇〇，1；图版七一，3）。1998STA2H26：10，方形陶瓦，剖面呈弧形，表面有布纹，应是加工所至，瓦的内面无纹饰。长25.04、宽11.92、高2.8厘米（图二〇〇，2；图版七一，4）。1998STC2Y4：2，泥质青灰陶，整体呈方形，剖面呈拱形，背面有布纹，另外一面没有纹饰，素面。呈青灰色。长23.8、宽20.04、高6.04厘米（图二〇〇，3；图版七一，5）。1999STA2T2714④：2，泥质灰陶。平面呈梯形。外壁饰一道竖行刮纹，内壁饰布纹。宽端22、窄端18、厚0.8、通长28.5厘米（图二〇〇，4；图版七一，6）。

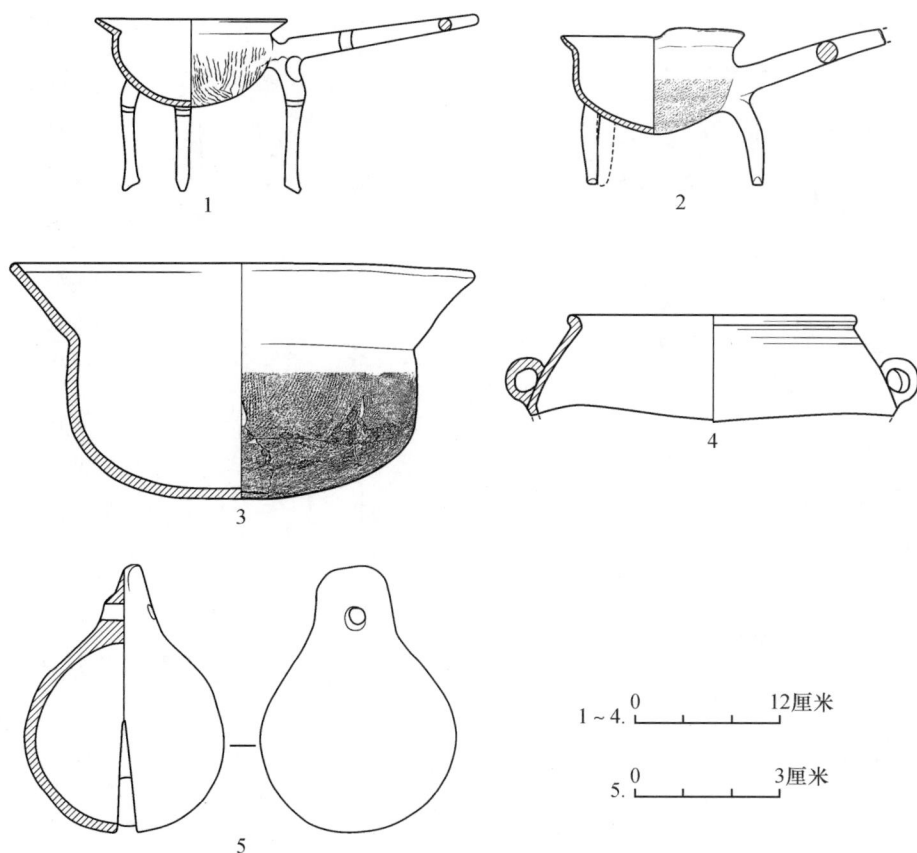

图一九九　宋元陶器

1、2. 直把三足釜（1998STA2H13：15、2001STA1G26：9）　3. 釜（2001STA1G26：30）　4. 罐（1998STA2H19：7）

5. 铃（2001STA1T3804③：1）

　　另发现3件残瓦片，外壁有阳文"☥"符号。1999STA2H33：1，泥质灰陶，残存窄端部分，外壁饰三道竖行刮纹，内壁饰布纹，外壁有一横排阳文"大吉"字符共4个；右下角有一横排阳文"☥"符号共3个；尾端有一横排阳文"☐"符号7个。尾端宽20.8、厚1.2、残长16.4厘米（图二〇〇，5；图版七二，1）。2000STA2H39：27，夹砂红褐陶。表面有烟熏痕迹。残长21.27、残宽13.4、厚1.12厘米。2000STA2H39：28，夹砂红褐色陶。呈弧状。残长24.8、残宽23.2、厚1.6厘米（图版七二，2）。

　　筒瓦：1件。1999STA2M3填土：14，泥质灰陶。前端做舌状子母口。外壁素面，内壁饰布纹。宽13.5、厚1.5、通长29.5厘米（图二〇〇，6；图版七二，3）。

　　滴水：3件。1999STA2M3填土：15，泥质灰陶，弧形，中饰花瓣及叶。弧宽5.6、通长13厘米（图二〇〇，7；图版七二，4）。1999STA2M3：16，泥质灰陶。一面有纹饰，一面没有纹饰，纹饰为花草纹。长14.4、宽4.4厘米（图版七二，5）。1999STA2T2815⑤：1，泥质灰陶，半月形，中饰花蕊及花叶。弧宽6.6、通长17.5厘米（图二〇〇，8，图版七二，6）。

　　瓦当：1件。均残。1999STA2M3填土：18，泥质灰陶，为狮头纹圆瓦当。直径13厘米（图二〇〇，9；图版七三，1）。

　　垫饼：5件。1998STA2H13：13，泥质灰陶。基本完整，盆、罐器物残片打制或磨制而

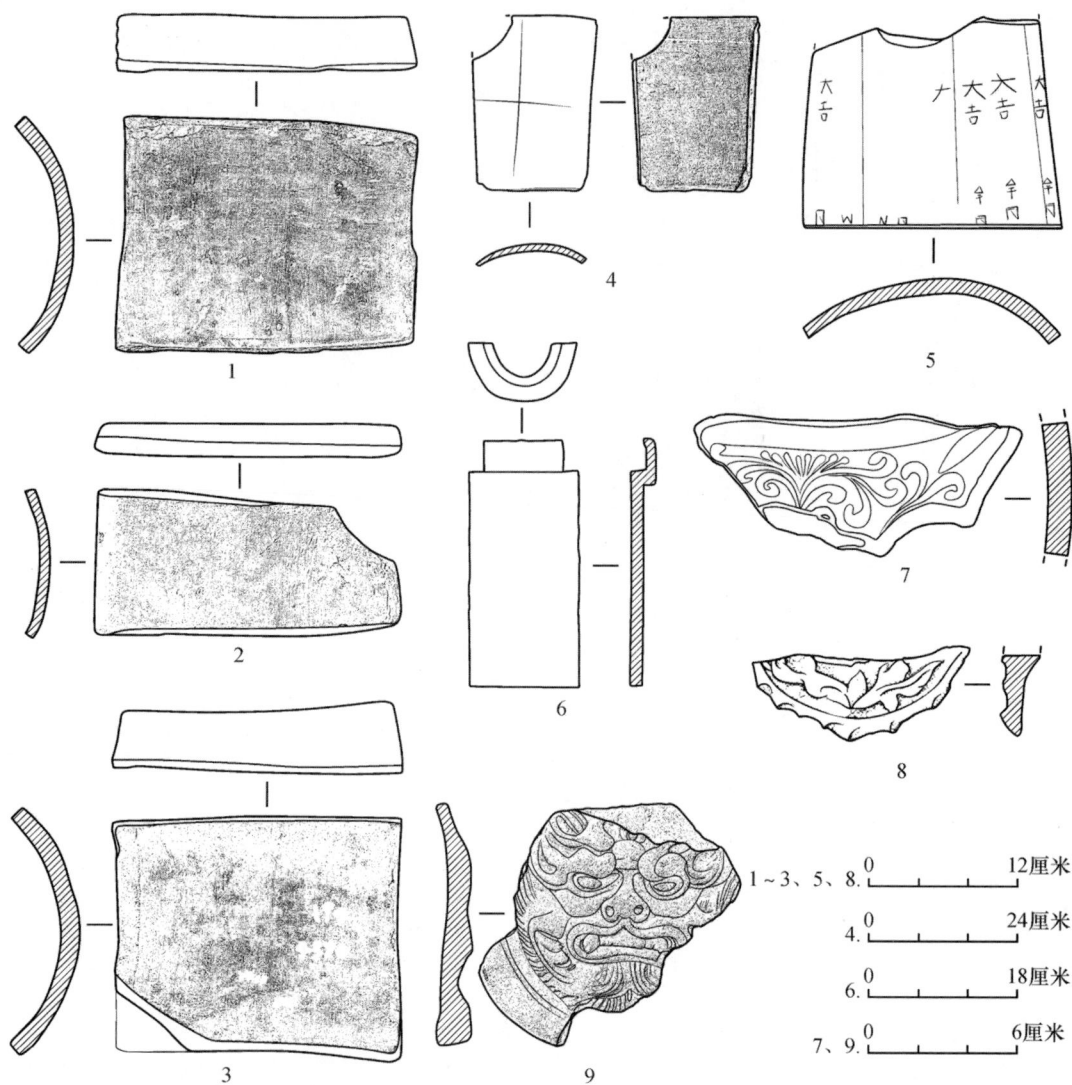

图二〇〇　宋元陶器

1~4.板瓦（1998STA2Y2：4、1998STA2H26：10、1998STC2Y4：2、1999STA2T2714④：2）　5.残瓦片（1999STA2H33：1）

6.简瓦（1999STA2M3填土：14）　7、8.滴水（1999STA2M3填土：15、1999STA2T2815⑤：1）

9.瓦当（1999STA2M3填土：18）

成。器体略呈圆形。宽2.2、高1.38厘米（图二〇一，1）。1998STA2H13：16，泥质灰陶。基本完整，均为盆、罐、瓦等器物残片打制或磨制而成，整体略呈圆形。直径3.5厘米（图二〇一，2）。1998STA2H13：17，泥质灰陶。均为盆、罐、瓦等器物残片打制或磨削而成，整体略呈圆形。直径2.1、厚2厘米（图二〇一，3）。1998STA2H13：18，泥质灰陶。基本完整，均为盆、罐、瓦等器物残片打制或磨削而成，整体略呈圆形。长1.52、宽1.46、厚1.29厘米（图二〇一，4）。1998STA2H13：19，泥质灰陶。基本完整，平面呈方形，整体为正方体，磨制而成。口径1.1、高1.1厘米（图二〇一，5，图版七三，2）。

　　盆：1件。1998STA2Y2：1，口部残片，泥质灰陶，内壁较厚，厚圆唇，宽折沿，斜弧壁，沿面分别饰一周凹弦纹、波浪纹和锯齿纹。口径38厘米（图二〇一，6；图版七三，3）。

　　杯：1件。1999STA2M3填土：5，泥质青灰陶。圆唇，敞口，折腹，圈底，素面。口径6、通高3.4厘米（图二〇一，7）。

钵：1件。2001STA1T3804⑤：20，泥质灰陶。尖圆唇，敞口，圆肩，斜腹，素面。口径12.5、高3.3厘米（图二〇一，8；图版七三，4）。

案：1件。2000STA2H39：23，泥质灰陶。长方形，拱式足，器形规整。器物剩下约三分之二。存有案板、足，可以复原。长46.3、高14、宽22.9厘米（图二〇一，9；图版七三，5）。

拍：2件。1998STA2Y2：2，泥质灰陶，泥质深灰色，圆饼形，拍面较平，鳖形把手，素面。长径15.6、厚5.4厘米（图二〇一，10；图版七三，6）。2001STB3T1904③：1，圆形，泥质灰陶。圆饼形拍面，桥状捉手，呈银锭状，素面。剖面呈半圆状。直径8.48、高3.02厘米

图二〇一　宋元陶器

1~5. 垫饼（1998STA2H13：13、1998STA2H13：16、1998STA2H13：17、1998STA2H13：18、1998STA2H13：19）

6. 盆（1998STA2Y2：1）　7. 杯（1999STA2M3填土：5）　8. 钵（2001STA1T3804⑤：20）　9. 案（2000STA2H39：23）

10、11. 拍（1998STA2Y2：2、2001STB3T1904③：1）

（图二○一，11）。

　　器盖：1件。2001STA1T3804⑤：18，敞口，顶端似乳头状，边缘到中间逐渐加厚。泥质灰褐陶。剩下整器的三分之一左右，可以复原。口径13、高4.1厘米（图二○二，1；图版七四，1）。

　　人头饰：1件。1998STA2T3112③：1，泥质红陶，形象逼真，颈部为一脱落的残面。通高2.7厘米（图二○二，2；图版七四，2）。

　　范：1件。1998STA2Y2：3，泥质灰陶，残存部分略呈半圆形，背面较平，侧壁较直。残径12.8、厚3.7厘米（图二○二，3；图版七四，3）。

　　口沿：2件。1998STA2H10：12，口沿残片，泥质褐陶，厚圆唇，沿向外卷，侈口，斜直壁。口径11.08、残高4厘米（图二○二，4；图版七四，4）。1998STA2T1407⑥：3，残，陶器口沿，泥质灰陶，方平唇，敛口，斜直壁。残长5.6、残宽4.52、厚1.1厘米（图二○二，5）。

　　器底：1件。1998STA2T0104⑤：3-1，泥质灰陶，陶器底部残片，平底。底径30.16、残高7厘米（图二○二，6）。

　　陶器：1件。2000STA2H39：25，泥质灰陶。残，器形不明，整体呈长方体状，有三条凸棱，中间凸棱将其一分为二。残长13.36、宽18厘米（图二○二，7；图版七四，5）。

　　球：1件。2000STB2TG4③：1，泥质灰陶，圆形，素面。球径2.25厘米。

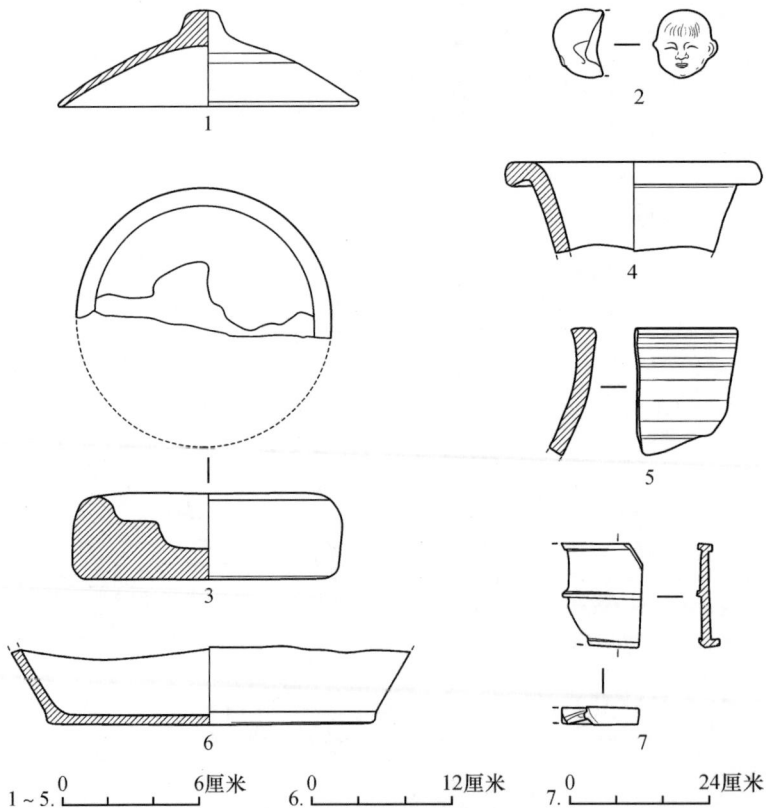

图二○二　宋元陶器

1. 器盖（2001STA1T3804⑤：18）　　2. 人头饰（1998STA2T3112③：1）　　3. 范（1998STA2Y2：3）

4、5. 口沿（1998STA2H10：12、1998STA2T1407⑥：3）　　6. 器底（1998STA2T0104⑤：3-1）

7. 陶器（2000STA2H39：25）

（三）铜器

簪：1件。2000STC3T1934③：1，长条片状，两端有破损。一头微圆，一头微扁。表面有绿色的铜锈。残长13.5、前宽1、柄厚0.2厘米（图二〇三，1；图版七五，1）。

铜钱：4件。1998STA2M2：2，外圆内方，文字疑似为"元丰通宝"，文字漫漶不清，锈蚀较为严重。直径2.44、孔径0.65厘米（图二〇三，2；图版七五，2）。1998STA2T0104⑥：2，"元祐通宝"铜钱，外圆内方，字迹漫漶不清，依稀可辨"元祐通宝"。直径2.41、孔径0.71厘米（图二〇三，3）。1998STA2T1508⑤：3，外圆内方，内部损坏严重，字迹漫漶不清，依稀可辨"开元通宝"。直径2.43、孔径0.6厘米（图二〇三，4）。2001STA1T3802④：2，残，圆形方穿，正、背面内外有郭。仅存右上部分，正面有真书"嘉祐"钱文，左下部分（钱文应为"元宝"）残失。直径2.5、孔径0.7厘米。

饰件：1件。2001STA2T1703④：1，片状，不规则形状，两头凸起，有三个穿孔。整体呈铜绿色，锈蚀较为严重。保存较完整。首尾略有残缺，浅黄色，平足弧背，首部及背部有圆孔3个。首部宽0.7、近尾部宽2、厚0.1、残长5.1厘米（图二〇三，5）。

龙形饰件：1件。1999STA2H34：1，通体长满绿色铜锈。为张口衔环的龙头及其颈部。残存整体呈弓状。残长7.4厘米（图二〇三，6，图版七五，3）。

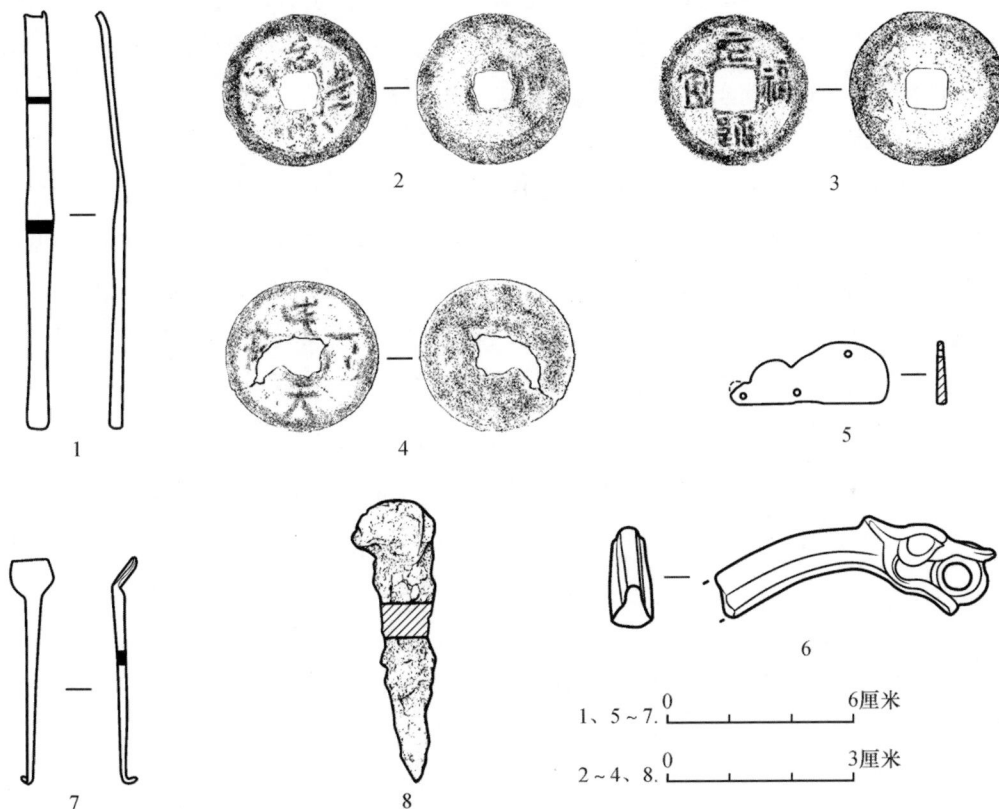

图二〇三　宋元铜、铁器

1. 铜簪（2000STC3T1934③：1）　　2. 铜钱（1998STA2M2：2）　　3. "元祐通宝"铜钱（1998STA2T0104⑥：2）

4. "开元通宝"铜钱（1998STA2T1508⑤：3）　　5. 铜饰件（2001STA2T1703④：1）　　6. 铜龙形饰件（1999STA2H34：1）

7、8. 铁钉（2000STA2H39：30、2000STC3M6：4）

（四）铁器

铁钉：2件。2000STA2H39：30，基本完整。柄头大，尖端小。因为有使用的痕迹，两头起翘。有红褐色铁锈。柄高6.2、共高1.2、柄厚2、上厚0.1厘米（图二〇三，7；图版七五，4）。2000STC3M6：4，形状似锥，一头大，一头小，粗端翘起。锈蚀严重，表面呈红褐色。长4.5厘米（图二〇三，8；图版七五，5）。

钱币：1枚。2000STB1T3232④：6，锈蚀严重，有无钱文不清，仅看出圆形方穿。直径约2.4、孔径约0.6厘米。

（五）石器

臼：3件。2001STA1T3903⑤：3，方唇，侈口，壁较厚，斜直腹，底较厚，平底。整体呈梯形，上大下小，外壁有凿痕。残，剩下器物的三分之二，可以复原。通高17.7、口径16.9、底径7.8厘米（图二〇四，1；图版七五，6）。2001STB1T3839⑥：2-2，厚方唇，斜直壁，侈口，平底，壁较厚。整体呈方形，臼窝呈圆形。外部有明显的凿痕。整体呈灰黑色，有使用的痕迹。口部残。高21.7、宽16.2厘米（图二〇四，2；图版七六，1）。2001STB1T3888⑥：9，口部残，直壁，平底，壁较厚。整体呈圆形，臼窝也是圆形。灰白色，表面有泥垢，布满凿痕。残，剩下整器的二分之一左右。直径8.2、残高6.82厘米（图二〇四，3；图版七六，2）。

砚：3件。皆用青灰色页岩凿磨而成。1998STA2T1507⑤：4，紫红色砂岩，面上凿有三个墨池，长方形一个，圆形两个，砚面上留有事先设计刻划的线条。底面较平，侧壁较直。残长13、残宽7、厚3.7厘米（图二〇四，4；图版七六，3）。2001STA1T3806③：3，形制近方形。少部分残缺。砚面有边框线，边框内凿池，内底呈斜坡状，底面也凿池，但未经打磨。四周壁刻划菱格形纹。砚池长8.2、宽6.5厘米，通长10.7、宽8.8、高2.5厘米（图二〇四，5；图版七六，4）。2001STB1T3738⑤：4，长方形，椭圆形池，残缺。砚池内底较平，窄端外缘有刻痕。砚池残长8.2、宽4.4厘米，通体残长8.9、宽6.3、高1.9厘米（图二〇四，6；图版七六，5）。

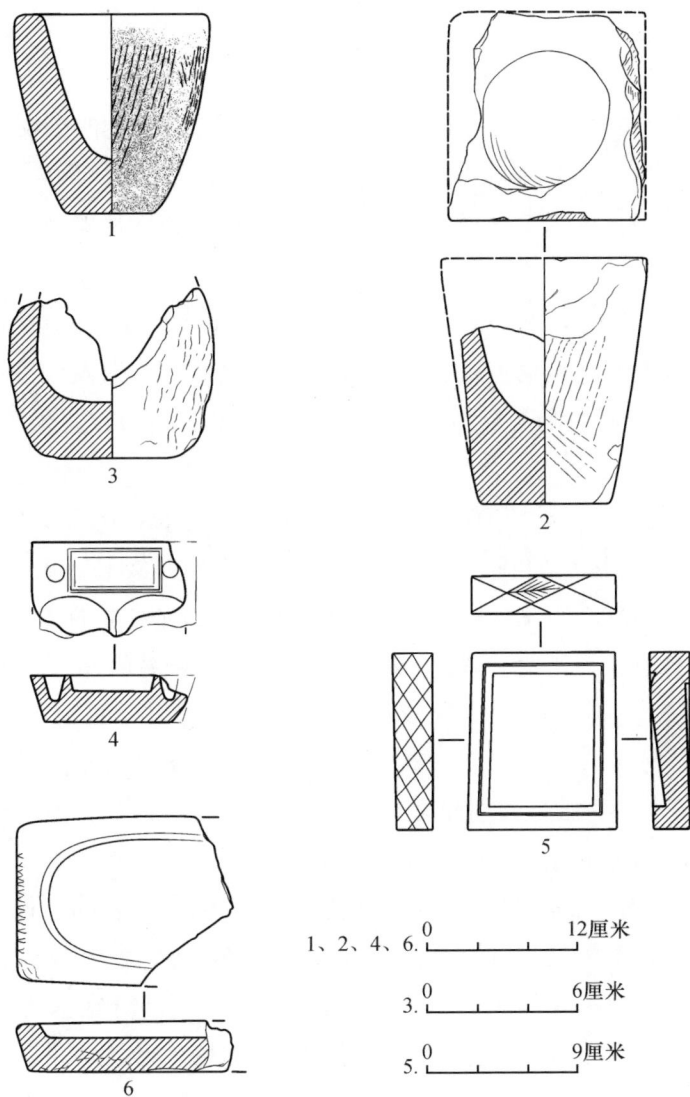

图二〇四　宋元石器

1～3.臼（2001STA1T3903⑤：3、2001STB1T3839⑥：2-2、2001STB1T3888⑥：9）　4～6.砚（1998STA2T1507⑤：4、

2001STA1T3806③：3、2001STB1T3738⑤：4）

第二节　分　　述

遗迹有灰坑、墓葬、房址、窑址、灰沟、烧灶、灰土遗迹、石基遗迹。

一、灰　　坑

灰坑共发现35座。其中圆形灰坑12座，椭圆形灰坑9座，长方形灰坑9座，三角形灰坑2座，不规则形灰坑3座。

1. 圆形灰坑12座

1998STA2H2（图七一）　位于T1507、T1508、T1607、T1608四个探方中，东北部被GI打破。开口于第③层下，坑口距地表深0.25米。平面略呈圆形，坡壁平底。口部直径约1.65、底部直径约1.25、深约0.3米。坑内填土堆积呈灰褐色，土质疏松，质略软。出土遗物有碗、盏、盆、釜等陶瓷残片。

Db型瓷盆，1998STA2H2：1，圆唇，沿向内圆卷，侈口，斜直壁，平底，紫红色缸胎，胎质粗糙。内壁及外壁上部施米黄色釉，外壁施酱釉不到底，内壁及内底施釉，刻划有弧形纹饰，内底有支钉痕迹，残存两个。口沿直径35.3、底径20.7、高8.7厘米（图二〇五，1；图版三二，6）。

1998STA2H4（图七二）　位于T0104东壁下，东隔梁叠压部分坑，本方中仅暴露一部分，H4开口于第②层下，坑口距地表0.3～0.4米，该坑打破第④层及H5。该坑在T0104中平面呈半圆状，口部长径1.4、短径0.8米，底部长径1.2、短径0.6～0.7米，坑深2.25米。该坑为斜边平底坑，坑边及底部未作加工。坑内堆积为一次堆积，填土呈黑褐色黏土，其结构紧密，质地稍硬，包含有少量烧土粒、木炭粒，出土残瓷片。

1998STA2H7（图七三）　位于T2811的西半部中间、H8的西面。本坑开口在第④层下，坑口距地表深0.5～0.6米。为圆形，直壁平底，直径1.3、深0.36米，未发现有加工痕迹。坑内堆积为一类土，土为灰褐色水浸土，质较硬，结构较紧。出土文物极少。

A型Ⅰ式瓷盆，1998STA2H7：8，紫红色缸胎，酱色釉，内满釉，外半釉。唇沿较厚，折沿，圆唇，口微敛，斜直壁微弧。口沿直径18厘米（图二〇五，2）。

1998STA2H9（图七四）　位于T1407、T1408内，另一部分在探方南侧。开口于第④层下，坑口距地表0.5米，打破第⑤层至生土，打破H10、H13。形状略呈圆形，发掘部分最大径为3.2米，底部最大径为1.8米，此坑深1.05米，坑壁坑底较为规整。H9内堆积共分为三层：第①层为黄褐色花土，结构较致密，质地略硬，含有较多的红烧土块和灰粒，此层厚0.6米，包含物有瓷碗口沿、器底等；第②层为深灰色土，厚0.15米，结构疏松，质地较软，没有出土物；第③层为黄褐色花土，结构较致密，质地较硬，含有烧土块、灰粒，包含物有瓷碗等残

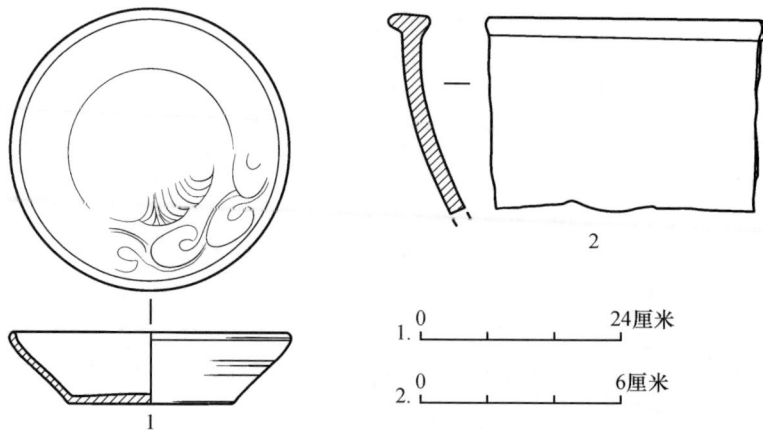

图二〇五　1998STA2H2、1998STA2H7出土瓷器

1. 1998STA2H2出土Db型瓷盆（1998STA2H2：1）　2. 1998STA2H7出土A型Ⅰ式瓷盆（1998STA2H7：8）

片，此层厚约0.3米。

Ac型Ⅰ式瓷碗，1998STA2H9：1，尖唇，敞口，斜直壁，斜度较大，高浅圈足，胎白，细腻，月白色釉（浅青），足底无釉，内壁有划印纹饰。口径13.88、高5.12、底径3.72厘米（图二〇六，1；图版三五，5）。

Ad型Ⅱ式瓷碗，1998STA2H9：2，敞口，斜弧腹，饼足，胎灰白，胎质致密，施姜黄色釉，内满釉，外半釉，内底中心一压印圆圈。口径8.88、高3.76、底径3.52厘米（图二〇六，2；图版三七，3）。

Ea型Ⅱ式瓷碗，1998STA2H9：3，敞口，曲壁，内壁外侈，高圈足，胎质致密而细腻，胎质灰白，内外壁施青白釉，足内外无釉。足径5.8、残高4厘米（图二〇六，3；图版四四，2）。

Aa型Ⅱ式瓷盏，1998STA2H9：5，圆唇，沿向外撇，敞口，上腹向内收近直，玉璧底。紫红色缸胎，胎质粗糙，内施酱色釉，外壁施釉仅到口沿下部。口径10.64、底径4.56、高2.98厘米（图二〇六，4；图版五三，2）。

B型Ⅱ式瓷矮领罐，1998STA2H9：6，尖圆唇，卷沿，敛口，颈部内凹，溜肩，肩部残存一横系，口部残片，紫红色缸胎，外壁施酱黑色釉，内壁无釉。残长13.88、残宽7.72、厚0.96

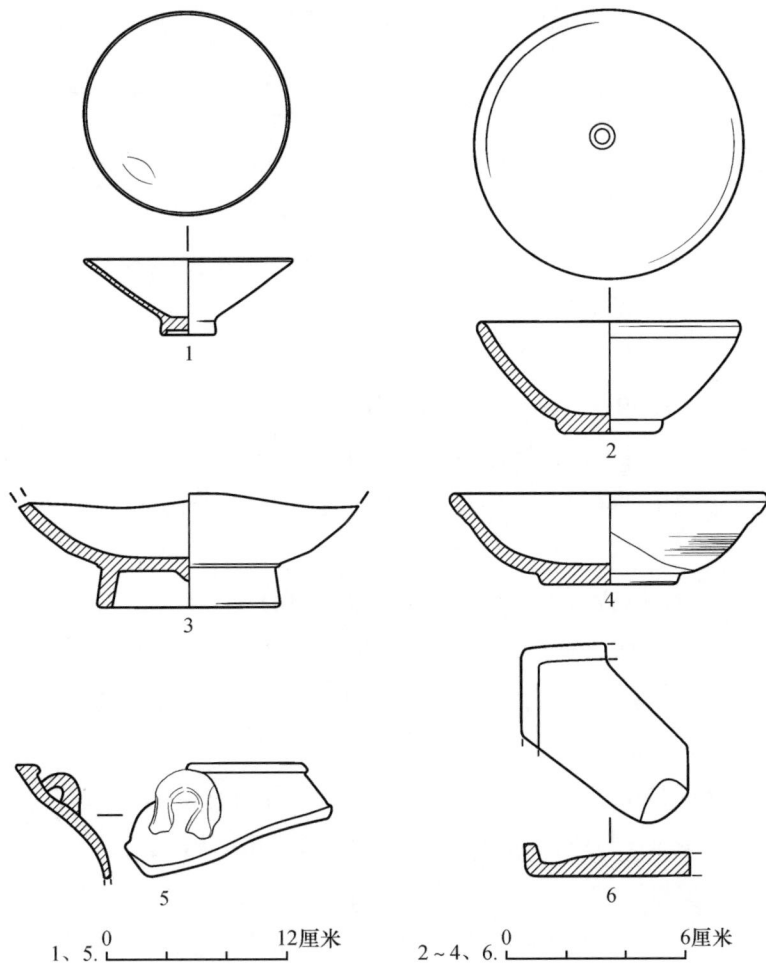

图二〇六　1998STA2H9出土陶、瓷器

1. Ac型Ⅰ式瓷碗（1998STA2H9：1）　2. Ad型Ⅱ式瓷碗（1998STA2H9：2）　3. Ea型Ⅱ式瓷碗（1998STA2H9：3）

4. Aa型Ⅱ式瓷盏（1998STA2H9：5）　5. B型Ⅱ式瓷矮领罐（1998STA2H9：6）　6. 陶砚（1998STA2H9：7）

厘米（图二〇六，5）。

陶砚，1998STA2H9：7，泥质灰陶，直壁平底，内底中部较平，外侧斜平，素面。残长7.4、残宽5.4、厚1.7厘米（图二〇六，6；图版六九，4）。

1998STA2H17（图七五）　位于T2811的中西部，发现于第④层下，坑口距地表深0.05～0.06米。平面呈圆形，直壁平底，未发现有加工痕迹，直径1.3、深0.36米。坑内填土堆积为灰褐色水浸土，结构紧密，质较硬。出土遗物破而残碎，可辨器形有以下几数件。

瓷盖，1998STA2H17：1，尖圆唇，沿向外卷，侈口，斜直腹，白色胎底，施青白色釉，外表光泽鲜亮。口径7.62、底径1.94、高2.02厘米（图二〇七，1；图版六六，3）。

Aa型Ⅱ式瓷碗，1998STA2H17：2，尖圆唇，敞口，曲壁弧腹，矮圈足，紫红色缸胎，胎质粗糙，酱色釉，外半釉，内满釉，唇部内外施一周米黄色釉，内底有一圆环状压痕，并有六个支钉痕迹，支钉对称。底径6.54、残高4.2厘米（图二〇七，2）。

Ba型Ⅲ式瓷碗，1998STA2H17：3，圆唇，侈口，弧腹，矮圈足外撇。紫红色缸胎，胎质粗糙，内壁及口沿部施以浅黄色釉，外部施以酱色釉，施到半部，不到底，内壁有划刻"道序号"三字。口径16.64、底径6.68、高6.72、厚0.68厘米（图二〇七，3）。

D型瓷碗，1998STA2H17：4，尖圆唇，沿向外卷，侈口，斜弧腹，玉璧底，灰白胎底，施白色釉，内、外壁均施釉，外底未施釉，内底有两个支钉。口径13.94、底径5、高5.96厘米（图二〇七，4）。

B型Ⅰ式瓷盏，1998STA2H17：5，厚方唇，沿向下呈方形，敞口，斜壁微弧，平底。紫红色胎，内施米黄色釉及口沿下部，余无釉。口径8.86、底径3.66、高2.54厘米（图二〇七，5；图版五五，3）。

瓷粉盆，1998STA2H17：6，母状敛口，斜直壁，平底，有穿孔，紫红色缸胎，子外壁及底施酱黄色釉，内壁及口部未施釉。口径8.1、底径6.12、高3.18厘米（图二〇七，6；图版三三，1）。

Da型Ⅱ式瓷盆，1998STA2H17：9，尖圆唇，卷沿，敛口，上腹微鼓，下腹缓收，平底，紫红色缸胎，胎质粗糙，施米黄色釉，内满釉。内壁及内底釉上施彩绘，内底一周压印圆圈，圆圈内有支钉痕迹，残存2个。口径32.16、高8.6、底径16.48厘米（图二〇七，7；图版三二，4）。

A型Ⅱ式瓷执壶，1998STA2H17：10，方圆唇，口微敛，颈较粗，溜肩，鼓腹，矮假圈足，红色缸胎，胎质粗糙。釉色米黄，外壁施半釉不到底，内无釉，下半部不施釉，呈灰色，流残，施红色釉，颈肩之间为一弓形扁把手，把手面上有刻划的弦纹。口径4、底径4.8、高13.2厘米（图二〇七，8；图版六八，2）。

A型瓷盘口罐，1998STA2H17：11，口腹部残片，方唇，盘口，敛口，束颈，圆肩，紫红色缸胎，胎质粗糙，内外壁施酱色釉。口径8.06、残高9.5厘米（图二〇七，9；图版二六，5）。

瓷支圈，1998STA2H17：12，完整，紫红色缸胎，胎质粗糙，圆形，一面为平面圆角斜棱，另一面有支钉5个，支钉半面为长方形，因经多次使用，器表呈锈铁红色。直径7、高12.2厘米（图二〇七，10；图版六五，6）。

1998STA2H19（图七六）　一部分遗迹分布在T1311的西北部和T1411的西南部，另一部

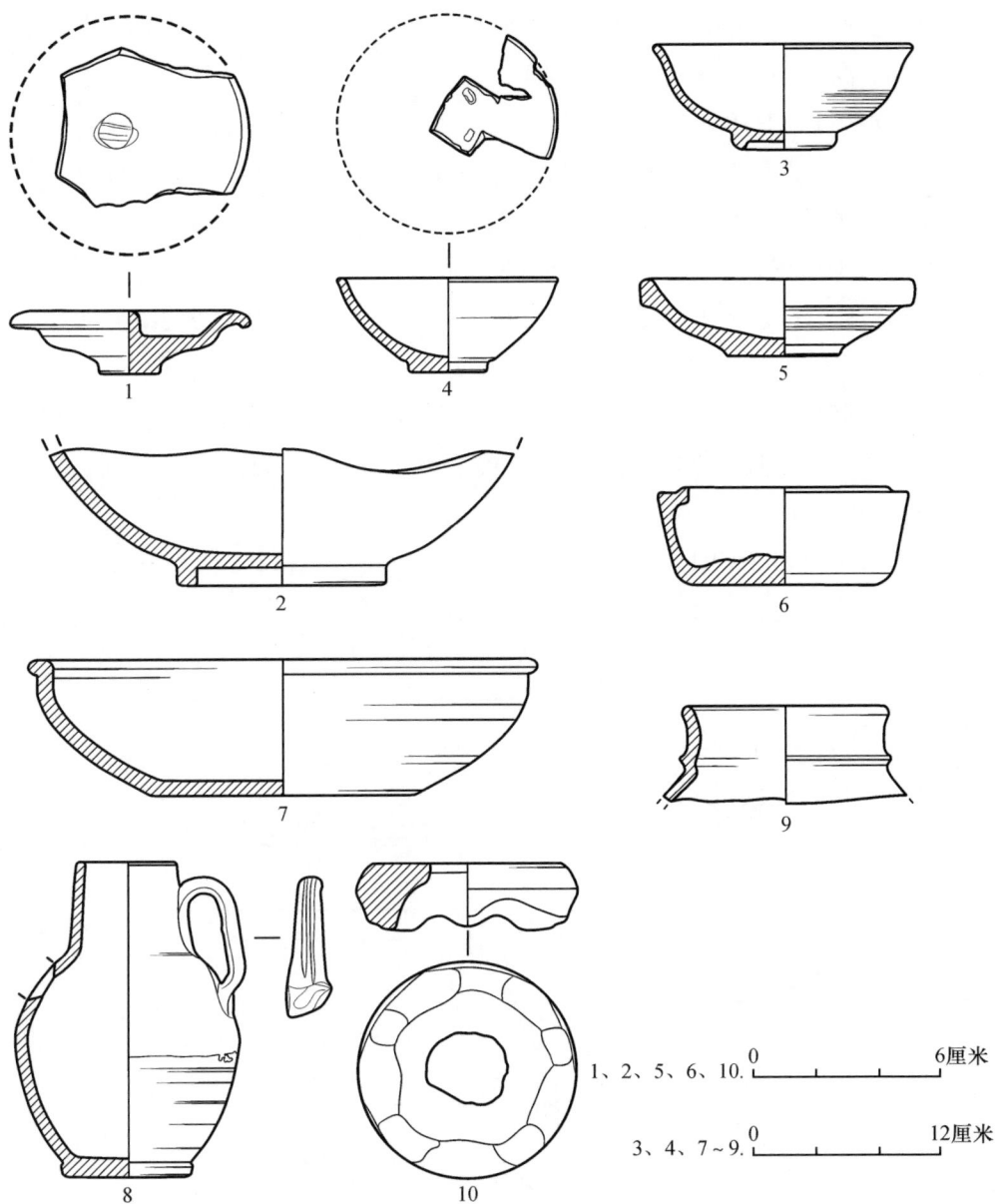

图二〇七　1998STA2H9出土瓷器

1. 盖（1998STA2H17：1）　2. Aa型Ⅱ式碗（1998STA2H17：2）　3. Ba型Ⅲ式碗（1998STA2H17：3）　4. D型碗（1998STA2H17：4）

5. B型Ⅰ式盏（1998STA2H17：5）　6. 粉盆（1998STA2H17：6）　7. Da型Ⅱ式盆（1998STA2H17：9）　8. A型Ⅱ式执壶

（1998STA2H17：10）　9. A型盘口罐（1998STA2H17：11）　10. 支圈（1998STA2H17：12）

分在这两个探方外，没有发掘。开口于第④层下，坑口距地表0.7米，打破第⑦、⑧层，叠压在H26上。H19所露部分略呈半圆形，其坑口最大径为3.2、深0.45米，坑壁坑底不规整。H19内的堆积为深灰色土，结构较疏松，质地稍软，包含物有碗、粉盒、盆、罐、器盖、筒瓦等陶瓷器。可辨器形有以下几种。

Bb型Ⅱ式瓷碗，1998STA2H19：1，圆唇，侈口，斜直壁微弧，矮圈足，整体外撇，胎釉发灰白，胎质致密而细腻，内壁满釉，外壁釉到底，足底无釉，兔毫。口径13.76、高5.16、底径3.64厘米（图二〇八，1；图版三九，1）。

C型瓷碗，1998STA2H19：2，斜直圆唇，侈口，腹壁斜直微弧，矮圈足，胎质灰红较细腻，内外施青绿色釉，并有护胎釉，外壁釉未到底，圈足部分无釉。内壁底有支钉痕五个。口径17.8、底径6.88、高5.4厘米（图二〇八，2）。

D型瓷碗，1998STA2H19：4，尖圆唇，沿向内卷，侈口，斜弧腹，矮圈足，平底。紫红色缸胎，胎质粗糙。施酱色釉，内壁施满釉，外壁施釉不到底，施半釉，底部有轮制的涡痕。口径9.48、高3.24、底径3.36厘米（图二〇八，3；图版四二，4）。

B型Ⅱ式瓷盏，1998STA2H19：4，尖圆唇，弧壁，上腹近直，玉璧底。紫红色缸胎，胎质粗糙。内壁施酱釉，外壁施半釉。口径16.56、底径7.04、高6.56厘米（图二〇八，4；图版五六，1）。

B型瓷钵，1998STA2H19：5，圆唇，敛口，鼓腹，饼足，足底旋削一周凹槽。紫红色缸胎，胎质粗糙，内壁施土黄色釉，外壁施米黄色釉不到底。口径18.5、高12、足径8.6厘米（图二〇八，5；图版二四，2）。

Ⅰ式瓷带流罐，1998STA2H19：6，口部残片，方圆唇，直口，矮直领，溜肩，口部沿上有系已残。肩部有双竖系，残存一系，并有一罐流，灰褐色缸胎，胎质粗糙。内外壁施酱色釉，内釉不到底。口沿9.6、残高7.5、残存腹径14.8厘米（图二〇八，6；图版二七，1）。

图二〇八　1998STA2H19出土陶、瓷器

1. Bb型Ⅱ式瓷碗（1998STA2H19：1）　　2. C型瓷碗（1998STA2H19：2）　　3. D型瓷碗（1998STA2H19：4）

4. Ba型Ⅱ式瓷盏（1998STA2H19：4）　　5. B型瓷钵（1998STA2H19：5）　　6. Ⅰ式瓷带流罐（1998STA2H19：6）

7. 陶罐（1998STA2H19：7）　　8. Ⅱ式瓷缸（1998STA2H19：8）

陶罐，1998STA2H19：7，口部残片，方唇，斜折沿，敛口，溜肩。肩部残存一横系，素面。口径24.08、残高8.48厘米（图二○八，7；图版七一，1）。

Ⅱ式瓷缸，1998STA2H19：8，口部残片，方圆唇，沿斜平，敞口，紫红色缸胎，外壁及内壁口部施浅黄色釉，上腹部饰一周凸弦纹。残长12.64、残宽8.44、厚0.94厘米（图二○八，8；图版二八，5）。

1998STA2H26（图七七）　一部分位于T1311和T1411内，另一部分在这两个探方外侧，未发掘。H26开口于第⑦层下，坑口距地表0.9米，它被H18叠压，打破第⑧、⑨、⑩层。H26所露平面略呈半圆状，坑口为3.75米，深0.5米，坑壁坑底无加工痕迹。H26内的堆积为褐色，结构较疏松，质地较软，包含遗物有瓷碗、罐、灯盏、盆、器盖、板瓦、瓦当等陶瓷器。可辨器形有以下几种。

Ba型Ⅰ式瓷碗，1998STA2H26：1，尖唇，侈口，腹壁微弧，圈足，足内壁外撇，胎质致密，胎白细腻。白色发灰薄壁，足内外无釉。口径14.58、底径4.38、高6.04厘米（图二○九，1；图版三七，5）。

Bc型Ⅰ式瓷碗，1998STA2H26：2，尖圆唇，侈口，斜弧腹，高浅圈足内收，白色胎底，胎白，细腻，浅青色（月白色）釉，足底无釉，内底一压印圆凹圈。口径15.2、高4.6、底径4.76厘米（图二○九，2；图版三九，5）。

Ac型Ⅱ式瓷碗，1998STA2H26：3，尖圆唇，敞口，斜弧壁，腹较浅，饼足内凹外撇，紫红色缸胎，胎质粗糙。内壁施米黄色釉，外壁施酱色半釉，内底一圆圈压印痕，圆圈内五个支钉痕。口径16.28、高4.88、底径6.72厘米（图二○九，3；图版三五，6）。

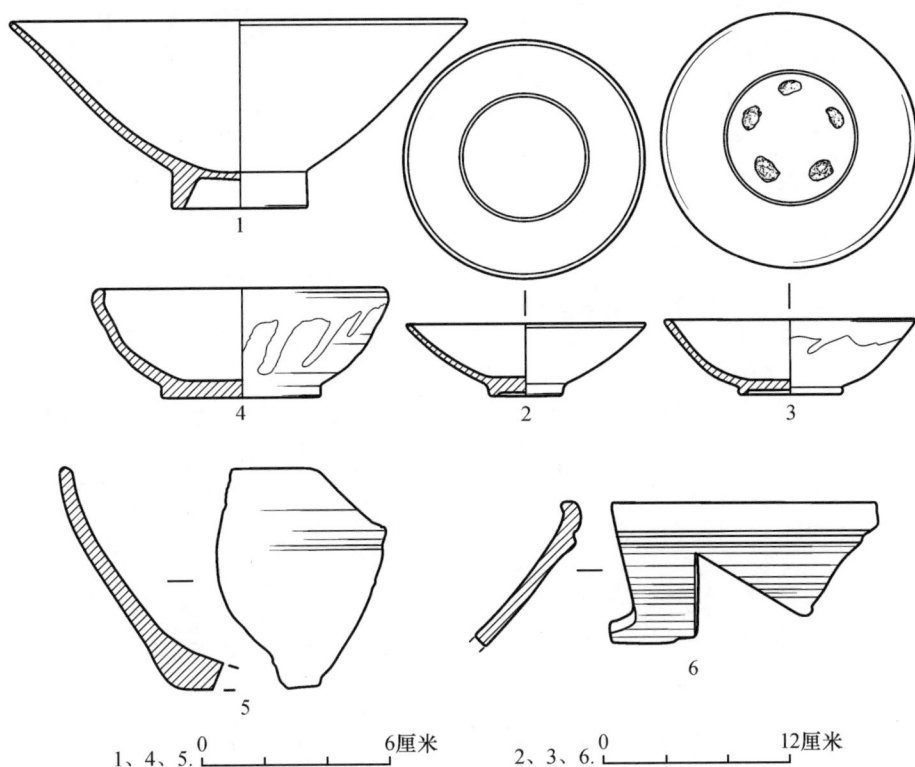

图二○九　1998STA2H26出土瓷器

1. Ba型Ⅰ式碗（1998STA2H26：1）　2. Bc型Ⅰ式碗（1998STA2H26：2）　3. Ac型Ⅱ式碗（1998STA2H26：3）

4. Aa型Ⅰ式盏（1998STA2H26：4）　5. 瓷片（1998STA2H26：11）　6. Cb型盆（1998STA2H26：5）

Aa型Ⅰ式瓷盏，1998STA2H26：4，尖圆唇，敞口，弧壁，平底。深紫色缸胎，内壁酱黑色釉，外壁似为一层护胎釉。外壁釉不到底。下腹部有两道凹弦纹。口径9.46、底径5.08、高3.52厘米（图二〇九，4；图版五二，1）。

瓷片，1998STA2H26：11，尖圆唇，沿向内卷，侈口，平底，底较厚，紫红色缸胎，胎质粗糙，施酱色釉，内壁施满釉，外壁釉不到底。宽5.4、高7.02、厚0.52厘米（图二〇九，5）。

Cb型瓷盆，1998STA2H26：5，方唇，平沿，唇沿下饰一周附加堆纹，敛口，斜直腹，紫红色缸胎，内壁及唇沿施米黄色釉，外壁酱色釉不到底。残长17.48、残宽9.16、厚1.04厘米（图二〇九，6；图版三一，6）。

Cb型瓷盆，1998STA2H26：6，厚圆唇，沿向外卷成方形，敞口，斜直壁，平底，紫红色缸胎，内壁及口沿施满米黄色釉，外壁施酱釉不到底，内底存支钉痕迹，残存1个。口径20.76、高7.44、底径11.72厘米（图二一〇，1；图版三二，1）。

B型Ⅰ式瓷矮领罐，1998STA2H26：7，口部残片，圆唇，沿向外卷成圆形，敛口，溜肩，肩部残存一竖系，紫红色缸胎，外壁及唇沿施酱色釉，内壁口部施浅黄色护胎釉。残长14、残宽13.5厘米（图二一〇，2；图版二七，3）。

A型Ⅰ式瓷无领罐，1998STA2H26：8，口部残片，方圆唇，敞口，广肩，鼓腹，平底，肩部残存一系，紫红色缸胎，米黄色釉大部脱落，内外壁施半釉。口径28、残高8.2厘米（图二一〇，3；图版二七，5）。

A型Ⅰ式瓷缸，1998STA2H26：9，口部残片，唇沿较薄，尖圆唇，斜平沿，口微敛，颈

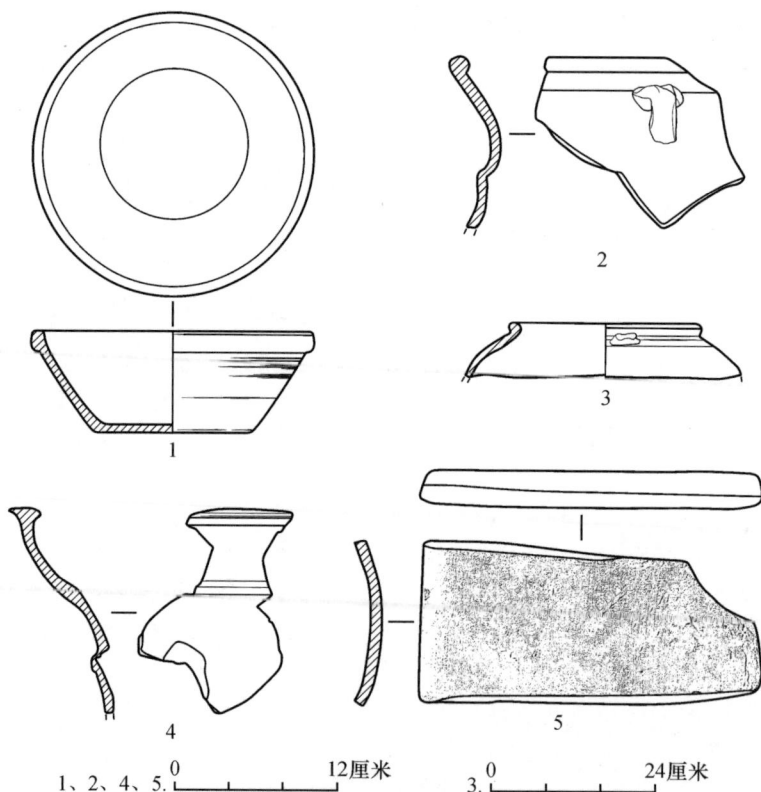

图二一〇　1998STA2H26出土陶、瓷器

1.Cb型瓷盆（1998STA2H26：6）　2.B型Ⅰ式瓷矮领罐（1998STA2H26：7）　3.A型Ⅰ式瓷无领罐（1998STA2H26：8）

4.A型Ⅰ式瓷缸（1998STA2H26：9）　5.陶板瓦（1998STA2H26：10）

不明显，鼓腹，紫红色缸胎，外壁及唇沿施浅黄色釉，内壁口部施白色护胎釉。残长15.08、残宽11.44、厚1.2厘米（图二一○，4；图版二八，4）。

陶板瓦，1998STA2H26∶10，方形陶瓦，剖面呈弧形，表面有布纹，应是加工所至，瓦的内面无纹饰。长25.04、宽11.92、高2.8厘米（图二一○，5；图版七一，4）。

2001STA1H45（图七八）　位于T3604西北角，部分压在T3604的北隔梁下，距关键柱2.65米。开口于第③层下，距地表0.85米，打破第④层，形状为圆形，直径为2.35、深0.3米，同T3903硬面、灶处于同一平面上，底部为锅底形，无加工痕迹。坑内堆积为灰褐土，土质松软，底部有薄层草木灰。含有烧土块、瓷片，出土有筒瓦。

2001STB1H46（图七九）　位于T3232探方内，分布在探方北部，部分压在东、北隔梁下，灰坑暴露面积约占探方面积的二分之一。开口于第④层下，坑口距地表2.15～2.45米，打破第⑤层及生土层。该灰坑为圆形，圜底稍平，圆腹，坑口南北长4.2、东西残长3.52、深1.38米。此灰坑无明显的加工痕迹。该灰坑土质松软，颜色呈灰褐色，湿度较大。出土遗物以陶瓷碎片为主，出土可复原瓷碗一件及少量板瓦、筒瓦碎片。包含物有大量的石块，其形状、大小不等，还出土有陶瓷片，可辨器形有以下几种。

B型瓷碟，2001STB1H46∶1，圆唇，敞口，斜鼓腹，平底。瓷胎，乳白色釉，底部无釉，整体呈莲瓣状。口径10.2、底径4.1、高2.4厘米（图二一一，1）。

D型瓷碗，2001STB1H46∶2，小圆唇，斜直口，斜腹，圈足。紫红色缸胎，胎质粗糙，酱色釉，外壁半釉，内底有五个支钉痕迹。口径17.3、足径5.9、足高0.8、通高4.4厘米（图二一一，2；图版四三，4）。

2001STB1H48（图八○）　位于T3839中部偏北。开口于第⑥层下，打破第⑦、⑧层及生土。坑口距地表深1.8米。该坑为大坑套小坑上下两部分组成。大坑平面为圆形，壁面较直，坑底较平，坑口径1、深0.45米；小坑位于大坑坑底正中，平面也为圆形，壁面微斜，坑底平圆，坑口径0.6、深0.1米。坑内堆积呈黄褐色，含有少许木炭粒及红烧土块。结构松散，土质松软。出土遗物少而破碎，可辨器形有瓷罐、盆等。

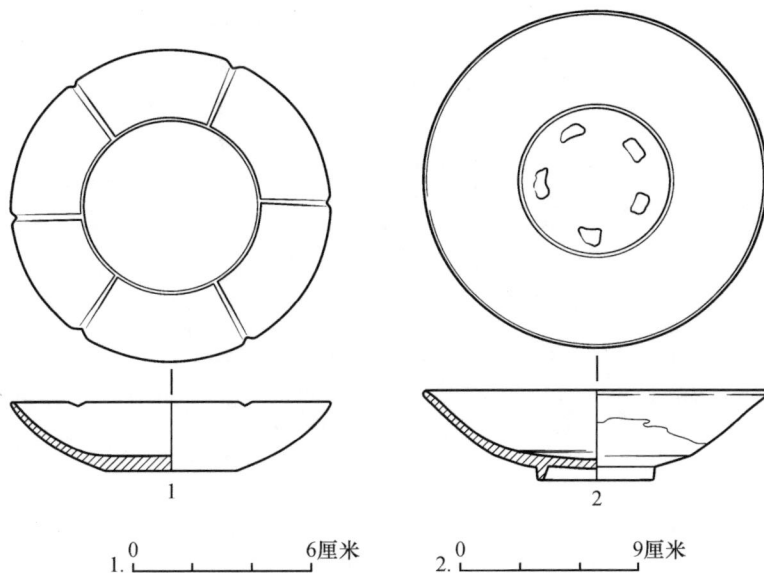

图二一一　2001STB1H46出土瓷器
1. B型碟（2001STB1H46∶1）　2. D型碗（2001STB1H46∶2）

　　2001STA1H49（图八一）　　位于T3903的东南角，部分压在T3803北隔梁下与T3903东隔梁下，西北距Z1 2.7米。开口于第③层下，距地表深0.9米，打破第⑤、⑥层，与探方T3903硬面、Z1处于同一平面上，在其口沿边有硬面斜入部分，因T3803北隔梁、T3903东隔梁未发掘，根据发掘出坑边，判断该坑为圆形坑，深0.8米，底部为圜底，无加工痕迹。坑内堆积为灰土，土质疏松，底部有一层草木灰，出土有瓷片。

　　2001STB1H50（图八二）　　位于T3738西南角，一部伸进南隔梁之下。开口于第⑥层下，距地表深2.15米，打破第⑦、⑧层和生土。与其他遗迹无打破关系。本坑从已发掘部分看，为圆形，坑口东西1.7、南北1.8、坑底长1.6、坑口距地底深0.4米，坑内没有遗迹及加工痕迹。本坑从上到下土质、土色均相同，均为灰褐土，土质疏松，内含水分较多。以及烧土块，木炭粒等。底部有一层瓷片，而且数量很多。出土遗物以瓷器为主，可辨器形有以下几种。

　　F型Ⅰ式瓷碗，2001STB1H50：1，圆唇，敞口，斜腹，饼状足。瓷胎，施黄白色釉，内饰螺旋形划纹。口径11.2、足径4.2、足高0.4、通高4.6厘米（图二一二，1）。

　　D型瓷碗，2001STB1H50：2，尖圆唇，敞口，斜腹，饼状足。瓷胎，胎质较好，施酱黄色釉，外壁半釉，内饰螺旋形划纹。口径12、足径4.2、足高0.5、通高4.6厘米（图二一二，2；图版四四，1）。

　　B型瓷盆，2001STB1H50：3，圆唇，敛口，斜直壁，平底。紫红色缸胎，胎质粗糙，米黄色釉，内壁施釉，外壁半釉。口径45.4、底径23.2、高11.5厘米（图二一二，3；图版三一，3）。

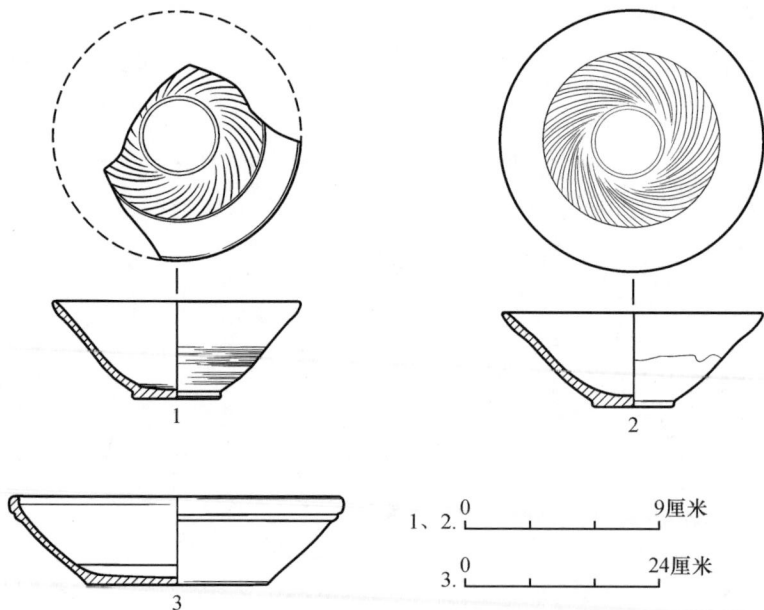

图二一二　　2001STB1H50出土瓷器
1. F型Ⅰ式碗（2001STB1H50：1）　2. D型碗（2001STB1H50：2）　3. B型盆（2001STB1H50：3）

2. 椭圆形灰坑9座

1998A1H1（图八三）　位于T4006的西南部，G1南边，距南壁0.8、距西壁1米，H1开口于第②层下，坑口距地表0.3米。平面为椭圆形，长径1.6、短径1.2、深0.6米。斜坡平底，坑壁及底部未发现工具痕迹。坑内堆积为一次性堆积，包含有木炭粒、烧土粒、石块，出土物有瓷碗、灰陶片等。

1998STA2H10（图八四）　位于T1407、T1408、T1507内，被M2、G1、H9打破。开口于第④层下，坑口距地表深0.6米。平面略呈椭圆形，坡壁平底，最大径8.1、深0.5米。坑内填土堆积为深灰色土，含有木炭粒及烧土块，质较硬。包含物有碗、盆、罐等陶瓷器残片。可辨器形有以下几种。

Bb型Ⅰ式瓷碗，1998STA2H10：1，尖圆唇，侈口，斜直壁微弧，高圈足，内底略下垂，圈足整体外撇，胎白稍发灰，青灰色釉，足底无釉，内底一压印纹，圆圈状，器壁较薄，此器周身布满烟熏痕。口径12.36、底径4.92、高5.66厘米（图二一三，1；图版三八，6）。

Bc型Ⅲ式瓷碗，1998STA2H10：2，尖圆唇，侈口，斜弧壁，高浅圈足略内收，通体施白色釉，胎白色，细腻，内壁、内底饰划印纹饰，底无釉。口径14.04、高4.32、底径4.88厘米（图二一三，2；图版四〇，5）。

D型瓷碗，1998STA2H10：3，尖唇，口微侈，斜直壁，足内壁外侈，高圈足，胎质致密，施浅青白色釉，胎白细腻。足内侧无釉，表面有铍裂，有破痕，可以复原。口径11.04、底

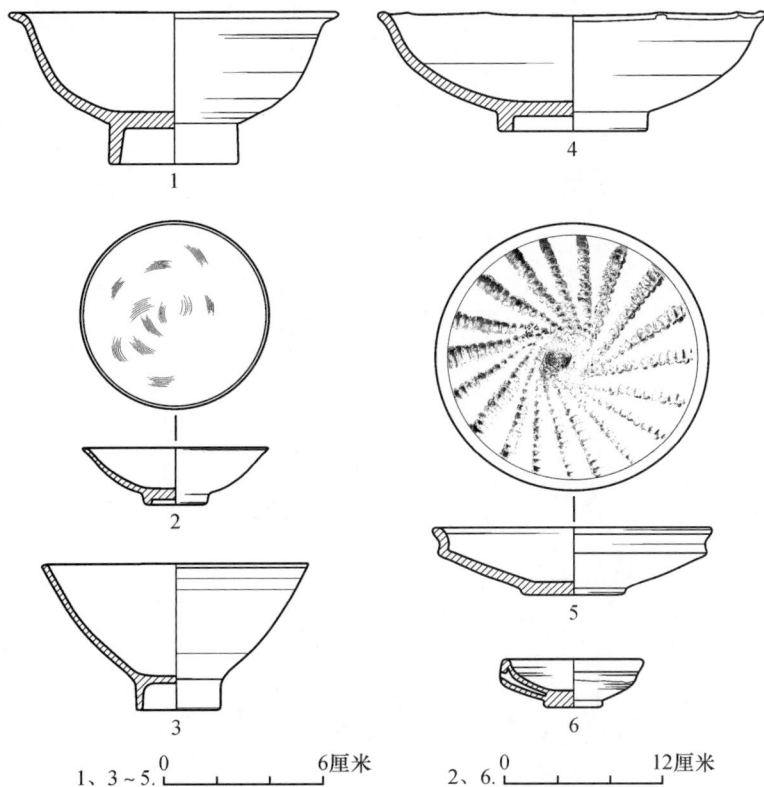

图二一三　1998STA2H10出土瓷器

1. Bb型Ⅰ式碗（1998STA2H10：1）　2. Bc型Ⅲ式碗（1998STA2H10：2）　3、4. D型碗（1998STA2H10：3、
1998STA2H10：4）　5. D型Ⅰ式灯盏（1998STA2H10：5）　6. 省油灯（1998STA2H10：6）

径3.48、高6.08厘米（图二一三，3；图版四二，5）。1998STA2H10：4，尖圆唇，侈口，斜弧腹，高圈足较直，足壁较厚，胎质致密而细腻，胎灰白，釉白色泛黄，足底无釉，其他地方均施釉，内壁饰一周弦纹。口径14.6、底径5.66、高4.5厘米（图二一三，4；图版四一，6）。

D型 I 式瓷灯盏，1998STA2H10：5，尖唇，侈口，束颈，斜直壁微弧，平底微凹。紫红色缸胎，胎质粗糙。内、外施酱色釉，口沿、颈部施一周米黄色釉，外壁只施于折沿部位。内壁有19条戳点形成的施涡状纹饰。口径10.6、底径3.9、高2.58厘米（图二一三，5；图版六三，6）。

瓷省油灯，1998STA2H10：6，厚圆唇，敞口，斜直腹，饼足，唇沿下圆注水孔，紫红色缸胎，内施酱色釉，外壁半釉不到底，内壁一侧有烧烤痕迹。口径10.68、高3.72、底径4.48厘米（图二一三，6；图版六六，2）。

瓷盒，1998STA2H10：7，子口，口向内敛，斜弧腹，底部和盖皆失落，灰褐色釉陶，外壁、上部及口施米黄色釉，其余部位无釉。口径10.2厘米（图二一四，1；图版六六，1）。

瓷器盖，1998STA2H10：8，平沿，敞口，折腹，上有圆足状把手，覆盘状，紫红色缸胎，外壁施酱色釉，内壁及口部无釉。直径10、残高5厘米（图二一四，2）。

Ca型瓷盆，1998STA2H10：9，圆唇，窄平沿，沿面微鼓，敞口，斜直腹，平底，紫红色缸胎，胎质粗糙，内壁及口沿施满米黄色釉，外壁酱色釉不到底。内底刻双鱼纹，内壁刻划水草

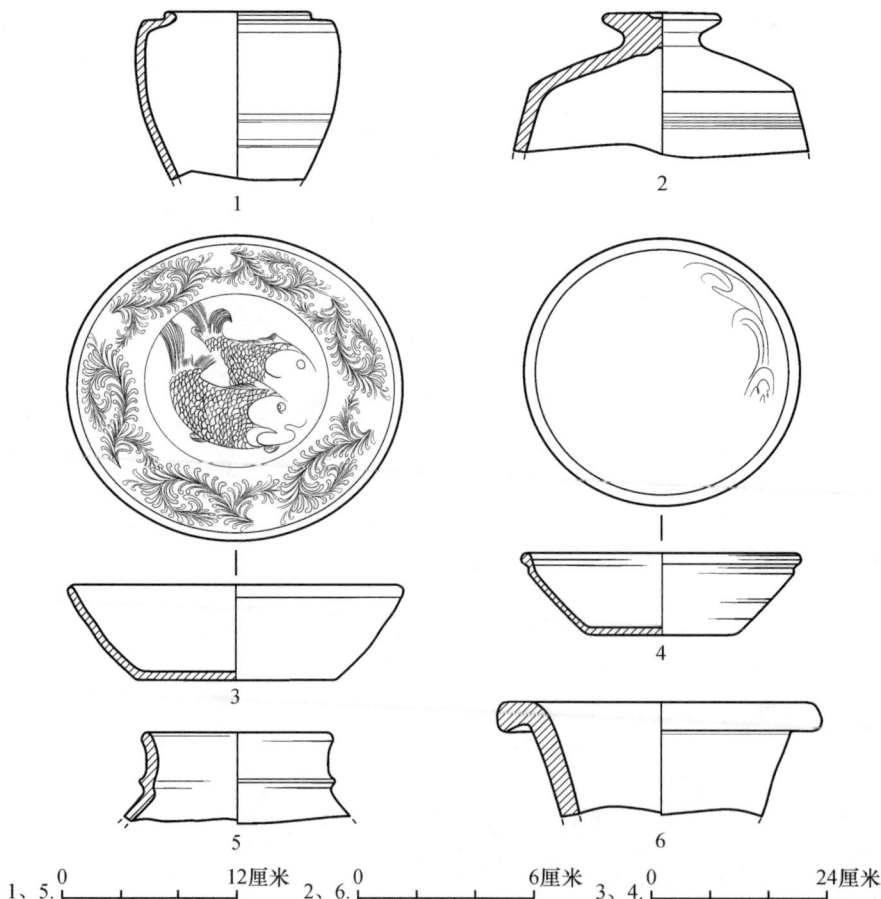

图二一四　1998STA2H10出土陶、瓷器

1. 瓷盒（1998STA2H10：7）　2. 瓷器盖（1998STA2H10：8）　3. Ca型瓷盆（1998STA2H10：9）

4. Da型 I 式瓷盆（1998STA2H10：10）　5. A型 I 式瓷高领罐（1998STA2H10：11）　6. 陶口沿（1998STA2H10：12）

纹。内底有12个支钉痕迹。口沿直径47、底径30、高13.5厘米（图二一四，3；图版三一，5）。

Da型Ⅰ式瓷盆，1998STA2H10：10，厚圆唇，沿向外卷，侈口，唇沿下一周凹槽旋痕，斜直腹，微弧，平底，紫红色缸胎，胎质粗糙，施米黄色釉，内满釉，外半釉，内壁口沿下有刻划的细线弧形纹。口径39.5、底径21.5、高12.4厘米（图二一四，4；图版三二，2）。

A型Ⅰ式瓷高领罐，1998STA2H10：11，平沿，敞口，颈部一匝凸棱较粗重，颈较长，口部较长，紫红色缸胎，内外壁施酱色釉。口径13.2厘米（图二一四，5）。

陶口沿，1998STA2H10：12，口沿残片，泥质褐陶，厚圆唇，沿向外卷，侈口，斜直壁。口径11.08、残高4厘米（图二一四，6；图版七四，5）。

1998STA2H12（图八五）　位于T3011的东北角、T3111的东南角和T3112的西南角。H12开口于第④层下，坑口距地表深0.35～0.45米，底部到生土。本坑分布在三个探方内，探方隔梁未打，据现暴露部分，此坑为椭圆形，坑现长4.6、宽3.3、深0.35米，坑为斜坡，平底，没有加工痕迹。坑内堆积为一层灰褐色土，质地较硬，含有大量的红烧土块，出土遗物有筒瓦、瓮、罐、盆、碗、灯盏等陶瓷器。

Ab型Ⅱ式瓷碗，1998STA2H12：1，尖圆唇，敞口，深弧腹较曲，紫红色缸胎，胎质粗糙，表面呈灰色，口沿部有一圈白色护胎釉，内支钉痕六个。口径15.76、高6.52、底径6.8厘米（图二一五，1；图版三四，6）。

Aa型Ⅰ式瓷盏，1998STA2H12：2，厚圆唇，沿向外撇，侈口，平底，底有轮制涡痕。紫红色缸胎，胎质粗糙。内壁及口部施米黄色釉，外部施酱色釉（几乎全脱落）。口径10.14、底径4.58、高2.88厘米（图二一五，2；图版五一，6）。

C型Ⅱ式瓷矮领罐，1998STA2H12：3，口部残片，紫红色缸胎，尖圆唇，平沿，敛口，颈部内凹，矮领。外壁及唇沿施酱色釉，内壁仅口部施浅黄色护胎釉。残长18.24、残宽9.52、厚1.28厘米（图二一五，3）。

A型Ⅱ式瓷高领罐，1998STA2H12：4，口部残片，平沿，直口，颈较斜，颈部一匝凸棱较纤细，肩部残有一竖系，紫红色缸胎。外壁及内壁口部施酱色釉。口径14.5厘米（图二一五，4）。

B型瓷高领罐，1998STA2H12：5，条唇，沿斜平，沿面下凹，敛口，高斜领，溜肩，口部残片，紫红色缸胎，肩部四竖系，残存两系。颈部一匝凸棱较纤细，外壁及唇沿施酱色釉，内壁口部施白色护胎釉，下部无釉。口径12.4厘米（图二一五，5）。

C型瓷高领罐，1998STA2H12：6，圆唇，沿向外微卷，侈口，高领，溜肩，颈部一匝凸棱较细，口部至腹部残片，紫红色缸胎，胎质粗糙。肩部四竖系残存一系，外壁及唇沿施酱色釉，内壁口部施白色护胎釉，下部无釉。口径12.5厘米（图二一五，6；图版二六，6）。

A型Ⅱ式瓷无领罐，1998STA2H12：7，口部残片，沿向外平卷，敛口，广肩，肩部残存一竖系，施砖红色釉，胎质粗糙，外壁、肩部米黄色釉大部脱落，内壁无釉。残长12、残宽11.16、厚1.4厘米（图二一五，7；图版二七，6）。

B型Ⅰ式瓷缸，1998STA2H12：8，口腹部残片，泥质灰陶。圆唇，卷沿，敛口，素面。残长12.28、残宽10.64、厚0.8厘米（图二一五，8；图版二八，6）。

1998STA2H18（图八六）　位于T0105中部，南部在探方外。开口于第③层下，坑口距地

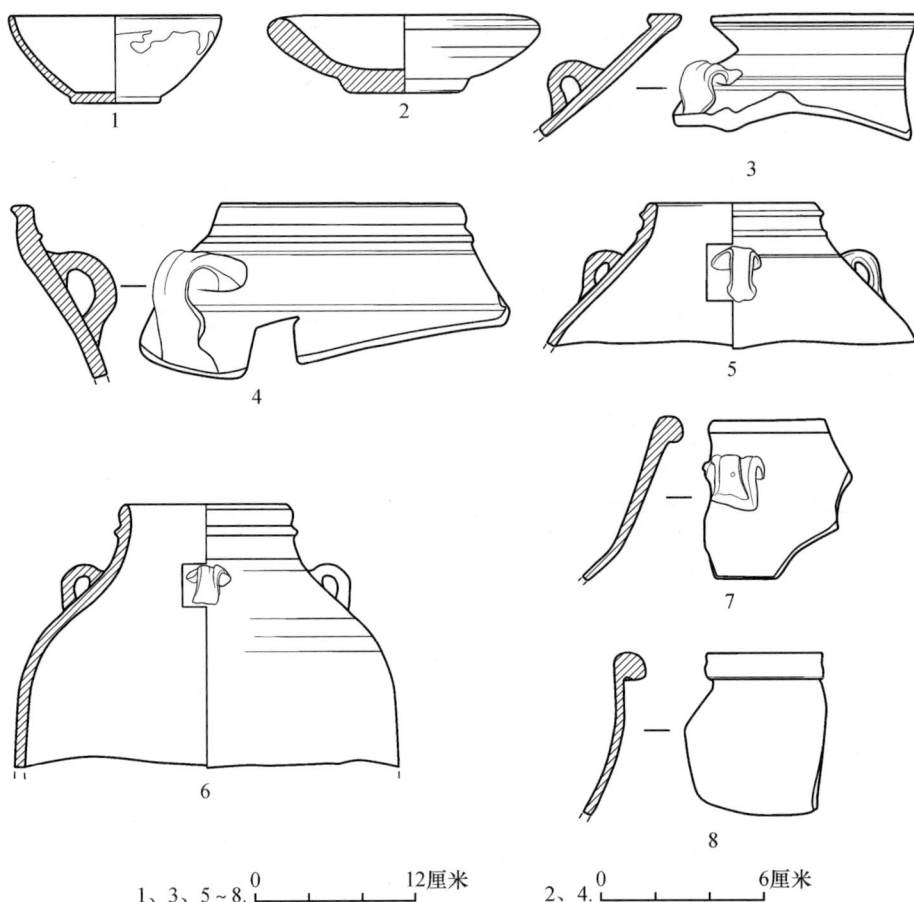

1、3、5～8. 0 ⸺ 12厘米　　2、4. 0 ⸺ 6厘米

图二一五　1998STA2H12出土瓷器

1. Ab型Ⅱ式碗（1998STA2H12：1）　2. Aa型Ⅰ式盏（1998STA2H12：2）　3. C型Ⅱ式矮领罐（1998STA2H12：3）

4. A型Ⅱ式高领罐（1998STA2H12：4）　5. B型高领罐（1998STA2H12：5）　6. C型高领罐（1998STA2H12：6）

7. A型Ⅱ式无领罐（1998STA2H12：7）　8. B型Ⅰ式缸（1998STA2H12：8）

表0.5～0.55米，该坑打破第④层。H18在T0105中呈椭圆状，长2.85、最宽1.35、深0.45米。该坑东壁为斜坡状，西壁较直，略有斜坡，坑的底部土质较硬，经过稍微加工。H18为一次性堆积，填土呈黑灰色黏土，其结构疏松，质地较软，包含大量的木炭粒及有少量红烧土粒，出土遗物有瓦片，瓷碗、盆等。

1998STA2H24（图八七）　位于T1311西部，向西伸入探方外，未完整发掘。开口于第⑦层下。平面略呈椭圆形，坡壁圜底，已发掘部分长径1.4、短径1.2、深0.6米。坑内填土堆积大部分为红烧土块及灰黑色土，质较硬。包含物有碗、盏、罐、盆等陶瓷器残片。可辨器形有以下几种。

Aa型Ⅰ式瓷碗　1998STA2H24：1，尖圆唇，沿向外撇，敞口，斜直壁，微弧，高圈足较小，足壁薄，胎白，细腻，浅青白色釉，器身布满细小开片，足底无釉，内壁有刻划纹。口径12.4、高5.4、底径3.68厘米（图二一六，1）。

B型瓷盆　1998STA2H24：2，圆唇，沿斜平，敛口，斜直壁微弧，平底，紫红色缸胎，施白色护胎釉，内满釉，外半釉，外底部无釉，内底有支钉痕迹，残存3个。口沿直径38.8、底径16、高12.4厘米（图二一六，2）。

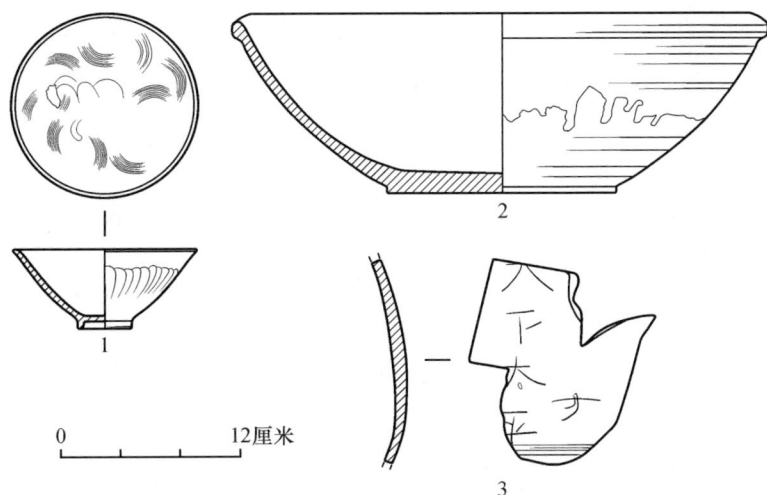

图二一六　1998STA2H24出土瓷器

1. Aa型Ⅰ式碗（1998STA2H24：1）　2. B型盆（1998STA2H24：2）　3. B型罐（1998STA2H24：3）

B型瓷罐　1998STA2H24：3，罐腹片，紫红色缸胎，外壁施酱色釉，内壁无釉。外壁刻划"天下太平"，"……方"等字样。口沿直径38.8、底径16、高12.4厘米（图二一六，3）。

1999STA2H33（图八八）　位于T2814中部稍偏西北，开口于第③层下，被G21叠压，本身又打破第④层，坑口距地表深0.3米。壁微弧，底较平整，长径0.5、短径0.32、深0.36米。坑内堆积为黄褐色黏土，含有少许烧土块、草木灰等，土质较软。出土遗物少而破碎，仅板瓦一种，有的板瓦碎块正面有阳文"大吉"二字。

2000STC3H36（图八九）　位于T1940南部，向南伸于探方以外，伸出部分未做清理。开口于第③层下，打破生土。坑口距地表深0.95米。平面发掘部分呈椭圆形，坡壁圜底。已发掘直径1.7、深0.4米。坑内堆积呈黄褐色，土质纯净而松软。出土遗物少而破碎，可辨器形有瓷罐、陶釜等。

2001STB1H44（图九〇）　位于T3738北部及T3739南部，伸于探方隔梁部分未做清理。开口于第⑤层下，打破第⑥、⑦层，被G30打破。坑口距地表深1.35米。平面呈椭圆形，坡壁圜底。坑口长径2.65、短径1.7、深0.7米。坑内堆积呈褐红色，含有大量的红烧土块，结构松散，土质松软。出土遗物较多，可辨器形有瓷碗、罐、盆、盏，板瓦、筒瓦等残片。

2001STA1H51　位于T3802中，部分处于北壁中，南距探方南壁3.4米，西距探方西壁0.2米，东距探方东壁0.8米。开口于第③层下，因T3802北壁没有发掘，大部分压在北壁下，现露出坑边为半椭圆形，深0.25米。底部不规则，西高东低。坑内堆积为一层，土质疏松，土色灰土，包含有红烧土块、木炭粒，在其底部垫有4块不规则形状的石块，出土遗物有瓷罐等残片（图九一）。

3.长方形灰坑9座

1998STA2H5（图九二）　位于T0104东南部、H4南侧、G3北侧。在T0104中平面近似长方形，长0.8、宽0.7、深0.3米，直壁平底，其壁部及底部未见工具痕迹，坑内堆积为平面堆积，填土为黑褐色黏土，结构致密，质地稍软，包含有烧土粒、木炭粒。出土遗物有瓦当、瓷片等，本坑中遗物较少。

　　1998STA2H23（图九三）　　位于T1311的东南部，它的一部分在T1311外，未发掘。开口在第⑥层下，坑口距地表0.7米，被G13打破，H23打破第⑦、⑨层。H23在T1311内略呈长方形，东西长约3.4、宽1.2、深0.7米，坑壁、坑底较规整，坑上部有一层石板。H23内堆积土色为灰褐色，结构疏松，质地稍软，包含物有瓷碗、碟、盆、陶釜残片等。可辨器形有以下几种。

　　C型瓷盘，1998STA2H23：1，平沿，敛口，外腹壁向内凹曲，腹甚浅，平底，紫红色缸胎，胎质粗糙，素面。口沿直径19、高1.9、底径17.4厘米（图二一七，1；图版三〇，2）。

　　D型矮领罐，1998STA2H23：2，口部残片，圆唇，折沿，斜领内凹较深，广肩，弧腹，灰色缸胎，胎质粗糙，外壁及内壁部分部位施青黄色釉，外壁颈以下饰竖向中绳纹，内壁颈以下饰绳纹。口沿直径16.5厘米（图二一七，2；图版二七，4）。

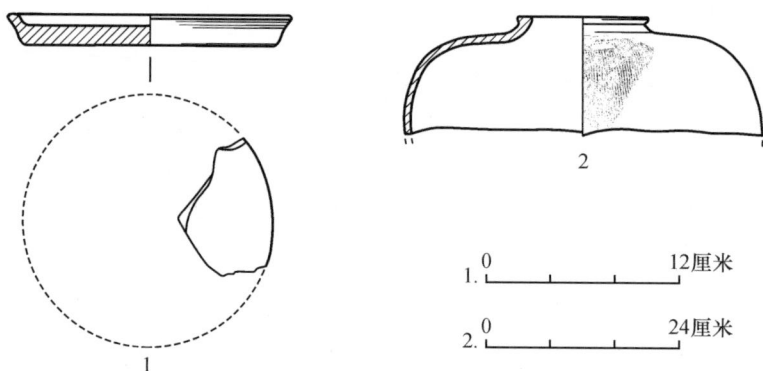

图二一七　　1998STA2H23出土瓷器
1. C型盘（1998STA2H23：1）　　2. D型矮领罐（1998STA2H23：2）

　　1999STA2H28　　位于T3114东部，一部分在东隔梁下，该坑在T3115中G19之西南。开口于第②层，打破G19和第③层。平面呈不规则长方形，斜壁平底，口部长1.2、口部宽0.45～0.9、底部长1、底部宽0.4～0.8、深0.15米。坑壁及其底部未作加工，只是该坑的西边坑壁稍整齐些。坑内堆积为一次性堆积而成，填土呈黑褐色，土质为黏土，其结构较密，质地稍硬，填土中包含有大量木炭粒、草木灰、石头块、兽骨。H28出土物可辨器形有筒瓦、碗、罐、壶等陶瓷器（图九四）。

　　1999STA2H29　　分布在T3316的东北部、T3317的西北部，位于1999STA2M3的北侧。在T3316中H29被叠压在第③层下，打破第④层，距地表0.65米，与其南侧的M3墓穴相连接，它们被同一地层下的1999STA2F2打破。H29略呈长方形，口大底小，坑口长4.3、宽2.35、深0.35米，坑底长4、宽2.2米，坑壁、坑底加工较规整。H29内为一层堆积，厚0.35米，呈灰褐色，结构较致密，质地略硬，含有烧土块，出土遗物有瓷碗、陶网坠等（图九五）。

　　1999STA2H31　　位于在T3217的北部，一部分被压在北隔梁下。开口在第③层下，打破第④层，距地表深0.55～0.6米。根据本坑在探方的暴露部分看，形状为长方形，横剖面呈锅形，长1.6、宽0.32、深0.2米。坑内堆积为一层灰色土，土质较硬，含有少量的烧土粒和灰粒，出土遗物有瓷碗等残片（图九六）。

　　1999STA2H35（图九七）　　位于T2714、西北T2814西南部。开口于第④层下，被H34叠压，本身叠压H32，坑口距地表深0.25米。平面形状长方形，直壁平底，南北长3.56、东西宽1、深0.45米。坑内堆积为灰褐色黏土，含有少许木炭粒及碎石块，出土遗物少而破碎，可辨器形有瓷碗等。

2000STA2H39（图九八）　　位于T1307东北角与T1308西北角，向北伸于探方以外，伸出部分未做清理。开口于第③层下，打破第④、⑤层及生土。坑口距地表深0.4米。平面呈东西长方形，坡壁圜底。已发掘长5.6、深0.8米。坑内堆积大致分为三层：上层浅灰色，含有较多红烧土粒、少许木炭粒（屑），土质较软；中层黄褐色，含有少许红烧土粒及木炭粒，土质较硬；下层深灰色，含有少许红烧土粒及木炭粒，土质较软。出土遗物较多，大部分出于上层与下层堆积中，可辨器形有以下数种。

Aa型Ⅰ式瓷盏，2000STA2H39：1，圆唇，敞口，鼓腹，饼足，玉璧底。紫红色缸胎，胎质粗糙，浅黄色釉，外壁半截釉。口径8.1、高3.9、底径3.1厘米（图二一八，1；图版五二，2）。

Aa型Ⅱ式瓷盏，2000STA2H39：2，圆唇，口微敛，上腹径直，下腹斜收，饼足，平底。紫红色缸胎，胎质粗糙，饼足内外施豆青色釉，外壁半釉不到底。口径9、高3.5、底径3厘米（图二一八，2；图版五三，1）。

C型Ⅱ式瓷盏，2000STA2H39：3，尖唇，敞口，腹斜直，饼足，玉璧底。紫红色缸胎，胎质粗糙，施浅黄色釉，外壁半截釉。器物剩下四分之三。口径9.1、高3.5、底径3厘米（图二一八，3；图版五七，3）。

B型Ⅰ式瓷盏，2000STA2H39：4，圆唇，敞口，腹微弧，饼足，平底。紫红色缸胎，胎质粗糙，施酱黄色釉，外壁半釉。器物仅剩下四分之一。口径10.1、高3、底径3.5厘米（图二一八，4；图版五五，4）。2000STA2H39：5，圆唇，敞口，斜直壁，鼓腹，饼足微凹。紫红色缸胎，胎质粗糙，浅黄色釉，外壁口沿处施釉，底部饰有螺旋纹。器物仅剩下四分之一。口径10.3、高2.5、底径4.2厘米（图二一八，5）。2000STA2H39：7，圆唇，敞口，鼓腹，饼足，平底。紫红色缸胎，胎质粗糙，施米黄色釉，外壁半釉。器底有轮制涡纹的痕迹。口径10.4、高3、底径4厘米（图二一八，7）。2000STA2H39：8，圆唇，敞口，鼓腹，饼足，平底。紫红色缸胎，胎质粗糙，浅黄色釉，外壁口沿施釉，底部饰螺旋纹，应是轮制涡纹的痕迹。口径10.5、高2.8、底径4.4厘米（图二一八，8）。2000STA2H39：9，圆唇，敞口，斜鼓腹，饼足，平底。紫红色缸胎，胎质粗糙，豆绿色釉，外壁口沿处施釉，底部有螺旋纹，应该是轮制涡纹的痕迹。口径10.4、高2.9、底径4.2厘米（图二一八，9）。

B型Ⅱ式瓷灯盏，2000STA2H39：6，尖唇，敞口，鼓腹，饼足，平底。紫红色缸胎，胎质粗糙，浅黄色釉，外壁口沿处施釉。器物剩下五分之三。口径10.6、高2.6、底径4厘米（图二一八，6）。

F型Ⅰ式瓷碗，2000STA2H39：10，圆唇，敞口，斜弧腹，饼底。紫红色缸胎，胎质粗糙，米黄色釉，外壁口沿处施釉，饼底无釉。口径10.66、底径4.24、高3厘米（图二一九，1；图版四六，2）。

D型Ⅲ式瓷灯盏，2000STA2H39：11，圆唇，沿斜直，敛口，斜腹，平底。紫红色缸胎，胎质粗糙，灰色，底部饰螺旋纹，应是轮制的涡纹。器物仅剩下四分之一。口径8.5、底径3.6、高2.8厘米（图二一九，2；图版六五，2）。

A型Ⅱ式瓷灯盏，2000STA2H39：12，圆唇外翻，敞口，斜腹，平底内凹。紫红色缸胎，

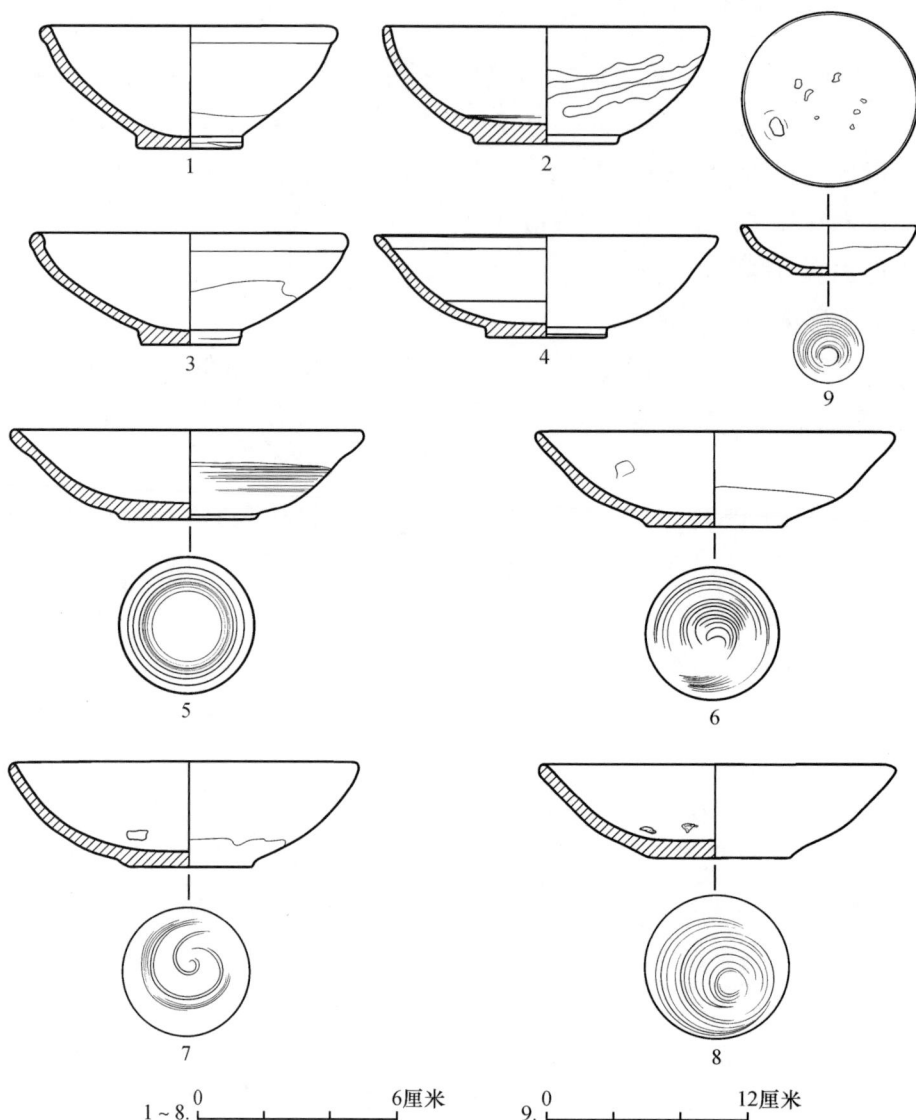

图二一八　2000STA2H39出土瓷器

1. Aa型 I 式盏（2000STA2H39：1）　2. Aa型 II 式盘（2000STA2H39：2）　3. C型 II 式盏（2000STA2H39：3）

4、5、7～9. B型 I 式盏（2000STA2H39：4、2000STA2H39：5、2000STA2H39：7、2000STA2H39：8、2000STA2H39：9）

6. B型 II 式盏（2000STA2H39：6）

胎质粗糙，浅黄色釉已脱落。口径8.6、高2.8、底径4.5厘米（图二一九，3；图版六一，1）。

　　A型 I 式瓷灯盏，2000STA2H39：13，圆唇，斜沿外翻，敞口，斜腹，饼足。紫红色缸胎，胎质粗糙，酱色釉，外壁少部施釉。口径9.4、高2.4、底径4.6厘米（图二一九，4；图版五七，6）。

　　Aa型 IV 式瓷碗，2000STA2H39：14，圆唇外翻，敞口，圆腹斜收，圈足底，内有5个支钉痕迹。紫红色缸胎，胎质粗糙，施浅黄色釉，外壁半釉。器物剩下四分之一。口径14.2、通高6.4、足径5、足高1.2厘米（图二一九，5；图版三三，4）。2000STA2H39：15，圆唇，敞口，鼓腹，饼足，平底。紫红色缸胎，胎质粗糙，酱色釉，口沿部施灰白色釉，内底有5个支钉痕迹。口径17.2、通高5.8、足径7.2、足高0.6厘米（图二一九，6；图版三三，6）。2000STA2H39：17，尖唇，敞口，斜腹，圈足。瓷胎，白色釉，底部釉有脱落，胎质细腻。

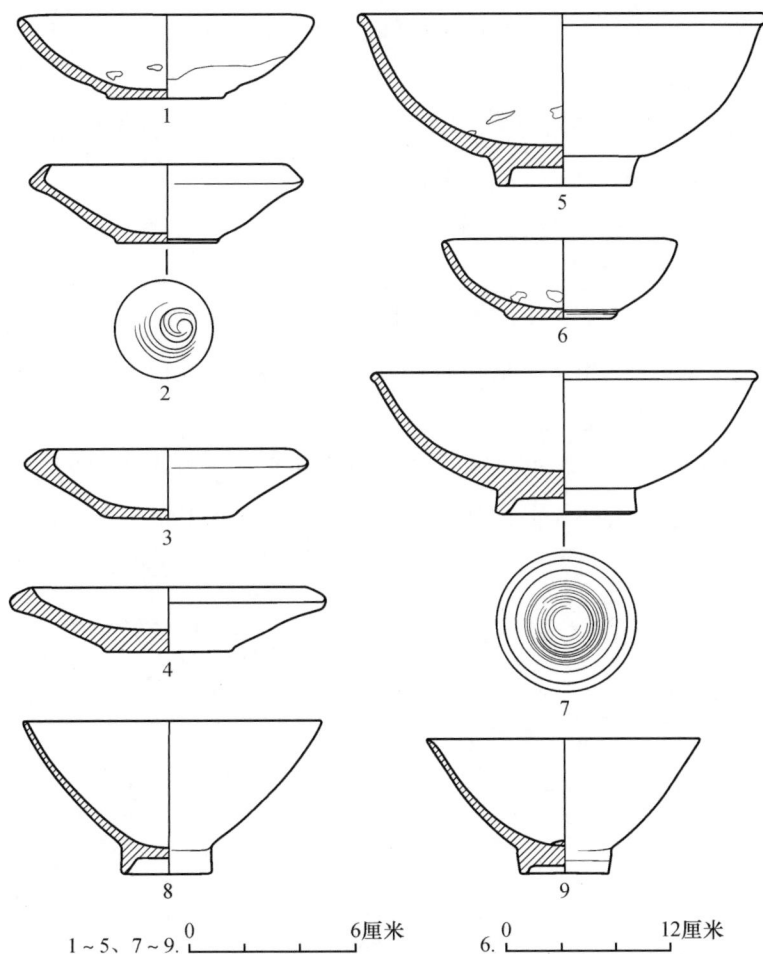

图二一九 2000STA2H39出土瓷器

1. F型Ⅰ式碗（2000STA2H39：10） 2. D型Ⅲ式灯盏（2000STA2H39：11） 3. A型Ⅱ式灯盏（2000STA2H39：12）
4. A型Ⅰ式灯盏（2000STA2H39：13） 5、6、8、9. Aa型Ⅳ式碗（2000STA2H39：14、2000STA2H39：15、2000STA2H39：17、
2000STA2H39：18） 7. Bc型Ⅳ式碗（2000STA2H39：16）

器物仅剩下四分之一。口径10.6、通高5.5、足径3.1、足高1厘米（图二一九，8；图版三四，1）。2000STA2H39：18，尖唇，敞口，壁斜直，矮圈足。瓷胎，乳白色釉，足部釉脱落。器物保存基本完好。口径9.8、高4.9、底径3.2厘米（图二一九，9；图版三四，2）。

Bc型Ⅳ式瓷碗，2000STA2H39：16，圆唇外翻，敞口，斜鼓腹，圈足。瓷胎，青灰色釉，圈足及周围无釉，底部饰有螺旋纹，应是轮制的涡纹。器物剩下三分之二。口径14.2、通高5.5、足径5.1、足高0.9厘米（图二一九，7；图版四〇，6）。

B型瓷钵，2000STA2H39：19，圆唇，近直口，腹微鼓，平底微凹。紫红色缸胎，胎质粗糙，豆绿色釉，外壁上部分施釉大部分脱落。器物仅剩下六分之一。口径19.8、通高7.5、足径9.8、足高0.4厘米（图二二〇，1；图版二四，3）。

Aa型瓷罐，2000STA2H39：20，尖唇，斜沿，敛口，鼓腹，平底。紫红色缸胎，胎质粗糙，外壁施半截浅黄色釉。器物仅剩下五分之二。口径13、通高13.3、腹径16.7、底径8.8厘米（图二二〇，2；图版二五，5）。

B型瓷盆，2000STA2H39：21，圆唇，敛口，上腹斜直，下腹内收，平底。紫红色缸胎，胎质粗糙，浅黄色釉，外壁半釉，底部有螺旋纹，应该是轮制的痕迹。口径37、高10、底径18厘米（图二二〇，3；图版三一，4）。

A型瓷钵，2000STA2H39：22，敞口，圆唇，鼓腹，饼足。紫红色缸胎，施酱色釉，外壁半釉。口径19.2、通高6.8、足径8、足高0.3厘米（图二二〇，4）。

陶案，2000STA2H39：23，泥质灰陶。长方形，拱式足，器型规整。器物剩下约三分之二。存有案板、足，可以复原。长46.3、高14、宽22.9厘米（图二二〇，5；图版七三，5）。

陶缸，2000STA2H39：24，夹砂灰陶。圆唇，敛口，斜鼓腹，平底微凹，肩部施双耳。存有口沿、器耳、器壁、器底，可以复原。口径48.8、高23.5、底径26.7厘米（图二二〇，6，图版七〇，3）。

陶器，2000STA2H39：25，泥质灰陶。残，器形不明，整体呈长方体状，有三条凸棱，中间凸棱将其一分为二。残长13.36、宽18厘米（图二二〇，7；图版七四，6）。

陶板瓦，2000STA2H39：27，夹砂红褐陶。表面有烟熏痕迹。残长21.27、残宽13.4、

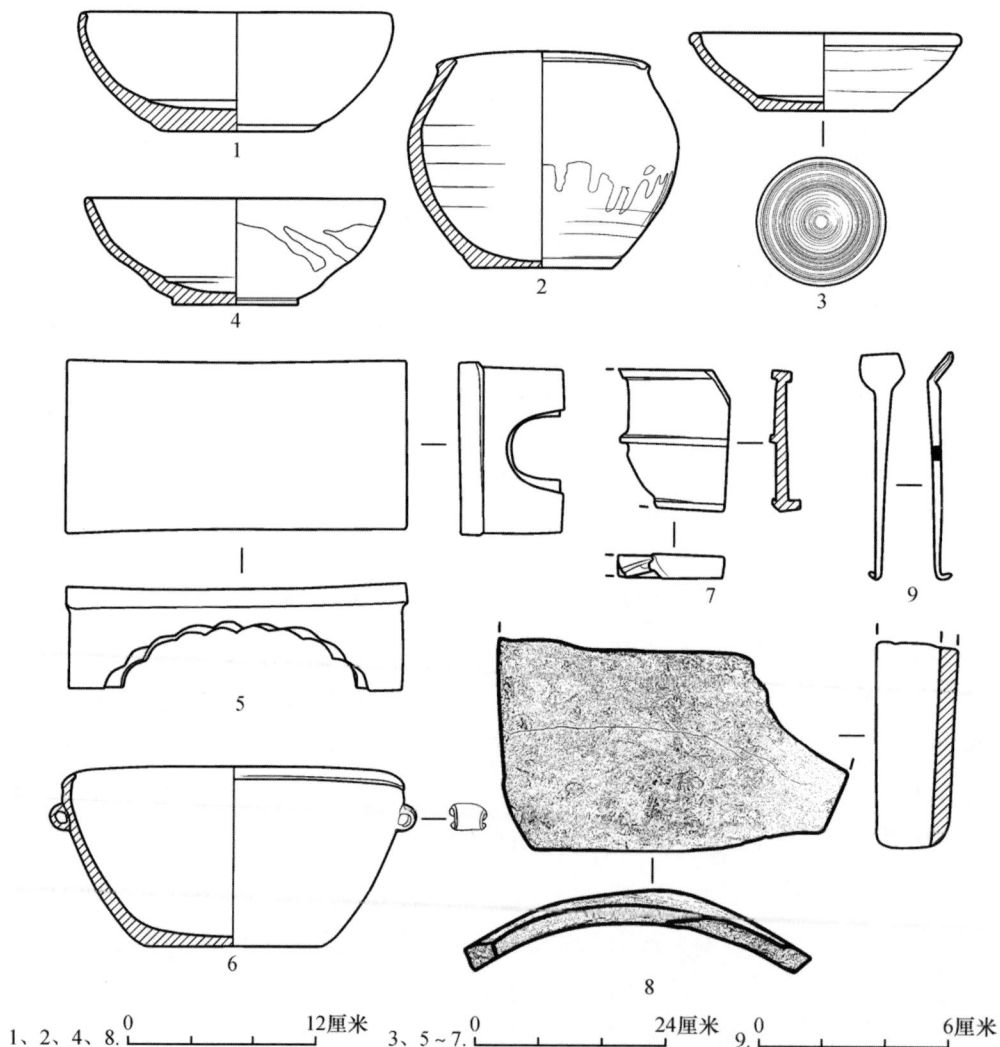

图二二〇　2000STA2H39出土陶、瓷、铁器

1. B型瓷钵（2000STA2H39：19）　　2. Aa型瓷罐（2000STA2H39：20）　　3. B型瓷盆（2000STA2H39：21）

4. A型瓷钵（2000STA2H39：22）　　5. 陶案（2000STA2H39：23）　　6. 陶缸（2000STA2H39：24）

7. 陶器（2000STA2H39：25）　　8. 陶板瓦（2000STA2H39：27）　　9. 铁钉（2000STA2H39：30）

厚1.12厘米（图二二〇，8）。2000STA2H39：28，夹砂红褐色陶。呈弧状。残长24.8、残宽23.2、厚1.6厘米（图版七二，2）。

铁钉，2000STA2H39：30，基本完整。柄头大，尖端小。因为有使用的痕迹，两头起翘。有红褐色铁锈。柄高6.2、共高1.2、柄厚2、上厚0.1厘米（图二二〇，9；图版七五，4）。

2001STA1H43（图九九）　位于T3706北部，向北伸于北隔梁下部分未做清理。开口于第②层下，打破第③、④、⑤层及生土。坑口距地表深0.45米。平面估计呈南北向长方形，壁面斜直，平底。已发掘南北长0.8、东西宽1.35、深0.85米。坑内堆积呈灰褐色，含有较多的木炭粒及红烧土块。结构松散，土质较软。出土遗物较多，可辨器形有瓷碗、碟、罐、盆、壶、盏等。

2001STB1H47　位于T3838东南角，南边叠压于T3738北隔梁下。北与G5相距1.5～1.8米。H47开口于第⑥层下，距地表深1.95米，打破第⑦层，叠压于第⑧层上，根据露出坑边，其形状为长方形，底部略平，其壁无明显加工痕迹，深0.55米。H47坑内堆积灰褐色土，质地松软，含少量红烧土块、炭粒，出土有瓷钵1件、瓷碗1件，瓷片较多，有不规则大石块（图一〇〇）。

4. 三角形灰坑2座

1998STA2H6（图一〇一）　位于T0105的西南角，一部分在探方外。H6开口于第②层下，坑口距地表0.25～0.3米，形状呈三角形。该坑分别打破③、④层及H18。填土为黑褐色黏土，结构紧密，坑内填土上半部分稍硬，下半部分土质稍软。坑底部西边有一层不规则小石块，填土中包含有大量红烧土块和木炭粒，有少量兽骨和动物牙齿，出土遗物有筒瓦、陶片、瓷片等。

1998STA2H8（图一〇二）　位于T2811的东南角，在H7的东面。开口在第④层下，坑口距地表0.9～0.95米，此坑在探方内只暴露一少部分，大部分被压在隔梁下，其形状略呈三角形，坑现深0.3米，壁为斜坡，未发现加工痕迹。此坑堆积为一层，土为黄褐色黏土，质地较硬，较致密，含有大量的红烧土块，遗物有瓦、罐、碗、盆等陶瓷器残片。

5. 不规则形灰坑3座

1998STA2H13（图一〇三）　部分遗迹位于T1408的西南部，其他部分在探方外未发掘。H13被H9叠压并打破，H9开口在第④层下，H13坑口距地表约0.9米，该坑在T1408内略呈不规则形，现坑口最大径为2.3、深0.95米，此坑底部较为规整略平，它的东、北、西部边缘分布着经过加工的石条5块，H9下部与H13底部是以石条为界，H9上部叠压在H13之上，H13内的石条现已被破坏，但从其现分布情况可排除原来应是挨着H13边缘而相连接的。H13内的堆积为黄褐色土，含有烧土块和草木灰，结构较致密，质地略硬，出土遗物有粉盒、碗、灯盏、罐等陶瓷器。

Bc型Ⅱ式瓷碗，1998STA2H13：2，尖圆唇，沿向外撇，侈口，浅腹，腹壁斜度较大，斜直壁微弧，高浅圈足内收。胎白致密而细腻，施白色泛黄釉，内壁、内底及外壁均施釉，足底无釉。口径16.96、高5.08、底径5.12厘米（图二二一，1；图版四〇，1）。

　　D型瓷碗，1998STA2H13：3，尖唇，侈口，曲壁，深腹，高圈足外撇，胎灰白质细腻，胎质致密。施青灰色釉，足根及底无釉。口径12.06、底径5.3、高5.8厘米（图二二一，2；图版四一，5）。1998STA2H13：6，尖圆唇，沿向外微卷，侈口，斜弧腹，矮圈足，白色胎，施青色釉，除足底不施釉外，其他地方均施釉。口径10.82、底径3.14、高4.96厘米（图二二一，4；图版四二，1）。

　　瓷盒，1998STA2H13：5，盖无，胎质细腻。子母口，斜直壁微弧，平底微上凸，内外施满浅青白色釉，底无釉。口径8.16、底径6.4、高5.2厘米（图二二一，3）。

　　Ab型瓷盏，1998STA2H13：8，尖唇，沿向外撇，敞口，斜弧腹，平底微凹，紫红色缸胎，胎质粗糙，内壁米黄色釉，外壁上半部施米黄色釉，施釉不到底。口径10.4、底径4、高3.3厘米（图二二一，5；图版五三，5）。

　　C型Ⅰ式瓷盏，1998STA2H13：9，尖圆唇，平沿，斜直壁，平底。紫红色缸胎，胎质粗糙。施酱黄色釉，内壁满釉，外壁无釉。底部有轮制的涡纹痕迹。口径12.02、底径4.36、高3.32厘米（图二二一，6；图版五七，2）。

　　B型瓷盘口罐，1998STA2H13：10，方唇，直口，溜肩。外壁及盘口内壁施酱色釉。残长6.84、残宽6.9、厚0.46厘米（图二二一，7）。

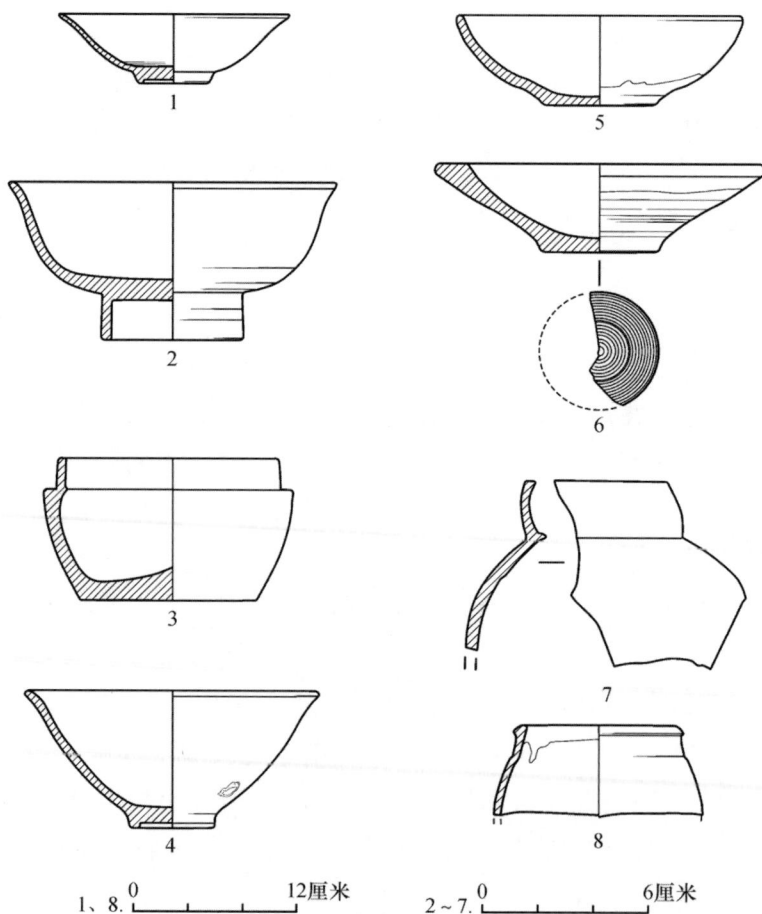

图二二一　1998STA2H13出土瓷器

1. Bc型Ⅱ式碗（1998STA2H13：2）　2、4. D型碗（1998STA2H13：3、1998STA2H13：6）　3. 盒（1998STA2H13：5）
5. Ab型盏（1998STA2H13：8）　6. C型Ⅰ式盏（1998STA2H13：9）　7. B型盘口罐（1998STA2H13：10）
8. A型Ⅰ式矮颈罐（1998STA2H13：11）

A型Ⅰ式瓷矮颈罐，1998STA2H13：11，口部残片，灰褐色缸胎，尖唇，沿斜平，敛口，溜肩，外壁及唇沿施酱色釉，内壁口部施浅黄色护胎釉，下部无釉。口径12.2厘米（图二二一，8）。

C型Ⅰ式瓷矮颈罐，1998STA2H13：12，口部残片，尖唇，平沿，敛口，广圆肩，紫红色缸胎，外壁及唇沿施酱黑色釉，内壁仅口部施浅黄色护胎釉。残长23.28、残宽6.92、厚1.24厘米（图二二二，1）。

陶垫饼，1998STA2H13：13，泥质灰陶。基本完整，为盆、罐器物残片打制或磨制而成。器体略呈圆形。宽2.2、高1.38厘米（图二二二，2）。1998STA2H13：16，泥质灰陶。基本完整，均为盆、罐、瓦等器物残片打制或磨制而成，整体略呈圆形。直径3.5厘米（图二二二，5）。1998STA2H13：17，泥质灰陶。均为盆、罐、瓦等器物残片打制或磨削而成，整体略呈圆形。直径2.1、厚2厘米（图二二二，6）。1998STA2H13：18，泥质灰陶。基本完整，均为盆、罐、瓦等器物残片打制或磨削而成，整体略呈圆形。长1.52、宽1.46、厚1.29厘米（图二二二，7）。1998STA2H13：19，泥质灰陶。基本完整，平面呈方形，整体为正方体，磨制而成。口径1.1、高1.1厘米（图二二二，8，图版七三，2）。

陶盏，1998STA2H13：14，泥质灰陶。圆唇，沿向外撇，敞口，斜直壁，平底，素面。口径4、底径2.6、高2.7厘米（图二二二，3；图版七〇，1）。

陶直把三足釜，1998TA2H13：15，器把及足残，夹砂灰褐陶。方唇，斜折沿，敞口，斜弧腹，上腹一圆柱状长把残。圜底，三圆柱状长足残。器表饰竖向中绳纹，底部饰散乱绳纹。

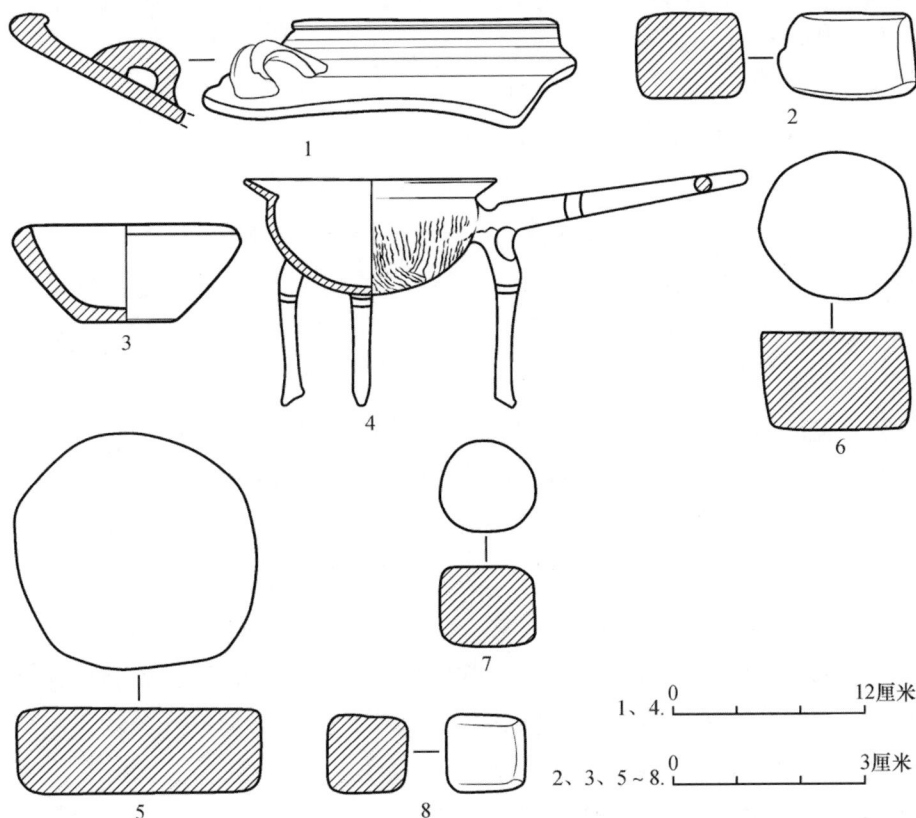

图二二二　1998STA2H13出土陶、瓷器

1.C型Ⅰ式瓷矮颈罐（1998STA2H13：12）　2、5~8.陶垫饼（1998STA2H13：13、1998STA2H13：16、1998STA2H13：17、1998STA2H13：18、1998STA2H13：19）　3.陶盏（1998STA2H13：14）　4.陶直把三足釜（1998TA2H13：15）

外壁布满烟痕。口径15.6、通高7.36厘米（图二二二，4）。

1999STA2H32（图一〇四） 位于T2814的西南部，少部分伸于探方外未做清理。开口于第③层下，少部分被H35叠压，本身打破第④层。坑口距地表深0.3米。平面呈不规则形，直壁平底，南北最长1.34、东西最宽0.8、深0.3米。坑内堆积呈黑褐色，含有较多的红烧土块、草木灰及石块等，土质较硬。出土遗物有碗、罐、盆、板瓦等陶瓷器残片。

1999STA2H34（图一〇五） 位于T2714西部，横穿北、南隔梁。开口于第④层下，打破H34、F7、H35。形状呈北宽南窄横贯于北、南隔梁。在T2714呈一长条形，坑口长4、北宽1.05、南宽0.5米，坑底长4、北宽0.6、南宽0.2米，坑深0.35米。坑壁呈斜直壁，平底坑，坑口至坑底呈斜坡状。坑壁无人为加工痕迹，坑底有一层泛黄烧土层，质较硬。该坑填土呈灰黑色，包含大量红烧土块、木炭屑。出土遗物有碗等陶瓷器残片，另出有残铜饰件。

铜龙形饰件，1999STA2H34：1，通体长满绿色铜锈。为张口衔环的龙头及其颈部。残存整体呈弓状。残长7.4厘米（图二二三，1，图版七五，3）。

二、墓 葬

1998STA2M1（图五八） （形制见第七章第一节综述）随葬品有：

Ba型Ⅲ式瓷盏，1998STA2M1：1，尖圆唇，沿向内卷，直口，斜弧壁，上腹较直，平底。紫红色缸胎，胎质粗糙。内外壁施酱色釉，足底无釉。口径8.6、底径4.06、高2.76厘米（图二二三，2；图版五六，4）。

1998STA2M2（图五九） （形制见第七章第一节综述）随葬品有：

铜钱，1998STA2M2：2，外圆内方，文字疑似为"元丰通宝"，文字漫漶不清，锈蚀较为严重。直径2.44、孔径0.65厘米（图二二三，3；图版七五，2）。

1999STA2M3（图六〇） （形制见第七章第一节综述）随葬品有：

Ab型Ⅱ式瓷盏，1999STA2M3：1，圆唇，敞口，曲壁弧腹，矮饼足内凹。紫红色缸胎，胎质粗糙，内外壁施酱黄釉，外壁半釉有泪痕，足底外缘有三道弦纹。器物仅剩下三分之一。口径10.1、底径4.4、高3.8厘米（图二二四，1；图版五四，4）。

A型Ⅰ式瓷灯盏，1999STA2M3：2，圆唇，斜内壁，平底。底部有10圈轮制涡纹。紫红色缸胎，胎质粗糙，口部及内部，内底均施酱色釉，外壁施釉未到底。器物残存少于二分之一，存有口沿、器壁、器底，可以复原。口径6.9、底径4.1、高1.9厘米（图二二四，2；图版六〇，1）。1999STA2M3：3，方圆唇，敞口，斜直臂，饼底。紫红色缸胎，胎质粗糙，内壁施满酱黄色釉，外壁无釉。器物仅剩下三分之一。口径10.1、底径4.2、高2.9（图二二四，3；图版六〇，2）。1999STA2M3：4，圆唇，敞口，浅腹，斜直壁微弧，矮圈足外撇。紫红色缸胎，胎质粗糙，内壁凹凸不平，内壁及口部施酱黄色釉，口部有泪痕。器物仅剩下三分之一。口径10.2、底径3.8、高2.5厘米（图二二四，4；图版六〇，3）。

陶杯，1999STA2M3填土：5，泥质青灰陶，圆唇，折腹，圈底，素面。口径6、高3.4厘米（图二二四，5）。

G型Ⅰ式瓷碗，1999STA2M3：6，尖圆唇，口微侈，斜直壁微弧，高圈足较小。薄胎白而细腻，内底有一乳钉凸起，内外壁施青白色釉，足底及内侧无釉。器物仅剩下四分之一。口径12、底径3、高6厘米（图二二四，6；图版五一，4）。

Aa型Ⅰ式瓷盏，1999STA2M3：8，尖圆唇，敞口，弧壁深腹，斜弧壁，矮饼足外撇。紫红色缸胎，胎质粗糙，内部、口部及底各有一周凹弦纹，内外壁施酱黄色釉，内壁满釉。器物仅剩下四分之一。口径10.3、底径4.2、高4.8厘米（图二二四，7；图版五二，4）。

1999STA2M3：9，尖圆唇，敞口，斜弧壁，饼足外撇。紫红色缸胎，胎质粗糙，内外壁施酱黑色釉，内壁满釉，外壁半釉。器物仅剩下四分之一。口径10.8、底径3.4、高4.7厘米（图

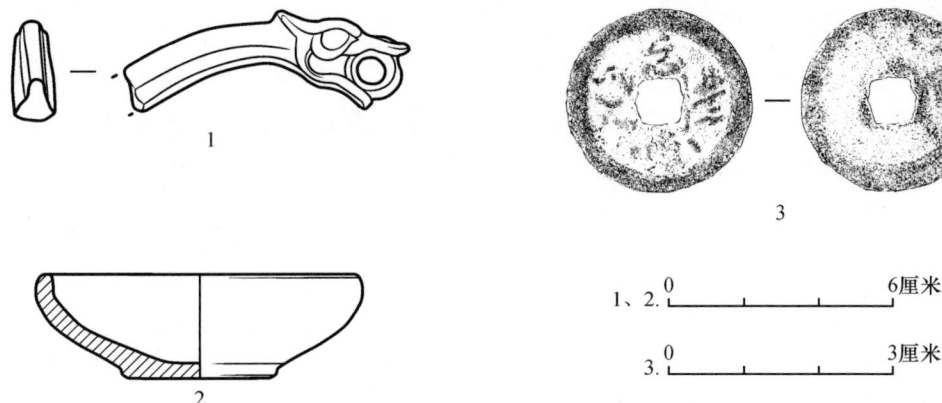

图二二三　1999STA2H34、1998STA2M1、1998STA2M2出土瓷、铜器

1. 1999STA2H34出土铜龙形饰件（1999STA2H34：1）　2. 1998STA2M1出土Ba型Ⅲ式瓷盏（1998STA2M1：1）

3. 1998STA2M2出土铜钱（1998STA2M2：2）

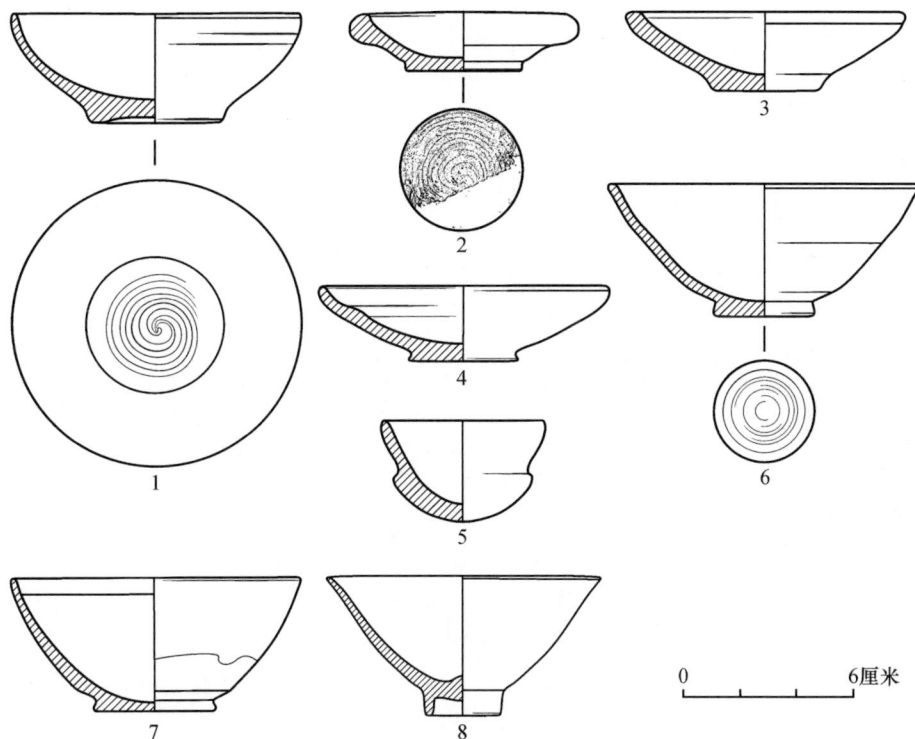

图二二四　1999STA2M3出土陶、瓷器

1. Ab型Ⅱ式瓷盏（1999STA2M3：1）　2~4. A型Ⅰ式瓷灯盏（1999STA2M3：2、1999STA2M3：3、1999STA2M3：4）

5. 陶杯（1999STA2M3填土：5）　6. G型Ⅰ式瓷碗（1999STA2M3：6）　7、8. Aa型Ⅰ式瓷盏（1999STA2M3：8、

1999STA2M3：9）

二二四，8；图版五二，5）。

Ac型Ⅱ式瓷碗，1999STA2M3：10，圆唇，敞口，矮斜弧壁，圈足外侈。紫红色缸胎，胎质粗糙，内底有一凹弦纹，并有六个明显的支钉痕迹，双层釉，内施白色护胎釉，外仅口部及上腹施酱黄色釉，内壁满釉大部分脱落，外壁半釉。器物仅剩下三分之一。口径15.9、底径6.9、高7.5厘米（图二二五，1；图版三六，4）。

Ab型Ⅰ式瓷碗，1999STA2M3：11，尖圆唇，敞口，斜弧壁，饼底。灰褐色胎，双层釉，内施浅黄色护胎釉，外壁仅口部施青灰色釉。器物仅剩下二分之一。口径15.3、底径6.9、高6.6厘米（图二二五，2；图版三四，5）。

Ab型Ⅱ式瓷碗，1999STA2M3：12，圆唇，敞口，浅腹，斜弧壁，饼足。紫红色缸胎，胎质粗糙，内底有一周弦纹，并有六个支钉痕迹，内壁施满酱黄色釉，外壁半釉，有泪痕。器物仅剩下四分之一。口径15.5、底径6、高5.1厘米（图二二五，3；图版三五，1）。

C型瓷盘，1999STA2M3：13，方圆唇，侈口，底部有轮制涡痕。灰褐色缸胎，胎质粗糙，口部、内壁、内底、外壁均施紫红色釉，外底未施釉。残，仅剩下整器的六分之一。口径10.8、底径9.4、高2.6厘米（图二二五，4；图版三〇，3）。

陶筒瓦，1999STA2M3填土：14，泥质灰陶。前端做舌状子母口。外壁素面，内壁饰布纹。宽13.5、厚1.5、通长29.5厘米（图二二五，5；图版七二，3）。

陶滴水，1999STA2M3填土：15，泥质灰陶，弧形，中饰花瓣及叶。弧宽5.6、通长13厘

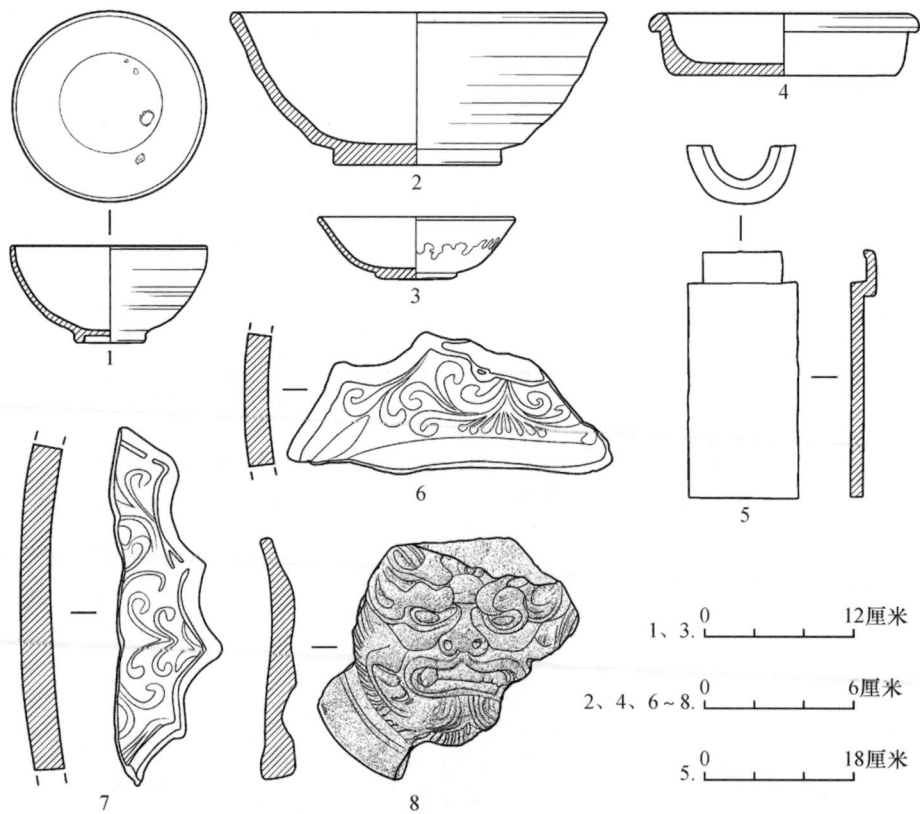

图二二五　1999STA2M3出土陶、瓷器

1. Ac型Ⅱ式瓷碗（1999STA2M3：10）　2. Ab型Ⅰ式瓷碗（1999STA2M3：11）　3. Ab型Ⅱ式瓷碗（1999STA2M3：12）
4. C型瓷盘（1999STA2M3：13）　5. 陶筒瓦（1999STA2M3填土：14）　6、7. 滴水（1999STA2M3填土：15、1999STA2M3：16）　8. 瓦当（1999STA2M3填土：18）

米（图二二五，6；图版七二，4）。1999STA2M3：16，泥质灰陶。一面有纹饰，一面没有纹饰，纹饰为花草纹。长14.4、宽4.4厘米（图二二五，7；图版七二，5）。

陶瓦当，1999STA2M3填土：18，泥质灰陶。为狮头纹圆瓦当，直径13厘米（图二二五，8；图版七三，1）。

2000STB3M4（图六一）　位于T2002西北角，向北伸于探方以外，经扩方做了完整清理。开口于第③层下，打破生土，墓向30°。墓口距地表深0.65米，墓底距地表深0.95米。墓室平面略呈长方形（北部略宽于南部），直壁平底，墓口（底）长2.5、宽0.7~0.8、深0.3米。一木棺已腐朽，仅存痕迹。从痕迹看，棺平面呈工字形，两侧立板长出两端挡板。棺长2.24、宽0.56、厚0.04、残高0.24米。人骨无存，仅在棺内北部残存几颗牙齿，可推断头向北（略偏西）。无随葬品。棺内后部置一块石头，另外发现数枚铁棺钉。墓室内填土呈浅灰色砂性黏土，结构较密，土质松软。

2000STB3M5（图六二）　位于T2004东部，一部分叠压在东隔梁下。该墓系一残墓，整个墓圹已被地层破坏，仅残存其底部，因该墓大部分压在东隔梁下，故扩方将其清理。M5开口于第③层下，墓口距地表0.65米。该墓系一石室墓，现存5块不规则石块拼成墓底，残存部分长1.38、宽0.82米，墓向346°。该墓中未发现葬具，存有少量人骨，已朽不可辨，未发现随葬品。

2000STC3M6　位于T2037西北角，向北伸于探方以外，经扩方做了完整清理。开口于第③层下，打破生土，墓向4°。墓口距地表深0.45米，墓底距地表深0.75米。墓室平面呈长方形，用长方形石板拼接而成。顶部已破坏无存，南部仅残存底部。两端石挡板与侧板、底部石板呈卯榫相接。墓室长1.04、宽0.7、残高0.3米。墓底发现4枚铁棺钉，推断为一木棺。骨架散乱无序，仅存黑灰色粉末痕迹，从已朽成黑灰色粉末的状况看，似经焚烧。北部发现银耳环残渣，可推断头向北（略偏东）。随葬品还有2枚铜钱（锈蚀成粉渣）置于墓室的东北部。结合墓室结构（长度较短）以及骨架（似焚烧过）进行综合分析，M6应为二次葬。墓室内填土呈灰褐色，结构较密，土质较软（图六三）。

2001STA1M7　位于T3604中部。开口于第②B层下，打破第③层，墓向45°。墓口距地表深0.6米，墓底距地表深0.9米。墓室为长方形石室墓，无墓道，其东西长3.1、南北宽2.1、深0.3米。顶部已破坏无存，仅残余墓底，西、北壁尚残存一层长方形石条，石条上部内侧皆出榫状子口，以防止上盖板石条滑动。石条长0.75~1.1、宽0.2、厚0.3米。葬具、人骨及随葬品无存。墓室内填土呈灰褐色，含有少许木炭粒及红烧土粒。结构松散，土质较软，未见任何遗物（图六四）。

三、灰　沟

灰沟共发现23条。平面形状有长条形、拐把形和不规则形三种。

1. 长条形灰沟21条

1998STA1G3（图一〇六）　位于T4006西南部，开口于第③层下，沟口距地表0.5米。平面形状为条状，长4.6、宽0.4～0.44、深0.18米，斜壁平底，底部未作加工。沟内堆积为浅黄褐色黏土，其结构紧密，质地稍硬，包含有木炭粒、烧土粒。出土物有瓦片、瓷片等。

1998STA2G3（图一〇七） 位于T0104东南部，向东伸出探方外。开口于第③下，打破G4、H5，沟口距地表深0.3米。坡壁圜底，发掘部分长2.3、宽0.3～0.35米。沟内填土为灰褐色黏土，结构紧密，质较硬。出土遗物有碗、罐、盆等陶瓷器残片。

1998STA2G4（图一〇八） 位于T0104东南部，H5西侧，开口于第②层下，沟口距地表0.3米。G4为不规则长条形，长2、宽0.4、深0.15米，直壁平底，壁与底部未作加工。该坑为一次性堆积，黄褐色黏土，其结构紧密，质地较硬，包含有烧土粒。该坑内出土遗物较少，有瓦片、瓷片等。

1998STA2G5（图一〇九） 位于T0105的东北部，呈西北至东南向，沟两端在探方外边，位于G6北部、H17东侧。开口于第②层下，沟口距地表0.35米。已发掘部分长3.5、宽0.4～0.75、0.25～0.35米。沟内为一次堆积，呈坡状堆积，填土呈黑褐色，黏土，结构致密，质地较硬，填土中包含有烧土粒，兽骨，出土遗物有盆、碗等陶瓷器残片。

1998STA2G6（图一一〇） 位于T0105东部，部分位于东隔梁下及探方外，G5南侧。G6开口于第②层下，沟口距地表0.35～0.45米。发掘部分呈长方形，长1.7、宽0.5、底0.4、深0.15米。沟壁稍斜，平底，壁与底未见加工痕迹。沟内为一次堆积，填土为黑褐色黏土，其结构紧密，质地稍硬，土中包含有草木灰屑、红烧土粒、石块。出土物有瓷碗、陶片等。

1998STA2G7（图一一一） 位于T0104东部，东隔梁叠压该沟。开口于第⑤A层下，沟口距地表0.8～0.9米，南北两端均在探方以外，发掘部分长4、宽0.1～0.8、深0.3～0.55米，其底部和边未作加工，但比较整齐。沟内坡状堆积，北高南低，填土为褐色花土，其结构疏松，质地软，包含有大量的木炭粒，有少量石块。出土物有瓷碗、瓦片等。

1998STA1G10 位于T4006西南部，两端均伸出探方外。开口于第③层下，打破第④层，沟口距地表深0.5米。斜壁平底。发掘部分长4.6、宽0.4～0.45、深0.18米。沟内堆积为浅黄褐色土，含有少量木炭粒及烧土粒，结构紧密，质较硬。出土遗物有盆、罐等陶瓷器残片。

1998STA2G12（图一一二） 位于T1311内，南侧有G13。开口在第⑥层下，口部距地表0.8米。沟呈长条形，长约2.4、宽0.7、深0.5米，坑壁和底部较为规整。堆积为褐色黏土，结构致密，呈块状，包含物有瓷碗等。

1998STA2G13（图一一三） 部分分布在T1311内，其他部分在探方外，没有发掘，在T1311中G13的北侧有G12与其并列分布。G13被叠压在第⑥层下，打破第⑦、⑨层，H23。G13在T1311内略呈长条状，其东西长2.45、深0.4米，坑壁底较规整。G13内堆积为褐色花土，结构较致密，质略硬，呈块状，其包含遗物有瓦片、罐、盆等陶瓷器残片。

1999STA2G16（图一一四） 位于T2715西部、T2815南部中间。形状呈长条圜底状，长6.4、宽2.1、深0.15～0.35米。沟壁与沟底未见加工痕迹。G16内堆积基本一致，灰褐花土，因水浸时间长，故有水锈斑点。土质较硬，黏度较大，包含物有草木灰、木炭粒、石块等。出土物有碗、盆、罐、壶等陶瓷器残片。

1999STA2G18（图一一五） 位于T3115北部、G19东北部，一部分在探方外。G18在T3115中呈西北—东南走向；长条形，该沟东南端因被地层破坏，呈斜坡状，另一种可能就是，当时挖好沟后，自然冲刷为斜坡状。该沟横截面为斜坡锅底状。G18发掘部分长0.5~1.7、宽0.8、深0.54米，沟壁部及底部未作加工，但修得比较整齐。沟内填土为黄褐色，略泛黑，土质为块状黏土，其结构紧密，质地稍硬，土中包含有草木灰、木炭粒。该沟出土遗物较多，但很单纯，大多数是瓦片，有筒瓦和板瓦两种。

1999STA2G19（图一一六）　位于T3114东部、T3115西北部。开口于第④层下，被H28和G18叠压或打破，本身打破第⑤层。平面形状为长条形，直壁平底，残长2.7、宽0.66、深0.15米。沟内两侧发现有横立的长方形石板，底部平铺长方形石板，形成宽0.22~0.26、深0.22米的石槽，石板长0.9、宽0.26、厚0.06米。由此推测，该沟应为下水道一类的遗迹。沟内堆积为灰褐色黏土，含有少许草木灰、木炭粒等。未出其他遗物。

1999STA2G20（图一一七）　位于T2815中部，G16之北，G22之南边，G20一部分在探方以外。G20呈长条形，斜坡平底状，该沟在本方中长2.6~2.8、宽1.1、深0.2米。G20内堆积黑褐色黏土，其结构紧密，质地较硬，土中包含大量的草木灰、木炭粒。该沟内堆积一致，为一次性形成。出土遗物以瓷器为主，可辨器形有瓷碗、灯盏，陶釜、筒瓦等。

1999STA2G21（图一一八）　位于本次发掘区的西南，分布在T2814、T3014这三个探方中。G21开口于第①层下，打破第③、④层和H33的一部分。G21为长条形，为不规则的灰沟，是直接在地上挖成的一条沟槽，上口略宽于底部，两部略向内倾斜，底部不太平整，而且南部比北部要深一些。G21的全长11.4米，最宽处有0.66米，南部最深处有0.6米，北部最浅处有0.15米。G21内的填土呈黑褐色，黏土，土质较疏松，包含有大量红烧土块、石块、草木灰等。G21出土的主要遗物有瓷碗、盆、罐，陶盆等。

1999STA2G22（图一一九）　位于T2915东部，并有小部分在邻方T2815北部。开口于第⑤层下，西南—东北走向，呈长条形。沟长4.28、宽0.6~0.84、深0.26米，横剖面呈自然圆弧形，沟壁及沟底均无人为加工痕迹。G22内填土为深灰褐色，泛黑，砂型黏土，结构紧密，质地较硬，夹有红烧土粒、草木屑、木炭粒。该沟出土遗物以残瓷片居多，器形以碗为主。

2000STA2G24（图一二〇）　位于T1309北部，只清理了探方内的一部分，东西两端及北侧边缘均伸于探方以外，未做清理。开口于第③层下，打破第④层。沟口距地表深0.7~0.85米。平面呈东西向长条形（略西偏北），直壁平底。已发掘部分长4、宽0.4~0.8、深0.5米。沟底中部东西向平铺一道长方形石条，沟内北侧横立长方形石条与底石相接，石条长度不一，长者2.1、短者0.6米，宽厚大体一致，宽0.2、厚0.1米左右。由此推断，该沟应为下水道或排水沟一类的遗迹。沟内堆积呈灰色，含有少许红烧土粒及木炭粒，土质松软。出土遗物破碎，可辨器形有瓷碗、罐、盆、壶、盏等。

Bc型Ⅳ式瓷碗，2000STA2G24：1，圆唇，敞口，腹微鼓，圈足。紫红色缸胎，胎质粗糙，浅黄色釉，外壁半釉，内底有五个支钉痕迹。口径16.8、高6.8、底径6.5厘米（图二二六，1；图版四一，1）。

2001STA1G26（图一二一）　位于T3805、T3905的中部，西部延伸至T3904、T3804之中，东边延伸至T3906、T3806的东壁。开口于第③层下，距地表0.75~0.95米，其走向为东西向，西延伸至T3904西壁之内，东延伸至T3806东隔梁之下，沟壁呈斜坡形，底部略平，深1.3、宽0.7~3.35米，沟内堆积灰褐色土，含有红烧土块、草木灰、水锈，底部为水淤土，出土物有碗、盆、盏等。

Bb型Ⅱ式瓷碗，2001STA1G26：2，敞口，圆唇，斜沿外翻，斜鼓腹，矮圈足，内有五个支钉痕迹。紫红色缸胎，酱色釉，外壁半釉。口径17.2、底径5.9、高6厘米（图二二六，2）。

Eb型瓷碗，2001STA1G26：3，圆唇，敞口，圆鼓腹，饼底内凹。紫红色缸胎，胎质粗糙，酱色釉，内壁满釉，外壁半釉，内底残存3个支钉痕迹，口沿外壁饰一道凹弦纹。口径13.8、足径6.5、高5.1厘米（图二二六，3；图版四五，1）。

F型Ⅱ式瓷碗，2001STA1G26：3，圆唇，敞口，斜弧壁，矮圈足外撇。紫红色缸胎，胎质粗糙，灰褐色釉，内壁满釉，外壁半釉，内底有6个支钉痕迹。器物剩下约三分之二，存有口沿、器壁、器底，可以复原。口径16.4、足径6.6、高6.5厘米（图二二六，4）。2001STA1G26：6，圆唇，敞口，斜鼓腹，矮圈足。紫红色缸胎，胎质粗糙，乳白色釉，内壁满釉，外壁半釉，底釉施酱色釉。器物剩下八分之一。口径16.2、足径6、高6厘米（图二二六，7；图版五〇，2）。2001STA1G26：7，圆唇，敞口，斜鼓腹，饼底。紫红色缸胎，胎质粗糙，内外壁无釉，口沿处施灰白釉。口径16.9、足径6.3、高6.5厘米（图二二六，8；图版四八，5）。2001STA1G26：8，圆唇，敞口，圆鼓腹，矮圈足。紫红色缸胎，胎质粗糙，酱色釉，内壁满釉，外壁半釉，内底残存四个支钉痕迹和一道凹弦纹。口径15、足径5.2、高5.7厘米（图二二七，1）。2001STA1G26：11，圆唇，敞口，斜弧腹，矮圈足。紫红色缸胎，胎质粗糙，米黄色釉，内壁满釉，外壁半釉，口沿内外施豆绿色釉。存有口沿、器壁、器底，可以复原。口径15.6、足径5.4、高5.5厘米（图二二七，5）。

B型Ⅰ式瓷盏，2001STA1G26：4，圆唇，敞口，斜鼓腹，平底。紫红色缸胎，胎质粗糙，口沿内外施米黄色釉。口径9.4、底径4.3、高3.9厘米（图二二六，5）。2001STA1G26：5，圆

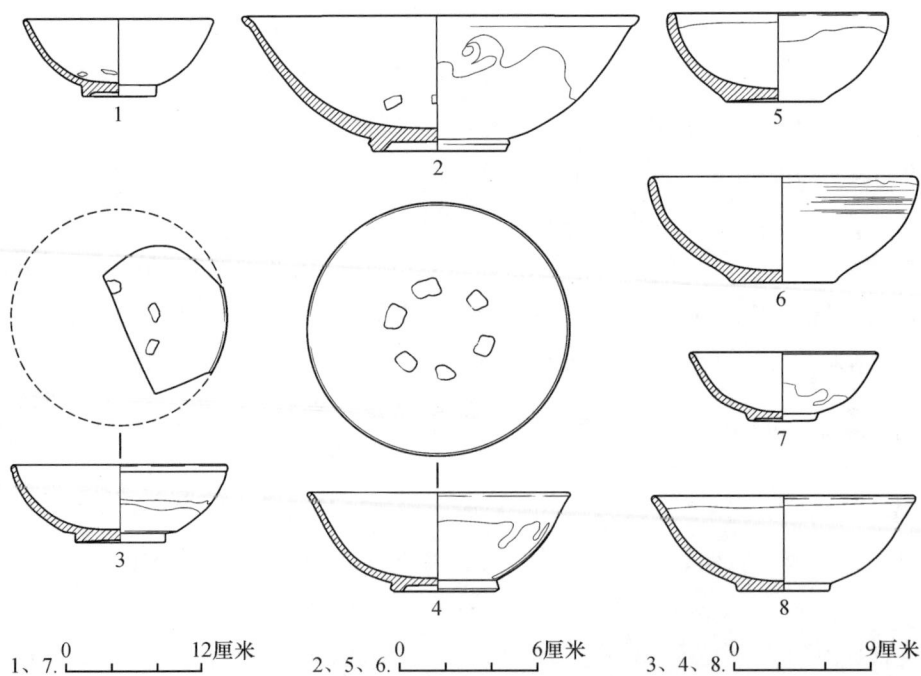

图二二六　2000STA2G24、2001STA1G26出土瓷器

1. 2000STA2G24出土Bc型Ⅳ式碗（2000STA2G24：1）　2. 2001STA1G26出土Bb型Ⅱ式碗（2001STA1G26：2）

3. 2001STA1G26出土Eb型碗（2001STA1G26：3）　4、7、8. 2001STA1G26出土F型Ⅱ式碗（2001STA1G26：3、

2001STA1G26：6、2001STA1G26：7）　5、6. 2001STA1G26出土B型Ⅰ式盏（2001STA1G26：4、2001STA1G26：5）

唇，敞口，斜鼓腹，平底。紫红色缸胎，胎质粗糙，口沿内外施浅黄色釉，口沿部饰有纹饰。口径12、底径4.8、高4.6厘米（图二二六，6；图版六一，5）。

Ab型Ⅱ式瓷盏，2001STA1G26：9，圆唇，敞口，斜弧壁，平底。紫红色缸胎，胎质粗糙，酱黄色釉，内壁满釉，外壁半釉，底釉施酱色釉。口径10.6、底径4、高2.7厘米（图二二七，2）。2001STA1G26：16，圆唇，敞口，斜壁微弧，矮圈足。紫红色缸胎，胎质粗糙，酱色釉，内壁满釉，外壁半釉。存有口沿、器壁、器底，可以复原。口径9.6、底径3.1、高4.1厘米（图二二八，1）。2001STB1G26：23，圆唇，敞口，斜弧腹，平底。紫红色缸胎，胎质粗糙，灰白色釉，内壁满釉，外壁半釉。存有口沿、器壁、器底，可以复原。口径9.4、底径4、高2.8厘米（图二二八，8）。2001STA1G26：24，圆唇，敞口，斜弧壁，矮圈足。紫红色缸胎，胎质粗糙，酱色釉，内壁满釉，外壁半釉。口径11、底径3、高3.7厘米（图二二八，9；图版五四，2）。2001STA1G26：25，圆唇，敞口，斜弧壁，平底。紫红色缸胎，胎质粗糙，浅黄色釉，内壁满釉，外壁半釉。口径10.4、底径4.7、高2.9厘米（图二二八，10；图版五四，3）。

陶直把三足釜，2001STA1G26：9，夹砂红陶。尖唇，斜折沿，敞口，直腹，圜底，圆锥状足，足端呈扁凿状，细长銎手，腹部饰细绳纹。器物剩下口沿、器壁、銎手、两个足，可以复原。口径16.2、通高13.1厘米（图二二七，3；图版七〇，5）。

Aa型Ⅴ式瓷碗，2001STA1G26：10，圆唇，敞口，斜直壁，矮圈足。紫红色缸胎，胎质粗糙，酱色釉，内壁满釉，外壁半釉，内底残存两个支钉痕迹和一道凹弦纹。存有口沿、器壁、器底，可以复原。口径14.8、足径5.2、高5厘米（图二二七，4）。

A型Ⅰ式瓷灯盏，2001STA1G26：12，圆唇，敞口，斜腹微弧，饼底。紫红色缸胎，胎质粗糙，米黄色釉，内壁满釉，外壁半釉，大部分脱落。口径11、足径4.8、高2.7厘米（图二二七，6；图版六〇，5）。

Ac型Ⅱ式瓷碗，2001STA1G26：14，圆唇，敞口，圆鼓腹，矮圈足外撇。紫红色缸胎，胎质粗糙，酱色釉，内壁满釉，外壁半釉，内底残存一个支钉痕和一道凹弦纹。口沿内外施乳白色釉。口径16.8、足径6.2、高5.7厘米（图二二七，7；图版三六，2）。

Bb型瓷罐，2001STA1G26：15，圆唇，直口，高颈，圆鼓腹，平底。紫红色缸胎，胎质粗糙，酱绿色釉，外壁半釉，内颈部以上施釉。器物基本完整。口径4.2、腹径9、底径5、高9.7厘米（图二二七，8）。

B型Ⅰ式瓷盏，2001STA1G26：17，圆唇，敞口，斜腹圆鼓，饼底。紫红色缸胎，胎质粗糙，口沿内外施釉。口径10.8、底径3.8、高3.7厘米（图二二八，2；图版五五，6）。2001STA1G26：19，圆唇，敞口，斜腹微鼓，饼足。紫红色缸胎，胎质粗糙，乳白色釉，内壁满釉，外壁半釉。存有口沿、器壁、器底，可以复原。口径10.6、底径5.6、高3.2厘米（图二二八，4）。

Ba型Ⅲ式瓷碗，2001STA1G26：18，尖唇，敞口外翻，浅腹，高圈足。瓷胎，施豆绿色釉，内壁釉下饰有弧线形划纹。口径12.8、足径4.1、足高0.9、通高4.4厘米（图二二八，3；图版三八，5）。

B型瓷碟，2001STA1G26：20，尖唇，敞口，斜鼓腹，平底。瓷胎，乳白色釉，底部无

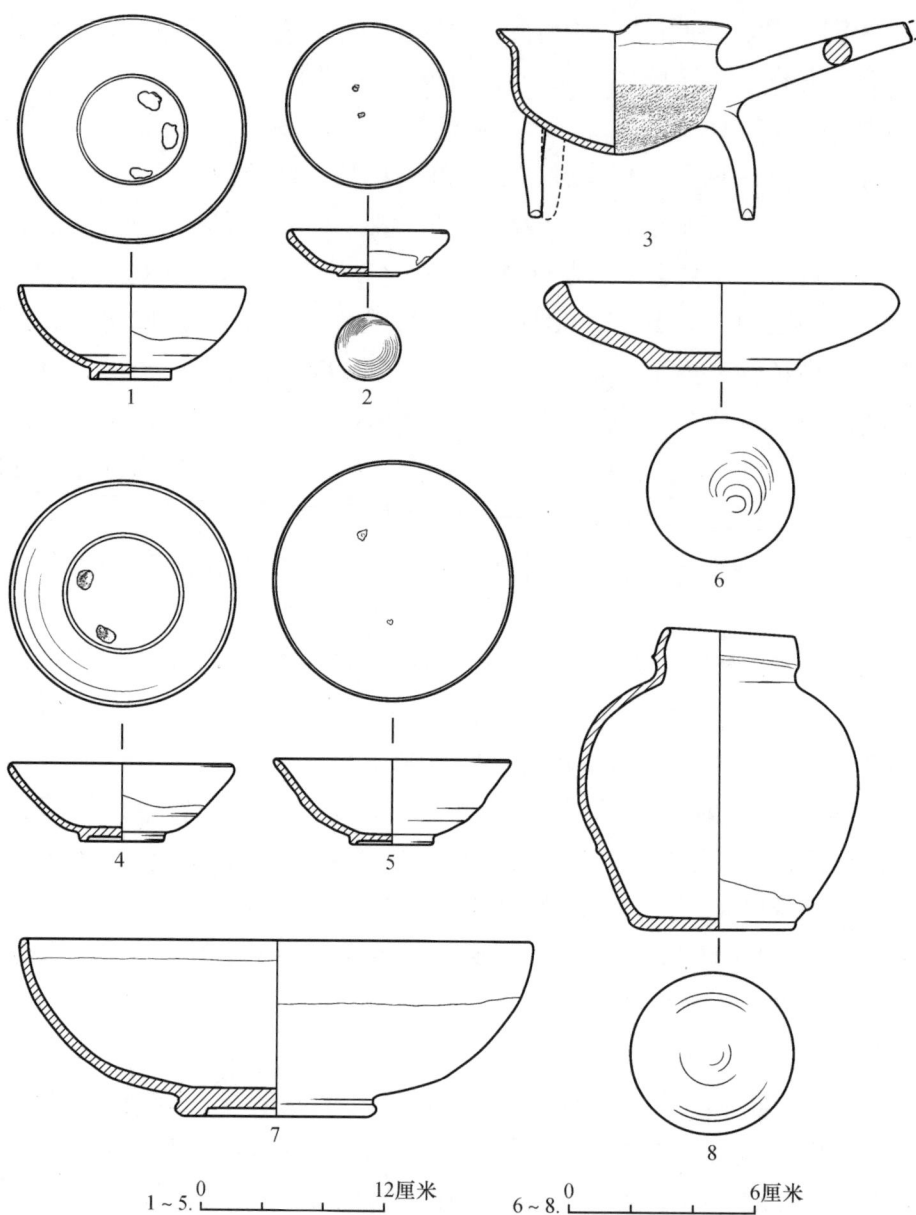

图二二七　　2001STA1G26出土陶、瓷器

1、5. F型Ⅱ式瓷碗（2001STA1G26：8、2001STA1G26：11）　2. Ab型Ⅱ式瓷盏（2001STA1G26：9）

3. 陶直把三足釜（2001STA1G26：9）　4. Aa型Ⅴ式瓷碗（2001STA1G26：10）　6. A型Ⅰ式瓷灯盏（2001STA1G26：12）

7. Ac型Ⅱ式瓷碗（2001STA1G26：14）　8. Bb型瓷罐（2001STA1G26：15）

釉。口径11.4、底径4.6、高2.4厘米（图二二八，5；图版二五，2）。2001STA1G26：27，敞口，斜腹，平底内凹，瓷胎，白色釉，底部无釉。整体呈莲花状。器物剩下约五分之三。口径10.5、底径3.8、高2.4厘米（图二二九，2；图版二五，3）。

Cb型瓷灯盏，2001STA1G26：21，方唇，敞口，斜腹微弧，平底内凹。紫红色缸胎，胎质粗糙，内壁施酱色釉，外壁无釉。口径9.6、底径4.1、高2.5厘米（图二二八，6；图版六三，3）。

F型Ⅰ式瓷碗，2001STA1G26：22，圆唇，敞口，圆鼓腹，平底。紫红色缸胎，胎质粗糙，口沿内外施米黄色釉，外壁半釉。口径16.8、足径6.4、高6.3厘米（图二二八，7；图版四六，1）。

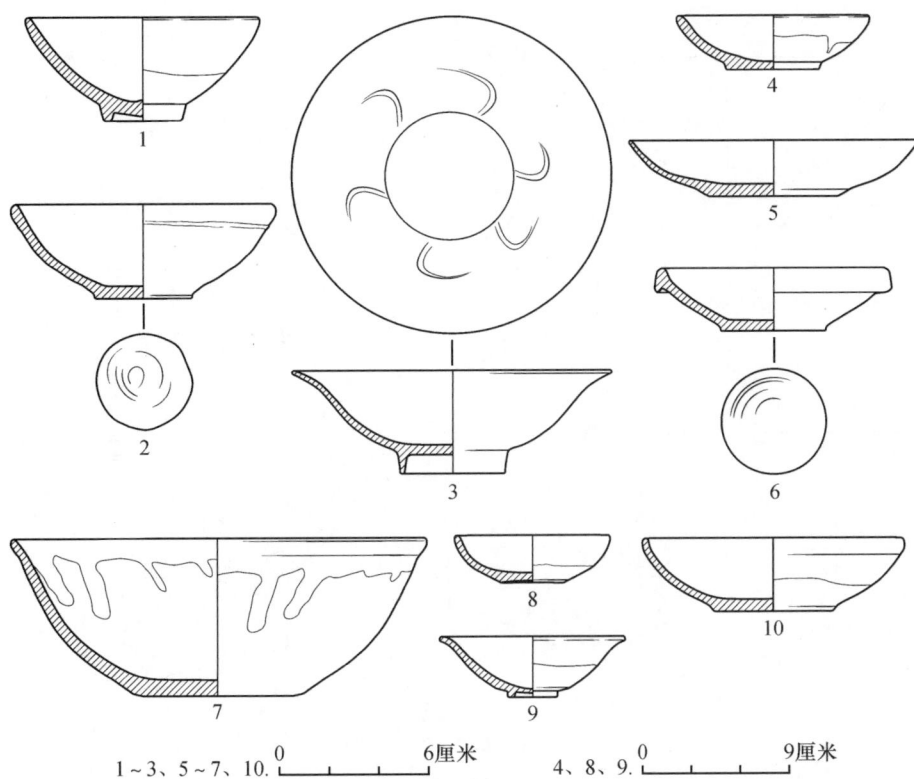

图二二八　2001STA1G26出土瓷器

1、8～10. Ab型Ⅱ式盏（2001STA1G26：16、2001STB1G26：23、2001STA1G26：24、2001STA1G26：25）　2、4. B型Ⅰ式盏（2001STA1G26：17、2001STA1G26：19）　3. Ba型Ⅲ式碗（2001STA1G26：18）　5. B型碟（2001STA1G26：20）　6. Cb型灯盏（2001STA1G26：21）　7. F型Ⅰ式碗（2001STA1G26：22）

　　Ba型Ⅰ式瓷碗，2001STA1G26：26，尖唇，敞口，斜腹微鼓，高圈足外撇。瓷胎，青色釉。口径15.4、足径5、足高1.5、通高6.6厘米（图二二九，1；图版三七，6）。

　　Aa型Ⅴ式瓷碗，2001STA1G26：28，圆唇，沿向外卷，敞口，斜壁微鼓，圈足。紫红色缸胎，胎质粗糙，双层釉，底釉酱色，表釉酱红色，内壁满釉，外壁半釉，表釉大部分脱落。器物剩下三分之一，存有口沿、器壁、器底，可以复原。口径16.4、足径6、高6.6厘米（图二二九，3）。

　　陶釜，2001STA1G26：30，夹砂灰褐陶。圆唇，敞口，折颈，鼓腹，圜底，腹部饰有细绳纹。口径41.6、腹径32.2、高21.5厘米（图二二九，4；图版七〇，6）。

　　Aa型Ⅳ式瓷碗，2001STA1G26：31，敞口，圆唇，斜壁，圈足，内有四个支钉痕迹。紫红色缸胎，底釉为酱色，豆绿色釉，外壁半釉。口径14.4、足径5.4、足高0.7、通高6.2厘米（图二二九，5）。

　　Eb型瓷碗，2001STA1G26：32，圆唇，口微敛，圆腹，饼状足，内有六个支钉痕迹。紫红色缸胎，胎质粗糙，红褐色釉，口沿外侧施釉。口径15.5、足径7、足高0.5、通高5.2厘米（图二二九，6；图版四五，2）。

　　D型瓷碗，2001STA1G26：38，尖圆唇，敞口，斜弧腹，矮圈足外撇。白色胎，胎质致密而细腻，施青色釉，碗底无釉，其他地方均有釉。内碗底可以看见三个支钉痕迹。仅剩整器的三分之一。口径14.4、底径5.4、高6.6厘米（图二二九，7）。

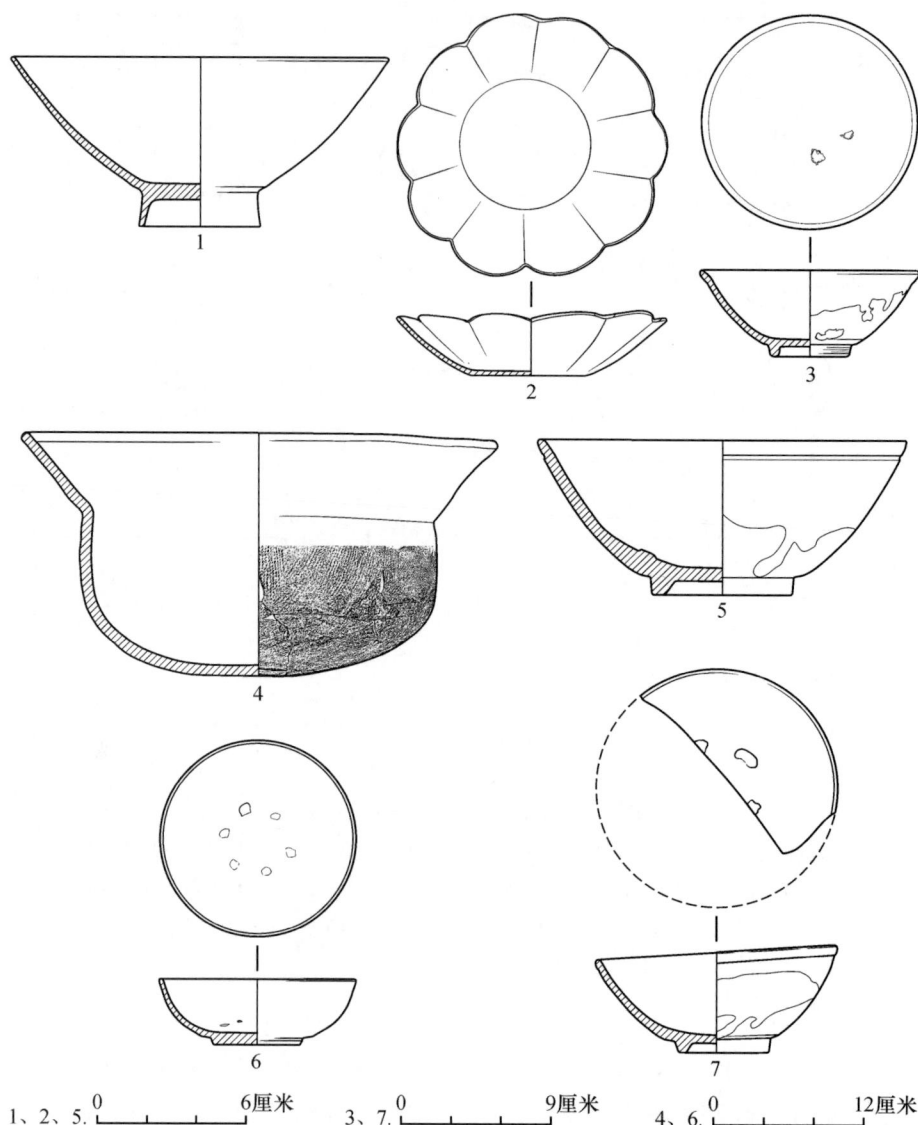

图二二九　2001STA1G26出土陶、瓷器

1. Ba型 I 式瓷碗（2001STA1G26：26）　2. B型瓷碟（2001STA1G26：27）　3. Aa型 V 式瓷碗（2001STA1G26：28）
4. 陶釜（2001STA1G26：30）　5. Aa型 IV 式瓷碗（2001STA1G26：31）　6. Eb型瓷碗（2001STA1G26：32）
7. D型瓷碗（2001STA1G26：38）

　　2001STA1G27（图一二二）　位于T3904的西半部，G2压在其南部分，西边距探方西壁0.2米。开口于第③层下，距地表0.95～1米，打破第④层，叠压在G26下。为南北走向，南压在T3804北隔梁下，北延伸入T3904北隔梁，沟壁略斜，底部略平，深0.1～0.27、宽0.8米，沟内堆积灰褐色土，质地松软，含有灰粒，底部有薄层草木灰，出土有瓷片，可辨器形有瓷碗、盏等。

　　F型 II 式瓷碗，2001STA1G27：1，圆唇，敞口，斜弧壁，矮圈足。紫红色缸胎，胎质粗糙，酱色釉，内壁满釉，外壁半釉。器物剩下约六分之一。口径15.8、足径6、高5.1厘米（图二三〇，1）。2001STA1G27：2，圆唇，敞口，斜直壁微弧，矮圈足。紫红色缸胎，胎质粗糙，酱色釉，内壁满釉，外壁半釉。口径14.6、足径5.7、高5.2厘米（图二三〇，2；图版四八，3）。2001STA1G27：7，圆唇，敞口，斜鼓壁，矮圈足外撇。紫红色缸胎，胎质粗糙，

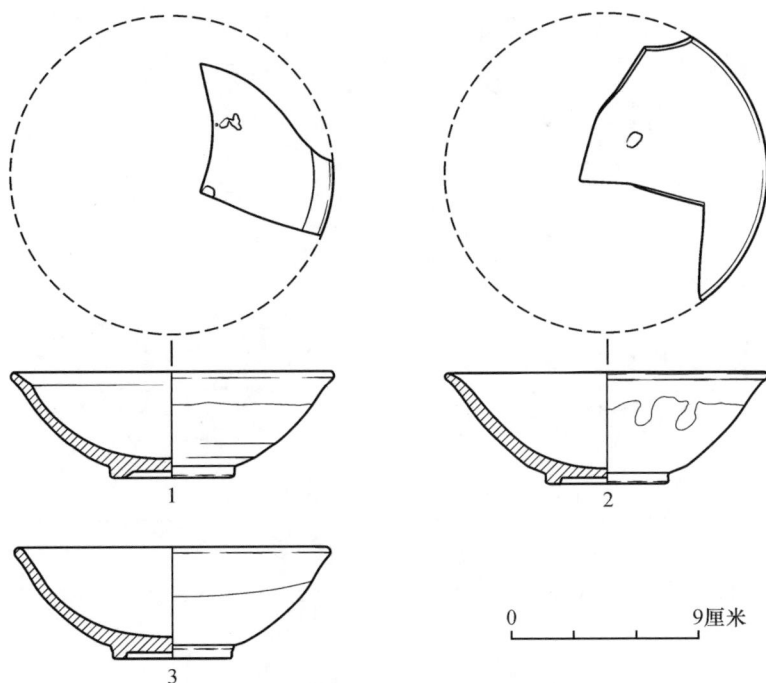

图二三〇　2001STA1G27出土瓷器

1~3.瓷碗F型Ⅱ式（2001STA1G27：1、2001STA1G27：2、2001STA1G27：7）

酱色釉。口径15、底径5.7、高5.4厘米（图二三〇，3；图版四八，4）。

2001STA1G28（图一二三）　位于T3803的中部，西边距T3803西壁1.9米，东边距T3803东壁0.65~1.75米。开口于第③层下，叠压第④层，距地表0.95米，其走向为南北向，南在T3803南壁处已断，北压在T3804北隔梁下，沟壁呈斜坡形，底部略斜，深0.2~0.7、宽0.3~1.4米，沟内堆积灰褐色土，包含物有烧土块、草木灰，底部有水淤土，出土遗物有瓷片。

2001STB1G29（图一二四）　位于T3838东北部，一部分延伸进西北壁下，T3839中部偏西，呈西北—东南向。开口于第⑥层下，距地表深1.7米，打破第⑦、⑧层，与其他遗迹无打破关系。整体呈西宽东窄的长条沟，剖面呈锅底形，沟长7.9、宽0.3~2.25、深0.4米，沟内无任何遗迹现象，只有底部有淤土。沟内堆积上下一致，均为灰褐土，土质疏松，结构松散，呈小块状，出土遗物以缸胎瓷为主，瓦片和瓷片次之。可辨器形有罐、碗、盆、壶等。

2001STB1G30（图一二五）　位于T3739南部。开口于第⑤层下，打破第⑥、⑦、⑧层及H44直至生土。沟口距地表深1.3米。平面呈东西向长条形，壁面斜直，平底。沟口长7.5、宽0.7、深0.95米。沟内堆积呈灰褐色，含有少许木炭粒及红烧土块。结构松散，土质较软。出土遗物较多，可辨器形有瓷碗、碟、罐、盆、盏等。

G型Ⅱ式瓷碗，2001STB1G30：1，方唇，敞口，尖沿，斜腹，矮圈足。瓷胎，乳白色釉。器物剩下约五分之四，存有口沿、器壁、器底，可以复原。口径15.6、足径6.5、足高0.7、通高5.4厘米（图二三一，1；图版五一，5）。

Ab型Ⅱ式瓷盏，2001STB1G30：2，圆唇，敞口，斜壁微弧，平底。紫红色缸胎，胎质粗糙，内壁施酱色釉，外壁无釉。器物剩下约四分之三，存有口沿、器壁、器底，可以复原。口径9.2、底径3.5、高2.8厘米（图二三一，2）。2001STB1G30：3，圆唇，敞口，斜直壁微弧，平底。紫红色缸胎，胎质粗糙，米黄色釉，内壁施釉，外壁无釉。残有口沿、器壁、器底，可

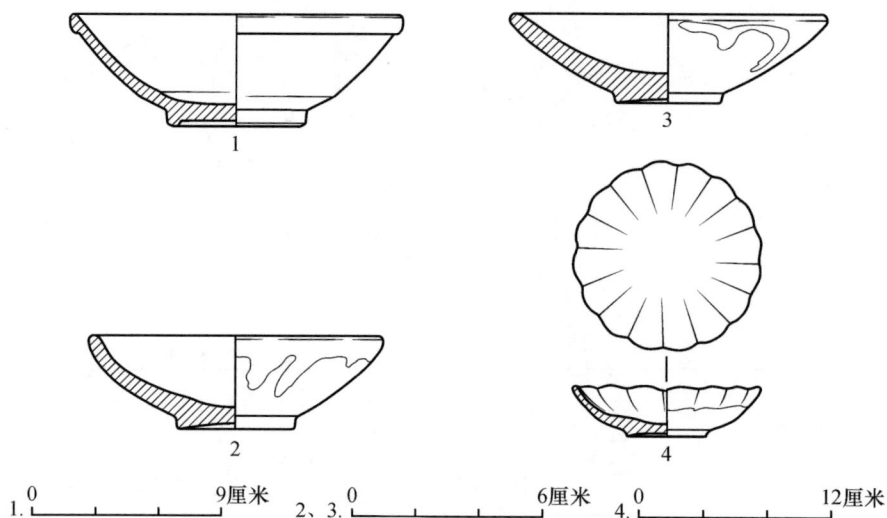

图二三一　2001STB1G30出土瓷器

1. G型Ⅱ式碗（2001STB1G30：1）　2、3. Ab型Ⅱ式盏（2001STB1G30：2、2001STB1G30：3）　4. A型碟（2001STB1G30：4）

以复原。口径9.8、底径3.2、高2.8厘米（图二三一，3）。

A型瓷碟，2001STB1G30：4，敞口，尖圆唇，莲花瓣，斜鼓腹，饼底。紫红色缸胎，酱色釉，内壁满釉，外壁半釉。口径11.9、底径4.8、高3.3厘米（图二三一，4）。

2. 拐把形灰沟1条

1999STA2G15（图一二六）　位于T3217的西南部，向南伸出探方外，未做清理。G15开口于第③层下，打破第④层，距地表深0.6米。整体形状为拐把形，弧壁圜底。已发掘总长5、宽0.2～0.35、深0.05～1米。沟内堆积为浅灰色，含有少许烧土粒、木炭粒。土质较软。出土遗物少而破碎，可辨器形有罐、盆等瓷器。

3. 不规则形灰沟1条

1999STA2G17（图一二七）　位于T3116中部偏北，向东向西伸出探方外，未做清理。G17开口于第⑥层下，被F2打破，本身打破第⑦层，沟口距地表深0.65米。平面形状为不规则形，斜直壁平底，已发掘部分东西长4、宽0.3～0.6、深0.2米。沟内堆积为黄褐色水浸土，含有少许木炭粒、烧土粒及石块等，土质较软。出土遗物少而破碎，可辨器形有碗、罐、板瓦等陶瓷器。

四、房　　址

1998STA2F1（图六五）　位于T0104的中西部，西、南、北三面伸出探方外，未发掘。发现于第⑤层下，距地表深0.6米。仅余基础部分，以数十块形状不同的石块及汉墓砖平铺而成，石块及砖下垫有碎陶片以找平衡（复原一件陶缸即是垫片）。已发掘部分长4、宽1.5～2.5米，基础最深0.2米。

　　1999STA2F2（图六六）　　位于T3116东部、T3216中部、T3316中南部及T3317西部，横跨四个探方。东南部伸出探方外，未作清理。F2开口于T3316第④层下，叠压或打破G17、H29、M3，距地表深0.65米。已发掘平面呈曲尺状，其北部一段长6.25米，西部一段长11.5米，基槽为斜直壁平底，宽0.4～0.7、深0.07～0.1米。北部靠东一段的东部3.85米处残存一层4块基础石板，自西向东每块分别为1.1、1.05、0.8、0.9米，宽0.3、厚0.07米。基槽内的填土呈灰褐色，含有少许红烧土块、草木灰粒等，结构紧密，质较硬。出土遗物有碗、罐、盆等瓷器碎片。

　　F2西侧1.7米处有一段石筑基址与F2同处一个平面，方向亦一致，估计二者之间有一定的联系。

五、窑　　址

　　窑址共发现四座，Y1～Y4，其中Y2、Y3、Y4结构基本相同。

　　1998STA2Y1（图六七）　　位于T0311的东南部，向南伸出探方外，后经扩方，做了完整发掘。Y1发现于第④层下，距地表深0.3～1.2米。坐落在生土上。Y1由窑室、火门、烧火坑（工作间）三部分组成。

　　窑室：平面略呈圆角长方形，周壁微弧。窑顶、前壁及窑口已塌陷，残存窑壁稍向内倾斜，窑底后部宽0.6米，稍高于前部0.06米，前部窑底略有坡度，后部较高，前部略低。窑壁及窑底因长期火烧形成一层坚硬的灰绿色烧土面，厚0.02～0.03米，窑室四壁留有清晰的工具痕迹，工具痕迹宽度约0.09米，似为镐痕。窑室上口部残长2.4、宽1.5～2米，底残长2.34、宽1.46～1.9、残高0.3米。

　　火门：位于窑室的东面，方向120°，上部破坏无存。火门与烧火坑之间有一层坚硬的灰红色烧土，厚0.01～0.03米，长度约0.38米，应是火门的宽度。

　　烧火坑：位于火门东侧，平面为不规则梯形，直壁平底，上宽1.2、下宽0.8、残深0.3米。底部堆积厚0.02～0.05米的草木灰。

　　窑室及烧火坑内的堆积为灰褐色水浸淤土，含有大量的红烧土块及窑壁塌陷的灰绿色烧土块，出土遗物有碗、盆、罐、缸、板瓦、筒瓦等陶瓷器残片。

　　1998STA2Y2（图六八）　　位于T0312的东部与T0313的西部，窑道及烧火坑伸出T0313以外，接近断崖未做发掘。Y2开口于第⑦层下，口距地表深0.9～1.85米。坐落于生土上。由窑道、火膛、火门、窑门、窑室及烧火坑等部分组成。

　　窑室平面略呈圆形，窑道及窑壁口部已坍塌，残壁略向内收，上口稍大于底。上口径3.12、底径3.02、残存最高1.7米。窑壁因长期烧烤形成一层坚硬的青灰色硬面，厚约0.1米，硬面外围约0.2米厚的土被烧成红色。窑底周围有一圈宽0.1、深0.15～0.28米的火道，火道的走向与窑室壁的弧度一致并与烟道相连。火道表面被火烧烤形成一层灰红色硬面，厚0.02～0.03米。该火道为二次火道，其下还有一次火道。在正对火门的窑室周壁上有五条烟道，烟道平面皆呈梯形。后壁斜直，侧壁较直，每两个烟道间距1.2～1.4米（以烟道中心计算，下同）。烟道最宽在0.3～0.42米之间，进深在0.4～0.45米之间，底进深在0.38～0.43米之间，因破坏程度不同，深度不一。正对火门的三个烟道保存较好，几乎与残存的窑壁高度一样自上而下贯通。

从左往右，深分别为1.7、1.72、1.48米（口至二次烟道的深，下同），左壁上烟道的右侧壁略有破损，未作修补，深约1.45米。右壁上烟道深约0.9米。五个烟道与窑壁自上而下贯通，从窑壁看为一条豁口，未发现抹泥堵塞的痕迹，其间相通的口宽约0.1米左右。烟道底与火道底基本相平。烟道壁与底因长期烘烤形成一层灰色的硬面，厚约0.01米左右，硬面外围约0.1米左右厚的黄生土被烘烤成红色。窑床平面呈月牙形，直径约2.82米，前部高约1.22米（窑底到窑床底面的高），后部因未作解剖高度不详。整个窑床分上下两个使用面，说明窑在使用过程中进行了修改。一次窑床前壁较直，高约0.78米。在一次窑床的基础上加高了0.44米（指前壁高），形成了二次窑床，加高部分的前壁较斜，略呈台阶状，用石块铺砌（极少量的汉砖）而成，石块大多为自然石略加修整为长方形，大小厚薄不一，石块厚的部分一般砌四层，薄的部分一般砌五层。因未作解剖，加高部分的内部结构不详。二次窑床使用面前高后低呈斜坡状，坡度约12°。这样做是为在装窑烧窑及出窑时烧造物不致倒向窑门一侧。

窑室内填土堆积分为上下两层。上层距地表深0.9～1.9、厚0.2～1.4米。浅黄色水浸淤土，含有少许木炭粒及红烧土块，夹杂较多的石块，质较硬。出土遗物有碗、罐、板瓦等瓷器残片。下层距地表深2.1～2.3、厚0.1～0.3米。黄褐色水浸土，含有少许木炭粒及红烧土粒，夹杂大量的板瓦碎片。出土遗物同上。

火膛在火门西侧，平面略呈椭圆形，顶部已塌。火膛壁表面因长期烘烤形成一层青灰色硬面，厚0.05～0.1米。火膛也有两个使用面，说明其随着窑床增高而增高。一次火膛壁上部较直，下部缓向内收，膛底西高东低呈斜坡状，上口长1～1.75、下口长1～1.65、深0.98米，膛底部堆积有厚0.02～0.05米的草木灰。二次火膛上口长1.75～1.2、底口长1.75～1、深1.05米。膛底西高东低斜坡状，因长期烘烤形成一层灰褐色硬面，厚0.02～0.06米。一次膛底与二次之间加高部分的垫土为黄褐色，夹杂有大量板瓦残片，厚0.3～0.4米，说明二次火膛增高了0.3～0.4米。火膛内填土堆积分为两层，上层距地表深2.1～2.2、厚0.4～0.45米，浅黄褐色水浸淤土，含有较多木炭粒及烧土块，质较硬。出土遗物有板瓦。下层距地表深2.5～2.65、厚0.4～0.65米。黄褐色水浸土，含有少许木炭粒及红烧土块，夹杂大量板瓦残片，土质疏松。出土遗物有盆及板瓦。

火门位于火膛东面，窑门正中。火门是在窑门两侧各立置一块长方形石条，上面再横铺一块长方形石条构成（石条已失落）。两块立置石条相互不平行，向火膛方向呈八字形。左侧石块长0.58、宽0.2、厚0.16米，右侧石块长0.68、宽0.25、厚0.18米。石块下面有层垫土，呈黄褐色，厚约0.1米，这样石头底面就略高于窑门底面0.1米。火门正视为长方形，宽0.35米，以右侧石头为准，一次火门高0.68米，增高后的二次火门高0.42米，较一次火门矮0.26米。一、二次火门底部均分布一层草木灰，厚分别为0.05～0.08、0.03～0.05米。

窑门位于火膛的东壁面上，方向130°，顶部大部坍塌。窑门正视略为长方形，下部稍宽于上部，上宽约0.6、下部宽约0.7米，一次门高1.4米，二次门高1.05米。由解剖得知，窑门处二次较一次增高了0.35米，增高的垫土堆积与火膛内的垫土堆积相同，并且相连。

窑道位于火门的东部，平面略呈八字形，向东部外敞开。因东部伸于探方以外，接近断崖，未进行全面发掘。已发掘部分长1.3、宽0.7～1.05、残高1.35米。接近火门处的窑道壁被烘烤成红色，厚0.02～0.03米。经解剖得知，窑道内有两层草木灰堆积，下层（一次形成）厚

0.08~0.18、上层（二次形成）厚0.05米，两层之间垫有黄褐色土，厚0.1~0.25米，与窑门及火膛内的垫土相连，说明二次增高同时进行。窑道一、二次底面皆东高西低。窑道内堆积为一层（指二次面以上），浅黄褐色水浸淤土，含有少许木炭粒及红烧土块，质较硬。厚0.9~1米，出土遗物仅板瓦碎片。

烧火坑位于火门东部，伸出探方外，并接近断崖，未全面发掘。平面形状推测为圆形。坡壁平底。发掘部分长1.95、宽1、深1.2米。该火坑为二次所挖。烧火坑内填土堆积为3层。上层距地表深1.75~1.95、厚0.05~0.4米，黄褐色水浸淤土，夹杂一层红烧土块，厚0.05~0.12米，含有少许木炭粒，质较硬。出土遗物极少且破碎，可辨器形有碗、罐等。中层距地表深2.15~2.35、厚0.05~0.25米，浅黄褐色沙性淤土，含有少许木炭粒，质较硬。未出遗物。下层距地表深1.75~2.6、厚0.05~0.25米。灰褐色沙性淤土，包含少许木炭粒，质较硬。未出遗物。

陶盆，1998STA2Y2：1，口部残片，泥质灰陶，内壁较厚，厚圆唇，宽折沿，斜弧壁，沿面分别饰一周凹弦纹、波浪纹和锯齿纹。口径38厘米（图二三二，1；图版七九，3）。

陶拍，1998STA2Y2：2，泥质灰陶，泥质深灰色，圆饼形，拍面较平，鳖形把手，素面。长径15.6、厚5.4厘米（图二三二，2；图版七三，6）。

陶范，1998STA2Y2：3，泥质灰陶，残存部分略呈半圆形，背面较平，侧壁较直。残径12.8、厚3.7厘米（图二三二，3；图版七四，3）。

1998STC2Y3（图六九） 位于T3539的东部。距T3539中的Y4约2米左右。Y3开口于耕土层下，距地表深0.15~0.20米，挖在生土中。①→Y3→黄生土。

Y3由窑室、火膛、窑门、火门、窑道等五部分组成。

窑室：窑室平面略呈圆形，窑顶及壁口部已塌陷，后壁向里挤入，后壁的右侧烟道至右壁烟道的窑壁用石头砌筑，说明窑在使用过程中进行了修补，残存壁除东壁一小段略呈袋状，其余壁面上下本直。窑室口直径约3.2米，底直径3.25米，残存最高约0.7米，窑壁经长期烧烤形

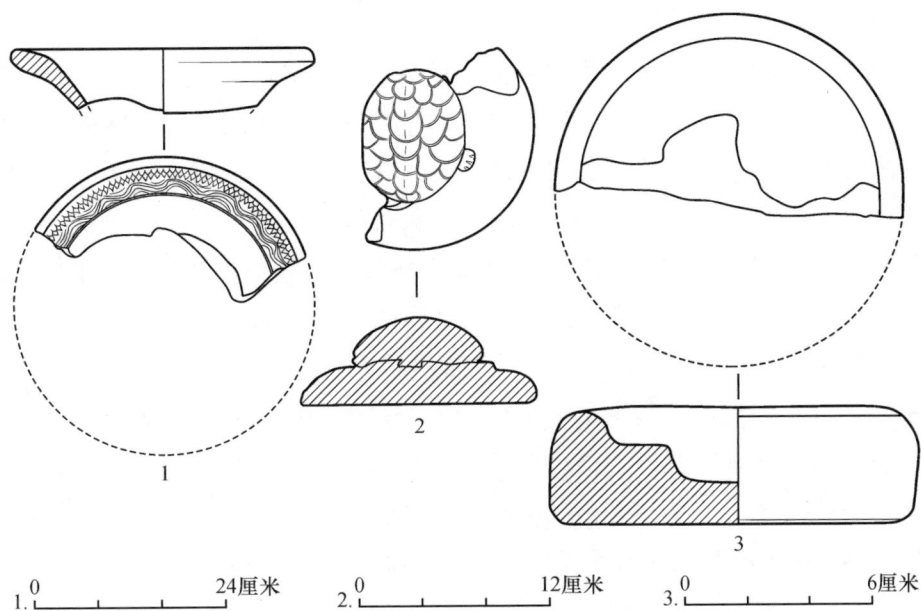

图二三二 1998STA2Y2出土陶器

1. 盆（1998STA2Y2：1） 2. 拍（1998STA2Y2：2） 3. 范（1998STA2Y2：3）

成一层十分坚硬的硬面，呈灰蓝色，厚0.05～0.15米，硬面外围约0.2～0.25米厚的黄生土被烧烤成红色。窑底前后低呈斜坡状，坡度约7°，也因长期烧烤形成一层灰蓝色硬面，厚0.05～0.1米。窑底两侧紧靠窑壁有宽0.04～0.14米，深0.05～0.13米的火道，火道表面被火烧形成一层灰色的硬面，厚0.03～0.05米。在正对火门的窑室后壁上有两个烟道，左右壁上各一个，烟道平面皆呈梯形，直壁平底，自左往右，每两两间距分别为1.9、1.6、1.4米（以烟道中心计算）。左壁上烟道最宽0.33、进深0.44、深0.64米，右壁上烟道最宽0.25、进深0.4、深0.88米，右烟道最宽0.35、进深0.38、深0.78米。四个烟道与窑壁上下是相通的，未发现抹泥堵塞的痕迹，其之间自右往左分别为0.08、0.12、0.13、0.23米。烟道深于火道底0.12～0.15米。烟道壁也底也因长期烘烤形成一层灰色的硬面，厚0.03～0.05米，硬面外围0.1～0.15米厚的黄生土被烘烤呈红色。

火膛：在火门的北侧，平面略呈椭圆形，顶部已塌陷。斜壁底微呈环坡状，其口长径1.85、短径1.5米，底长径1.55、短径0.65米。膛壁及膛底表面因长期红火烘烤形成一层灰蓝色硬面，厚0.05～0.15米，硬面外围0.2～0.35米厚的黄生土层被烘烤成红色。

火门：位于火膛的南壁面上，窑门的正中。火门是在窑门左右两侧各立置一块长方形石头，上面再横铺一块长方形石头而成（横铺的石头已失落）。两块立石不互相平行，朝看火膛方向一端（北端）向外敞开，略呈倒八字形。左侧石头长0.66、宽0.3、厚0.15米，右侧石头长0.66、宽0.41、厚0.12米。火门正视为长方形，宽0.4米（以中心计算），高为0.66米。

窑门：位于火膛的南壁面上，方向215°，顶部已塌陷。窑门平面呈倒八字形，宽0.65米（以中心计算），进深约0.3米，残高0.55米。

窑道：位于火门的南部，平面略呈梯形，长约1.45米，宽0.65～0.75米，残高0.1～0.45米，距火门0.76米处横铺一不规则长方形石头，长0.55米，宽0.15～0.25米，厚0.1米，似为烧火时的座位。石头下面垫有板瓦残片，窑道内分布一层草木灰堆积，厚0.02～0.03米，质较硬。

窑内堆积及包含物：窑室内堆积为一层，黄褐色土，含有较多的红烧土块及窑壁塌陷的灰蓝色烧土块，出土遗物有板瓦等。

火膛内堆积及包含物：火膛内的堆积及包含物基本与窑室相同，出土遗物有板瓦等。

窑道内堆积及包含物：窑道内的堆积及包含物与窑室基本相同，出土遗物有板瓦等。

1998STC2Y4（图七〇）　位于T3539的中南部偏西。发现于耕土层下，距地表深0～0.2米，挖在生土中。由窑室、火膛、火门、窑道、烧火坑等部分组成。

窑室平面略呈不规则半圆形，顶部及壁口部已坍塌，后壁及左壁部分向里挤入，残存壁略呈袋状。窑室口直径约2.75米，底直径约2.8米，残存最高约1米。窑壁经长期烧烤形成一层十分坚硬的硬面，厚0.08～0.15米，呈青灰色，硬面外围厚0.2米左右的黄生土被烧烤成红色。窑底（窑床）前高后低呈斜坡状，坡度约4°，因长期烧烤形成一层灰褐色硬面，厚0.05米左右。窑底有六条火道，其中五条火道分别与窑壁的五个烟道相对，并且相通，另一条火道顺东南角窑壁与东壁上烟道相接，火道宽0.05～0.06米，深0.04～0.05米，火道表面被火烧烤形成一层灰褐色硬面，厚0.03～0.05米。在窑室后壁上有三个烟道，左、右壁上各一个，中间一个被现代坑打破，烟道平面皆呈梯形。自左往右，每两两间距分别为1.3、1.4、1.3、1.1米。左壁上烟道宽0.1～0.2米，进深0.22米，深0.85米。右壁上烟道宽0.1～0.22米，进深0.24米，深0.92米。后壁上中部烟道被一现代坑打破，大小不详。烟道与窑壁面不相通但底部有口相通，通口略呈不规则圆形，直径0.1米左右。烟道底与火道底基本相平。烟道壁与底也因长期烘烤形成一层灰褐色硬面，厚0.2～0.3米，硬面外围0.1～0.15米厚的黄生土被烘烤成红色。

火膛在火门的北侧，平面略呈扇形，斜壁，顶微弧，顶部北部塌毁，残存南部北高南低呈斜坡状，底略深于火门底，略呈圜底，其口长径1.52、短径1.4米，底长径1.4、短径1.38米，深0.65米。膛壁经长期烧烤形成一层灰色的硬面，厚0.1～0.15米，硬面外围约0.2米左右厚的黄生土被烧烤成红色。膛内底部堆积有厚0.03～0.05米的草木灰。

窑门位于火膛的南壁面上，方向221°。窑门正视为长方形，宽0.56、进深0.26、高0.7米。火门位于火膛的南壁面上，窑门的正中。火门是在窑门两侧各立置一块长方形石块，上面再横铺一块长方形石条而成。两块立石相互平行而大小不同，左侧石头长0.4、宽0.26、厚0.12米，右侧石头长0.51、宽0.26、厚0.14米，深于火门底面约0.11米。横铺石条长0.56、宽0.32、厚0.08米。火门正视为长方形，宽0.3、进深0.26、高0.4米。火门之上有一长方形"观察口"，是在火门之上两侧各立置一残砖块，上面再横铺一长方形石条。砖残长0.25、宽0.16、厚0.09米。石头长0.4、宽0.26、厚0.06米。"观察口"宽0.22、进深0.26、高0.16米。火门底面经长期烧烤形成一层坚硬的红烧土硬面，厚0.02～0.03米。

窑道平面略呈长方形，直壁平底，已发掘部分长2.65、宽0.8～1.1、残高0.1～0.65米。烧火坑位于火门的南侧，平面略呈椭圆形，坡壁平底，口长径2.25、短径1.9、深0.2～0.65米，距火门0.3米横铺一长方形石头，长0.57、宽0.26、厚0.08米，应为烧火时的座位。

窑室、火膛、窑道及烧火坑内的填土堆积大致相同，皆呈黄褐色水浸淤土，含有较多的红烧土块及窑壁塌陷的青灰色烧土块。出土遗物有碗、板瓦等陶瓷器残片。

Ea型Ⅳ式瓷碗，1998STC2Y4：1，厚尖圆唇，侈口，曲壁，器壁较厚，矮圈足外撇，底较厚。胎灰白而致密。施青色釉，足底及内底无釉。其他地方满釉。口径15.44、高7、底径6.44厘米（图二三三，1）。

陶板瓦，1998STC2Y4：2，泥质青灰陶，整体呈方形，剖面呈拱形，背面有布纹，另外一面没有纹饰，素面。呈青灰色。长23.8、宽20.04、高6.04厘米（图二三三，2；图版七一，5）。

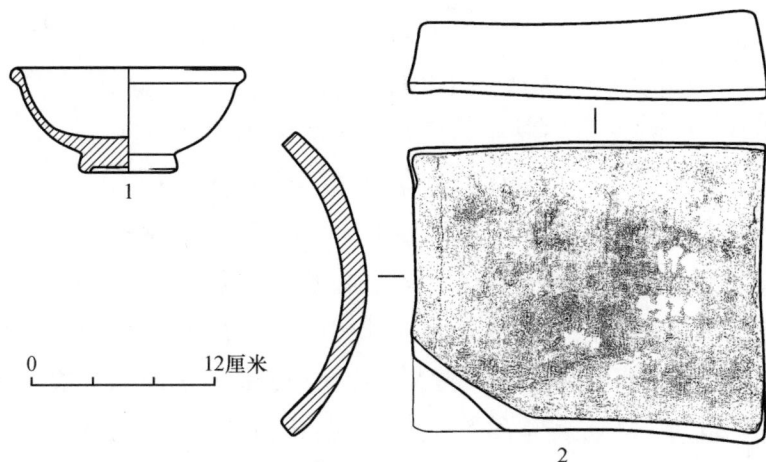

图二三三 1998STC2Y4出土陶、瓷器

1. Ea型Ⅳ式瓷碗（1998STC2Y4：1） 2. 陶板瓦（1998STC2Y4：2）

六、烧　灶

烧灶共2座，灶口平面皆圆形。

2001STA1Z2（图一二八）　位于T3903中西部。开口于第③层下，打破第④层。灶口距地表深0.85米。平面近圆形，坡壁圜底，东部壁底保存较好，壁底以草泥抹过并贴有碎石块，壁底经长期烧烤呈青褐色。灶口径0.5、壁厚0.03～0.06、深0.2米。灶内堆积呈灰褐色，含有较多木炭粒及红烧土块。出土遗物不多，可辨器形有瓷碗、罐、盏、筒瓦等。

2001STB1Z3（图一二九）　位于T3838西南部，西距T3838西壁1.2米，南距T3838南壁0.15米。开口在第⑤层下，周围有红烧土块层，距地表深1.4米。Z3形状为圆形，直径0.3～0.4米，底部垫有石块，石块上有经过火烧痕迹，深0.05～0.1米，根据发掘情况周围红烧土块可能是灶坍塌后堆积。

七、灰土遗迹

1998STA2灰土遗迹（图一三〇）　位于T1508的北部，开口于第③层下，遗迹平面距地表0.5米，其南部被M1破坏，东部被G1破坏，灰土遗迹直接叠压在自然生土层上。此灰土遗迹呈不规则状，最长处为1.74米，最宽处1.3米，此堆积高于周围平面0.1米，为浅灰色土，结构较致密，质略硬，没发现任何遗物，在浅灰土层下发现有红烧土层，红烧土是生土经火烧后形成的，形状和灰土遗迹相同，厚约0.05米，质地较硬。在灰土遗迹周围没有发现叠压在第③层的其他遗迹。

八、石筑基址

1998STA2石筑基址（图一三一）　位于长江岸边的二级台地上，分布在T1407、T1507、T1508内。开口于第④层下，距地表0.25～0.4米。方向为东北—西南向，是由9块相互连接或叠压的石条组成，其总长为8.7米，石条的宽度和高度基本相同，但每块石条长度不等，石条宽约0.18米，高0.16～0.18米，每块石条的长度为①0.76米，②0.83米，③1.15米，④1.6米，⑤2.0米，⑥1.02米，⑦1.54米，⑧1.6米，⑨1.1米。每块石条上部平面的侧部有一条纵向凸棱。

根据对此石筑基址的发掘、解剖情况可知，此遗迹的形成过程是：先在地面上挖一条基槽，因基槽的东北部地面略低，故先在东北部基槽内放入石条使其高度与西南部基槽高度相同，最后在东北部石条上和西北侧基槽内放入石条互相连接，东北部石条是放在基槽内石条凸棱的内侧，使下部石条凸棱挡住上部石条，使它不能滑落，此石基遗址基槽宽0.3～0.4米，深0.16～0.18米，长8.9米。

第八章　明清文化遗存

第一节　综　述

明、清文化堆积分布亦比较普遍，从这次发掘情况看，除去B2TG1第②、③层为现代，A2T1309第③层为宋代堆积外，其余各探方（沟）的第②、③层（包括B2TG1第④层）均为明、清文化堆积。

一、遗　迹

遗迹包括烧灶、灰坑、灰沟以及路面：烧灶由圆形和长方形组成，共计1个；灰坑呈圆形，共计2个；灰沟呈长方形，共计4个；路面发现1处。

（一）烧灶

2000STC3Z1　位于T1939东北角，开口于第②层下，打破第③层及生土。灶口距地表深0.5米。由火膛、火道两部分构成，火膛平面呈圆形，火道东西向。火膛为直壁平底，直径0.94、深0.3米。火道平面呈长方形，斜直壁平底，口部长1.04、宽0.4米，底部长0.98、宽0.3、深0.3米。火膛及火道周壁均烧烤成红色。灶内堆积呈灰褐色，土质松软，没有出土遗物（图二三四）。

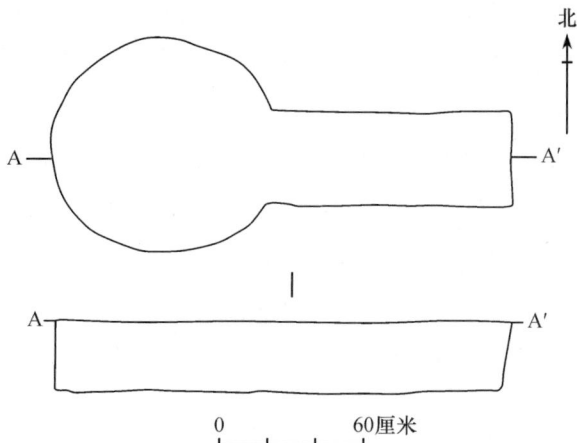

图二三四　2000STC3Z1平、剖面图

（二）灰坑

　　1999STA2H30　位于T3217的南侧偏东，在现代坑的西侧。H30开口在T3217的第①层下，距地表深0.25～0.3米，打破第③、④层。H30在T3217内只暴露一部分，根据暴露部分此坑为圆形，斜壁锅底状，直径约0.94、坑深0.44米，本坑堆积为一层，土色为浅灰褐土，土质较松软，含有红烧土块，出土遗物有瓷片等（图二三五）。

　　2000STB3H38　跨4个探方，大部分位于T1903西北角，少部分位于T1902东北角、T2002东南角、T2003西南角。开口于第②层下，打破第③层及生土。坑口距地表深0.5～0.55米，平面近圆形，直壁平底，坑口（底）直径1.4～1.45、深0.7米。坑内堆积呈灰褐色，含有少许木炭粒，土质松软。出土遗物少而破碎，可辨器形有瓷碗、板瓦等（图二三六）。

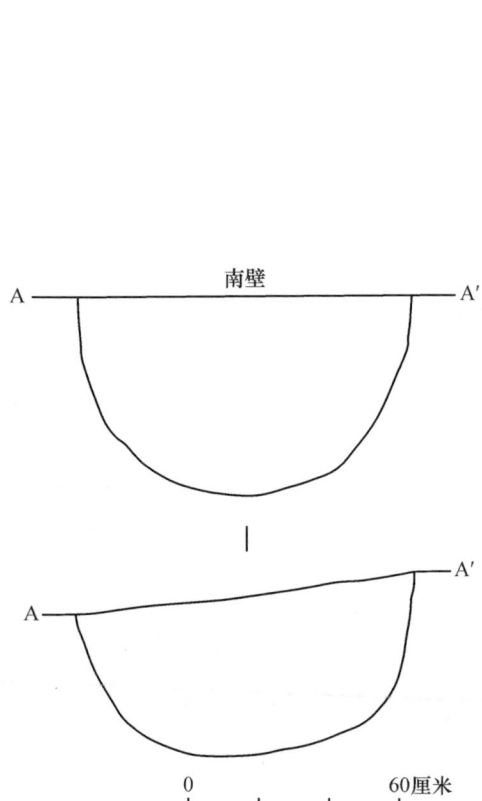

图二三五　1999STA2H30平、剖面图

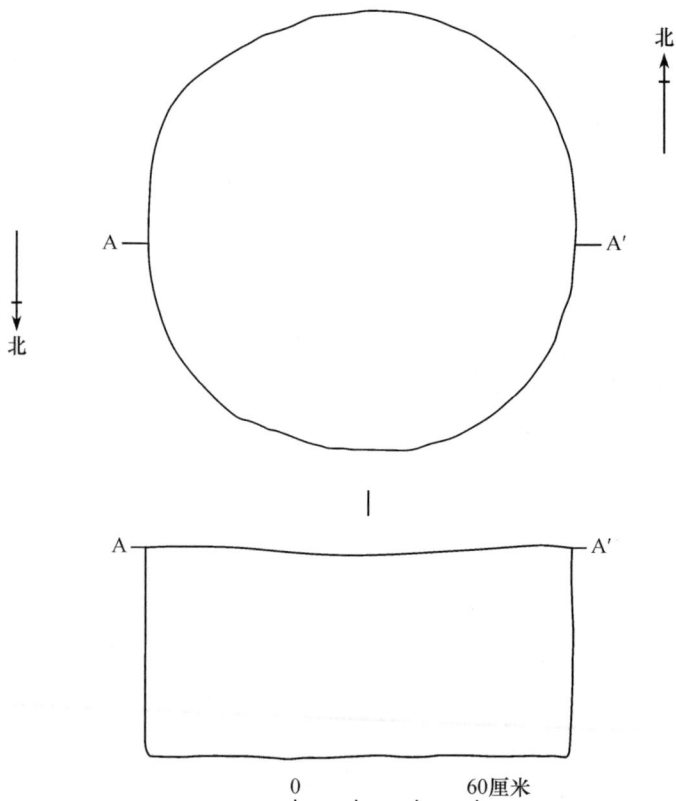

图二三六　2000STB3H38平、剖面图

（三）灰沟

　　1998STA1G1　位于T4006中部，东西走向，东端在探方外。开口于第①层下，打破第②层，沟口距地表0.2米，平面呈长条形，长3.8、宽0.55、深0.2米；平底，南壁为斜坡形，北壁为直壁。沟内填土为深褐色黏土，含有黄碎小花土，其结构疏松，质地较软，包含有煤炭渣。出土物有瓷片等（图二三七）。

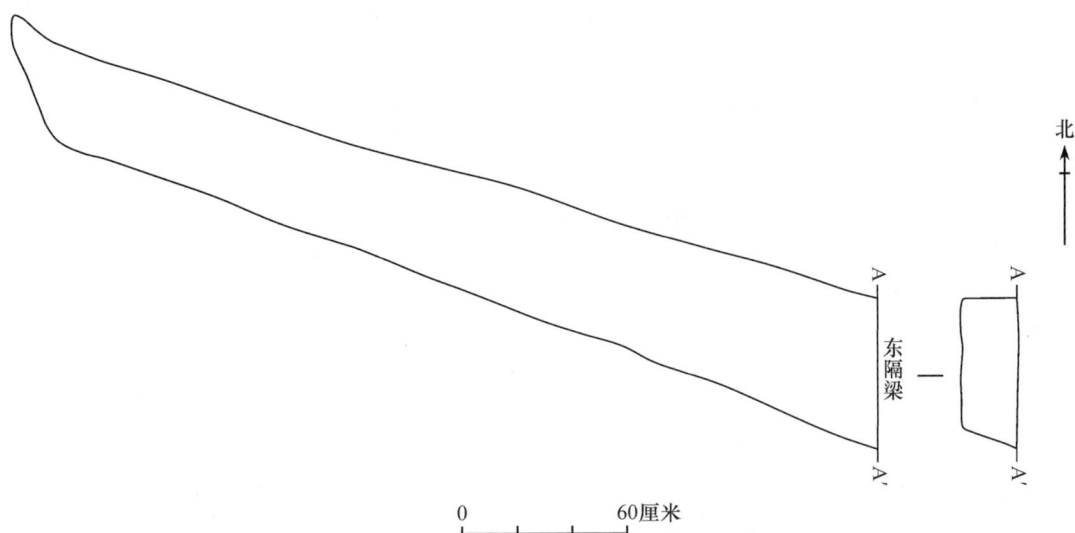

图二三七 1998STA1G1平、剖面图

1998STA1G2 位于T4007的北半部，H2的北边。开口在第②层下，打破第③、④、⑤层。东西向，两端都延伸到隔梁内，发掘的长度为4.4、东端宽0.52、西端宽0.33、深0.58米。壁较直，南壁呈坡状，底较平。本沟堆积为一层，土为深黄褐色花土，土质较硬，结构致密，含有烧土粒。出土遗物有瓷碗、陶盆等（图二三八）。

1998STA2G11 位于T2513、T2413的东部，开口于第②层下。距地表深0.2～0.25米，发掘部分为南北长条状，长度为9.6、宽4、深0.5～0.92米，南低北高，沟壁呈斜坡状。沟内堆积为同一类土，土为灰褐色黏土，质较软，结构松散，含有少量红烧土粒，出土遗物有较多的瓦残片，瓷碗、碟等（图二三九）。

2000STC3G23 位于T2034中部，方向110°，东南至西北走向。东西两端伸于探方以外，未做清理。开口于第③层下，打破生土，沟口距地表深0.55～0.6米。平面长条形，坡壁圜底。已发掘长4.3、宽0.84、深0.3米。沟内堆积呈灰色，含有少许红烧土粒及木炭粒，土质松软。出土遗物少而破碎，可辨器形有瓷碗、碟等（图二四〇）。

（四）路

1998STA2L1 位于T0104西半部，东北—西南走向，纵贯探方，L1暴露于耕土层下，即第①层下，打破第②层，路面距地表0.15～0.2米。L1在T0104中宽0.7～0.9米，厚0.15米；其主要由瓦片、瓷片、石块组成，结构紧密，有少量黑褐色路土，包含有烧土块和木炭粒。出土遗物主要有瓷碗、壶等（图二四一）。

A————A′　北

A————A′

东隔梁

北隔梁

0　　　　　60厘米

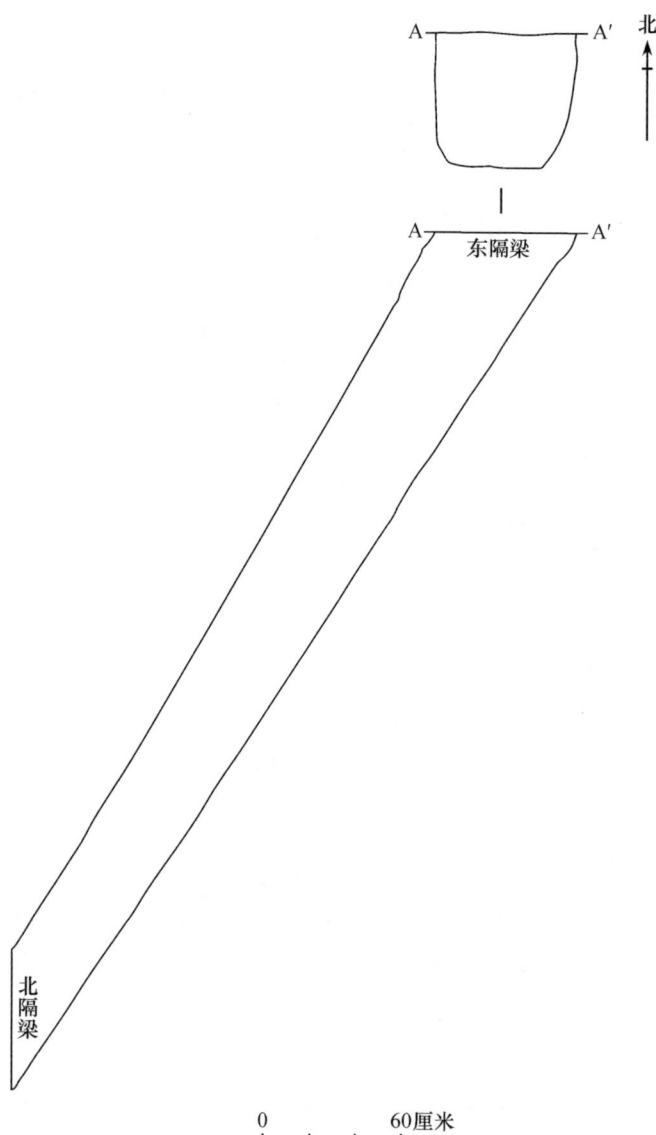

图二三八　1998STA1G2平、剖面图

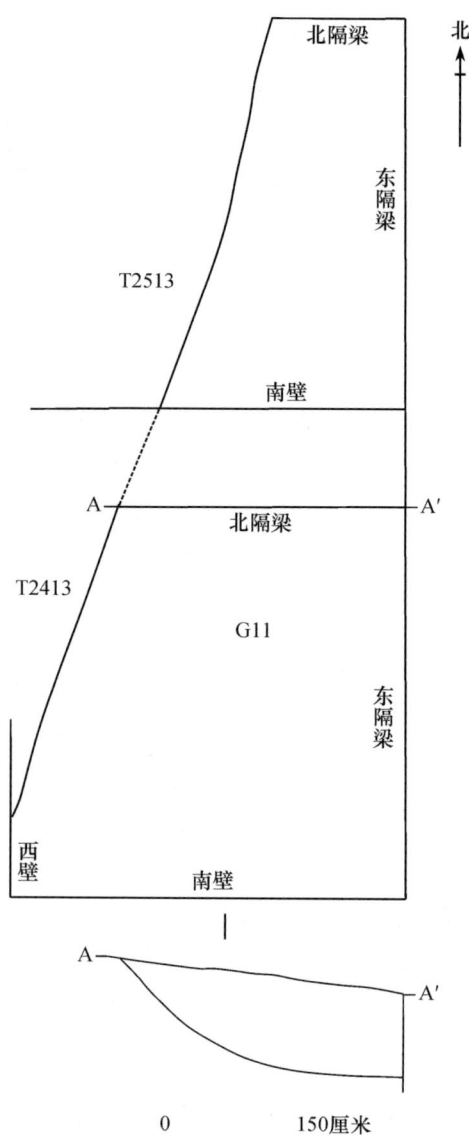

北隔梁

东隔梁

T2513

南壁

A——————————A′

北隔梁

T2413

G11

东隔梁

西壁

南壁

A————————————A′

0　　　　　150厘米

图二三九　1998STA2G11平、剖面图

二、遗　　物

（一）瓷　器

　　本期瓷器的器形有碗、灯盏、盆、盘、罐、盏、器盖和执壶，青花占大多数，其中碗13件、灯盏7件、盆1件、盘2件、罐1件、盏1件、器盖1件、执壶1件。装饰主要是青花绘画，图案有花草或者云纹等。

　　碗：13件。大多装饰青花，有圆唇和尖圆唇两种，胎质致密而细腻。可分为四型。

　　A型：9件。敞口。2000STB3T1901③：1内外壁及底满施青白釉。口部、外壁及内底饰蓝花线条及花卉图案；足外底饰蓝花线条并有行书"大明□□"字样。口11.2、高5.8、足径5.2、足高0.8厘米（图二四二，1；图版七七，1）。2000STC3T1937③：2，敞口，圆唇，平

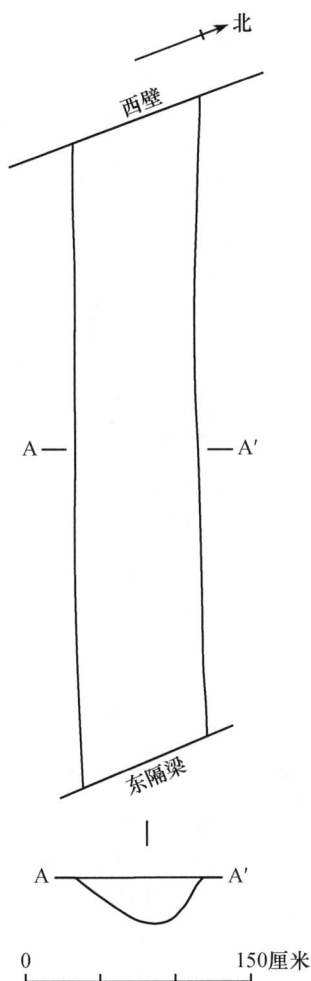

图二四〇　2000STC3G23平、剖面图

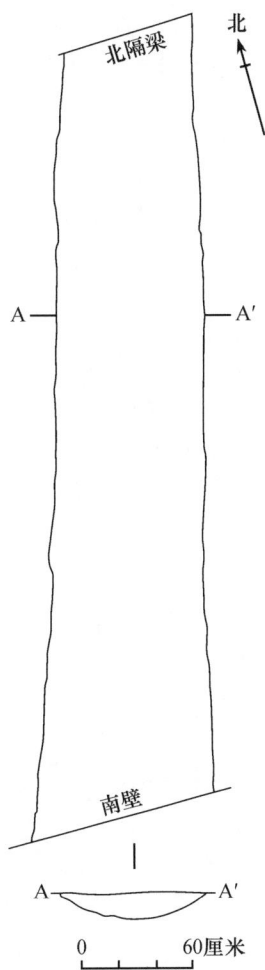

图二四一　1998STA2L1平、剖面图

沿，圆腹，圈足。粗瓷，呈豆绿色，内满釉，外满釉。器物仅剩下二分之一。口径15.7、高7.1、底径5.9厘米（图二四二，2；图版七七，2）。2000STB3T2001③：1，敞口。圆唇，沿外翻，上腹斜直，下腹圆鼓，圈足底，内有涩圈。瓷胎，豆绿色釉，开片瓷。口径16.1、高7.2、底径6.7厘米（图二四二，3；图版七七，3）。2000STB3T2002③：1，敞口。圆唇，沿外翻，鼓腹，圈足，内有涩圈。瓷胎，施豆绿色釉。器物仅剩下三分之一。口径16.5、高7.1、底径6厘米（图二四二，4；图版七七，4）。2001STB1T3430③：5，敞口，灰白胎，内外壁施豆青色釉，足底及内侧无釉。内底及口部饰青花线条，外壁饰花卉草叶图案。内底有一涩圈。口径16、足径8.6、足高1.6、通高6.8厘米（图二四二，5）。2000STB3T1901②：1，尖圆唇，敞口，斜直壁，矮圈足略残，内外壁及底满施青色釉。外壁及内底饰蓝花粗线条花草图案。口径11.6、足径3.8、残高4.4厘米（图二四二，6）。2000STC3T1937③：1，内外壁及底满施青白釉。内底饰青花花叶及家禽（鸡）图案；口部饰青花线条及花草图案。口径11.9、足径4.1、通高5.6厘米（图二四二，7）。2001STB1T3432③：3，敞口，青灰色胎，内外壁施豆青色釉，足底及内侧无釉。内底有一涩圈。外壁口部饰一周青花线条，腹部饰花叶图案。口径17.2、足径8.8、足高1、通高5.8厘米（图二四三，1）。2001STB1T3332③：3，灰白胎，内外壁施青色釉，足底无釉。内底及口部饰青花线条，外壁饰花叶图案。口径11.6、足径5.4、足高0.8、通高5.9厘米（图二四三，2）。

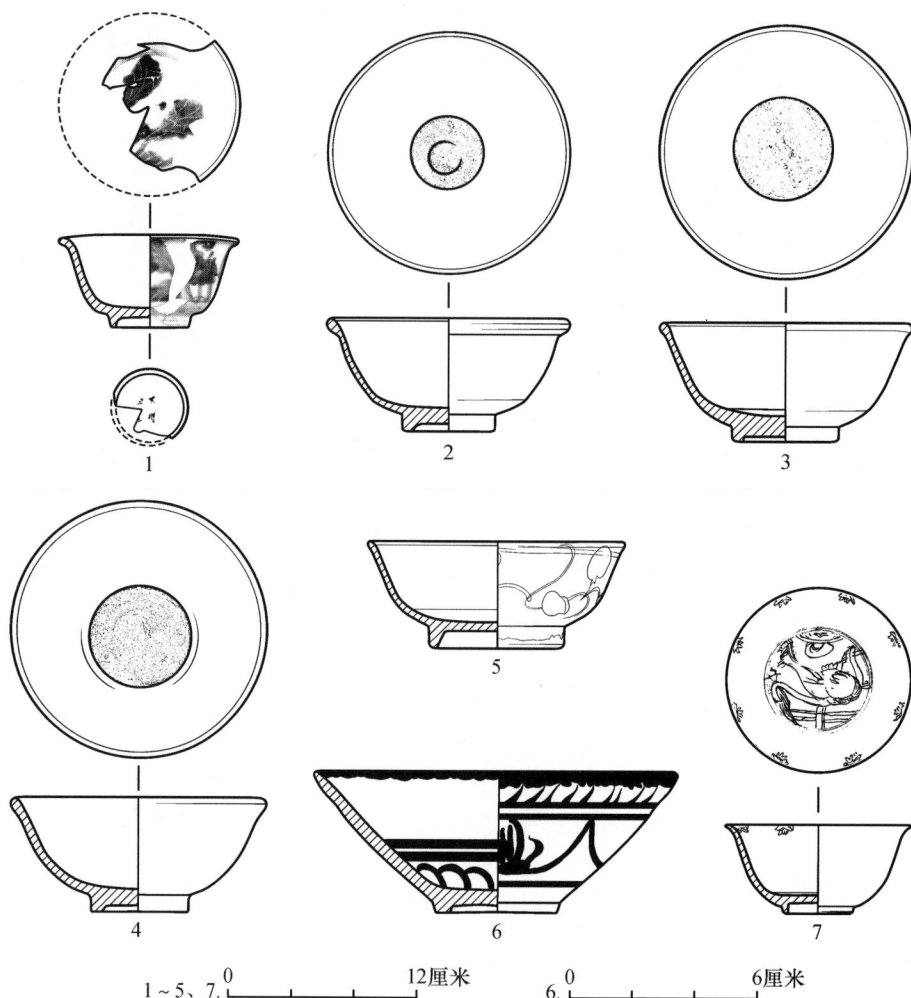

图二四二　明清A型瓷碗

1. 2000STB3T1901③：1　2. 2000STC3T1937③：2　3. 2000STB3T2001③：1　4. 2000STB3T2002③：1　5. 2001STB1T3430③：5
6. 2000STB3T1901②：1　7. 2000STC3T1937③：1

　　B型：1件。侈口。2001STA1T3804②B：1，侈口，灰褐色缸胎，尖圆唇，斜弧腹微鼓，假圈足。内外壁施酱黄色釉，内满釉，外半釉。内底有一压印圆圈。口径10.4、足径4.2、通高4.5厘米（图二四三，3）。

　　C型：2件。侈口，斜腹。1998STA2T1311③：1，侈口，斜腹，矮圈足，胎质细腻，胎底较白，施青色釉，为青花碗。口径8.28、高2.88、底径4.32厘米。2001STB1T3431③：2，敞口，圆唇，斜腹，圈足。青花粗瓷，灰白色釉。口径13.8、足径7.4、足高0.9、通高5.4厘米（图二四三，4）。

　　D型：1件。2000STB3T1801②：1，青花，敞口。尖圆唇，沿向外撇，斜直腹，矮圈足，平底。白色胎，胎质致密而细腻。施青色和白色釉，釉层较暗。外壁装饰两道弦纹，中间有花草纹，下部装饰一道弦纹。内底也装饰两道弦纹。剩下整器的五分之一左右，可以复原。口径11.4、底径3.46、高4.42厘米（图二四三，5；图版七七，5）。

　　灯盏：7件。2000STA2T1308③：1，圆唇，斜沿，敞口，斜鼓腹，小柄足底。紫红色缸胎，胎质粗糙，酱色釉，外壁釉已脱落。器物仅剩下五分之一。口径11、高2.4、底径3.3厘米

（图二四三，6；图版七七，6）。2000STC3T1938③：2，圆唇，敞口，斜腹，柄足。紫红色缸胎，胎质粗糙，外壁上部施釉，内壁满釉，施釉部分均为豆绿色釉。器物剩下四分之三。口径10.6、高3.4、底径4.5厘米（图二四三，7；图版七八，1）。2000STC3T1935③：1，厚圆唇，沿向下垂，敞口，斜弧腹，饼足，平底。紫红色缸胎，胎质粗糙，施浅黄色釉，大部分已脱落。底部有轮制的涡痕。残，剩下整器的三分之一，可以复原。口径10.5厘米、高3.1厘米、底径4.2厘米（图二四三，8）。2000STA2T1309③：3，圆唇，直口，圆腹，饼足微凹。紫红缸胎，胎质粗糙，施酱色釉，外壁釉脱落。口径8、高2.7、底径3.8厘米（图二四四，1；图版七八，2）。2000STC3T1935②：2，小圆唇，口微敛，斜腹，饼足，平底。紫红色缸胎，胎质粗糙，口沿施浅黄色釉，外半釉。器物仅剩下四分之一。口径10.6、高3.8、底径5厘米（图二四四，2；图版七八，3）。2000STC3T1935③：2，圆唇，敞口，腹斜直，饼足，平底。缸胎呈灰色，胎质粗糙。口沿施浅白色釉。口径10、高3.6、底径3.8厘米（图二四四，3；图版七八，4）。2000STC3T1935③：3，足较高，仅口部施浅黄色护胎釉，其余部位无釉。口径10.2、足径3.9、通高4.1厘米（图二四四，4）。

盆：复原标本1件。2001STB1T3631②：2，白胎，圆唇敞口，斜直腹，圈足。内外壁施青白色釉，足无釉。内底及口部饰青花线条，外壁饰花草图案。内底有一涩圈。口径30.6、足径16、通高10厘米（图二四四，5）。

盘：2件。2000STB3T1801②：2，青花。尖圆唇，沿向外卷，侈口，斜直腹，矮圈足外撇。白色胎，胎质致密而细腻，施青色白色釉，外壁装饰缠枝纹，内底装饰有纹饰。表面附着有泥垢。残，剩下整器的五分之一，可以复原。口径12.5、底径6.4、高2.54厘米（图二四四，

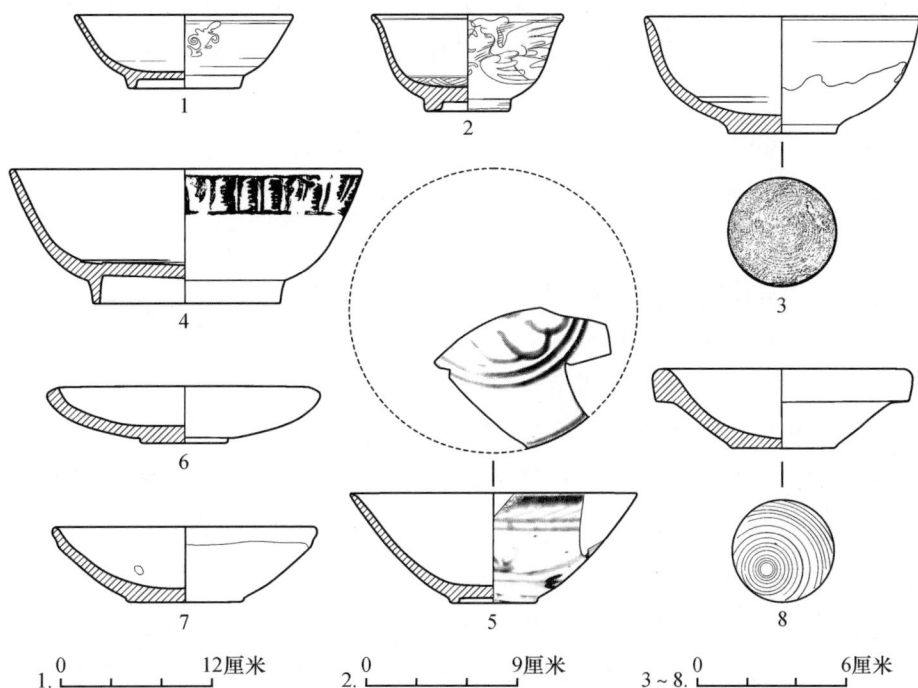

图二四三　明清瓷器

1、2. A型碗（2001STB1T3432③：3、2001STB1T3332③：3）　3. B型碗（2001STA1T3804②B：1）
4. C型碗（2001STB1T3431③：2）　5. D型碗（2000STB3T1801②：1）　6~8. 灯盏（2000STA2T1308③：1、
2000STC3T1938③：2、2000STC3T1935③：1）

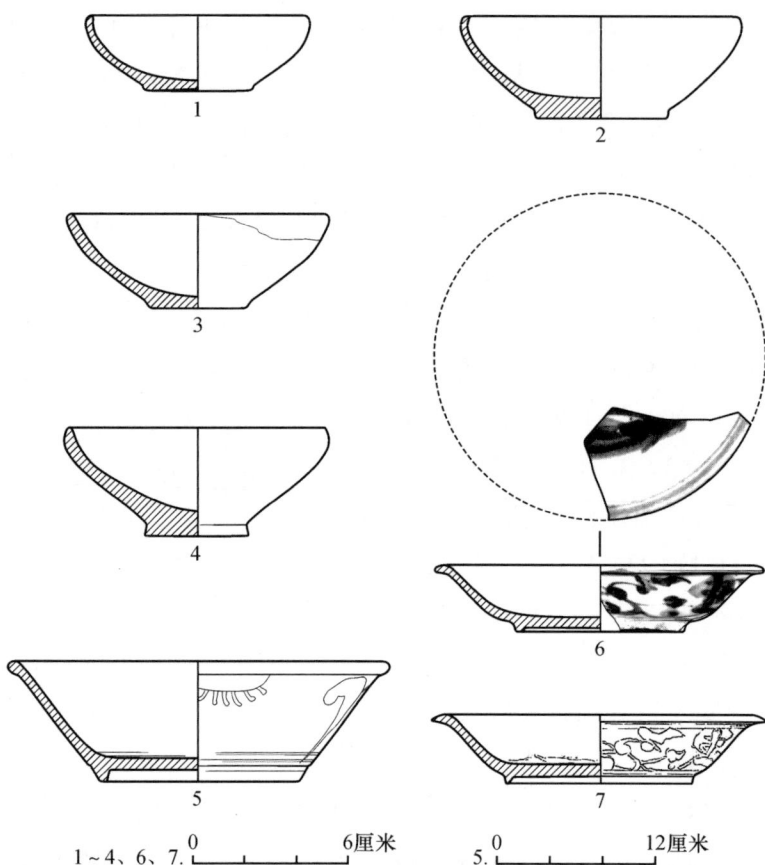

图二四四　明清瓷器

1～4.灯盏（2000STA2T1309③：3、2000STC3T1935②：2、2000STC3T1935③：2、2000STC3T1935③：3）
5.盆（2001STB1T3631②：2）　6、7.盘（2000STB3T1801②：2、2000STB3T1901②：2）

6；图版七八，5）。2000STB3T1901②：2，青白胎，尖唇，侈口，斜直壁微弧，浅腹，矮圈足。内外壁满施青白釉。口部、外壁及内底饰青花线条、花卉图案。口径12.6、足径7、通高2.6厘米（图二四四，7）。

罐：复原标本1件。2001STB1T3631②：1，基本完整，青灰色胎，形体极小似杯，方圆唇，卷沿，敞口，束领，斜肩，鼓腹，平底。仅口部及颈部施棕红色酱釉。口径2.6、腹径3.5、通高3.1厘米（图二四五，1；图版七八，6）。

盏：复原标本1件。2001STA1T3706②：2，灰褐色胎，圆唇，敞口，斜弧壁，浅腹，假圈足。仅口部施酱色釉，其余部位无釉。口径9.6、足径4、通高2.5厘米（图二四五，2）。

器盖：复原标本1件。2001STB1T3330②：3，紫红色缸胎，子母口，平顶，假圈足状纽。仅内壁施浅黄色护胎釉，外壁无釉。口径7.4、纽径3.7、通高1厘米（图二四五，3）。

执壶：复原标本1件。2001STB1T3430③：4，紫红色缸胎，形体似钵，尖圆唇，沿斜平，沿面微鼓，敛口，斜直腹，假圈足外撇。口部有一流与桥形捉手相对应。外壁有旋棱。口径15.7、底径10.3、通高11.3厘米（图二四五，4）。

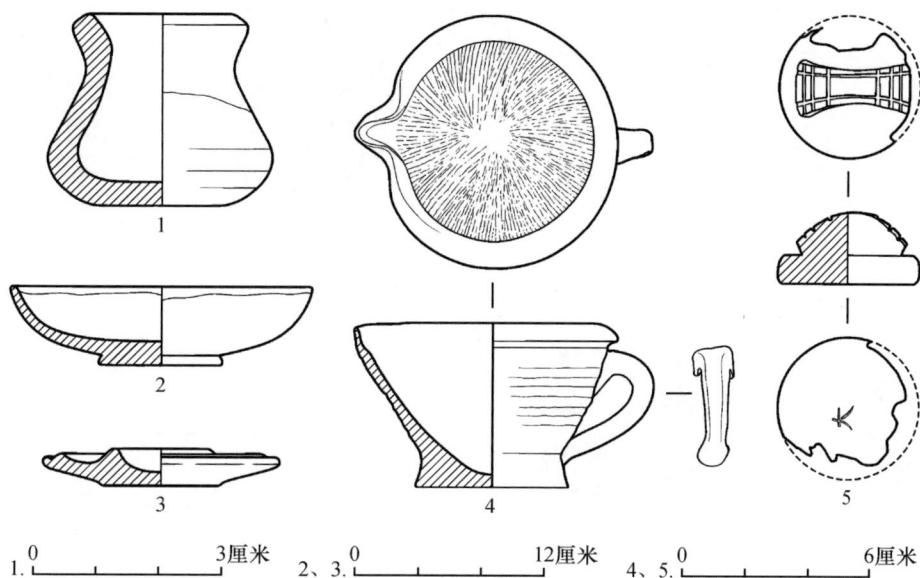

图二四五　明清陶、瓷器

1. 瓷罐（2001STB1T3631②：1）　　2. 盏（2001STA1T3706②：2）　　3. 器盖（2001STB1T3330②：3）

4. 执壶（2001STB1T3430③：4）　　5. 陶拍（2000STB3T1903③：1）

（二）陶器

出土陶器破碎，基本上皆为泥质灰陶板瓦、筒瓦等建筑材料。

陶拍：1件。2000STB3T1903③：1，整体呈圆形，捉手呈银锭状，抓手上有凸棱。泥质灰陶。拍面阴刻一"大"字，捉手刻划有方格纹。通长9、通高4.8、纽长3.7厘米（图二四五，5）。

（三）铜器

有勺、钱币两类。

勺：1件。2000STC3T1934③：1，仅残存柄部，前部宽而扁，尾部窄而厚，断面长方形。前部宽1、尾部宽0.6、残长13.5厘米（图二四六，1）。

钱币，共27枚，能辨识钱文的只有9枚，另外16枚锈蚀严重，钱文不清。

崇祯通宝：2枚。形制钱文相同。2000STC3T1936③：1，圆形方穿，有内外郭，顺读"崇祯通宝"。钱径2.2、穿径0.6厘米。

康熙通宝：2枚。圆形方穿，正、背面有郭。正面穿的四周顺读"康熙通宝"钱文；背面穿两旁铸有满文字样。2001STB1T3630②：2，钱径2.6、穿径0.6厘米（图二四六，2）。

乾隆通宝：3枚。圆形方穿，正、背面有郭。正面穿的四周顺读"乾隆通宝"钱文；背面穿两旁铸有满文字样。2001STB1T3631②B：5，钱径2.5、穿径0.6厘米（图二四六，3）。

道光通宝：1枚。2001STB1T3631②B：6，圆形方穿，正、背面有郭。正面穿的四周顺读"道光通宝"钱文；背面锈蚀严重，有无满文不清。钱径1.6、穿径0.6厘米（图二四六，4）。

咸丰通宝：1枚。2001STB1T3631②B：7，圆形方穿，正、背面有郭。正面穿的四周顺读"咸丰通宝"钱文；背面穿两旁分列满文字样。钱径2.5、穿径0.6厘米（图二四六，5）。

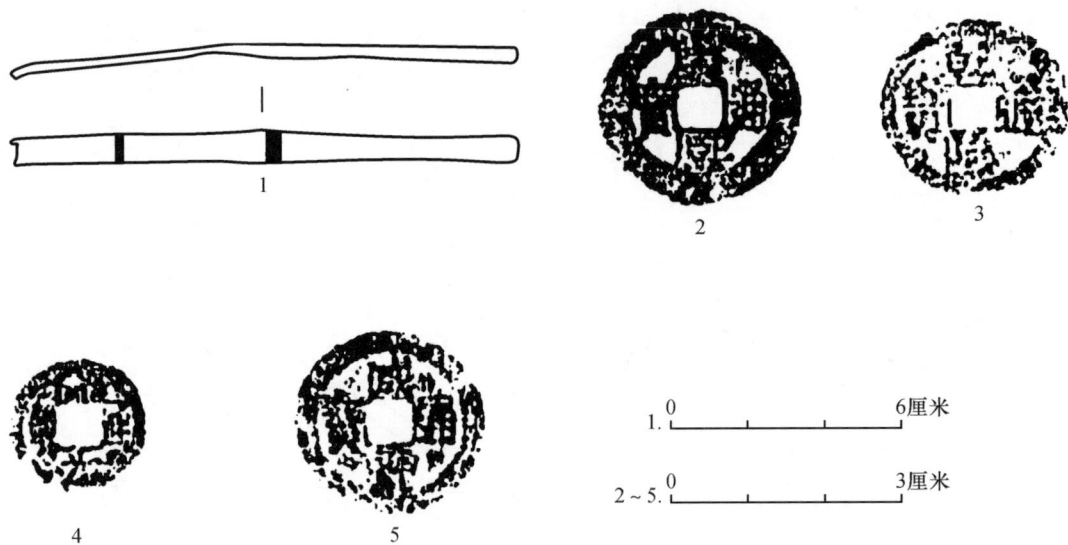

图二四六　明清铜器

1. 铜勺（2000STC3T1934③：1）　2. 康熙通宝（2001STB1T3630②：2）　3. 乾隆通宝（2001STB1T3631②B：5）

4. 道光通宝（2001STB1T3631②B：6）　5. 咸丰通宝（2001STB1T3631②B：7）

第二节　分　　述

遗迹包括烧灶、灰坑、灰沟、路。

一、烧　　灶

2000STC3Z1（图二三四）　位于T1939东北角，开口于第②层下，打破第③层及生土。灶口距地表深0.5米。由火膛、火道两部分构成，火膛平面呈圆形，火道东西向。火膛为直壁平底，直径0.94、深0.3米。火道平面呈长方形，斜直壁平底，口部长1.04、宽0.4米，底部长0.98、宽0.3、深0.3米。火膛及火道周壁均烧烤成红色。灶内堆积呈灰褐色，土质松软，没有出土遗物。

二、灰　　坑

1999STA2H30（图二三五）　位于T3217的南侧偏东，在现代坑的西侧。H30开口在T3217的第①层下，距地表深0.25～0.3米，打破第③、④层。H30在T3217内只暴露一部分，根据暴露部分此坑为圆形，斜壁锅底状，直径约0.94、坑深0.44米，本坑堆积为一层，土色为浅灰褐土，土质较松软，含有红烧土块，出土遗物有瓷片等。

2000STB3H38（图二三六）　跨4个探方，大部分位于T1903西北角，少部分位于T1902东北角、T2002东南角、T2003西南角。开口于第②层下，打破第③层及生土。坑口距地表深0.5～0.55米，平面近圆形，直壁平底，坑口（底）直径1.4～1.45、深0.7米。坑内堆积呈灰褐色，含有少许木炭粒，土质松软。出土遗物少而破碎，可辨器形有瓷碗、板瓦等。

三、灰　　沟

1998STA1G1（图二三七）　位于T4006中部，东西走向，东端在探方外。开口于第①层下，打破第②层土，沟口距地表0.2米，平面呈长条形，长3.8、宽0.55、深0.2米；平底，南壁为斜坡形，北壁为直壁。沟内填土为深褐色黏土，含有黄碎小花土，其结构疏松，质地较软，包含有煤炭渣。出土物有瓷片等。

1998STA1G2（图二三八）　位于T4007的北半部，H2的北边。开口在第②层下，打破第③、④、⑤层。东西向，两端都延伸到隔梁内，发掘的长度为4.4、东端宽0.52、西端宽0.33、深0.58米。壁较直，南壁呈坡状，底较平。本沟堆积为一层，土为深黄褐色花土，土质较硬，结构致密，含有烧土粒。出土遗物有瓷碗、陶盆等。

1998STA2G11（图二三九）　位于T2513、T2413的东部，开口于第②层下。距地表深0.2～0.25米，发掘部分为南北长条状，长度为9.6、宽4、深0.5～0.92米，南低北高，沟壁呈斜坡状。沟内堆积为同一类土，土为灰褐色黏土，质较软，结构松散，含有少量红烧土粒，出土遗物有较多的瓦残片，瓷碗、碟等。

2000STC3G23（图二四〇）　位于T2034中部，方向110°，东南至西北走向。东西两端伸于探方以外，未做清理。开口于第③层下，打破生土，沟口距地表深0.55～0.6米。平面长条形，坡壁圜底。已发掘长4.3、宽0.84、深0.3米。沟内堆积呈灰色，含有少许红烧土粒及木炭粒，土质松软。出土遗物少而破碎，可辨器形有瓷碗、碟等。

四、路

1998STA2L1（图二四一）　位于T0104西半部，东北—西南走向，纵贯探方，L1暴露于耕土层下，即第①层下，打破第②层，路面距地表0.15～0.2米。L1在T0104中宽0.7～0.9米，厚0.15米；其主要由瓦片、瓷片、石块组成，结构紧密，有少量黑褐色路土，包含有烧土块和木炭粒。出土遗物主要有瓷碗、壶等。

结　语

　　石沱遗址共进行了四次较大规模的考古发掘，根据对地层堆积和遗物的分析，共发现有商周、六朝、隋代、宋元和明清五个不同时期考古学文化遗存。在以上四个不同时期考古学文化遗存中，出土遗迹和遗物最为丰富的是宋元文化遗存，其次为商周和明清时期，六朝和隋代文化遗存仅有少量发现。

　　通过对遗址的初步整理和研究，拟从不同时期考古学文化遗存的年代、分期和主要收获等方面谈一些粗浅的认识。

一、商周文化遗存的年代与分期

　　年代与分期主要还是依据地层的叠压和打破关系来确定，这是最科学有效的方法。除此之外，按照不同层位出土的遗物，结合以往的研究成果，并与之进行横向比较和分析，最终判定整个遗存的年代与分期。

　　关于石沱遗址商周文化遗存的年代问题，1998年的考古发掘由于遗址中没有发掘到可用作^{14}C测年数据的材料，所以只能通过同周边地区有确切年代的遗址的比较来确定。

　　1998年考古发掘的商周文化堆积比较简单，一般可分为上、下两层，可将其分为1、2两段。由器物的共存关系及形制变化分析，两段的文化面貌基本相同，没有明显的时代间隔，二者是紧密相连的。陶器组合为尖底杯、尖底盏、高领壶、小平底盆、折沿盆、绳纹罐、素面罐、豆形器、器盖等，尤以尖底盏、小平底盆、高领壶数量较多。陶质以夹砂陶为主，泥质陶次之。陶色以褐陶为主，其次有红陶、灰陶和黑陶等。纹饰以素面为主，其次有绳纹、弦纹和方格纹等。其文化特征与川西成都抚琴小区的第④层比较接近[①]，如尖底杯、高领壶、小平底盆等同类器物风格比较相似，孙华先生将其定为成都十二桥遗址群的第一期第3段[②]，年代相当于殷墟第四期或稍晚。与本期文化相近的还有忠县瓷井沟遗址群、哨棚嘴遗址第三期[③]，如器盖均是高柄，覆盘状，敞口；尖底杯均是敛口，尖底似经旋削。王鑫先生将其定为殷墟第四期至西周中期。那么石沱遗址的早期文化遗存与上述两处文化遗存的年代也就大体相当，将1、2

---

①　王毅：《成都市巴蜀文化遗址的新发现》，《巴蜀历史·民族·考古·文化》，巴蜀书社，1991年。

②　孙华：《成都十二桥遗址群分期初论》，《四川考古论文集》，文物出版社，1996年。

③　王鑫：《忠县瓷井沟遗址群哨棚嘴遗址分析——兼论川东地区的新石器文化及早期青铜文化》，《四川考古论文集》，文物出版社，1996年。

两段分别定在相当于殷墟第四期至西周中期的早、晚两个发展阶段。

石沱遗址的商周文化遗存，在文化面貌上虽近似于上述两处文化遗存，但也有某些差异，如成都抚琴小区第④层的高领壶数量极多，忠县溎井沟哨棚嘴第三期的尖底杯数量极多。而本遗址的早期文化遗存的尖底盏、高领壶、小平底罐数量较多，其他较少，没有某类器物极多的现象。另外，本遗址的尖底盏均作盘状口（估计还可当盖用）。这种差异是否有地域上的原因还是有年代上的差异，因资料缺乏，目前尚难断定，有待于在今后的考古发掘中找到线索。

值得一提的是，石沱遗址与镇安遗址隔江相望，二者在商周时期文化的面貌上基本一致，或者说同属于一个考古学文化。早期巴人曾一度建都于"江州"（今重庆），而其先王墓又多在"枳"（今涪陵），因此这两个遗址就有可能成为上奉都城下祀先王的要塞，扼守于长江两岸。

1999年的春季发掘我们又获得了一批新的材料，对石沱遗址有了进一步的了解，特别是商周时期文化材料的丰富在不断地改变着我们的认识并加深了对峡江地区考古学文化的理解。

在1998年度的报告中曾将石沱遗址早期文化定在商末至西周中期。随着三峡库区考古工作的全面展开以及本遗址材料的丰富，纠正了我们对其年代上的一些保守看法。石沱遗址出土的周代遗物如大口花边釜、小口罐、高领壶、折沿盆（缸）等器类与镇安遗址第二期陶器相近[1]。其器物组合也基本相同，应属于同一个考古学文化系统。因此石沱遗址周代遗存大体同镇安遗址二期年代相当或略晚，应在西周中期前后。

通过对石沱早期文化的横向（同三峡库区）与纵向（同川西平原）的比较研究，我们将其下限定在不晚于西周中期应该是妥当的。这也是1999年度发掘的主要收获之一。

周代的地层堆积中出土了几片板瓦和筒瓦残片。这类瓦多数为泥质灰陶，外饰竖行或斜行粗绳纹，内饰斜行或间断粗绳纹，也有的素面无纹饰。在三峡地区或川西成都平原的同类遗址中很少或几乎没有发现过瓦。奉节新铺遗址上层出土了瓦[2]，其形制与石沱遗址所出有一定的差异，但也有相同之处。报告将其年代定在两周之际，时代范围似有些大。三峡地区究竟瓦类建筑材料何时出现迄今尚未见到报道。石沱遗址周代堆积中出土的瓦是否是目前所知三峡地区最早的瓦，我们还不敢妄下结论。

2000年是配合三峡工程建设的第三次考古发掘，与前两次所不同的是，本次发掘选点较多，除在遗址的东南部A2区和遗址的西北部B3、C3区集中布设探方以外，同时又在A2、B2、B3区的不同地点布设了7条探沟，其目的是为了能够更深入地搞清石沱遗址的文化堆积与分布状况，进而加深对石沱遗址各个不同时期考古学文化的研究与理解。

通过考古发掘，又获得了一批早期遗迹、遗物，其陶器特征与石沱遗址1998年度出土的一批早期遗物[3]特征相同。在1998年度报告当中我们曾讲到该期文化遗存在文化面貌上虽近似于

①　北京市文物研究所三峡考古队、重庆市涪陵区博物馆：《涪陵镇安遗址发掘报告》，《重庆库区考古报告集·1998卷》，科学出版社，2003年。

②　吉林大学考古学系、奉节县白帝城文物管理所：《奉节新铺遗址发掘报告》，《重庆库区考古报告集·1997卷》，科学出版社，2001年。

③　北京市文物研究所三峡考古队、涪陵区博物馆：《涪陵石沱遗址发掘报告》，《重庆库区考古报告集·1997卷》，科学出版社，2001年，第718～727页。

川西成都抚琴小区的第④层[①]和忠县㽞井沟遗址群哨棚嘴遗址第三期[②]，但也有某些差异，并进一步推测这种差异应有地域上的原因抑或有年代上的差异，因资料缺乏，当时尚难断定，有待于在以后的考古发掘中找到线索[③]。

　　近两年，通过对与石沱遗址隔江相望的镇安遗址的发掘，终于找到了一些答案。石沱遗址的商周时期文化遗存与上述两处文化遗存虽均属"十二桥文化"的范畴，但它们之间的某些差异，不仅有地域上的原因，而且还有年代上的差异。石沱遗址出土的早期陶器，无论陶质、陶色，还是器物形态等方面都显示出较早的特征。因此，石沱遗址的商周时期文化遗存的年代应在"十二桥文化"偏早阶段。"十二桥文化"的年代范围在公元前1200～前900年间[④]，石沱遗址早期文化遗存的年代也应在这个范围之内，在公元前1200～前1000年间。相对比较，石沱遗址的商周时期文化遗存应早于川西成都抚琴小区第④层[⑤]和忠县㽞井沟遗址群哨棚嘴遗址第三期[⑥]，与隔江相望的镇安遗址第一期[⑦]年代接近或略早（唇内抹的"盘状口"尖底盏在镇安遗址内很少见到或几乎没有，由此推断，前者略早于后者），而与忠县哨棚嘴遗址第二期[⑧]相比要略晚或较接近。

　　2001年的发掘，是石沱遗址的第四次大规模考古发掘，也是四次发掘中揭露面积最大的一次，又取得了一批重要资料，主要收获有以下几个方面：

　　本次发掘的石沱遗址商周文化遗存较前三次丰富，获得了一批较为重要的陶器标本，为全面了解石沱遗址该时期的文化面貌及相对年代提供了重要的线索和资料。出土的陶器组合为高领壶、盆、缸、杯、盏、豆形器、器盖等。其陶器特征，如杯、Aa型Ⅱ式盏、Ab型Ⅱ式盏、B型Ⅱ式盏、Cb型盏、8字形花瓣状纽的Ab型器盖分别和成都十二桥商代建筑遗址出土的Ⅰ型1式尖底杯（为原报告名称，下同）、Ⅲ型1式尖底杯、Ⅲ型2式尖底杯、Ⅲ型3式尖底杯、2式尖底盏、2式器盖纽相似[⑨]。

　　十二桥文化分为两期和若干小的阶段，其年代范围在公元前1200～前900年[⑩]。石沱遗址商

①　王毅：《成都市巴蜀文化遗址的新发现》，《巴蜀历史·民族·考古·文化》，巴蜀书社，1991年。

②　王鑫：《忠县㽞井沟遗址群哨棚嘴遗址分析——兼论川东地区的新石器文化及早期青铜文化》，《四川考古论文集》，文物出版社，1996年。

③　北京市文物研究所三峡考古队、涪陵区博物馆：《涪陵石沱遗址发掘报告》，《重庆库区考古报告集·1997卷》，科学出版社，2001年，第755页。

④　孙华：《成都十二桥遗址群分期初论》，《四川考古论文集》，文物出版社，1996年，第123～144页。

⑤　王毅：《成都市巴蜀文化遗址的新发现》，《巴蜀历史·民族·考古·文化》，巴蜀书社，1991年。

⑥　王鑫：《忠县㽞井沟遗址群哨棚嘴遗址分析——兼论川东地区的新石器文化及早期青铜文化》，《四川考古论文集》，文物出版社，1996年。

⑦　北京市文物研究所三峡考古队、重庆市涪陵区博物馆：《涪陵镇安遗址发掘报告》，《重庆库区考古报告集·1998卷》，科学出版社，2003年。

⑧　北京大学考古文博院三峡考古队、重庆市三峡库区田野考古培训班、忠县文物管理所：《忠县㽞井沟遗址群哨棚嘴遗址发掘简报》，《重庆库区考古报告集·1997卷》，科学出版社，2001年，第641～644页。

⑨　四川省文物管理委员会、四川省文物考古研究所、成都市博物馆：《成都十二桥商代建筑遗址第一期发掘简报》，《文物》1987年第12期。

⑩　孙华：《成都十二桥遗址群分期初论》，《四川考古论文集》，文物出版社，1996年。

周时期文化面貌与十二桥文化偏早的阶段相近，年代大约在公元前1200~前1000年间。

通过本次发掘，更进一步证实了石沱遗址商周文化遗存略早于川西成都抚琴小区底第④层[①]，也早于忠县瓷井沟遗址群哨棚嘴遗址第三期[②]，与隔江相望的镇安第一期[③]年代接近或略早，与忠县哨棚嘴遗址第二期[④]相比要略晚或较接近。

二、六朝文化遗存的界定

该时期文化堆积分布范围不大。从发掘情况看，遗址东南部A1区绝大部分探方的第⑤层属该时期文化堆积。堆积中所包含的遗物绝大多数是商代遗物，并伴有少量的东汉墓砖等遗物，而六朝本身遗物却很少，反映了该层堆积有可能是在水的冲刷等外因作用下所形成的次生堆积。

该时期未见一处遗迹，遗物少而破碎，主要为瓷器，另有少量的陶器和石器。

三、隋代时期文化遗存的界定

石沱遗址的隋代时期文化遗存仅在发掘区的A1区，即遗址的东南部有少量的发现，很有可能就分布在遗址的东南部。其瓷器的胎质灰白粗糙而坚硬，器壁较厚。碗均为方圆唇，直口，深腹较直，饼形足微凹，一般施青黄色釉，内满釉，外釉不到底。其形制特征很显然属于隋代和唐初的风格。

据文献记载[⑤]，迟至宋代，涪陵地区仍有夏、巴、蛮、夷四种民族，夏即华夏，汉人；巴为廪君之后；蛮是盘瓠之后；夷为白虎之后（也是板盾蛮之后）。夏、巴居城镇，蛮、夷居山谷。后两种人应与巴有着千丝万缕的联系，或是由巴分化而来的民族。

四、宋元文化遗存的年代与分期

石沱遗址的宋元文化遗存为主要文化堆积，也是遗址的最繁荣时期，1998年考古发掘的宋元文化遗存中，器物的形式变化尤以瓷碗最为明显。大致可分为四段。

---

① 王毅：《成都市巴蜀文化遗址的新发现》，《巴蜀历史·民族·考古·文化》，巴蜀书社，1991年。

② 北京大学考古文博院三峡考古队、重庆市三峡库区田野考古培训班、忠县文物管理所：《忠县瓷井沟遗址群哨棚嘴遗址发掘简报》，《重庆库区考古报告集·1997卷》，科学出版社，2001年，第644~647页。

③ 北京市文物研究所三峡考古队、重庆市涪陵区博物馆：《涪陵镇安遗址发掘报告》，《重庆库区考古报告集·1998卷》，科学出版社，2003年。

④ 王鑫：《忠县瓷井沟遗址群哨棚嘴遗址分析——兼论川东地区的新石器文化及早期青铜文化》，《四川考古论文集》，文物出版社，1996年。

⑤ 《文献通考·舆地考·涪州》；《宋史·蛮夷传》。

第1段瓷碗一般制作精致，器壁较薄，胎质较细，内外壁多施青白釉，足底无釉，其釉色莹润细腻，色泽纯正。腹壁大多为斜直壁，仅少部分略有弧线。足有高深圈足、高浅圈足、饼足之分。内底及足径一般较小，足壁较薄。碗的整体为大口小底，形似一个倒着的斗笠。一般无纹饰，少量饰刻划花纹。其形制特征很显然属于北宋早中期的风格，因此第1段的年代当属北宋中期，上限可到北宋早期的后段。

第2段瓷碗相对于第1段来说制作较第1段粗糙，器壁较厚，施青白釉一般略泛黄，釉色不太纯正。外壁为半釉或多半釉。这一段的弧线壁碗较第1段弧度变大。足径较大，足壁较厚，足普遍变矮，内底一般较大，多有压印圆圈或涩圈。一般无纹饰，少量饰压印花纹或彩绘等。在属于本段的M2和T0104⑥层中分别出有元丰通宝和元祐通宝钱币，因此第2段的年代大致为北宋晚期，下限年代可到南宋初期。

第3段瓷碗较第2段更粗糙、釉色基本同第2段。腹壁普遍为弧线壁。内底及足径更大，腹壁及足壁更厚，饼足很少见。因此第3段的年代当属南宋中期，下限年代可到南宋末期。

第4段瓷碗一个显著特点是器壁厚，足壁也较厚，整体厚重。内外壁一般施青色釉，内底及足底无釉，青白釉少见。其形制特征很显然属于元代的风格，因此，第4段年代当属于元代早期。

2000年度的考古发掘，又获得了一批宋代遗迹、遗物。其年代约相当于1998年度石沱遗址宋元文化遗存第3、4段[1]。尤其是在遗址西北部发现的2座石室墓和1座土坑墓，虽随葬品极少或无，但给石沱遗址宋元时期的墓葬分布提供了线索。从本次发掘情况看，遗址的东南部宋代文化层深厚，遗迹、遗物丰富，并有与房址相关的下水道发现，而遗址西北部却反之。据此，遗址东南部很有可能是居住区，遗址西北部很有可能是墓葬区。

2001年石沱遗址宋代时期遗存又获得了一批完整或可复原的器物标本。这些器物的出土为我们了解涪陵地区乃至整个峡区宋代考古学文化的排序与器物的型式研究提供了坚实的基础。这些出土遗物虽然绝大多数属于生活用品。但也足以说明了石沱遗址在宋代的繁荣景象。发掘的宋代时期遗存属于石沱遗址宋元文化分期第1、2段，年代当属北宋中、晚期[2]。

五、明清文化遗存的年代与分期

2000年发掘区的明清文化堆积分布亦比较普遍，从这次发掘情况看，除去B2TG1第②、③层为现代，A2T1309第③层为宋代堆积外，其余各探方（沟）的第②、③层（包括B2TG1第④层）均为明清文化堆积。

2001年发掘区的明清文化遗存堆积整个遗址都有分布。A1区各探方的第②层，B1区偏南探方的第③层、偏东北角探方的第④层，A2、B2区各探方的第③层均属该时期文化堆积。

---

① 北京市文物研究所三峡考古队、涪陵区博物馆：《涪陵石沱遗址发掘报告》，《重庆库区考古报告集·1997卷》，科学出版社，2001年，第728～755页。

② 北京市文物研究所三峡考古队、涪陵博物馆：《涪陵石沱遗址发掘报告》，《重庆库区考古报告集·1997卷》，科学出版社，2001年。

六、发掘收获与认识

（1）在商周—战国时期，从巫山到重庆沿江一带是巴、蜀与楚文化地区。巴文化、蜀文化与楚文化有一定的承继与发展关系。自忠县以下沿江地区巴文化与楚文化的关系似乎比涪陵地区要密切一些，而涪陵地区的巴文化与蜀文化的关系似乎比楚文化关系要密切些。特别是在战国之前，涪陵地区应是中间环节，是连接巴、蜀、楚三文化的重要地区，起着承上连接成都盆地，启下与峡江地区相通的枢纽作用。

与商周时期相同或相似的文化遗存在上文中已经有所比较，据目前已发表的考古材料，其分布的范围还是非常广袤的，西限可到川西平原，东达鄂西的峡江地区亦多有发现。这种文化或被称为早期巴蜀文化，或被称为巴文化，实际上关于其文化性质和渊源等问题，尚无统一定论。从石沱遗址商周时期出土的尖底盏、尖底杯等典型器物看，在川西平原的诸多遗址中广有发现，可明显看出是属于同一个大的考古学文化系统；而石沱遗址商周时期出土的绳纹圜底釜，在湖北秭归鲢鱼山遗址[①]、重庆市奉节新浦遗址[②]均有发现，这类器物主要分布于鄂西的峡江地区，很大可能是受到来自于东部地区考古学文化的影响。

（2）石沱遗址以宋代发掘的遗存最为丰富，1999年所发掘的晚期遗存主要以宋代为主，这也印证了我们在1998年度报告中的结论——石沱遗址的繁荣期在宋代。

根据1998年对宋元时期瓷碗的分期特征可以看出，本遗址北宋及南宋的瓷器均以青白釉为主，其器物形制特征与川西彭州瓷峰窑[③]的同类型器物有很多相似之处，与中原地区的同类型瓷器也大同小异。元代瓷器则以青釉为主，表明这里的居民在元代无论是瓷器的生产还是使用都发生了较大的变化。宋代文化遗存中出土的饼足瓷碗均施米黄色釉，内满釉，外半釉，此类型碗很有可能承袭本遗址隋代碗的一些特征演变而来。另外，还出土了少量的黑釉瓷器，其形制特征与重庆涂山窑小湾瓷窑[④]同类型器物特别相似，这些黑釉瓷器有可能来自重庆涂山一带，抑或本地所生产。

宋代，可以说是我国瓷业的高峰。特别是在沿江地区，有丰富的水利陶瓷土资源及茂密的森林植被，这是陶瓷业的基础。考古发掘证实了这一点。我们发掘出土的兔毫盏，釉色润泽鲜亮；瓷碗胎薄如纸，玲珑剔透；还有类似龙泉及钧窑系统的器物。这些器物制作精美规整，工艺水平很高。有些可能是舶来品，但发现的垫饼、垫圈、废品瓷器、器坯等，从侧面说明石沱遗址或其附近应有瓷窑存在。大量的日常生活器皿应出自于本地。

另外还发现了省油灯。宋代大诗人陆游曾对此有详细的描述："书灯勿用铜盏，惟瓷盏最省油。蜀中有夹瓷盏，注水于盏唇窍中，可省油之半。""今汉嘉有之，盖灯盏也。一端做小

①　国家文物局三峡工程文物保护领导小组湖北工作站：《三峡考古之发现》，湖北科学技术出版社，1998年。

②　吉林大学边疆考古研究中心、重庆市文化局、奉节县白帝城文物管理所：《奉节新浦与老油坊》，科学出版社，2010年

③　陈丽琼：《四川彭县瓷峰窑的调查与试掘的收获》，《四川古代陶瓷》，重庆出版社，1987年。

④　重庆市博物馆：《重庆涂山窑小湾瓷窑发掘报告》，《四川考古报告集》，文物出版社，1998年。

窍，注清水于其中。每夕一易之。寻常为火所灼而独燥，故速干，此独不然，省油几半。"[①]省油灯出现于唐代，到宋时，我们从陆游对它的评价不难看出这种器具仍颇受欢迎。也许受制作和烧造技术的限制——中空如两个小碟撂在一起密封四周仅留一小圆孔（即陆游所说的唇窍）——因膨胀系数难以掌握，故而未能像碟形灯盏那样普及。我们发现大量的碟形灯盏，而省油灯仅发现一件。

宋代遗存中出土了一些垫圈、垫饼等窑具，其中五个支钉的垫圈与内底有五个支钉印痕的缸胎或釉陶碗痕迹相互吻合。同时还发现了碗坯以及废品瓷器，表明当时这里的居民已有了自己的瓷窑场，多数的生活用具当为本地所生产。因此，遗址附近应有瓷窑存在。

1998年发掘的四座窑址（Y1~Y4）均属于宋元时期。Y2~Y4形制与结构基本相同，仅大小有别，专用于烧瓦。Y1与上述三窑形制与结构不同，加之破坏严重，目前尚难断定烧制何物。另外，在宋元文化遗存中还出土了少量的陶范，表明当时这里的居民有简单铸造业的手工业作坊。这次发掘我们没有发现此类遗迹，有待在今后的发掘中加以证实。结合发现的四座瓦窑，探方文化层中最多的也是碎瓦残片，未发现砖，也未发现砖窑，这同史书记载是吻合的。这一地区普遍采用干栏式建筑，《魏书》、《新唐书》等有载，陆游"人家避水半危楼"[②]即是。

据唐宋时期的文献记载，这一地区存在用瓦进行占卜的巫术。杜甫的"瓦卜传神话"，元稹的"巫占瓦做龟"[③]即是对这种占卜的生动刻画。发掘发现印有阳文"大吉"两字的残瓦一片或同这种巫术有关。

1998年发掘的两座宋代晚期墓葬（M1、M2），均为石室单人葬，它的发现，为研究重庆沿江地区北宋时期的石室墓葬提供了新的实物资料。

就目前我们所掌握的资料看，不可能从考古学的角度将夏、巴、蛮、夷这四个民族的不同文化区别开来。我们所发掘的一些日常生活用品同中原地区基本无异，但有一种陶质三足柱状直把釜和圜底红陶釜几乎每个探方宋代文化层中都有发现，但很难复原。这种三足釜为红陶质，敞口，圜底，底部布满烟炱，口沿以下饰细绳纹，两柱状足分别在腹部，另一足在横柱状把手近根部。仅就其形制而言，与其他器物是格格不入的。然而它确确实实存在于石沱遗址的宋代文化堆积中，尤其是带把三足釜更为普遍。据有关考古研究成果表明，早在夏商时期在鄂西至川东的峡江沿岸地区分布着一支罐釜类型文化遗存[④]，其主要炊器都是陶釜。根据文献记载和已有的考古发现，这一带当属巴人的活动区域。在本遗址的早期文化遗存中也出土了一些陶釜口沿残片，或许石沱遗址早期和晚期的先民都有可能是巴人。他们在接受华夏文明的同时，仍然顽强地保持着自己固有的传统文化，直至宋代。

唐宋时期沿长江的中小城镇大都是以贸易为主发展起来的，很少有军事上的目的。石沱在宋代无疑也应是这样的小镇。据文献记载，巴是个很注重保持本民族传统的民族[⑤]。此时的夏、巴居住在城镇，然而由此我们也看到巴族已经有了同汉族（夏）融合的迹象。由其分化出

①　《陆文公全集》。

②　《陆文公全集》，又《魏书·僚传》、《新唐书·南蛮传》。

③　《全唐诗》。

④　王劲：《鄂西峡江沿岸夏商时期文化与巴蜀文化关系》，《三星堆与巴蜀文化》，巴蜀书社，1993年。

⑤　王劲：《鄂西峡江沿岸夏商时期文化与巴蜀文化关系》，《三星堆与巴蜀文化》，巴蜀书社，1993年。

来的另两支蛮、夷却较为落后。尽管如此，在宋代巴族还是没有彻底同汉族及其他民族融合。所谓"涪俗四种"即是[①]。

（3）通过考古发掘，大体上了解到石沱遗址的明清文化堆积分布比较普遍，遗迹、遗物较为丰富，并在遗址西北部有烧灶发现，说明石沱遗址在明清时期虽没有在宋代那么繁荣，但至少没有完全凋零。

石沱遗址在元、明、清时期属衰落期，虽没有完全凋零，但这里已不属于居住址的中心区域了，其居住的中心区域很有可能已迁移到位于遗址西南部不远的石沱老镇一带了。

通过对石沱遗址商周—明清不同时代考古学文化的考古发掘，使我们对该遗址的文化面貌、年代、性质有了比较深刻的了解和认识，同时，也大大充实了本地区不同发展阶段的考古学文化资料，对建立峡江地区不同时代的考古学文化序列和时空框架提供了新的资料，乃至为探讨峡江地区考古学文化与周邻地区考古学文化的互动关系具有重要的意义。

---

① 王劲：《鄂西峡江沿岸夏商时期文化与巴蜀文化关系》，《三星堆与巴蜀文化》，巴蜀书社，1993年。

附 表

附表一 石沱遗址灰坑、灰沟登记表

编号	位置	开口层位	形制		尺寸（长×宽-深）	遗物	年代	备注
			平面形状	壁底状况				
H1	T4006的西南部，G1南边	②层下	椭圆形	斜坡平底	长径1.6、短径1.2、深0.6米	瓷碗、灰陶片等	宋元	
1998STA1H2	T4007的西北部，G2的南边	⑥层下	圆形	坡壁平底	坑口直径0.7、底直径0.32、坑深0.55米	泥质或加砂陶片	商周	
1998STA2H2	T1507、T1508、T1607、T1608四个探方中	③层下	圆形	坡壁平底	口部直径约1.65、底部直径约1.25、深约0.3米	碗、盏、盆、釜等陶瓷残片	宋元	
H3	T4006中部偏东北，距北壁0.55～0.99米，距东壁0.35～0.75米	⑤层下	圆形	直壁平底	口径长1.48米，深0.3米	出土物有陶甑、陶罐等，其中泥质陶占80%左右	商周	
H4	T0104东壁下	②层下	半圆状	斜边平底	口部长径1.4、短径0.8米，底部长径1.2、短径0.6～0.7米，坑深2.25米	残瓷片	宋元	
H5	T0104东南部、H4南侧、G3北侧		近似长方形	直壁平底	长0.8、宽0.7、深0.3米	瓦当、瓷片等	宋元	
H6	T0105的西南角	②层下	三角形	直壁平底		筒瓦、陶片、瓷片	宋元	
H7	T2811的西半部中间，H8的西面	④层下	圆形	直壁平底	直径1.3、深0.36米	出土遗物极少	宋元	
H8	T2811的东南角	④层下	三角形	壁为斜坡	坑深0.3米	瓦、罐、碗、盆等陶瓷器残片	宋元	
H9	T1407、T1408内	④层下	圆形	斜弧壁，平底	最大径为3.2米，底部最大径为1.8米，此坑深1.05米	瓷碗等残片	宋元	
H10	T1407、T1408、T1507内	④层下	椭圆形		最大径为8.1、深0.5米	碗、盆、罐等陶瓷器残片	宋元	
H11	T1906东南部	③层下	圆形		最大径为3.85、深0.4米	夹砂陶残片	商周	

编号	位置	开口层位	形制		尺寸（长×宽-深）	遗物	年代	备注
			平面形状	壁底状况				
H12	T3011的东北角、T3111的东南角和T3112的西南角	④层下	椭圆形	斜坡，平底	坑现长4.6、宽3.3、深0.35米	筒瓦、瓮、罐、盆、碗、灯盏等陶瓷器	宋元	
H13	T1408的西南部	④层下	不规则形	坑底部较为规整略平	最大径为2.3、深0.95米	粉盒、碗、灯盏、罐等陶瓷器	宋元	
H17	T2811的中西部	④层下	圆形	直壁平底	直径1.3、深0.36米	罐、筒瓦等陶瓷器	宋元	
H18	T0105中部	③层下	椭圆形	斜坡	长2.85、最宽1.35、深0.45米	红烧土粒，瓦片、瓷碗、盆等	宋元	
H19	T1311的西北部和T1411的西南部	④层下	半圆形	坑壁坑底不规整	坑口最大径为3.2、深0.45米	碗、粉盒、盆、罐、器盖、筒瓦等陶瓷器	宋元	
H21	T4007西北部	⑥层下	圆形	坡壁平底	口径0.7、底径0.32、深0.55米	可辨器形有尖底盏	商周	
H22	T1406的东北部	⑤层下	椭圆形	直壁平底	长径1.48、短径1、深0.35米	可辨器形有绳纹罐（釜）	商周	
H23	T1311的东南部	⑥层下	长方形	坑壁坑底较规整	东西长约3.4、宽1.2、深0.7米	瓷碗、碟、盆，陶釜残片等	宋元	
H24	T1311西部	⑦层下	椭圆形	坡壁圜底	长径1.4、短径1.2、深0.6米	碗、盏、罐、盆等陶瓷器残片	宋元	
H25	T3902的西部	②层下	椭圆形	圜底	长径1.2、短径0.65、坑深0.3米	一块陶罐残片	商周	
H26	T1311和T1411内	⑦层下	半圆状	坑壁坑底不规整	坑口为3.75、深0.5米	碗、罐、灯盏、盆、器盖、板瓦、瓦当等陶瓷器	宋元	
H27	T1311的东南部	⑨层下	不规则形	直壁平底	口径2.08、最小口径0.7、深0.35米	尖底盏、高领壶、小平底盆等	商周	
1998STA2H28	T0104西南角	⑦层下	圆形	直壁平底	长径0.8、短径0.6、深0.4米	泥质素面灰红、陶片	商周	
1999STA2H28	T3114东部	②层	不规则长方形	斜壁平底	口部长1.2、口部宽0.45~0.9、底部长1、底部宽0.4~0.8、深0.15米	筒瓦、碗、罐、壶等陶瓷器	宋元	
H29	T3316的东北部、T3317的西北部，位于1999STA2M3的北侧	③层下	长方形	直壁平底	坑口长4.3、宽2.35、深0.35米，坑底长4、宽2.2米	瓷碗、陶网坠等	宋元	
H30	T3217的南侧偏东，现代坑的西侧	①层下	圆形	斜壁锅底	直径约0.94、坑深0.44米	瓷片等	明清	
H31	T3217的北部	③层下	长方形	横剖面呈锅形	长1.6、宽0.32、深0.2米	瓷碗残片	宋元	

编号	位置	开口层位	形制		尺寸（长×宽-深）	遗物	年代	备注
			平面形状	壁底状况				
H32	T2814的西南部	③层下	不规则形	直壁平底	南北最长1.34、东西最宽0.8、深0.3米	碗、罐、盆、板瓦等陶瓷器残片	宋元	
H33	T2814中部稍偏西北	③层下	椭圆形	壁微弧，底较平整	长径0.5、短径0.32、深0.36米	板瓦，正面有阳文"大吉"二字	宋元	
H34	T2714西部	④层下	长条形	斜直壁，平底坑	坑口长4、北宽1.05、南宽0.5米，坑底长4、北宽0.6、南宽0.2米，坑深0.35米	碗等陶瓷器残片，另出有残铜饰件	宋元	
H35	T2714西北、T2814西南部	④层下	长方形	直壁平底	南北长3.56、东西宽1、深0.45米	瓷碗等	宋元	
H36	T1940南部	③层下	椭圆形	坡壁圜底	直径1.7、深0.4米	瓷罐、陶釜等	宋元	
H37	T2004东北部与T2005西北部	⑤层下	圆形	直壁平底	直径1.2、深0.7米	可辨器形有陶罐（釜）、陶高柄豆等	商周	
H38	T1903西北角，少部分位于T1902东北角、T2002东南角、T2003西南角	②层下	圆形	直壁平底	坑口（底）直径1.4～1.45、深0.7米	瓷碗、板瓦	明清	
H39	A2T1307东北角与A2T1308西北角	③层下	长方形	坡壁圜底	长5.6、深0.8米	瓷碗、罐、盆、盏、灯盏、陶缸、案、瓦等	宋元	
H40	T1309东北部	④层下	长方形	斜壁平底	坑口长2.02米，该长度为探方内暴露长度，宽0.99、深0.72米	豆、尖底杯、平底罐、花边口沿罐、卷沿罐等	商周	
H41	T1306西南部	④层下	圆角长方形	斜直壁平底	坑口长2.8、宽1.35米，坑底长2.4、宽1米，深0.55米	陶罐（釜）、小平底盆、高柄豆、高领壶等	商周	
H43	T3706北部	②层下	长方形	壁面斜直，平底	南北长0.8、东西宽1.35、深0.85米	瓷碗、碟、罐、盆、壶、盏等	宋元	
H44	T3738北部及T3739南部	⑤层下	椭圆形	坡壁圜底	长径2.65、短径1.7、深0.7米	瓷碗、罐、盆、盏，板瓦、筒瓦等残片	宋元	
H45	T3604西北角	③层下	圆形	底部为锅底形	直径为2.35、深0.3米	烧土块、瓷片，出土有筒瓦	宋元	
H46	T3232探方内北部	④层下	圆形	圜底稍平，圆腹	坑口南北长4.2、东西残长3.52、深1.38米	陶瓷片可辨器形有碗、盏、盆、罐等，另外出土有大量的石块，其形状、大小不等	宋元	
H47	T3838东南角	⑥层下	长方形	底部略平	深0.55米	瓷钵1件、瓷碗1件，瓷片较多	宋元	

编号	位置	开口层位	形制 平面形状	形制 壁底状况	尺寸（长×宽-深）	遗物	年代	备注
H48	T3839中部偏北	⑥层下	圆形	大坑壁面较直，坑底较平；小坑位于大坑坑底正中，壁面微斜，坑底平圆	坑口径1、深0.45米	瓷罐、盆等	宋元	
H49	T3903的东南角	③层下	圆形	圜底	深0.8米	底部有一层草木灰，出土有瓷片	宋元	
H50	T3738西南角	⑥层下	圆形	直壁平底	坑口东西1.7、南北1.8、坑底长1.6、坑口距地底深0.4米	瓷器为主，可辨器形有罐、盆、壶、碗等	宋元	
H51	T3802中	③层下	半椭圆形	底部不规则	深0.25米	瓷罐等残片	宋元	
G1	T4006中部	①层下	长条形	南壁为斜坡形，北壁为直壁	长3.8、宽0.55、深0.2米	瓷片等	明清	
G2	T4007的北半部	②层下	长条形	壁较直，南壁呈坡状，底较平	长4.4、东端宽0.52、西端宽0.33、深0.58米	瓷碗、陶盆等	明清	
1998ST A1G3	T4006西南部	③层下	长条形	斜壁平底	长4.6、宽0.4~0.44、深0.18米	瓦片、瓷片等	宋元	
1998ST A2G3	T0104东南部	③层下	长条形	坡壁圜底	长2.3、宽0.3~0.35米	碗、罐、盆等陶瓷器残片	宋元	
G4	T0104东南部，H5西侧	②层下	不规则长条形	直壁平底	长2、宽0.4、深0.15米	瓦片、瓷片等	宋元	
G5	T0105的东北部	②层下	长条形	坡壁圜底	长3.5、宽0.4~0.75、0.25~0.35米	陶瓷器残片	宋元	
G6	T0105东部	②层下	长方形	沟壁稍斜，平底	长1.7、宽0.5、底0.4、深0.15米	瓷碗、陶片等	宋元	
G7	T0104东部	⑤A层下	长方形	坡壁圜底	长4、宽0.1~0.8、深0.3~0.55米	圈足白瓷碗、缸胎平底碗、缸胎饼底碗、布纹瓦片	宋元	
G10	T4006西南部	③层下	长方形	斜壁平底	长4.6、宽0.4~0.45、深0.18米	盆、罐等陶瓷器残片	宋元	
G11	T2513、T2413的东部	②层下	长条状	南低北高，沟壁呈斜坡状	长9.6、宽4、深0.5~0.92米	瓦残片，瓷碗、碟等	明清	
G12	T1311内，南侧有G13	⑥层下	长条形	坑壁和底部较为规整	长约2.4、宽0.7、深0.5米	瓷碗等	宋元	

编号	位置	开口层位	形制		尺寸（长×宽-深）	遗物	年代	备注
			平面形状	壁底状况				
G13	T1311内	⑥层下	长条形	斜坡平底	长2.45、深0.4米	瓦片、罐、盆等陶瓷器残片	宋元	
G14	T3417南部，T3317东北部	④层下	长条形	斜弧壁，凹圜底	已发掘部分东西长9、南北最宽6、深1.8米	罐、釜、盆、板瓦等陶器碎片	商周	
G15	T3217的西南部	③层下	拐把形	弧壁圜底	长5、宽0.2～0.35、深0.05～1米	罐、盆等瓷器	宋元	
G16	T2715西部，T2815南部中间		长条圜底状	斜坡锅底	长6.4、宽2.1、深0.15～0.35米	碗、盆、罐、壶等陶瓷器残片	宋元	
G17	T3116中部偏北	⑥层下	不规则形	斜直壁平底	长4、宽0.3～0.6、深0.2米	碗、罐、板瓦等陶瓷器	宋元	
G18	T3115北部、G19东北部		长条形	斜坡锅底	长0.5～1.7、宽0.8、深0.54米	筒瓦和板瓦	宋元	
G19	T3114东部、T3115西北部	④层下	长条形	直壁平底	残长2.7、宽0.66、深0.15米	少许草木灰、木炭粒	宋元	
G20	T2815中部，G16之北，G22之南边		长条形	斜坡平底状	长2.6～2.8、宽1.1、深0.2米	瓷碗、灯盏，陶釜、筒瓦等	宋元	
G21	T2814、T3014	①层下	长条形	斜坡平底	全长11.4米，最宽0.66米，深处0.6米，最浅0.15米	瓷碗、盆、罐，陶盆等	宋元	
G22	T2915东部	⑤层下	长条形	自然圆弧形	长4.28、宽0.6～0.84、深0.26米	残瓷片	宋元	
G23	T2034中部	③层下	长条形	坡壁圜底	长4.3、宽0.84、深0.3米	瓷碗、碟等	宋元	
G24	T1309北部	③层下	长条形	直壁平底	长4、宽0.4～0.8、深0.5米	瓷碗、罐、盆、壶、盏等	宋元	
G26	T3805、T3905的中部	③层下	长条形	斜坡形，底部略平	宽0.7～3.35、深1.3米	碗、盆、盏等	宋元	
G27	T3904的西半部	③层下	长条形	沟壁略斜，底部略平	深0.1～0.27、宽0.8米	碗、盏等	宋元	
G28	T3803的中部	③层下	长条形	沟壁呈斜坡形，底部略斜	深0.2～0.7、宽0.3～1.4米	瓷片	宋元	
G29	T3838东北部	⑥层下	长条形	锅底形	长7.9、宽0.3～2.25、深0.4米	罐、碗、盆、壶等	宋元	
G30	T3739南部	⑤层下	长条形	壁面斜直，平底	长7.5、宽0.7、深0.95米	瓷碗、碟、罐、盆、盏等	宋元	

附表二　石沱遗址墓葬登记表

墓号	墓向	位置	墓室结构		葬具		葬式	随葬品	时代	备注
			形制	尺寸（米）	形制	尺寸（米）				
M1	70°	T1508	长方形石室	2.8×1.6-0.8	单棺	不明	单人葬	铜底长条遗物	宋元	
M2	70°	T1408西北角	长方形石室	3.6×1.8-0.75	单棺	不明	单人葬	碗、盘、盆、罐等瓷器残片	宋元	
M3	72°	T3316东南部、T3317西南部	圆角长方形石室	4×1.8-0.35	不明	不明	单人葬	瓷碗、盆以及陶釜、板瓦、筒瓦等残片	宋元	仅剩墓底部分
M4	30°	T2002西北角	长方形土坑竖穴墓	2.5×0.7-0.3	单棺	2.24×0.56-0.24	不明	无	宋元	棺内后部一石块
M5	346°	T2004东部	长方形石室	1.38×0.82-?	不明	不明	不明	无	宋元	仅残余墓底
M6	4°	T2037西北角	长方形石室	1.04×0.7-?	不明	不明	不明	铜钱2枚（残）、银耳环（残）	宋元	似为二次葬
M7	45°	T3604中部	长方形石室	3.1×2.1-0.3	不明	不明	不明	无	宋元	

附表三　石沱遗址窑址登记表

编号	位置	开口层位	形制		尺寸	遗物	年代
			平面形状	壁底状况			
Y1	T0311的东南部	④层下	窑室，圆角长方形；烧火坑不规则梯形	窑室，周壁微弧；烧火坑，直壁平底	窑室，残长2.4、宽1.5～2米，底残长2.34、宽1.46～1.9米，残高0.3米；火门，长度约0.38米；烧火坑，上宽1.2、下宽0.8、残深0.3米	碗、盆、罐、缸、板瓦、筒瓦等陶瓷器残片	宋元
Y2	T0312的东部与T0313的西部	⑦层下	室道，略呈圆形；火膛，略呈椭圆形	火膛壁上部较直，下部缓向内收，膛底西高东低呈斜坡状	室道，上口径3.12、底径3.02、残存最高1.7米；火膛，上口长1～1.75、下口长1～1.65、深0.98米	盆及板瓦	宋元
Y3	T3539的东部	耕土层下	窑室，略呈圆形；火膛，略呈椭圆形；火门，略呈倒八字形	窑室，壁底较直；火膛斜壁底微呈缓坡状	窑室口直径约3.2米，底直径3.25米，残存最高约0.7米；火膛口长径1.85、短径1.5米，底长径1.55、短径0.65米；窑门宽0.65米（以中心计算），进深约0.3米，残高0.55米；火门宽0.4米（以中心计算），高应为石头的长0.66米；窑道长约1.45米，宽0.65～0.75米，残高0.1～0.45米	板瓦	宋元
Y4	T3539的中南部偏西	耕土层下	窑室不规则半圆形；火膛略呈扇形；窑门长方形；窑道长方形	窑室残存壁略呈袋状；火膛斜壁，顶微弧；窑道直壁平底	窑室口直径约2.75米，底直径约2.8米，残存最高约1米；火膛口长径1.52、短径1.4米，底长径1.4、短径1.38米，深0.65米；窑门宽0.56、进深0.26、高0.7米；窑道长2.65、宽0.8～1.1、残高0.1～0.65米	碗、板瓦等陶瓷器残片	宋元

后　　记

涪陵石沱遗址（项目名称为涪陵石沱墓群）考古发掘项目是三峡考古工作的重要组成部分，由原重庆市文化局三峡办委托北京市文物研究所（现北京市考古研究院）开展。

本报告的编写离不开1998年至2001年在涪陵石沱遗址进行考古发掘的前辈们的艰辛工作，年代已远，当时笔记、图纸、文物犹存，在此对前辈们表示深深的感谢与敬意。

1998年度参加田野考古发掘工作的有北京市文物研究所袁进京（领队）、程利、魏二宝；重庆市涪陵区博物馆李洪、蒋锐；技工梁青敏、张银才、张彦录、张王俊、张柱良、和鹏、李保国。1998年度的报告由北京市文物研究所三峡考古队与涪陵区博物馆共同完成，在此年度报告的整理工作中，梁青敏、张绪武、张柱良、张继发参加了后期的修复及本年度报告的整理工作；绘图由李洪担任，徐泽宽、湛川航负责摄影。此年度报告为《涪陵石沱遗址发掘报告》，刊载于《重庆库区考古报告集·1997卷》[①]，由袁进京、黄德建执笔。

1999年度参加田野考古发掘的有北京市文物研究所袁进京（领队）、魏二宝、王清林、李洪、蒋锐、张柱良、张银才、张王俊、李保国、张彦录等。1999年度的报告由北京市文物研究所三峡考古队与重庆市涪陵区博物馆共同完成，在此年度报告的整理工作中，梁苏红、张雪梅、陈利军、高小文等承担器物修复工作。李洪、殷英绘图，徐泽宽摄影。袁进京、黄德建、梁青敏、张绪武、张柱良参加了报告的整理。此年度报告为《涪陵石沱遗址发掘报告》，刊载于《重庆库区考古报告集·1998卷》[②]。

2000年度参加田野发掘的有北京市文物研究所袁进京（领队）、李洪、张柱良、张银才、和鹏、张王俊、郭辉、张绪武等。2000年度的报告由北京市文物研究所三峡考古队、重庆市文物局、重庆市涪陵区博物馆共同完成。在此年度报告的整理工作中，负责器物修复人员有刘芬瑛、高小文、秦彬、梁苏红。绘图由李洪、殷瑛负责完成。摄影工作由徐泽宽完成。湛川航、叶洪彬完成相关文物的拓片工作。袁进京、黄德建、梁青敏、徐泽宽、张绪武、张柱良参加了报告的整理工作。此年度报告为《涪陵石沱遗址发掘报告》，刊载于《重庆库区考古报告集·2000卷》[③]，由袁进京、黄德建执笔。

---

① 北京市文物研究所三峡考古队、涪陵区博物馆：《涪陵石沱遗址发掘报告》，《重庆库区考古报告集·1997卷》，科学出版社，2001年。

② 北京市文物研究所三峡考古队、重庆市涪陵区博物馆：《涪陵石沱遗址发掘报告》，《重庆库区考古报告集·1998卷》，科学出版社，2003年。

③ 北京市文物研究所三峡考古队、重庆市文物局、重庆市涪陵区博物馆：《涪陵石沱遗址发掘报告》，《重庆库区考古报告集·2000卷》，科学出版社，2007年。

2001年度参加田野发掘的有北京市文物研究所袁进京（领队）、徐泽宽、孙勐、张柱良、赵六德、郭辉、张绪武、张吉民、肖厚文等。2001年度的报告由北京市文物研究所、重庆市文物局、重庆市涪陵区博物馆共同完成。在此年度报告的整理工作中，器物修复：高小文、秦彬、梁苏红、刘芬瑛；绘图：李洪、殷瑛；照相：徐泽宽；拓片：湛川航；袁进京、黄德建、梁青敏、徐泽宽、张绪武、张柱良参加了报告的整理工作。此年度报告为《涪陵石沱遗址2001年度发掘报告》，刊载于《重庆库区考古报告集·2001卷》[①]，由袁进京、黄德建执笔。

本报告的编写由北京市考古研究院承担，北京市考古研究院委派于璞具体负责该项工作。资料整理及报告编写工作自2023年4月开始，至2024年5月，历时一年有余，完成了《涪陵石沱遗址——1998～2001年度考古发掘报告》的书稿，交付科学出版社出版。

报告编写工作得到了重庆市文物局、重庆市文物考古研究院和重庆市涪陵区博物馆的大力配合。重庆市文物局王建国先生在整理期间多次联络，重庆中国三峡博物馆资料室李琳女士积极提供资料，重庆市涪陵区博物馆黄华馆长等同志全力支持器物整理，在此致以诚挚的谢忱。同时感谢科学出版社樊鑫先生为编辑本报告付出的辛劳。北京市考古研究院郭京宁院长、张中华副院长一直关心报告的整理情况，对相关工作给予了很大支持。

本报告是北京市考古研究院集体劳动的成果，在资料整理与出版期间，得到了北京市考古研究院领导和同事们的多方支持。

本报告由于璞执笔。

于 璞
2024年9月28日

---

① 北京市文物研究所、重庆市文物局、重庆市涪陵区博物馆：《涪陵石沱遗址2001年度发掘报告》，《重庆库区考古报告集·2001卷》，科学出版社，2007年。

图 版

石沱遗址远景

石沱遗址远景

石沱遗址中部近景

石沱遗址中部近景

1998年石沱遗址发掘现场

1998年石沱遗址发掘现场

1998年石沱遗址发掘现场

1999年石沱遗址发掘现场

2000年石沱遗址发掘现场

2001年石沱遗址发掘现场

2001年石沱遗址发掘现场

2001年石沱遗址发掘现场

2001年石沱遗址发掘现场

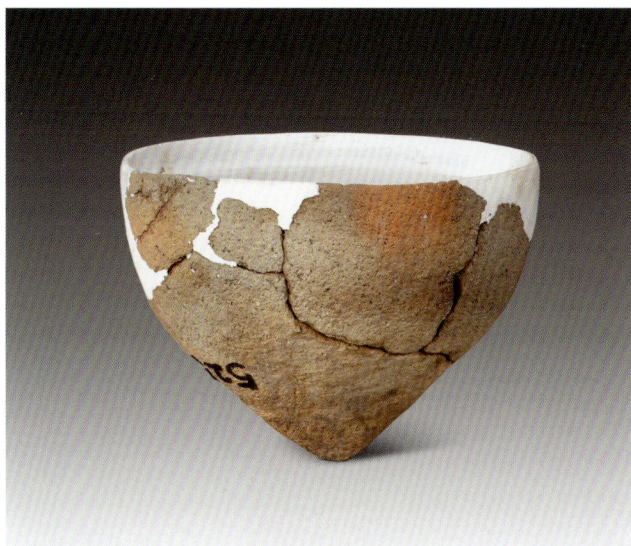

1. Aa 型Ⅲ式（2001STA1T3904 ⑥：1）

2. Aa 型Ⅲ式（2001STA1T3803 ⑥：3）

3. Aa 型Ⅳ式（2001STA1T3804 ⑥：8）

4. Ab 型Ⅰ式（2001STA1T3904 ⑥：12）

5. Ab 型Ⅱ式（2001STA1T3804 ⑥：3）

6. Ab 型Ⅱ式（1998STA2T0105 ⑤：1）

商周陶尖底盏

1. B 型 I 式陶尖底盏（2001STA1T3804 ⑥：2）

2. B 型 II 式陶尖底盏（2001STA1T3804 ⑥：4）

3. Ca 型陶尖底盏（2001STA1T3804 ⑥：1）

4. Ca 型陶尖底盏（2001STA1T3804 ⑥：6）

5. Cb 型陶尖底盏（2001STA1T3804 ⑥：7）

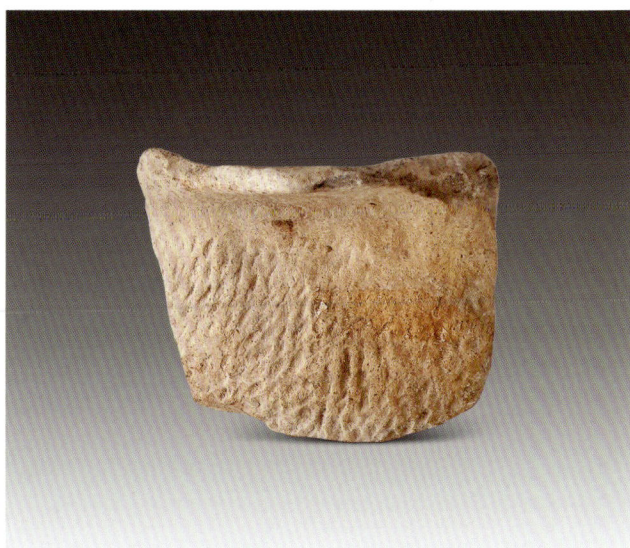

6. A 型 II 式绳纹罐（釜）（1998STA2T1311 ⑨：2）

1. A 型 Ⅱ 式绳纹罐（釜）（2001STB1T3331 ②：1）

2. A 型 Ⅱ 式绳纹罐（釜）（2001STA1T3805 ⑤：1）

3. B 型 Ⅰ 式绳纹罐（釜）（1998STA1H22：1）

4. A 型素面夹砂罐（1998STA2T1311 ⑨：4）

5. B 型素面夹砂罐（1998STA2T0105 ⑤：4）

6. Ⅱ 式素面泥质罐（1998STA2T0105 ⑤：6）

商周陶器

1. 直领尖底罐（1998STA2T1311 ⑩：4）

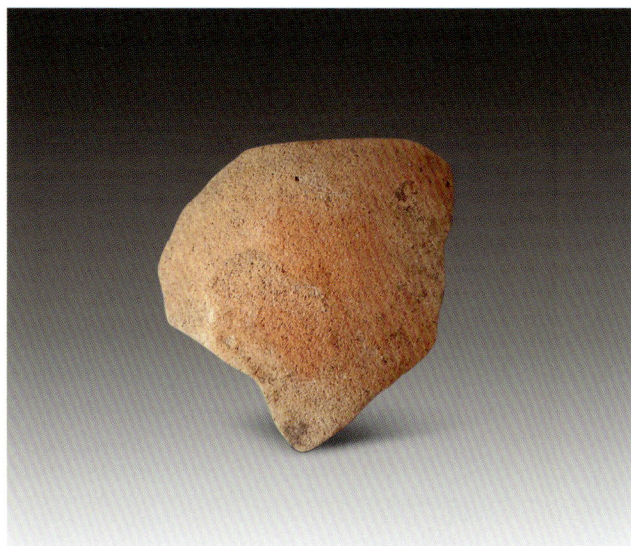

2. Ⅰ式尖底杯（1998STA2T1311 ⑩：3）

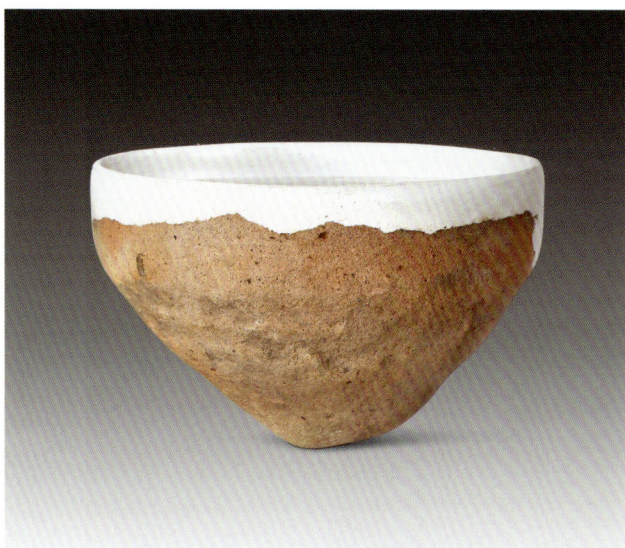

3. Ⅰ式尖底杯（2001STA1T3904 ⑥：5）

4. Ⅰ式尖底杯（2001STA1T3904 ⑥：6）

5. Ⅰ式尖底杯（2001STA1T3904 ⑥：7）

商周陶器

1. Ⅱ式尖底杯（1998STA2T0104 ⑦：2）

2. Ⅱ式尖底杯（1998STA1T4006 ⑤：1）

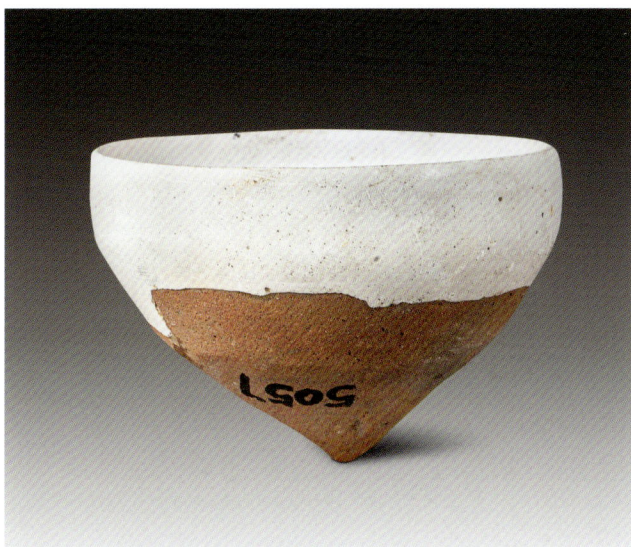

3. Ⅱ式尖底杯（2001STA1T3904 ⑥：4）

4. Ⅱ式尖底杯（2001STA1T3804 ⑥：5）

5. Ab 型器盖（1998STA2T3112 ⑤：6）

6. 缸（1998STA2T0104 ⑦：3）

商周陶器

1. 缸（1998STA2T1311⑩：8）

2. 大口花边釜（1998STA2G14：1）

3. 小口罐（1998STA2G14：12）

4. A 型高领壶（1998STA2T0105⑤：7）

5. B 型高领壶（1998STA2G14：6）

6. C 型高领壶（1998STA2T0105⑤：8）

商周陶器

1. 高领壶残片（1998STA2T1311 ⑩：10）

2. A 型 I 式小平底盆（1998STA2T0104 ⑧：1）

3. A 型 I 式小平底盆（1998STA2T0104 ⑧：2）

4. B 型 I 式小平底盆（1998STA2T1311 ⑩：5）

5. B 型 II 式小平底盆（1998STA2T1311 ⑨：1）

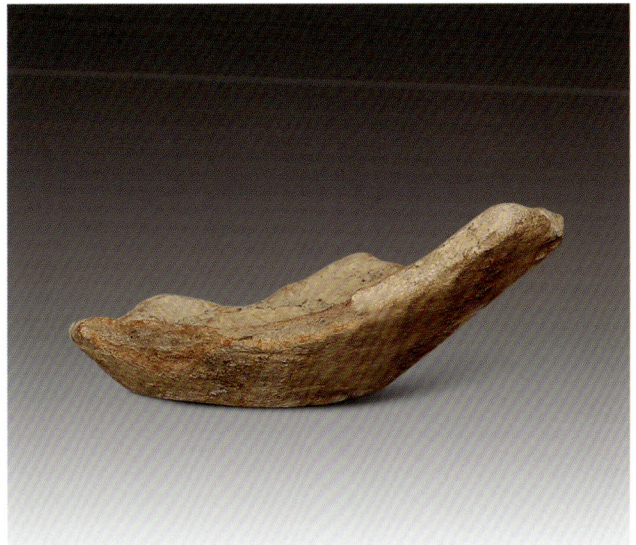

6. B 型 II 式小平底盆（1998STA2T0105 ⑤：2）

商周陶器

1. A 型 I 式折沿盆（1998STA2T1311 ⑩：6）

2. 子母口盆（1998STA2T1606 ④：1）

3. I 式豆形器（2000STA2T0104 ⑧：4）

4. II 式豆形器（1998STA2T0104 ⑦：4）

5. II 式豆形器（2000STA2T1309 ④：4）

6. II 式豆形器（2000STA2T1307 ⑤ A：3）

商周陶器

1. 钵（1998STA2T0104 ⑤：5-1）

2. 钵（1998STA2T1311 ⑨：3）

3. 夹砂圈足器（1998STA2T0105 ⑤：11）

4. 器耳（1998STA2H22：2）

5. 器耳（1998STA2T1506 ⑤：2）

6. 网坠（1998STA2T4007 ⑥：2）

商周陶器

1. 网坠（1998STA2T3011 ④：1）

2. 网坠（2001STA1T3704 ③：1）

3. 网坠（2001STA1T3940 ⑥：1）

4. 网坠（2001STA1T3940 ⑥：2）

5. 网坠（2001STB1T3432 ③：2）

6. 球（2000STB2TG4 ③：1）

商周陶器

1. 绳纹陶片（1999STA2G14：2）

2. 石斧（1999STA2G14：14）

3. 石斧（1998STA2T4007 ⑥：3）

4. 石斧（2000STA2T1205 ③：1）

5. 石斧（2001STA1T3705 ⑤：1）

6. 石锛（1998STA2T1311 ⑩：11）

商周陶、石器

1. 锛（1999STA2G14：13）

2. 锛（2000STA2T1308 ⑤：16）

3. 锛（2001STA1T3706 ③：1）

4. 锛（2001STA1T3803 ⑥：1）

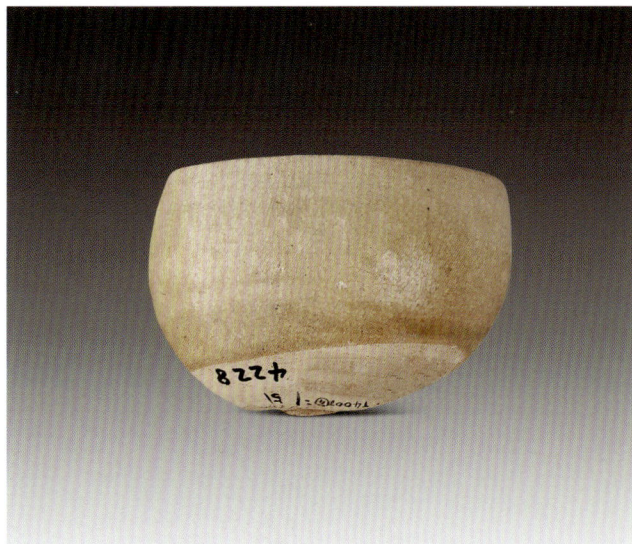
1. 瓷碗（1998STA1T4007 ④：1）

2. 瓷碗（残足）（1998STA1T4007 ④：2）

3. 瓷器底（1998STA1T4006 ④：1）

4. 陶罐（1998STA1T4007 ④：4）

5. 陶壶（1998STA1T4007 ④：5）

隋代陶、瓷器

1. A 型钵（1998STA2T2513 ③：3）

2. B 型钵（1998STA2H19：5）

3. B 型钵（2000STA2H39：19）

4. C 型钵（1998STA2T1311 ⑥：1）

5. A 型碟（2001STA1T4001 ⑤：6）

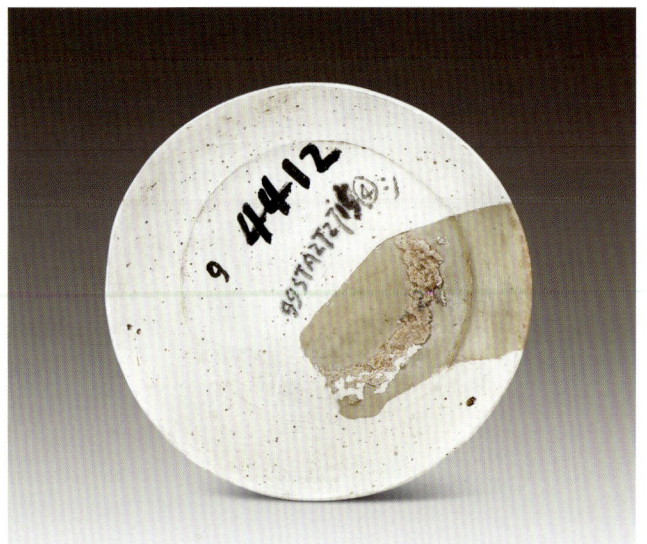

6. A 型碟（1999STA2T2715 ④：1）

宋元瓷器

1. B 型碟（2001STB1T4040 ⑤：25）

2. B 型碟（2001STA1G26：20）

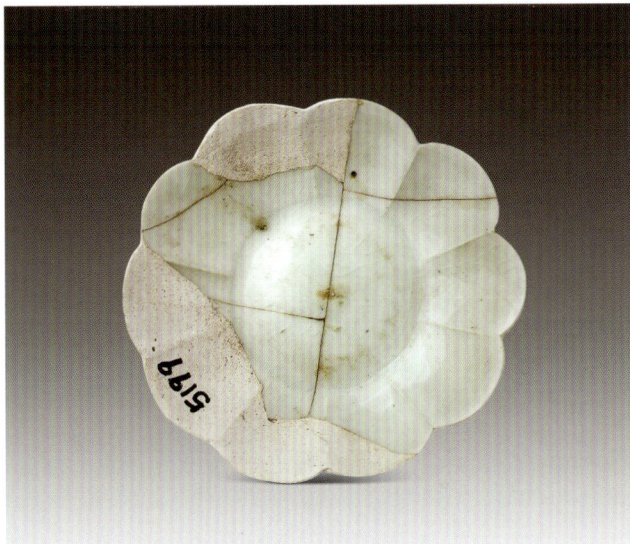

3. B 型碟（2001STA1G26：27）

4. B 型碟（1999STA2H31：2）

5. Aa 型罐（2000STA2H39：20）

6. Ab 型罐（1998STA2T1606 ③：1）

1. Ba 型罐（2001STB1T3232 ④：8）

2. Bb 型罐（2001STA1G26：15）

3. Bc 型罐（2001STB1T4040 ⑤：10）

4. 罐（1998STA2H24：3）

5. A 型盘口罐（1998STA2H17：11）

6. C 型高领罐（1998STA2H12：6）

1. I 式带流罐（1998STA2H19：6）

2. A 型 II 式矮领罐（1998STA2T0105 ③：7）

3. B 型 I 式矮领罐（1998STA2H26：7）

4. D 型矮领罐（1998STA2H23：2）

5. A 型 I 式无领罐（1998STA2H26：8）

6. A 型 II 式无领罐（1998STA2H12：7）

1. B 型无领罐（1998STA2H18：3）

2. 深腹罐（2000STA2T1305 ④：1）

3. 深腹罐（1999STA2T3016 ④：2）

4. A 型 I 式缸（1998STA2H26：9）

5. A 型 II 式缸（1998STA2H19：8）

6. B 型 I 式缸（1998STA2H12：8）

1. A 型（2001STB1T3940 ⑤：6）

2. A 型（2001STB1T3232 ④：1）

3. A 型（2001STB1T4040 ④：9）

4. A 型（2000STA2TG2 ④：1）

5. B 型（2001STA1T4001 ⑤：2）

6. B 型（2000STA2T1309 ③：2）

1. B 型盘（1998STA2T2513 ③：3）

2. C 型盘（1998STA2H23：1）

3. C 型盘（1999STA2M3：13）

4. A 型 I 式盆（2001STB1T4039 ⑤：5）

5. A 型 I 式盆（2001STA1T3805 ⑤：4）

6. A 型 I 式盆（2001STB1T3631 ②：2）

1. A 型 II 式（2001STA1T3232 ④：4）

2. B 型（1998STA2H24：2）

3. B 型（2001STB1H50：3）

4. B 型（2000STA2H39：21）

5. Ca 型（1998STA2H10：9）

6. Cb 型（1998STA2H26：5）

宋元瓷盆

1. Cb 型（1998STA2H26：6）

2. Da 型Ⅰ式（1998STA2H10：10）

3. Da 型Ⅰ式（1998STA2T1407 ⑤：4）

4. Da 型Ⅱ式（1998STA2H17：9）

5. Db 型（1998STA2G5：1）

6. Db 型（1998STA2H2：1）

宋元瓷盆

1. 粉盆（1998STA2H17：6）

2. Aa 型 I 式碗（1998STA2H24：1）

3. Aa 型 I 式碗（2001STA1T3705 ③：9）

4. Aa 型 Ⅳ 式碗（2000STA2H39：14）

5. Aa 型 Ⅲ 式碗（1999STA2G21：1）

6. Aa 型 Ⅳ 式碗（2000STA2H39：15）

宋元瓷器

1. Aa 型Ⅳ式（2000STA2H39：17）

2. Aa 型Ⅳ式（2000STA2H39：18）

3. Aa 型Ⅴ式（2001STA1T3706 ②：1）

4. Ab 型Ⅰ式（1998STA2H18：2）

5. Ab 型Ⅰ式（1999STA2M3：11）

6. Ab 型Ⅱ式（1998STA2H12：1）

宋元瓷碗

1. Ab 型 II 式（1999STA2M3：12）

2. Ab 型 II 式（1999STA2T2814 ②：1）

3. Ab 型 II 式（2001STA1T3705 ③：5）

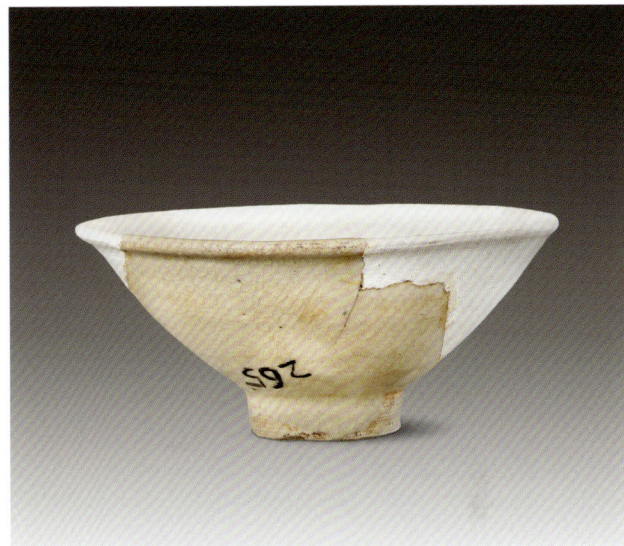

4. Ab 型 II 式（2001STB1T3838 ⑥：6）

5. Ac 型 I 式（1998STA2H9：1）

6. Ac 型 II 式（1998STA2H26：3）

1. Ac 型 II 式 (2001STB1T4039 ⑤：3)

2. Ac 型 II 式 (2001STA1G26：14)

3. Ac 型 II 式 (2001STB1T4040 ⑤：5)

4. Ac 型 II 式 (1999STA2M3：10)

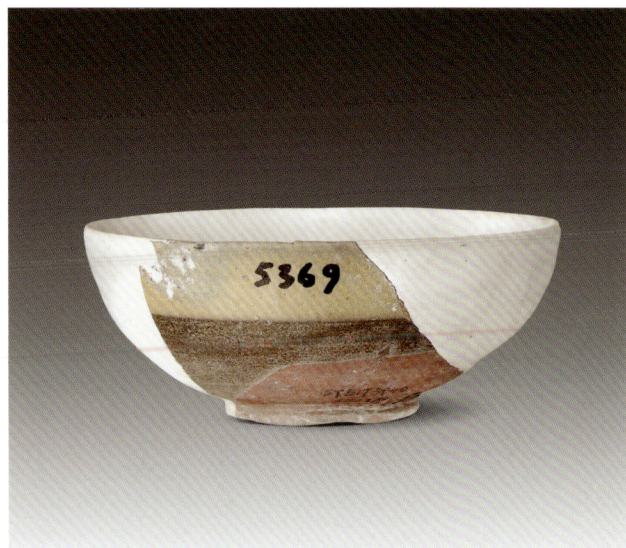

5. Ac 型 III 式 (2001STB1T3940 ⑤：11)

6. Ac 型 III 式 (2001STB1T4040 ⑤：13)

1. Ad 型Ⅰ式（1999STA2T3016 ④：1）

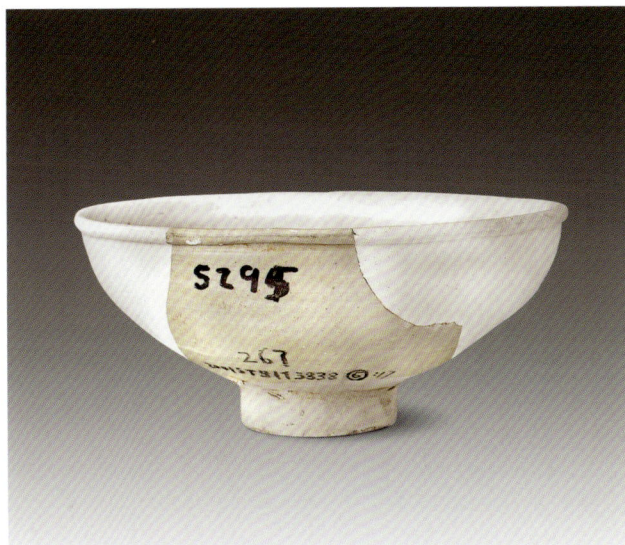

2. Ad 型Ⅰ式（2001STB1T3838 ⑥：17）

3. Ad 型Ⅱ式（1998STA2H9：2）

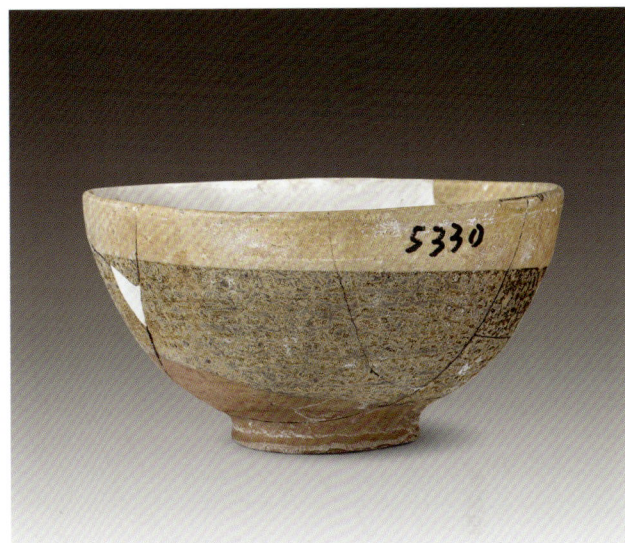

4. Ad 型Ⅱ式（2001STB1T3231 ④：2）

5. Ba 型Ⅰ式（1998STA2H26：1）

6. Ba 型Ⅰ式（2001STA1G26：26）

宋元瓷碗

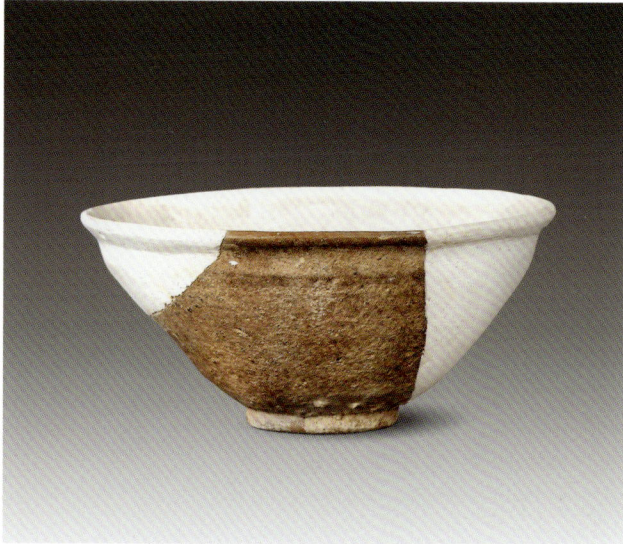

1. Ba 型 Ⅱ 式（1998STA2T0104 ⑤：1）

2. Ba 型 Ⅲ 式（1998STA2T1407 ⑤：1）

3. Ba 型 Ⅲ 式（1998STA2T1407 ⑤：2）

4. Ba 型 Ⅲ 式（2001STB1T4040 ⑤：26）

5. Ba 型 Ⅲ 式（2001STA1G26：18）

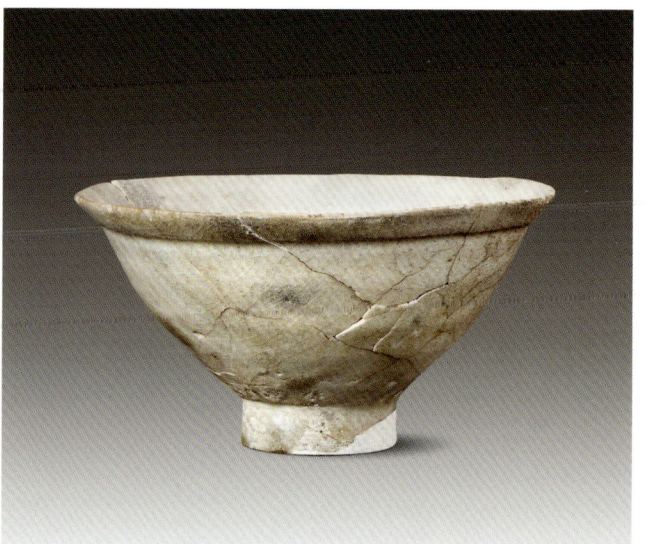

6. Bb 型 Ⅰ 式（1998STA2H10：1）

宋元瓷碗

1. Bb 型 Ⅱ 式（1998STA2H19：1）

2. Bb 型 Ⅱ 式（2001STB1T3838 ⑥：22）

3. Bb 型 Ⅲ 式（1998STA2T0104 ⑥：1）

4. Bb 型 Ⅲ 式（2001STB1T3838 ⑤：1）

5. Bc 型 Ⅰ 式（1998STA2H26：2）

6. Bc 型 Ⅰ 式（2001STB1T3839 ⑥：1）

宋元瓷碗

1. Bc 型 II 式（1998STA2H13：2）

2. Bc 型 II 式（1998STA2T0104 ⑤：2）

3. Bc 型 II 式（1999STA2G21：3）

4. Bc 型 II 式（1999STA2G21：6）

5. Bc 型 III 式（1998STA2H10：2）

6. Bc 型 IV 式（2000STA2H39：16）

宋元瓷碗

1. Bc 型Ⅳ式（2000STA2G24：1）

2. Bc 型Ⅳ式（2001STB1T3739⑤：1）

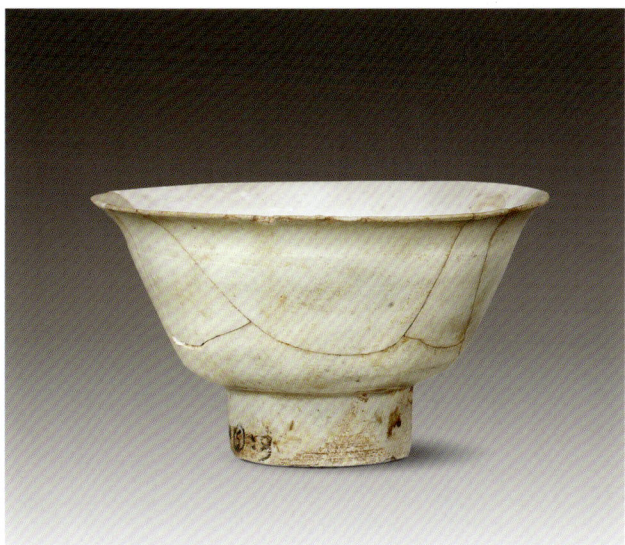

3. Bd 型Ⅱ式（2001STB1T4040⑤：3）

4. C 型（2000STA2T1305③：2）

5. D 型（1998STA2H13：3）

6. D 型（1998STA2H10：4）

宋元瓷碗

1. D 型（1998STA2H13：6）

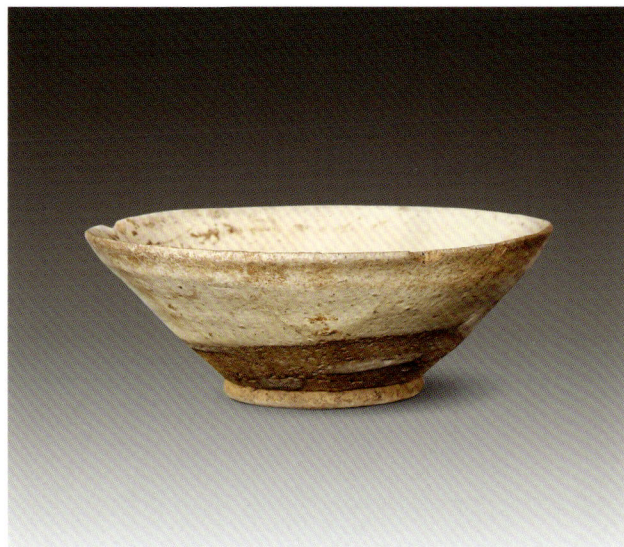

2. D 型（1998STA2M2：1）

3. D 型（1999STA2H31：1）

4. D 型（1998STA2H19：4）

5. D 型（1998STA2H10：3）

6. D 型（2001STB1T3739 ⑤：3-2）

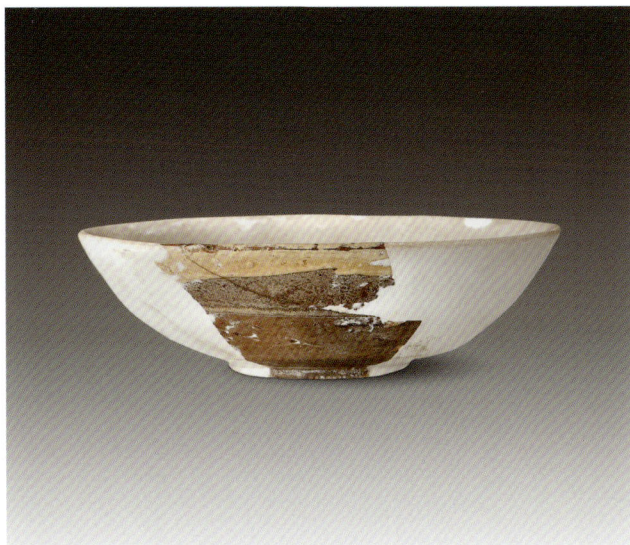

1. D 型（2001STB1T3739 ⑤：4）

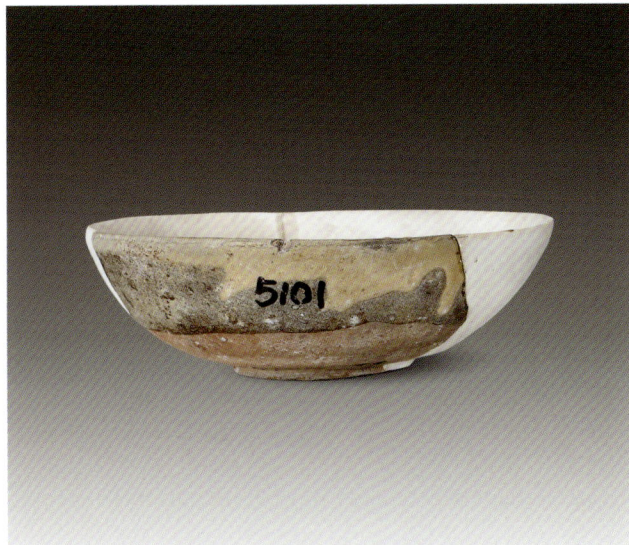

2. D 型（2001STB1T3940 ⑤：12）

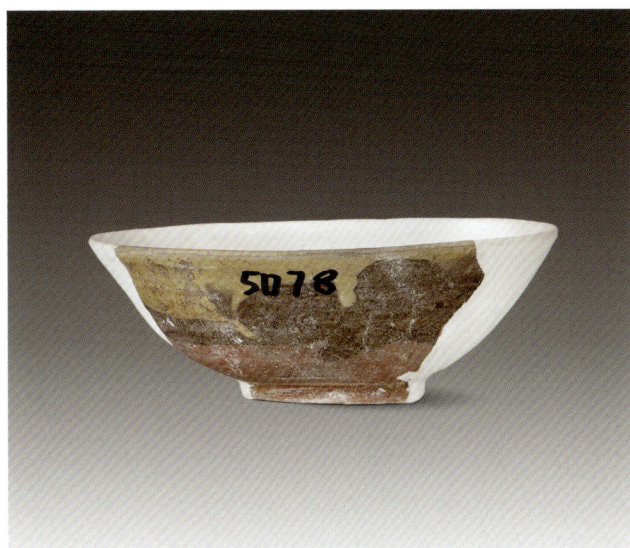

3. D 型（2001STB1T4001 ⑤：3）

4. D 型（2001STB1H46：2）

5. D 型（2001STB1T3330 ④：6）

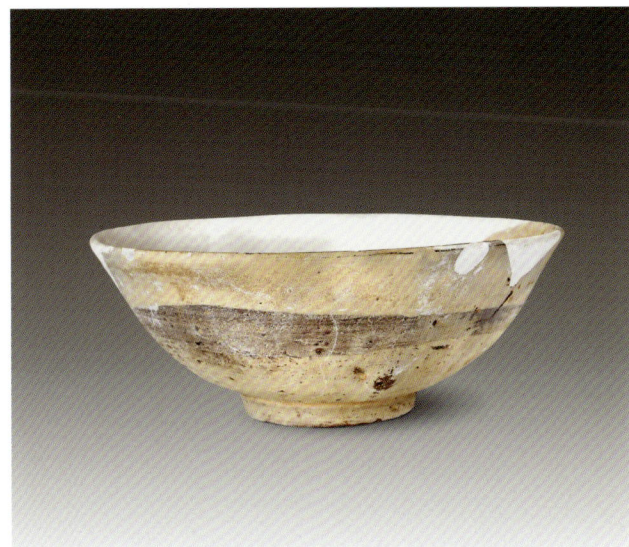

6. D 型（2001STB1T3738 ⑥：5）

宋元瓷碗

1. D 型（2001STB1H50：2）

2. Ea 型Ⅱ式（1998STA2H9：3）

3. Ea 型Ⅳ式（1998STC2Y4：1）

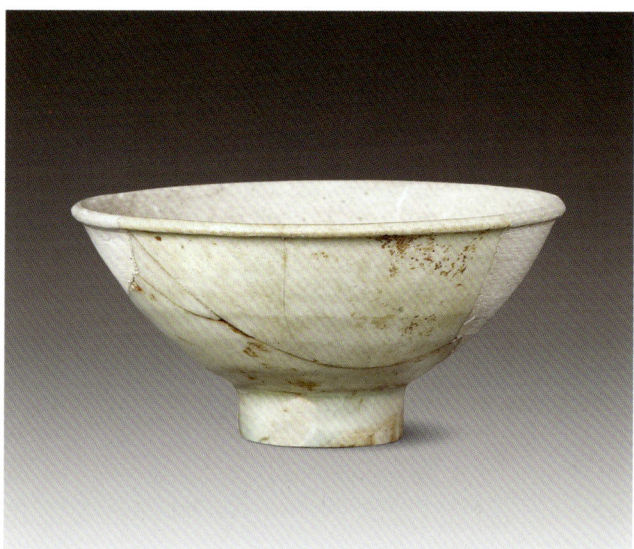

4. Eb 型（1998STA2H18：1）

5. Eb 型（2001STB1T3230④：1）

6. Eb 型（2001STB1T3838⑥：21）

宋元瓷碗

1. Eb 型（2001STA1G26：3）

2. Eb 型（2001STA1G26：32）

3. Eb 型（2000STC3 ③：3）

4. Eb 型（2001STA2H39：2）

5. Eb 型（1999STA2G21：2）

6. F 型 I 式（2001STA1T3940 ⑤：8）

宋元瓷碗

1. F 型 I 式（2001STA1G26：22）

2. F 型 I 式（2000STA2H39：10）

3. F 型 I 式（2000STC3T1935 ②：1）

4. F 型 II 式（2001STB1T3838 ⑥：7）

5. F 型 II 式（2001STB1T3838 ⑥：19）

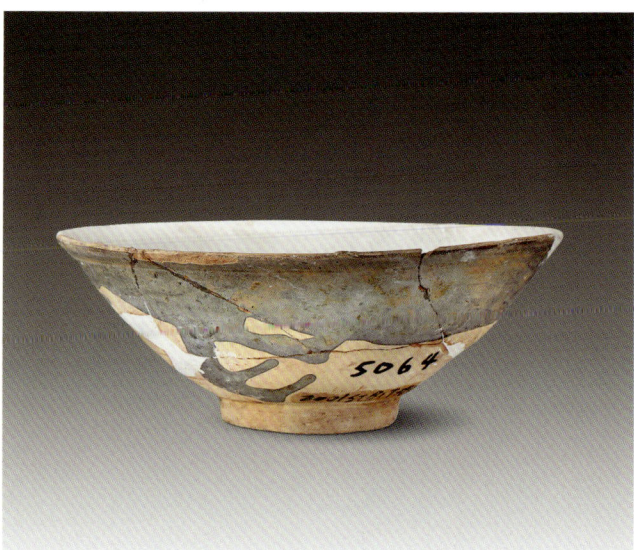

6. F 型 II 式（2001STB1T3838 ⑥：20）

宋元瓷碗

1. F 型 II 式（2001STB1T3839 ⑤：4）

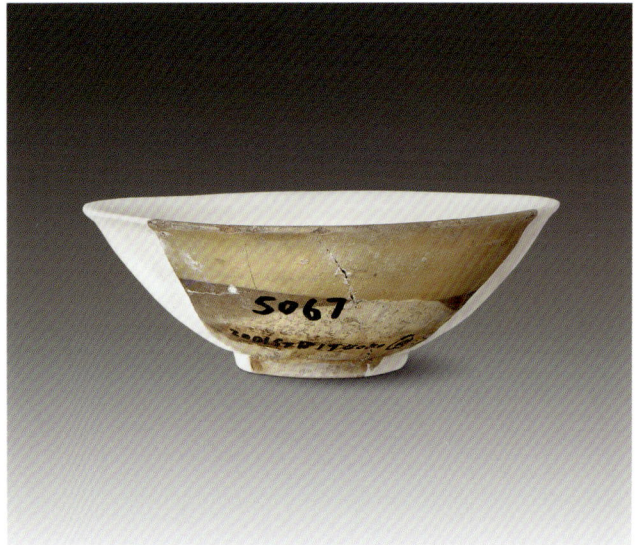

2. F 型 II 式（2001STB1T4040 ④：7）

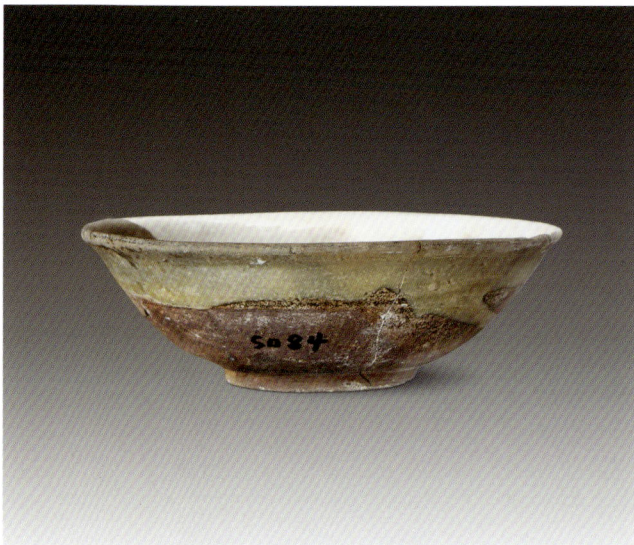

3. F 型 II 式（2001STB1T3330 ④：1）

4. F 型 II 式（2001STB1T3330 ④：4）

5. F 型 II 式（2001STB1T3332 ③：2）

6. F 型 II 式（2001STB1T3738 ⑤：1）

宋元瓷碗

1. Ab 型 Ⅱ 式（1998STA2T0104 ⑤：3）

2. Ab 型 Ⅱ 式（2001STA1G26：24）

3. Ab 型 Ⅱ 式（2001STA1G26：25）

4. Ab 型 Ⅱ 式（1999STA2M3：1）

5. Ab 型 Ⅱ 式（1999STA2T3114 ②：1）

6. Ab 型 Ⅱ 式（1999STA2T3114 ②：2）

宋元瓷盏

1. Ab 型 Ⅱ 式（1999STA2H28：1）

2. Ab 型 Ⅲ 式（2000STC3T1938 ③：1）

3. B 型 Ⅰ 式（1998STA2H17：5）

4. B 型 Ⅰ 式（2000STA2H39：4）

5. B 型 Ⅰ 式（2001STA1G26：5）

6. B 型 Ⅰ 式（2001STA1G26：17）

宋元瓷盏

1. B 型 II 式 （1998STA2H19：4）

2. B 型 II 式 （2001STB1T3232 ④：2）

3. B 型 II 式 （1999STA2G21：5）

4. B 型 III 式 （1998STA2M1：1）

5. B 型 III 式 （1998STA2T1311 ③：3）

6. B 型 III 式 （1999STA2T2714 ④：1）

宋元瓷盏

1. B 型Ⅲ式盏（1999STA2T3216④：1）

2. C 型Ⅰ式盏（1998STA2H13：9）

3. C 型Ⅱ式盏（2000STA2H39：3）

4. C 型Ⅱ式盏（2001STB1T4040⑥：4）

5. D 型盏（2000STB2TG4④：3）

6. A 型Ⅰ式灯盏（2000STA2H39：13）

1. A 型 I 式（2001STA1T3705 ⑤：3）

2. A 型 I 式（2001STA1T3806 ③：2）

3. A 型 I 式（1999STA2G21：4）

4. A 型 I 式（1999STA2H30：1）

5. A 型 I 式（1999STA2T2814 ③：2）

6. A 型 I 式（1999STA2T3317 ③：1）

宋元瓷灯盏

1. A型Ⅰ式（2001STA1T3705③：1）

2. A型Ⅰ式（2001STB1T4039⑤：2）

3. A型Ⅰ式（2001STB1T4040⑤：23）

4. A型Ⅰ式（2001STB1T4040⑥：3）

5. A型Ⅰ式（2001STB1T3232④：3）

6. A型Ⅰ式（2001STB1T4040⑤：12）

宋元瓷灯盏

1. A 型 I 式（1999STA2M3：2）

2. A 型 I 式（1999STA2M3：3）

3. A 型 I 式（1999STA2M3：4）

4. A 型 I 式（1998STA2T2811 ④：1）

5. A 型 I 式（2001STA1G26：12）

6. A 型 I 式（1998STA2T1408 ③：2）

宋元瓷灯盏

1. A 型Ⅱ式（2000STA2H39：12）

2. B 型Ⅰ式（2001STA1T3804 ③：2）

3. B 型Ⅰ式（2001STB1T3838 ⑥：14）

4. B 型Ⅰ式（1999STA2T3216 ④：2）

5. B 型Ⅱ式（2001STB1T4040 ④：11）

6. B 型Ⅱ式（2001STB1T4040 ⑤：11）

宋元瓷灯盏

1. B 型 Ⅱ 式（2001STB1T4040 ④：8）

2. B 型 Ⅲ 式（2001STA1T3705 ③：2）

3. B 型 Ⅲ 式（2001STB1T3838 ⑥：12）

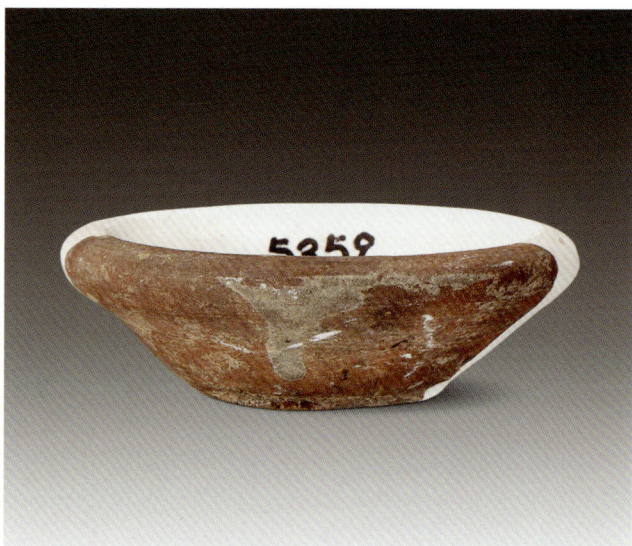

4. B 型 Ⅲ 式（2001STB1T4040 ④：2）

5. B 型 Ⅲ 式（2001STB1T3940 ⑤：2）

6. Ca 型（2001STB1T4040 ⑤：24）

宋元瓷灯盏

1. Ca 型（1999STA2T2714 ④：3）

2. Cb 型（2001STA1T3804 ③：5）

3. Cb 型（2001STA1G26：21）

4. Cb 型（1998STA2T0104 ⑤：4）

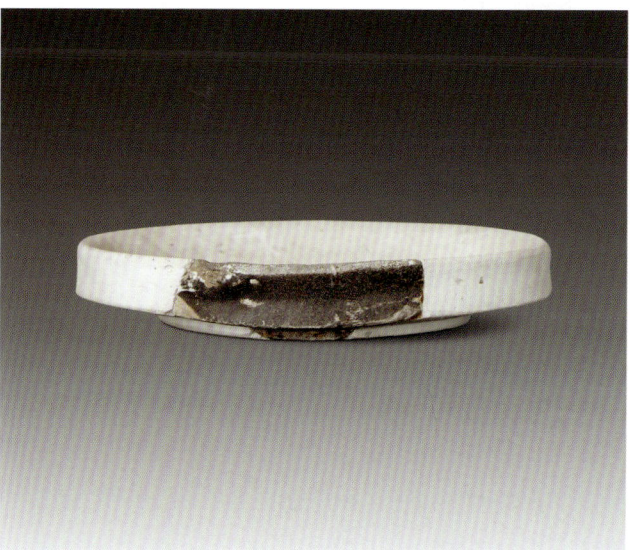

5. Cb 型（1999STA2T2815 ⑤：3）

6. D 型 I 式（1998STA2H10：5）

宋元瓷灯盏

1. D 型Ⅰ式（1998STA2T0105 ③：2）

2. D 型Ⅰ式（1999STA2T2714 红烧土：1）

3. D 型Ⅱ式（2001STB1T3838 ⑥：4）

4. D 型Ⅱ式（2001STB1T3838 ⑥：3）

5. D 型Ⅱ式（2001STB1T3838 ⑥：5）

6. D 型Ⅱ式（2001STB1T4040 ④：1）

宋元瓷灯盏

1. D 型 III 式灯盏（2001STB1T3738 ⑤：2 ）

2. D 型 III 式灯盏（2000STA2H39：11 ）

3. D 型 III 式灯盏（2000STB2G4 ④：2 ）

4. 盏托（1998STA2T0105 ③：3 ）

5. 盏托（1999STA2T3317 ④：2 ）

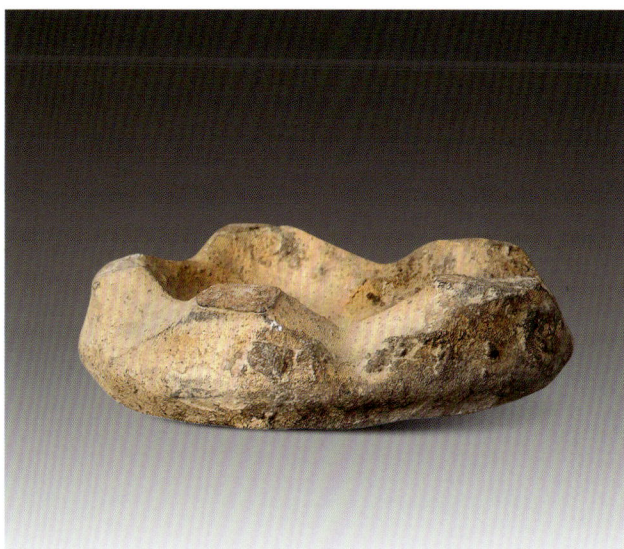

6. 支圈（1998STA2H17：12 ）

宋元瓷器

1. 盒（1998STA2H10：7）

2. 省油灯（1998STA2H10：6）

3. 器盖（1998STA2H17：1）

4. 器盖（2001STA1T3604③：1）

5. 器盖（2001STB1T3330②：3）

6. 杯（2001STB1T3430③：1）

宋元瓷器

1. 洗（2001STB1T4040④：4）

2. 骑士俑（1998STA2T1507⑤：7）

3. 骑士俑（2001STA1T3604③：3）

4. 骑士俑（2001STB1T3940⑤：15）

5. 支座（2001STB1T3940⑤：16）

宋元瓷器

1. A 型 I 式（1998STA1T0105 ③：6）

2. A 型 II 式（1998STA2H17：10）

3. B 型 I 式（1998STA2T1407 ⑤：5）

4. B 型 II 式（1998STA2T1411 ⑨：2）

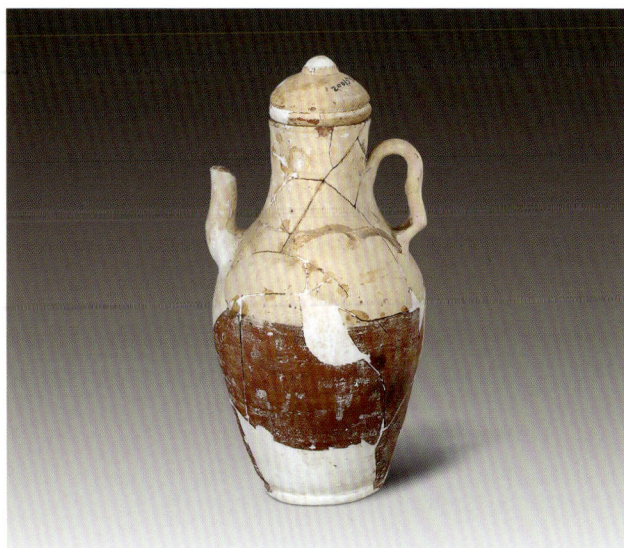

5. C 型 I 式（2001STB1T4040 ⑤：1）

6. C 型 II 式（2001STA1G28：1）

宋元瓷执壶

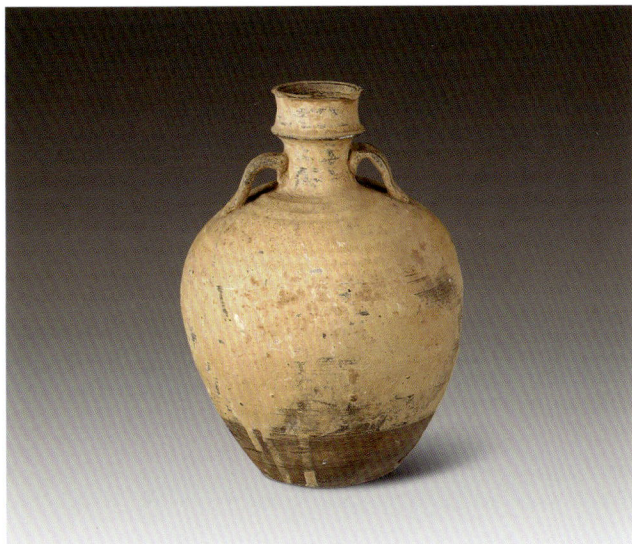

1. 瓷壶（2001STB1T3231④：1）

2. 瓷垫饼（1999STA2T2815⑤：2）

3. 瓷垫饼（1999STA2H28：2）

4. 陶砚（1998STA2H9：7）

5. 陶砚（1999STA2H18：3）

6. 陶盏（2001STA1T3804⑤：1）

宋元陶、瓷器

1. 盏（1998STA2H13：14）

2. 灯盏（2001STB1T3838⑥：10）

3. 缸（2000STA2H39：24）

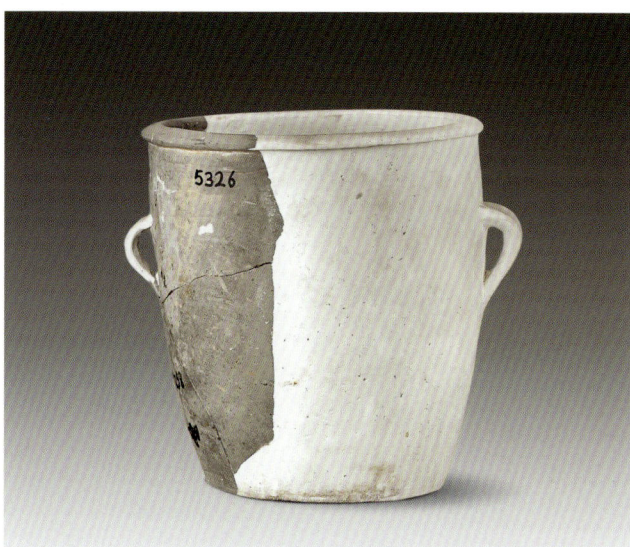

4. 缸（2001STB1G29：1）

5. 直把三足釜（2001STA1G26：9）

6. 釜（2001STA1G26：30）

宋元陶器

1. 罐（1998STA2H19：7）

2. 铃（2001STA1T3804 ③：1）

3. 板瓦（1998STA2Y2：4）

4. 板瓦（1998STA2H26：10）

5. 板瓦（1998STC2Y4：2）

6. 板瓦（1999STA2T2714 ④：2）

宋元陶器

1. 板瓦（1999STA2H33∶1）

2. 板瓦（2000STA2H39∶28）

3. 筒瓦（1999STA2M3 填土∶14）

4. 滴水（1999STA2M3 填土∶15）

5. 滴水（1999STA2M3∶16）

6. 滴水（1999STA2T2815⑤∶1）

1. 瓦当（1999STA2M3 填土：18）

2. 垫饼（1998STA2H13：19）

3. 盆（1998STA2Y2：1）

4. 钵（2001STA1T3804 ⑤：20）

5. 案（2000STA2H39：23）

6. 拍（1998STA2Y2：2）

宋元陶器

1. 器盖（2001STA1T3804 ⑤：18）

2. 人头饰（1998STA2T3112 ③：1）

3. 陶范（1998STA2Y2：3）

4. 口沿（1998STA2H10：12）

5. 陶器（2000STA2H39：25）

宋元陶器

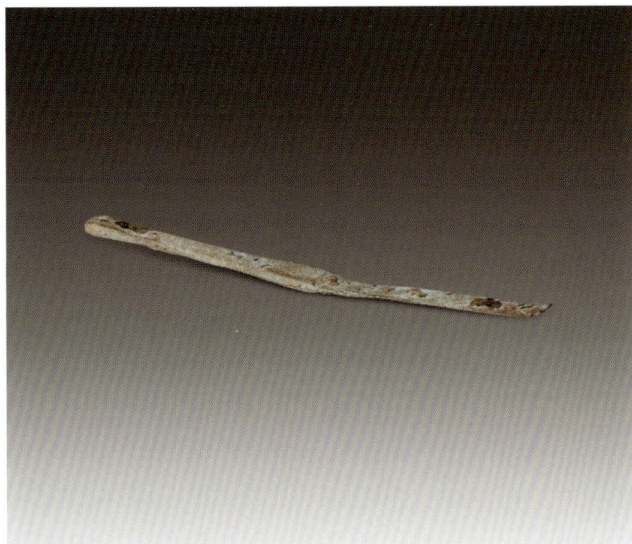

1. 铜簪（2000STC3T1934③：1）

2. 铜钱（1998STA2M2：2）

3. 铜龙形饰件（1999STA2H34：1）

4. 铁钉（2000STA2H39：30）

5. 铁钉（2000STC3M6：4）

6. 石臼（2001STA1T3903⑤：3）

宋元石、铜、铁器

1. 臼（2001STB1T3839 ⑥：2-2）

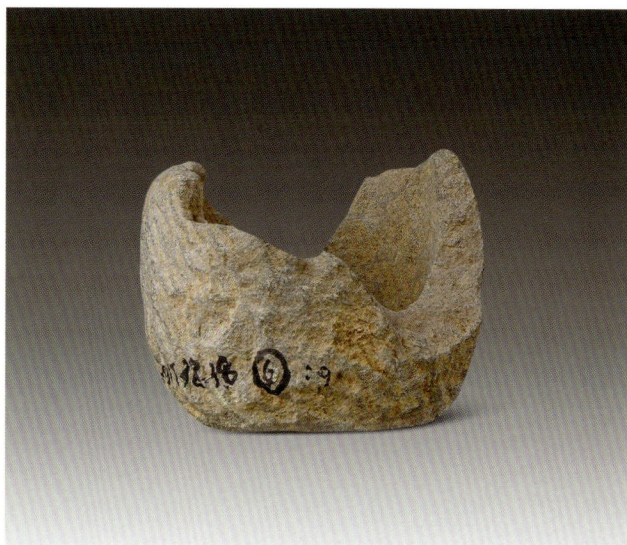

2. 臼（2001STB1T3888 ⑥：9）

3. 砚（1998STA2T1507 ⑤：4）

4. 砚（2001STA1T3806 ③：3）

5. 砚（2001STB1T3738 ⑤：4）

宋元石器

1. A 型碗（2000STB3T1901 ③：1）

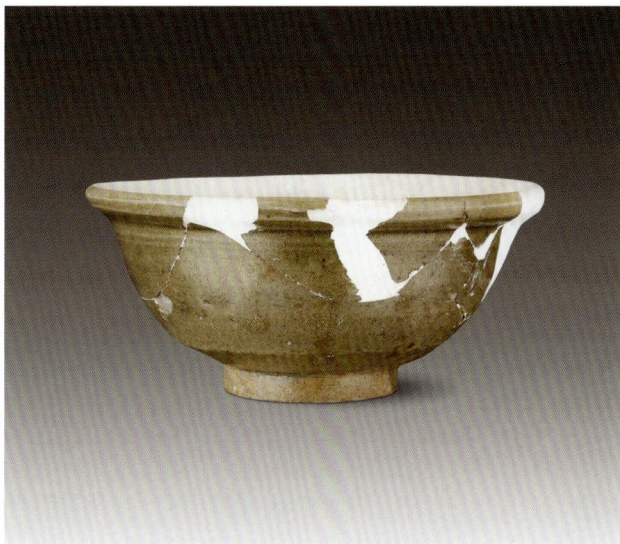

2. A 型碗（2000STC3T1937 ③：2）

3. A 型碗（2000STB3T2001 ③：1）

4. A 型碗（2000STB3T2002 ③：1）

5. D 型碗（2000STB3T1801 ②：1）

6. 灯盏（2000STA2T1308 ③：1）

明清瓷器

1. 灯盏（2000STC3T1938 ③：2）

2. 灯盏（2000STA2T1309 ③：3）

3. 灯盏（2000STC3T1935 ②：2）

4. 灯盏（2000STC3T1935 ③：2）

5. 盘（2000STB3T1801 ②：2）

6. 罐（2001STB1T3631 ②：1）

明清瓷器

www.sciencep.com

(SCPC-BZBDAZ14-0069)

ISBN 978-7-03-079554-0

9 787030 795540 >

定 价：328.00元